双减夯实基础

中考地理

双减图书编写组　主编

河南科学技术出版社

·郑州·

图书在版编目(CIP)数据

双减夯实基础.中考地理/双减图书编写组主编. --郑州:河南科学技术出版社,2023.3(2023.12 重印)

ISBN 978-7-5725-1027-4

Ⅰ.①双… Ⅱ.①双… Ⅲ.①中学地理课-初中-升学参考资料 Ⅳ.①G634

中国版本图书馆 CIP 数据核字(2022)第 246219 号

出版发行:河南科学技术出版社

地址:郑州市郑东新区祥盛街 27 号　　邮政编码:450016

电话:(0371)65737028　65788613

网址:www.hnstp.cn

策划编辑:张春龙

责任编辑:乔伟利

责任校对:王智欢

封面设计:张　伟

版式设计:张春龙　郑州华亨图文设计有限公司

责任印制:朱　飞

印　　刷:河南华彩实业有限公司

经　　销:全国新华书店

开　　本:890 mm×1 240 mm　1/16　　**印张**:15　　**字数**:344 千字

版　　次:2023 年 3 月第 1 版　　2023 年 12 月第 2 次印刷

定　　价:57.60 元　　**审图号**:GS(2023)4492 号

编者的话

新时代,新要求。为培养新时代德智体美劳全面发展的社会主义建设者和接班人,2021 年 7 月,中共中央办公厅、国务院办公厅印发《关于进一步减轻义务教育阶段学生作业负担和校外培训负担的意见》,要求切实提升学校育人水平,有效减轻义务教育阶段学生过重作业负担和校外培训负担(以下简称“双减”);2022 年 4 月,教育部印发了《义务教育课程方案和课程标准(2022 年版)》,并于 2022 年秋季开始实施。

2022 年是“双减”政策落地后中招的首考之年,各省市试题的命制以落实立德树人为根本任务,以最新的义务教育课程标准为依据,命题思路也发生了进一步变化:总体来看呈现出试题难度减小,稳中求变,变中求新;更加注重基础知识与基本能力的考查,注重通性通法,淡化技巧;注重情景设计,关注学科素养及育人功能等特点。

通过对全国各省市中考试卷的分析,我们发现试题的命制注重对基本知识、基本技能、基本思想和基本活动经验的考查,把考查学生的基础知识与基本技能放在了重要的位置,基础性题目占比达到了 70%。同时注重考查思维过程、创新意识,以及发现问题、提出问题、分析问题和解决问题的能力,探索性、开放性、跨学科问题纷纷呈现。因此,在中考复习中,需要注重两方面的内容:一是对初中涉及的所有知识进行全面复习;二是在对初中所有知识全面复习的基础上,进行思维能力的拔高和提升。

如何既能保证学生的复习质量,提升复习效果,又能有效减轻学生的课业负担?基于国家的“双减”政策和学生实际,以及对以上两个方面的思考,我们整理出相应的两套系列图书——“双减夯实基础”和“双减高分突破”,针对不同学情、不同阶段的学生进行有针对性的复习和训练,避免简单机械的重复,从而减轻学业负担,提高复习效率。

作为本书的编者,虽然有着丰富的一线教学经验,均参与过省市地区的命题工作,但化散为整,集点成书,再作为一个学科知识体系系统地呈现,难免出现疏漏,请业界同仁和师生在使用过程中提出宝贵意见和建议。

最后,祝愿同学们中考取得佳绩!

使用导航

本书以课程标准要求初中阶段必备的全部知识和关键能力为目标，融基础性、综合性、应用性和创新性于一体，帮助你牢固掌握基础知识，为将来进一步的学习奠定坚实的基础。

课标导航及中考目标

依据最新课标，解读中考目标，分析课标要求内容需掌握的程度，明晰复习方向，做到有的放矢。

学基础

详解基础知识，深化概念理解，促进基本知识的掌握和基本技能的形成。

练基础

针对考点，精选习题，精准训练，提升效率。通过精选习题巩固基础知识，提升基本技能，达到查漏补缺的目的。

夯实基础过中考

对标中考，实战巩固。优选中考真题，体验真实的考情考景，进一步感受基础性试题的考查方式。

目录

模块一 地球与地图

第一单元 地球与地球仪

课标导航及中考目标

课标要求	中考目标
了解人类认识地球形状的过程。	通过实例说出人类认识地球形状的过程。
用平均半径、赤道周长和表面积描述地球的大小。	用赤道半径、极半径、赤道周长和表面积等数据描述地球的大小、地球的形状。
运用地球仪，说出经线与纬线、经度与纬度的划分。	在地球仪上标出赤道，区分南、北纬度；找到并标出本初子午线，区分东、西经度。
在地球仪上确定某地点的经纬度。	观察地球仪，归纳南北纬度和东西经度的变化规律，并在经纬网图上准确读出某地的经纬度。

学基础

一、地球的形状和大小

1. 人类对地球形状的认识过程

(1)认识过程：天圆地方→根据太阳、月亮的形状，推测地球是个球体→________环球航行，证实地球是个球体→________确证地球是一个球体。

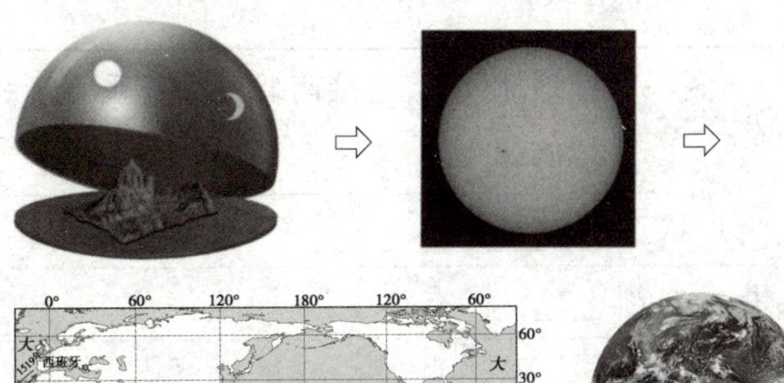

(2)形状：地球是一个球体。

2. 地球的大小

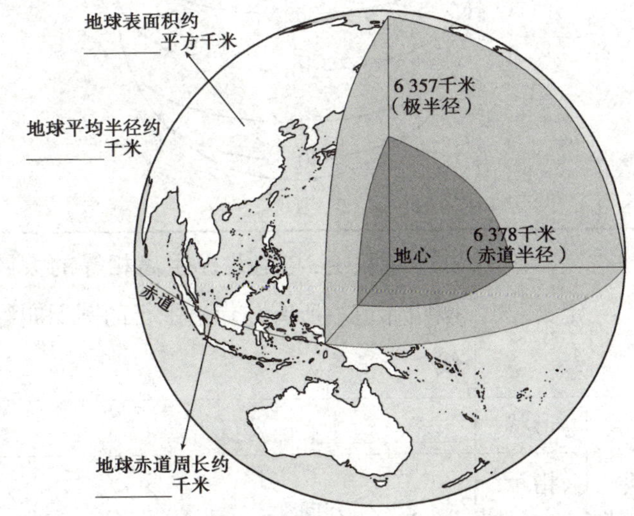

二、地球的模型——地球仪

1. 定义：人们仿照地球的形状，并按照一定的比例把它缩小，制成的地球模型。在图中方框内的横线上填出地球仪各部分的名称。

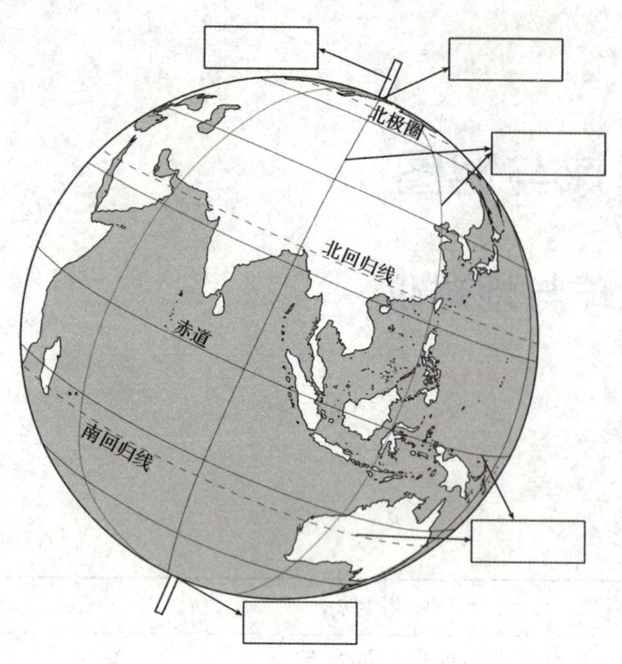

地球仪上的点和线

2. 作用:可以方便我们知道地球的面貌,了解地球表面各种地理事物的特征及其分布。

三、纬线和纬度

1. 纬线的特点

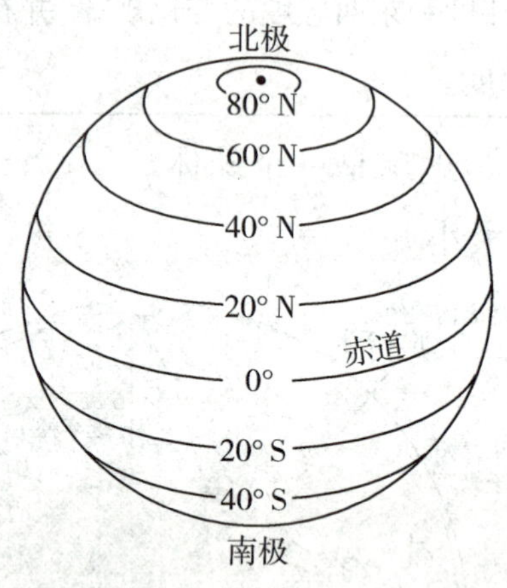

<table>
<tr><td colspan="2">定义</td><td>在地球仪上,与南北极距离相等的大圆圈叫赤道。所有与赤道平行的圆圈叫纬线</td></tr>
<tr><td rowspan="3">特点</td><td>形状</td><td>________</td></tr>
<tr><td>指示方向</td><td>________方向</td></tr>
<tr><td>长度变化</td><td>________最长,由赤道向南北两极逐渐缩短</td></tr>
</table>

2. 纬度的划分

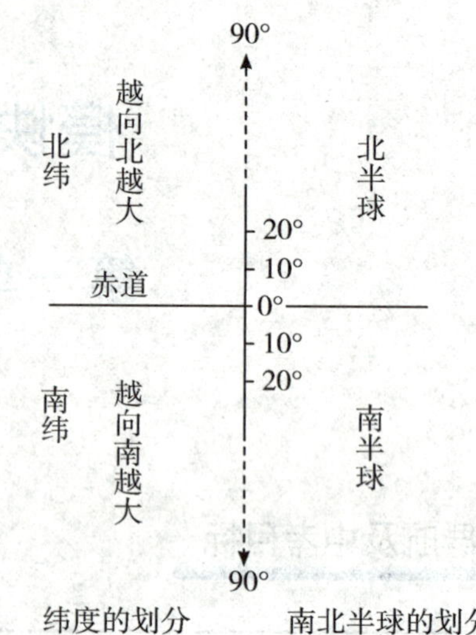

起始线	度数划分	低中高纬度划分	符号
________纬线(赤道)	从赤道向南北各划分90°	低纬度:________。 中纬度:________。 高纬度:________	北纬:____。 南纬:____

四、经线和经度

1. 经线的特点

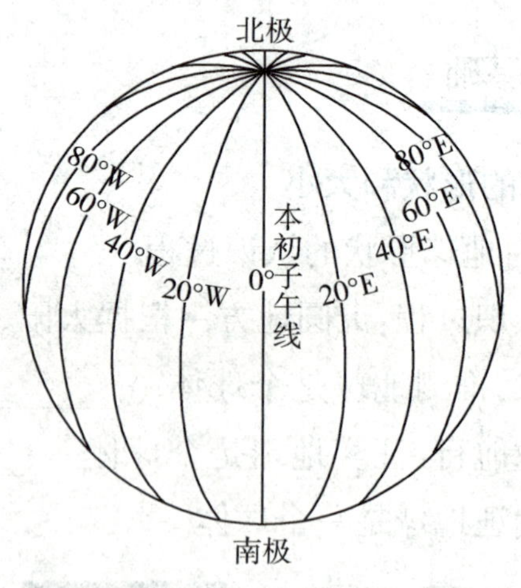

<table>
<tr><td colspan="2">定义</td><td>在地球仪上,连接南北两极并垂直于纬线的线</td></tr>
<tr><td rowspan="3">特点</td><td>形状</td><td>________</td></tr>
<tr><td>指示方向</td><td>________方向</td></tr>
<tr><td>长度变化</td><td>________</td></tr>
</table>

2. 经度的划分

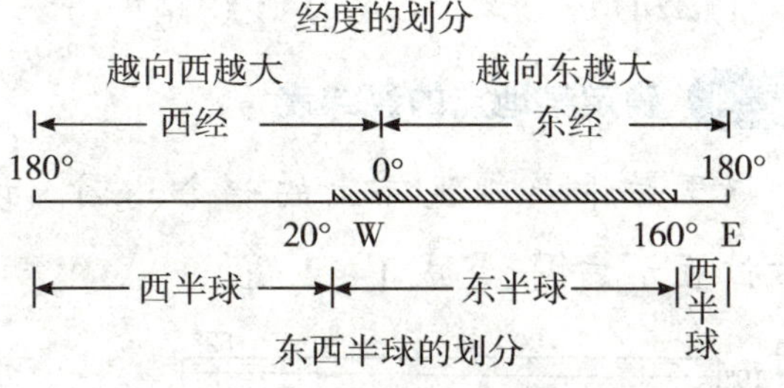

起始线	度数划分	东、西半球划分界线	符号
____经线(本初子午线)	由 0° 经线向东、向西各分 180°	______和______组成的经线圈	东经:____ 西经:____

练基础

考点 1 人类认识地球形状的过程

1. 1519 年 9 月麦哲伦率领船队从西班牙出发开始环球航行。下图为麦哲伦船队环球航行线路图,麦哲伦船队的这次航行证明了(　　)

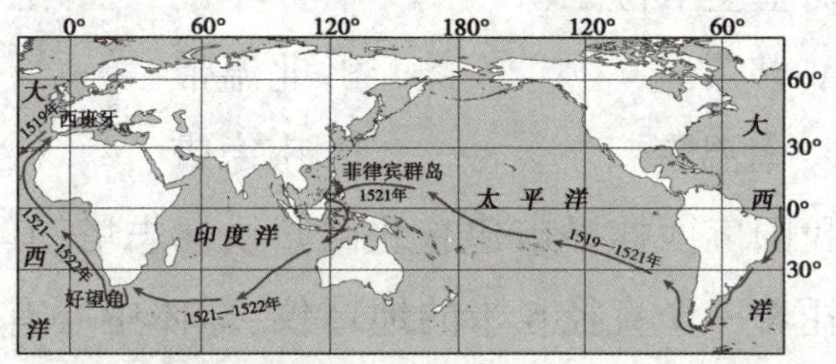

A. 地球位于宇宙中心
B. 太阳围绕地球旋转运动
C. 地球表面以陆地为主
D. 地球是个球体

2. 下列关于“人类对地球认识过程”的排序正确的是(　　)

①地球卫星照片

②太阳与月亮

③天圆地方

④麦哲伦船队环球航行路线图

A. ①②③④　　B. ③②④①
C. ④③②①　　D. ②④①③

考点 2 地球的大小

家住北极的北极熊有一天想去拜访住在南极的企鹅,并决定“遁地”前去,于是它从家中钻入地底,始终保持直线前进并穿越地心来到企鹅家。读地球大小示意图,回答 1 ~ 3 题。

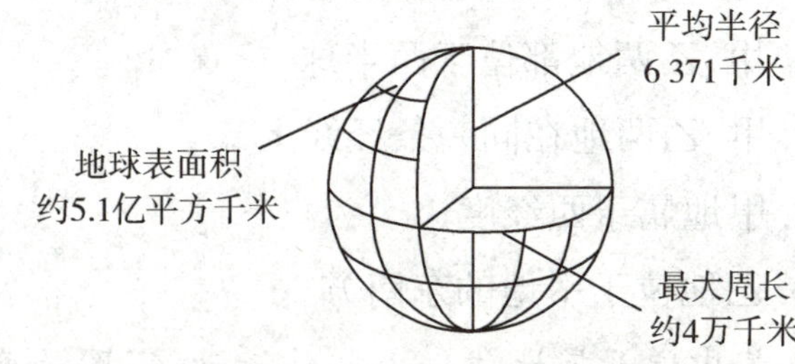

1. 假如做一件“无缝天衣”,可以将整个地球表面覆盖住,那么所需布料面积大约是(　　)
A. 5.1 亿平方千米
B. 5.1 亿千米
C. 4 万千米
D. 6 371 千米

2. 北极熊“遁地”穿行的距离约为(　　)
A. 2 万千米　　B. 4 万千米
C. 6 371 千米　　D. 12 742 千米

3. 北极熊给企鹅这样描述了地球的形状和大小,其中有误的一项是(　　)
A. 地球是个两极稍扁、赤道略鼓的不规则球体
B. 地球赤道周长约 4 万千米
C. 地球是一个正球体
D. 地球平均半径约 6 371 千米

考点3 经线与纬线、经度与纬度的划分

读两幅经纬网示意图,回答1~2题。

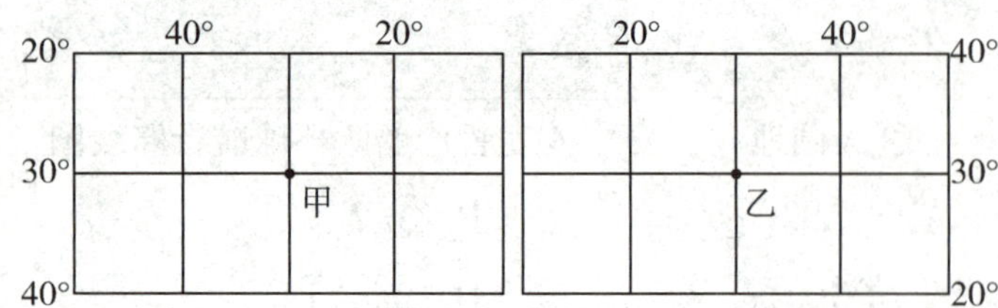

1. 有关地球仪上经纬线的说法,正确的是(　　)

A. 所有纬线长度相等

B. 所有经线长度相等

C. 经线指示东西方向

D. 纬线指示南北方向

2. 下列关于甲、乙两地的叙述,正确的是(　　)

A. 甲、乙两地都位于西半球

B. 甲、乙两地在同一条经线上

C. 甲地属于西经度

D. 乙地位于甲地的东南方

某中学开展地球仪小制作活动,下图为学生用乒乓球制作的地球仪。读图回答3~4题。

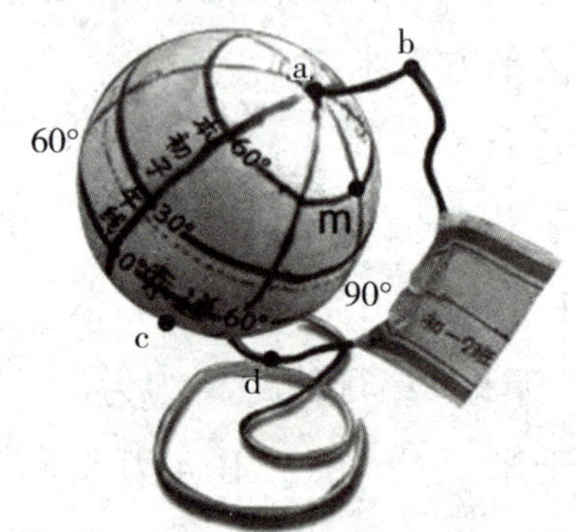

3. 地球仪上表示北极点的字母是(　　)

A. a　　B. b　　C. c　　D. d

4. 小郑同学总结了制作地球仪的注意事项,其中正确的是(　　)

①经线要等长、纬线不等长

②经线要是圆、纬线是半圆

③纬线要与赤道平行,所有经线要相交于南、北极点

④地轴要倾斜,与赤道平面垂直

A. ①②③　　B. ①②④

C. ①③④　　D. ②③④

考点4 确定某地点的经纬度

斯里兰卡是印度洋上的一个岛国。读斯里兰卡位置示意图,完成1~2题。

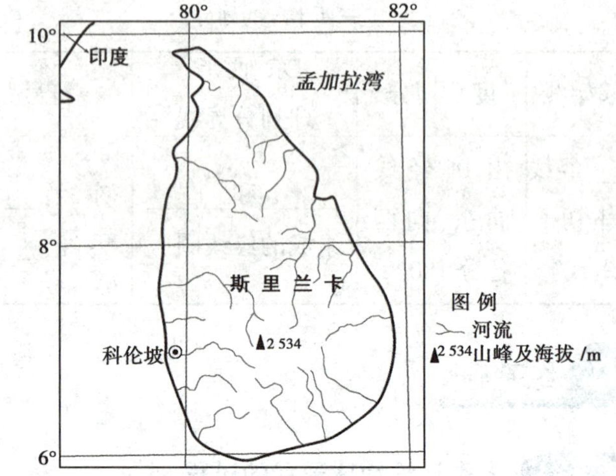

1. 科伦坡的经纬度位置约为(　　)

A. 7°N, 79°50′W　　B. 7°N, 79°50′E

C. 7°S, 79°50′W　　D. 7°S, 79°50′E

2. 斯里兰卡位于(　　)

A. 热带　　B. 北温带

C. 南温带　　D. 南寒带

3. 我国广西桂平市建有北回归线标志塔,其顶端托着一个直径6米的地球仪,球体中心有一竖直的直径16厘米的“窥阳孔”。下图为桂平市北回归线标志塔及其位置示意图,桂平市北回归线标志塔位于(　　)

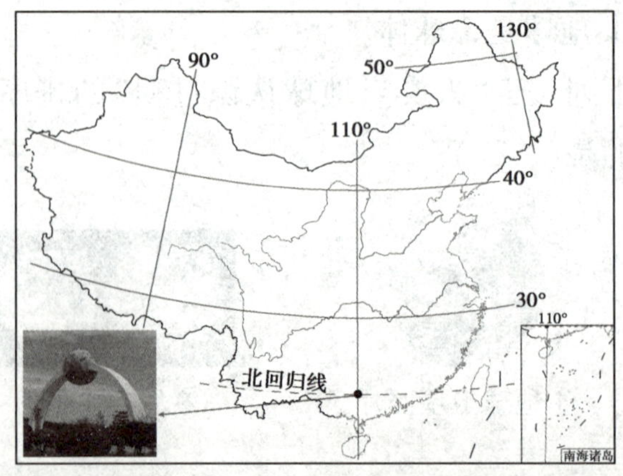

A. 110°W,23.5°N　　B. 110°E,23.5°N

C. 110°W,23.5°S　　D. 110°E,23.5°S

读图，完成 4 ~ 5 题。

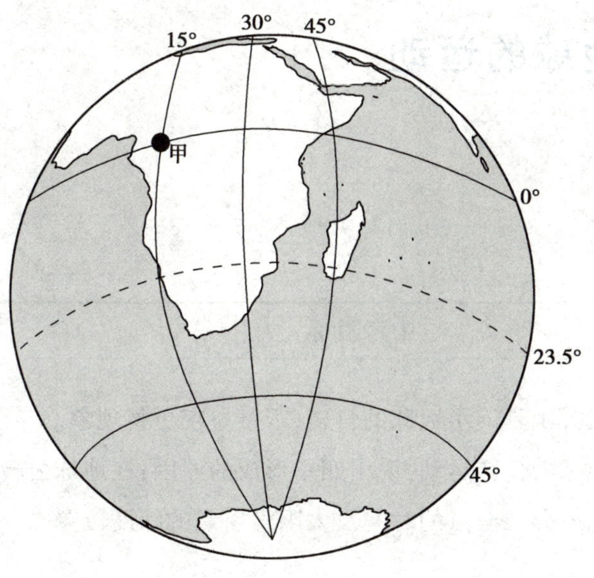

4. 甲地的经纬度位置约为(　　)

A. 0°，15°W　　B. 0°，15°E

C. 15°N，0°　　D. 15°S，0°

5. 甲地位于(　　)

A. 低纬度　　B. 高纬度

C. 南半球　　D. 西半球

请完成“夯实基础过中考”P1

第二单元　地球的运动

课标导航及中考目标

课标要求	中考目标
用简单的方法演示地球自转和公转。	1. 运用地球仪等工具演示地球的自转，观察昼夜更替现象。 2. 通过演示地球的公转运动，说出四季形成的原因；在地球公转示意图上标注二分二至点的时间及太阳直射点的纬度位置。
用地理现象说明地球的自转和公转。	1. 结合生活中的实例，运用昼夜更替、时差等地理现象说明地球的自转。 2. 结合生活中的实例，归纳不同季节的昼夜长短和变化规律，以及昼夜长短随纬度的变化规律。

学基础

一、地球的自转

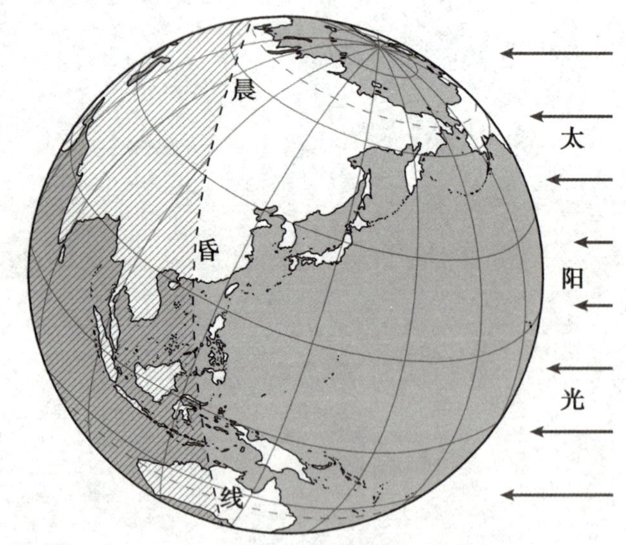

绕转中心	________
方向	自________向________
周期	约为________
现象	____________、____________

二、地球的公转

（一）基本概况

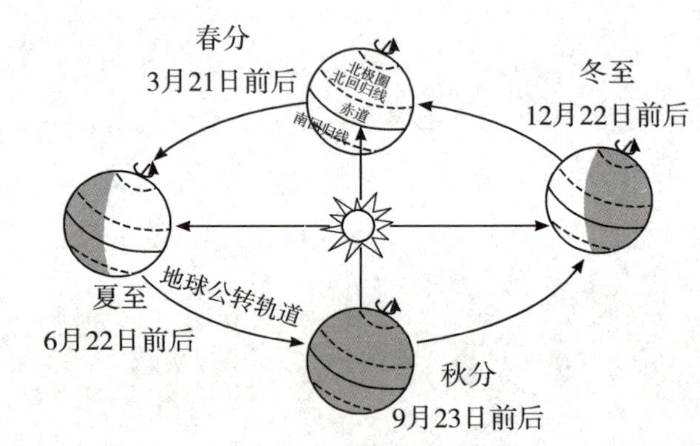

绕转中心	________
方向	自________向________
周期	约为________
轨道	近似正圆的椭圆

（二）产生的现象

1. 太阳直射位置的移动、昼夜长短（以北半球为例）、四季的变化（以北半球为例）

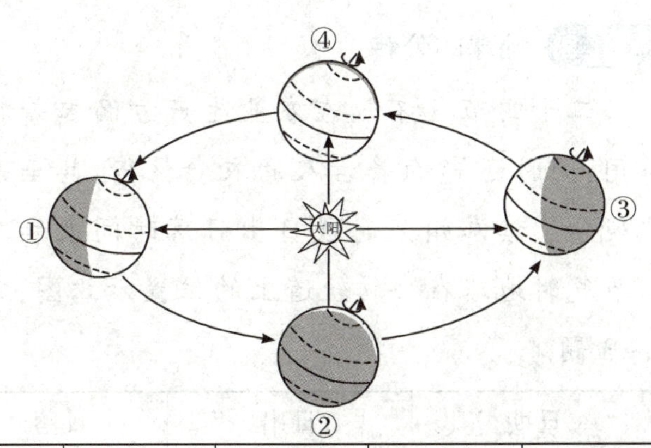

位置	①	②	③	④
节气	____	____	____	____
日期	6月22日前后	9月23日前后	12月22日前后	3月21日前后
太阳直射位置的移动	太阳直射____，此日以后太阳直射点向____移动	太阳直射____，此日以后太阳直射点继续向____移动	太阳直射____，此日以后太阳直射点向____移动	太阳直射____，此日以后太阳直射点继续向____移动
昼夜长短(以北半球为例)	____	____	____	____
四季的变化(以北半球为例)	6、7、8月	____	____	____

2. 地球的五带：根据不同纬度地带获得太阳光热的多少划分而成。在下图方框处填出五带名称，并填空。

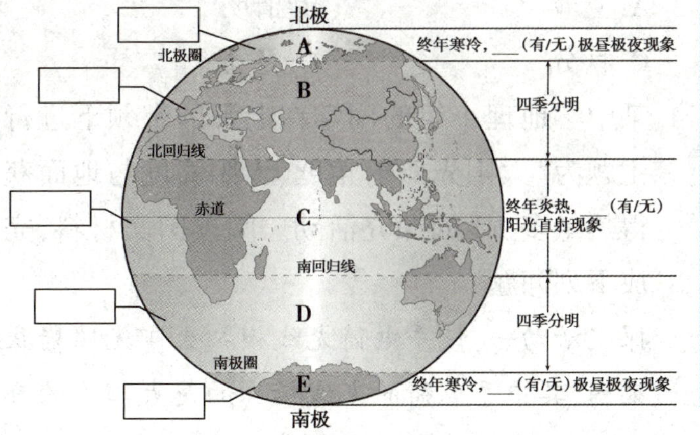

3. 正午太阳高度的变化：太阳高度是指太阳光线与地平面的夹角。一天中，正午时太阳高度最大。

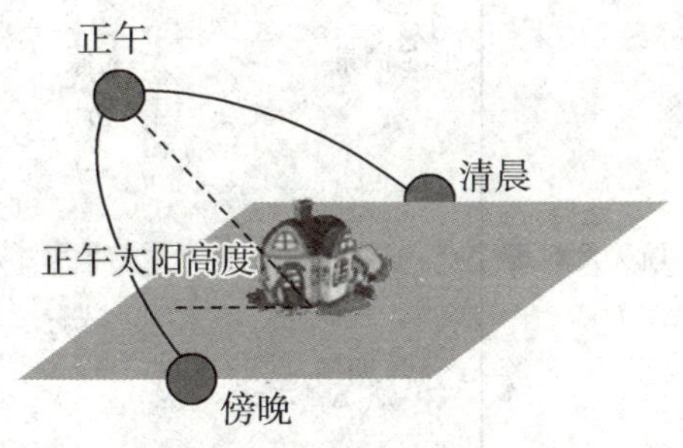

正午太阳高度的变化规律(以北半球为例)			
夏至日	夏至日至冬至日	冬至日	冬至日至夏至日
____	由____变____	____	由____变____

练基础

考点1　地球的自转

中国、英国、印度、澳大利亚四国首都的医学专家举行网络视频会议。读四国首都位置图，完成1～2题。

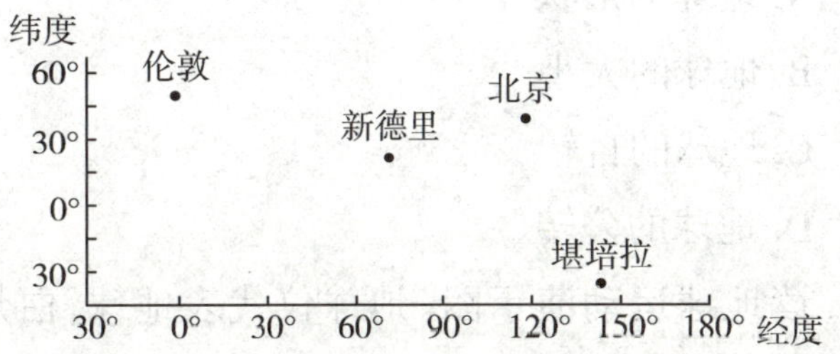

1. 会议期间，四国首都显示时刻最早的是(　　)

A. 伦敦　　B. 新德里

C. 北京　　D. 堪培拉

2. 出现上述现象是因为(　　)

A. 地球自转，各地纬度不同

B. 地球自转，各地经度不同

C. 地球公转，各地纬度不同

D. 地球公转，各地经度不同

2020年11月24日4时30分，嫦娥五号探测器在中国海南文昌发射基地成功发射，开启了我国首次地外天体采样返回之旅。下图为我国

四大卫星发射基地分布图。据此完成3～4题。

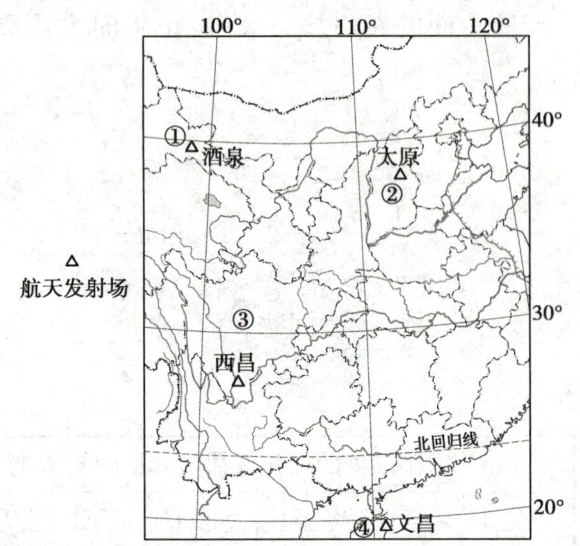

3. 发射当天,我国四大卫星发射基地白昼最短的是( )

A. 酒泉　　B. 太原

C. 西昌　　D. 文昌

4. 美国国家航空航天局华盛顿总部于当地时间11月23日17时30分左右观看了发射直播,造成这种时间差异的原因是( )

A. 地球的形状

B. 地球的大小

C. 地球的自转

D. 地球的公转

5. 读地球运动演示图(地球仪代表地球,白炽灯代表太阳),回答下列问题。

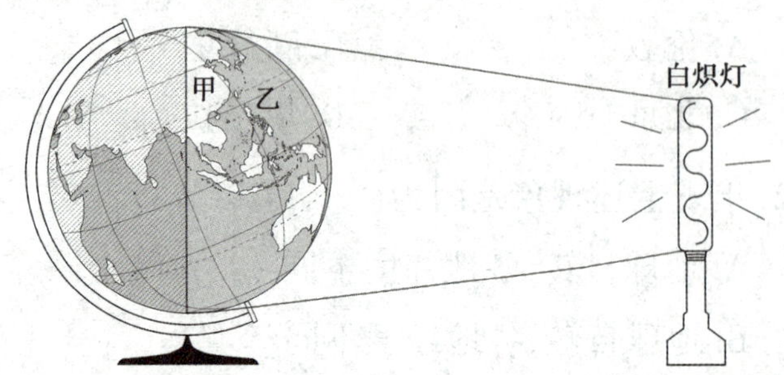

(1)在演示地球自转时,面对地球仪,用手缓缓拨动地球仪的正确方向应是________。

A. ⟶　　B. ⟵

(2)此时甲地处于________(白昼或黑夜)。甲、乙两地哪一个地方先迎来日出?____。

考点2 地球的公转

二十四节气不仅在农业生产方面起着指导作用,同时还影响着古人的衣食住行,甚至是文化观念。读郑州某时段日出日落时间表和二十四节气时地球在公转轨道上的位置示意图,完成1～3题。

日期	日出	日落
10月4日	06:24:26	18:02:27
10月5日	06:25:13	18:01:06
10月6日	06:26:00	17:59:45

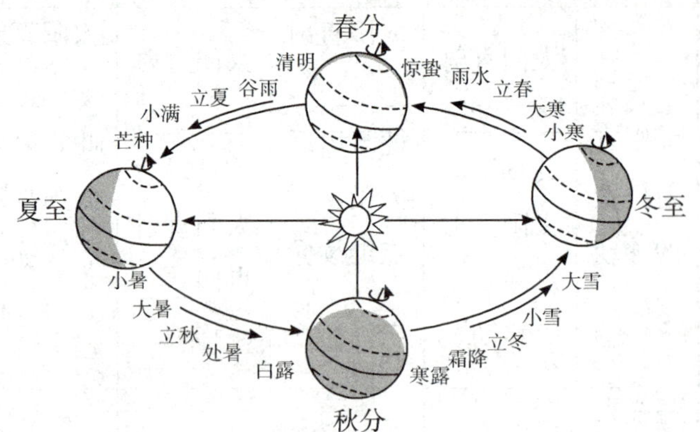

1. 该时段,郑州( )

A. 昼夜等长,昼渐短

B. 昼长夜短,昼渐长

C. 昼短夜长,昼渐短

D. 昼短夜长,昼渐长

2. 推测该时段最接近于( )

A. 春分　　B. 夏至

C. 立秋　　D. 寒露

3. 有"扫墓祭祖"习俗的节气是( )

A. 立春　　B. 清明

C. 秋分　　D. 冬至

4. 某中学地理小组的同学在老师的带领下进行主题为"太阳光照射角度、太阳高度与地面获得热量多少"的探究活动。阅读图文材料,完成下列问题。

探究活动一:读手电筒光线模拟太阳光照射状况图,其中手电筒的光线模拟的是太阳光的直射和斜射，完成观察记录。

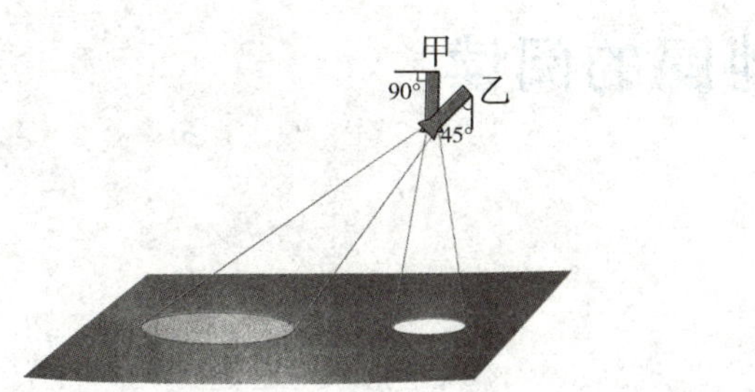

观察项目	甲	乙
阳光照射角度(直射或斜射)	①	②
阳光散布面积(大或小)	③	④
单位面积地面获得热量(多或少)	⑤	⑥

①________　②________

③________　④________

⑤________　⑥________

探究活动二：读一天中太阳高度的变化图，观察一天中太阳高度的变化，完成观察记录。

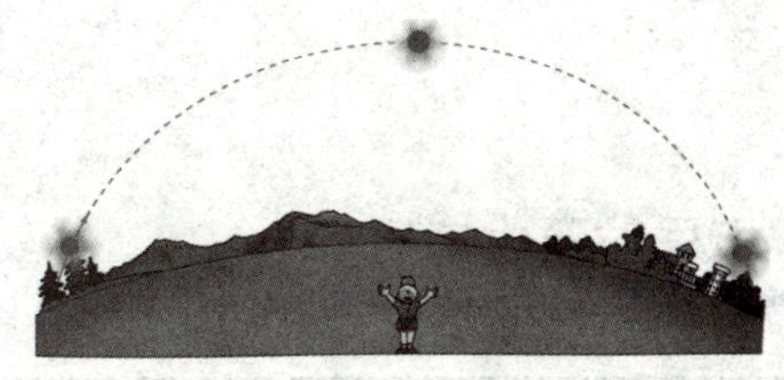

项目	清晨和傍晚	中午
太阳高度(大或小)	⑦	⑧
单位面积地面获得热量(多或少)	⑨	⑩

⑦________　⑧________

⑨________　⑩________

请完成“夯实基础过中考”P3

第三单元　地图的阅读

课标导航及中考目标

课标要求	中考目标
在地图上辨别方向，判读经纬度，量算距离。	1. 通过阅读各类地图，学会在一般地图、指向标地图、经纬网地图上辨别方向。 2. 能够在各种比例尺的地图上进行距离的量算。
根据需要选择常用地图，查找所需要的地理信息，养成在日常生活中使用地图的习惯。	根据需要选择常用地图，查找所需要的地理信息，养成在日常生活中使用地图的习惯。
列举电子地图、遥感图像等在生产、生活中应用的实例。	知道电子地图、遥感图像等在生产、生活中的用途。
在等高线地形图上，识别山峰、山脊、山谷，判读坡的陡缓，估算海拔与相对高度。	1. 在山体景观图上，说出不同山体部位的名称，区分海拔与相对高度。 2. 在等高线地形图上，识别山峰、山脊、山谷、陡崖，判读坡的陡缓，估算海拔与相对高度，总结等高线地形图的判读方法。
在地形图上识别五种主要的地形类型。	1. 在分层设色地形图或等高线地形图上，识别山地、丘陵、盆地、高原、平原五种地形。 2. 利用等高线地形图，能够绘制简单的地形剖面图，并判读地势高低起伏、坡度陡缓。

学基础

一、地图的三要素

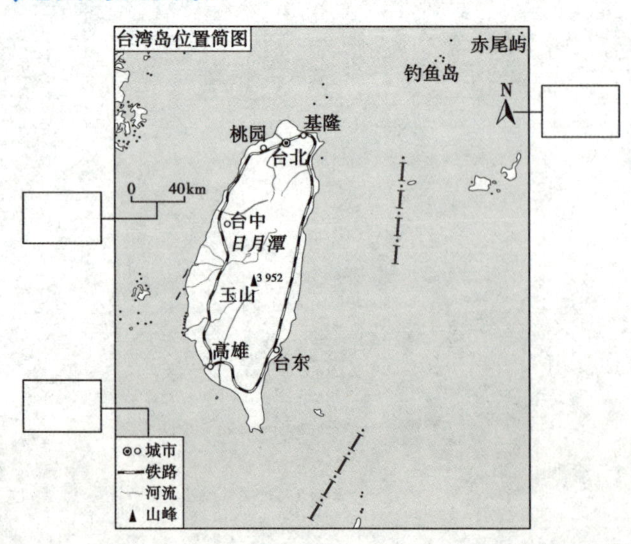

1. 比例尺

(1)定义：比例尺表示图上距离比实地距离________的程度。

(2)公式：____________。

(3)表示方式

名称	类型
______式	0　　1千米
数字式	____________
______式	图上1厘米代表实地距离1米

(4) 比例尺的大小是指比值的大小。

1∶100 000	$\frac{1}{100\ 000}$	分子相同	分母越小，比值越大，比例尺______
1∶1 000 000	$\frac{1}{1\ 000\ 000}$		分母越大，比值越小，比例尺______

(5) 比较图幅相同的中国地图与北京市地图，完成下表。

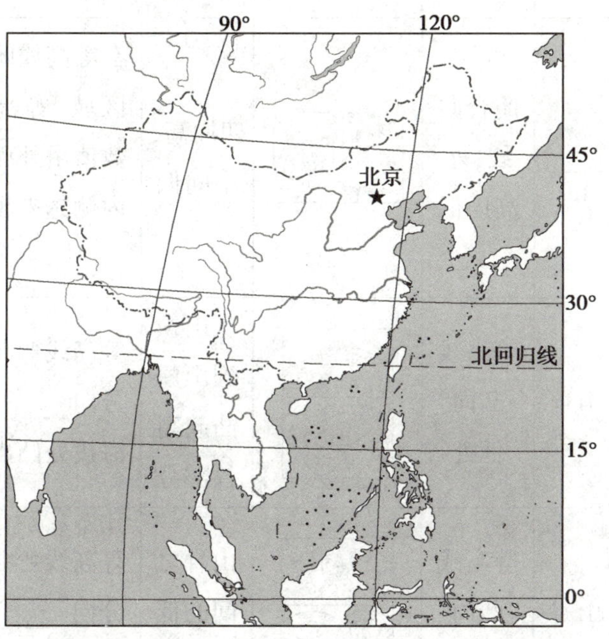

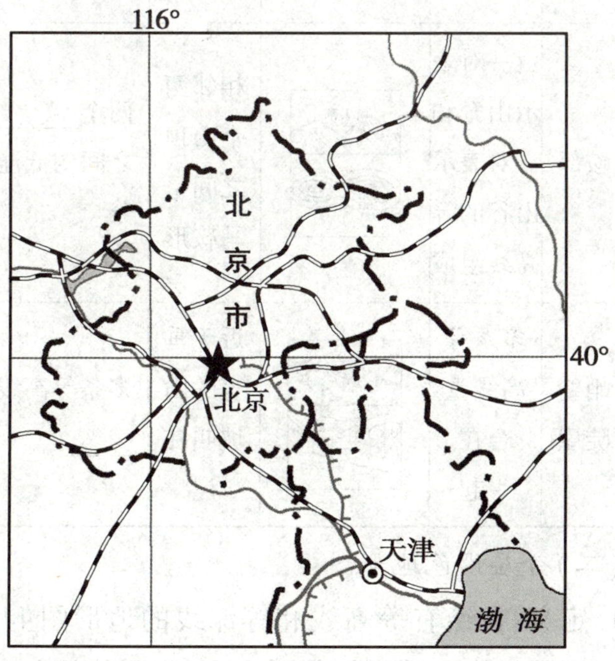

比例尺大小与地图内容详略、实地范围大小的关系

	中国地图	北京市地图
比例尺大小		
实地范围大小		
地图内容详略		

2. 方向

方法	判读	图示
一般定向法	面对地图，通常是"____________________"，在这个基础上还可以确定出东北、西北、东南和西南	北、东北、东、东南、南、西南、西、西北
指向标定向法	指向标的箭头一般指向______	N　N　N
经纬网定向法	经线指示______方向，纬线指示______方向	北、东、西、南；50°、40°、30°；90°、100°、110°、120°、130°

3. 图例

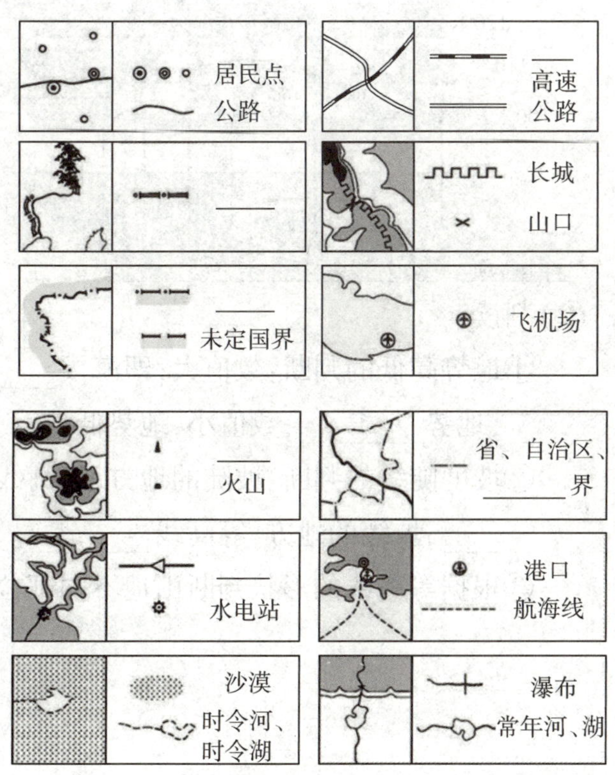

二、地形图的判读

(一)等高线地形图

1. 海拔与相对高度

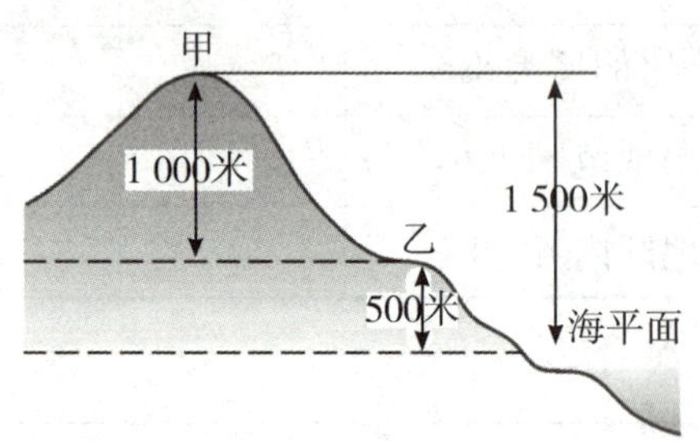

海拔	地面某个地点高出海平面的垂直距离	甲地海拔为:______。 乙地海拔为:______
相对高度	某个地点高出另一个地点的垂直距离	甲、乙两地的相对高度为:______

2. 等高线地形图及其判读

(1)含义

等高线	地图上______的点的连线
等高距	等高线地形图上,______两条等高线的______

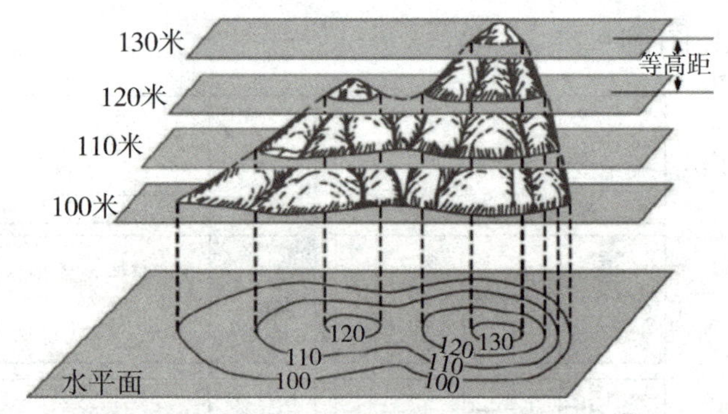

(2)判读

①地势高低的判断:数值大,即海拔______,地势______;数值小,地势低。

②坡度陡缓的判断:坡陡的地方,等高线______,坡缓的地方,等高线______。

③根据等高线的形状判断山地不同部位。

地形	表示方法	示意图和等高线(单位:米)图	地形特征	说明
山峰(山顶)	闭合曲线,外低内高		四周低,中间高	在等高线闭合区域,等高线数值由外侧向内侧越来越______
______	闭合曲线,外高内低		四周高,中间低	在等高线闭合区域,等高线数值由外侧向内侧越来越______
山脊	等高线凸向低处		从山顶到山麓凸起高耸部分	等高线弯曲部分向______海拔处凸出
山谷	等高线凸向高处		山脊之间的低洼部分	等高线弯曲部分向______海拔处凸出
鞍部	由一对表示山脊和一对表示山谷的等高线组成		相邻两个山顶之间呈马鞍形	两个______之间的低洼部分
峭壁陡崖	多条等高线重合在一起		近于垂直的山坡叫陡崖	多条等高线______

(二)分层设色地形图

1. 定义:在绘有等高线和等深线的地形图上,把不同高度和深度的范围,着上不同的颜色来表示地表的高低形态和海底的起伏状况的地图。

2. 陆地地形类型及特征

地形名称	海拔	地表特征
平原	________	宽广平坦
高原	________	面积较大，外围________、内部起伏较为________
山地	________	山峰耸立，________
丘陵	500米以下	相对高度________
盆地		________

练基础

考点1　在地图上用比例尺量算距离、辨别方向

读某中学平面图，完成1～2题。

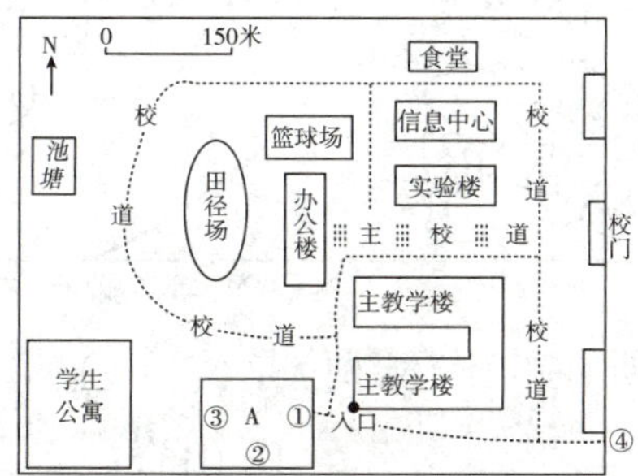

1. 芳芳同学下课后从主教学楼前往食堂吃饭，前进的主要方向是(　　)

A. 向东

B. 向南

C. 向西

D. 向北

2. 主教学楼下建有地下停车场，近年来学校为了保障学生安全，实现人车分流，车辆从④处简易门出入，据图测算从简易门到地下停车场入口的距离约为(　　)

A. 100米

B. 300米

C. 500米

D. 700米

徐州市某中学学生小明到北京开展研学活动。读小明绘制的“南锣鼓巷考察线路简图”，回答3～4题。

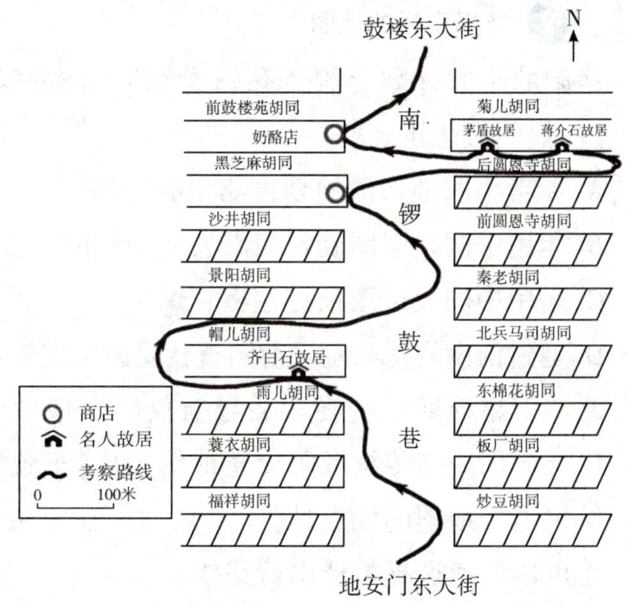

3. 下列描述正确的是(　　)

A. 菊儿胡同位于南锣鼓巷最南端

B. 南锣鼓巷沿南北向延伸

C. 考察路线经过了四处名人故居

D. 齐白石故居位于茅盾故居的东北方向

4. 若茅盾故居到奶酪店的图上距离是2厘米，则两地间实地距离是(　　)

A. 2千米　B. 100米　C. 200米　D. 1 000米

5. 郑州市动物园位于花园路上，正门朝西。小明在参观完郑州动物园后需乘坐地铁前往郑州东站。下图为郑州市地铁线路局部示意图。读图完成下列问题。

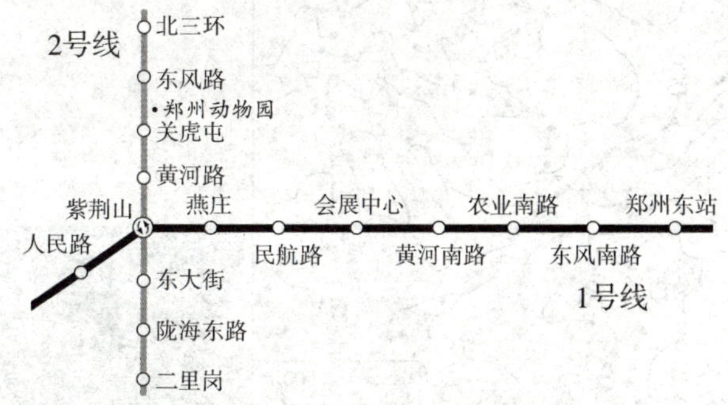

(1) 小明从郑州动物园出来后，应该朝________(填方向)行走，可到达最近的________号线的________站(地铁站名)乘坐地铁。

(2) 要到达郑州东站，小明还需在________站(地铁站名)下车，换乘________号线。

考点2 选择合适的地图

1. 洛阳的小方计划暑假去郑州参观河南省博物院,他的做法正确的是(　　)

A. 参考中国地形图规划去郑州的行程

B. 运用中国政区图确定河南省博物院的位置

C. 运用中国政区图预订住宿宾馆

D. 通过河南省博物院导游图查找要游览的景点

2. 北斗卫星导航系统在车载导航仪电子地图中广泛应用。与传统纸质交通地图相比,车载导航仪电子地图的优点是(　　)

①可以快速选择最佳出行路线

②能实时查看所在位置和行驶路线

③可随意调整图幅大小

④可随意改变比例尺大小

A. ①②③　B. ①③④　C. ②③④　D. ①②④

考点3 等高线地形图的判读及应用

长城是中国古代军事防御工程,由城墙、敌楼、关城、烽火台等多种防御工事组成。“筑长城,因地形,用制险塞”。关城是长城防御建筑体系的重要组成部分,其位置至关重要。读某地长城景区等高线地形图及关城景观图,完成1~3题。

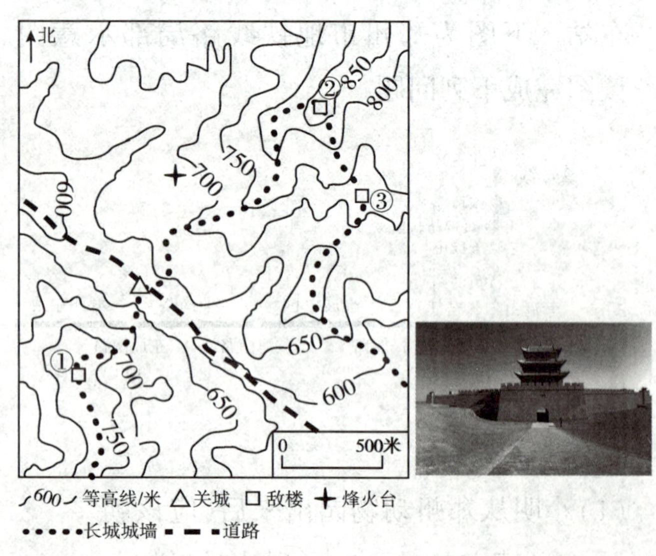

1. 图中长城大部分位于(　　)

A. 山脊　B. 山谷　C. 鞍部　D. 陡崖

2. 图中不能看到烽火台的地点是(　　)

A. 敌楼①　B. 敌楼②　C. 敌楼③　D. 关城

3. 关城选址在图示位置的主要原因是(　　)

A. 地形平缓,方便施工

B. 山体阻挡,利于防守

C. 邻近道路,生活便利

D. 交通要道,容易发现

下图为嵩山地区等高线地形图。据此完成4~6题。

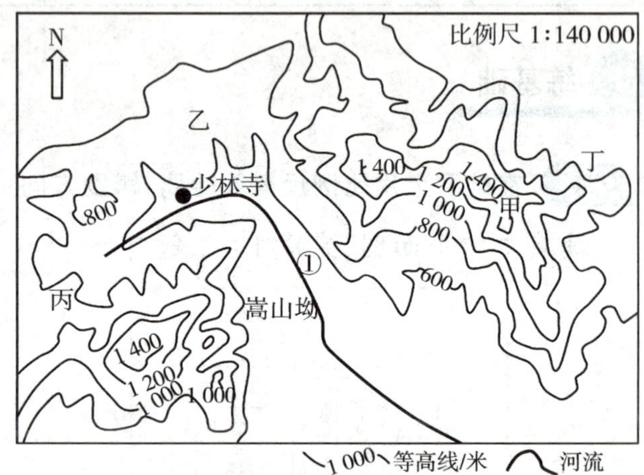

4. 嵩山坳所在的山体部位是(　　)

A. 山谷　　B. 山脊

C. 鞍部　　D. 陡崖

5. 图中能观赏到美丽日出景观的是(　　)

A. 甲　B. 乙　C. 丙　D. 丁

6. 图中河流①段主要流向是(　　)

A. 自西南向东北　　B. 自东北向西南

C. 自西北向东南　　D. 自东南向西北

阿土列尔村位于四川省凉山彝族自治州,是一个位于悬崖上的村庄。该村脱贫的故事展现了精准扶贫的可持续发展之路。下面图1为阿土列尔村周边等高线地形图,图2为阿土列尔村学生攀爬藤梯去上学的图片。读图,完成7~8题。

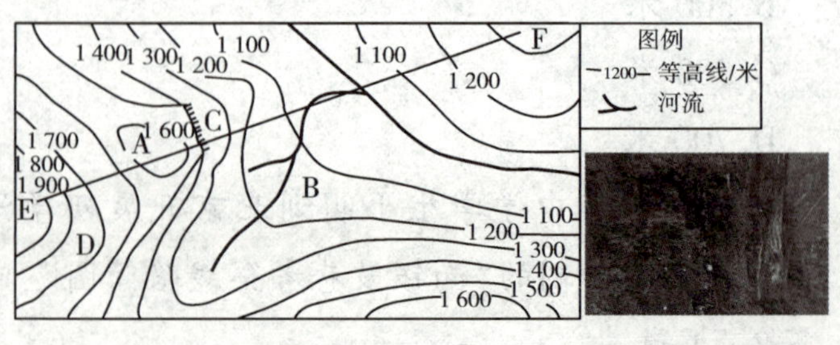

图1　　图2

7. 学生上学途中需要攀爬的藤梯位于图 1 中（　　）

A. A 地　　B. B 地

C. C 地　　D. D 地

8. 同学们手绘了图 1 中沿 EF 线的剖面图，下列剖面图中最接近实际的是（　　）

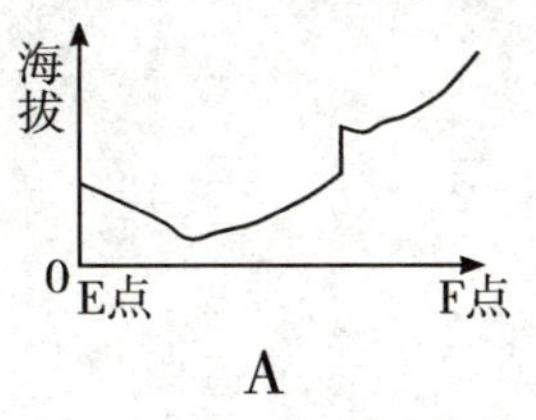

A

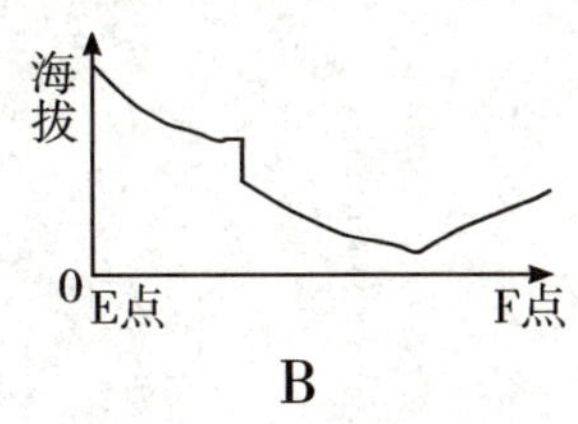

B

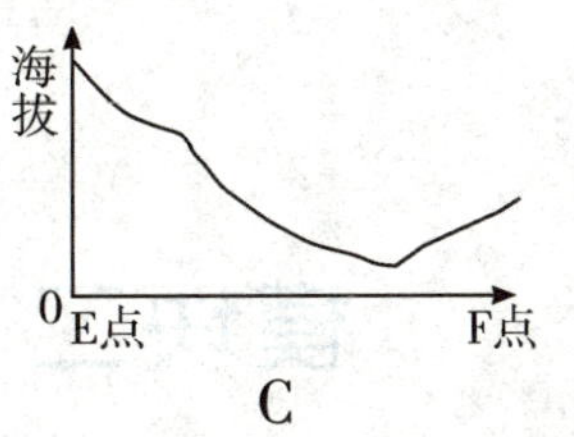

C

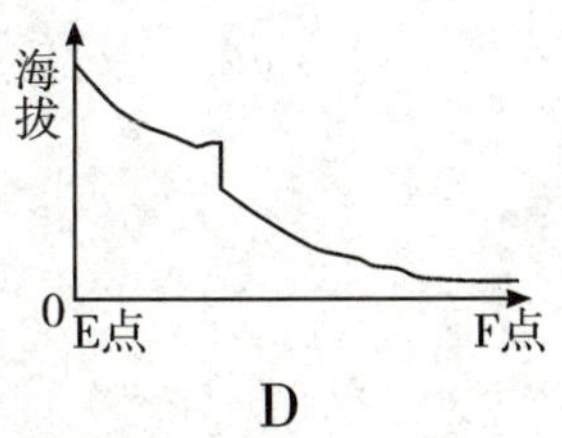

D

请完成"夯实基础过中考"P8

模块二　世界地理

第一单元　海洋与陆地

课标导航及中考目标

课标要求	中考目标
运用地图和数据，说出地球表面海、陆所占比例，描述海陆分布特点。	1. 在地图上识别海洋与陆地，根据所给资料，描述地球表面海洋与陆地所占的比例及分布特点。 2. 在地图上识别大陆和大洋，主要的岛屿、半岛、群岛、海、海峡等。
运用世界地图说出七大洲、四大洋的分布。	1. 通过世界地图掌握七大洲的轮廓，在地图上准确迅速找到七大洲、四大洋的位置。 2. 在世界地图上，找出大洲之间的分界线。
举例说明地球表面海洋和陆地处在不断的运动和变化之中。	1. 举例说明地球表面海陆处在不断的运动和变化之中，知道地球上海洋变陆地、陆地变海洋的实例。 2. 说出大陆漂移假说的基本观点，并用大陆漂移说解释地理现象。
知道板块构造学说的基本观点，说出世界著名山系及火山、地震分布与板块运动的关系。	1. 说出板块构造学说的基本观点，能在地图上识别六大板块和板块的交界地带。 2. 能够运用板块构造理论解释世界著名山系及火山、地震的分布。

学基础

一、大洲和大洋

(一)海陆分布

1. 地球海陆构成比例

地球表面__________是海洋，陆地面积仅占________。(七分海洋，三分陆地)

2. 海陆分布的总体特征

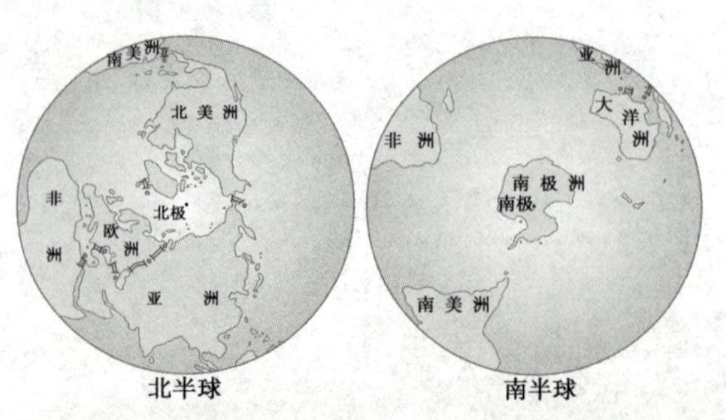

(1)从南北半球看，陆地主要分布在___________，海洋多集中于__________；从海陆分布

看，无论南北半球，都是海洋面积________陆地面积；北极周围是一片海洋——________，南极周围却是一块陆地——________。

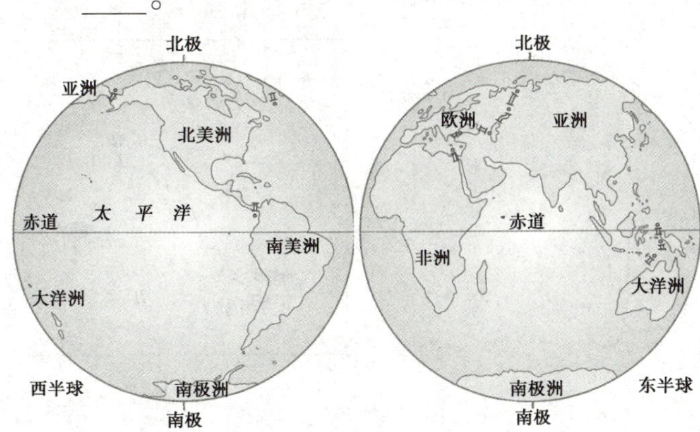

(2)从东西半球看，陆地主要分布在__________，海洋主要分布在__________；无论东西半球，海洋面积均大于陆地面积。

(3)陆半球和水半球：从陆半球和水半球看，陆半球是陆地分布最集中的半球，陆地面积占48%；水半球是海洋分布最集中的半球，海洋面积占90%。

(二)七大洲和四大洋

1. 基本概念

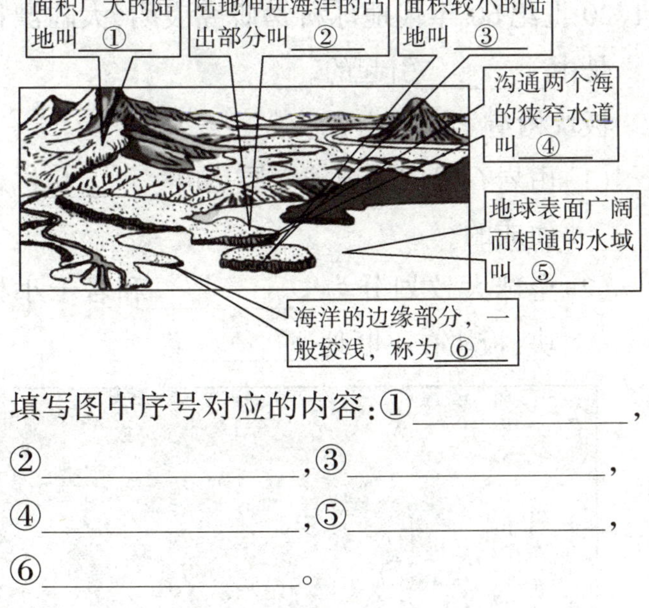

填写图中序号对应的内容：①__________，②__________，③__________，④__________，⑤__________，⑥__________。

2. 名称与分布

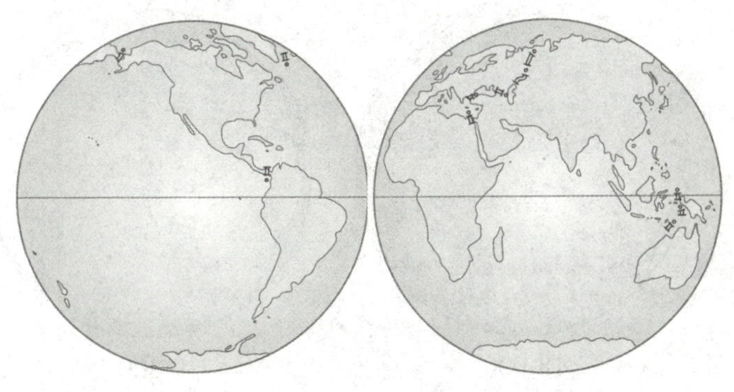

(1)将下列七大洲的代号填写在图上。

A 亚洲　B 非洲　C 南美洲　D 南极洲　E 大洋洲　F 北美洲　G 欧洲

(2)将下列四大洋的代号填写在图上。

①太平洋　　②印度洋

③大西洋　　④北冰洋

3. 七大洲的面积和轮廓。全球陆地分为七个大洲，面积由大到小依次为：________、非洲、________、南美洲、南极洲、________和大洋洲。

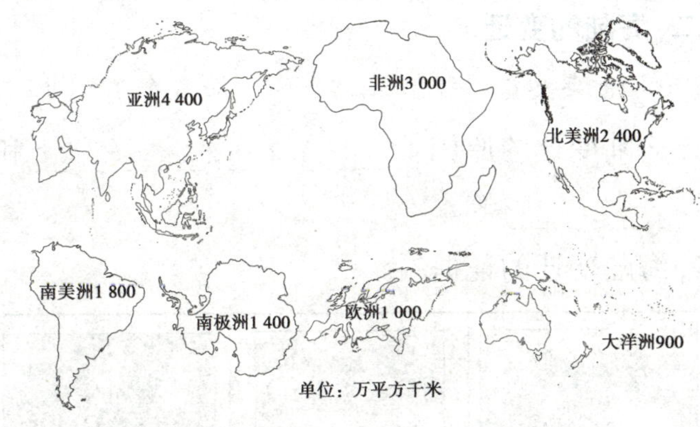

4. 大洲的分界线

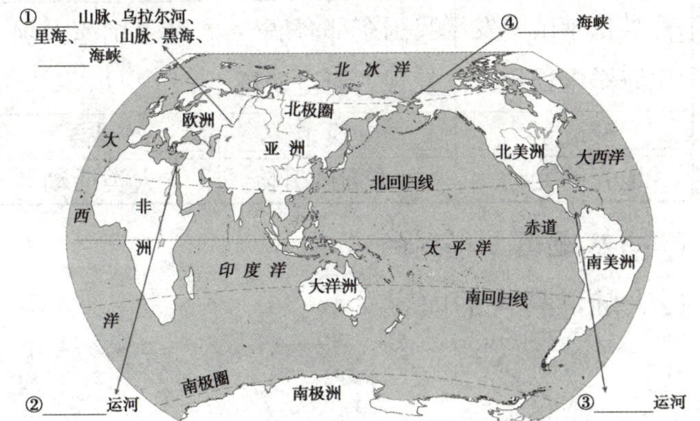

5. 四大洋的形状及大小

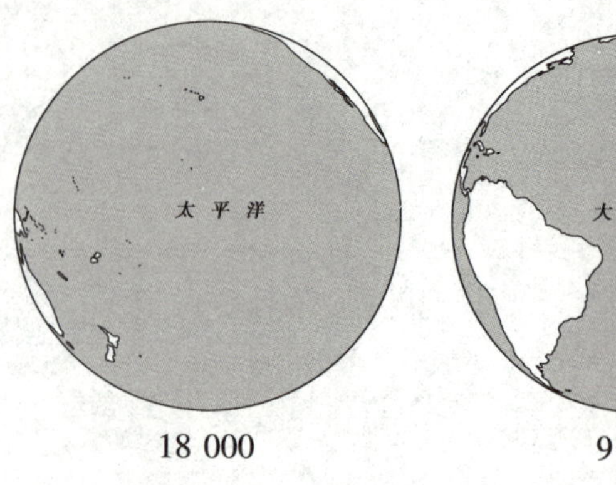

18 000　　9 300

7 500　　1 300

单位:万平方千米

按照面积大小依次是:__________、__________、__________、__________。

二、海陆的变迁

(一)沧海桑田

1. 海陆变迁的原因:__________、__________和__________等。

2. 海陆变迁的证据

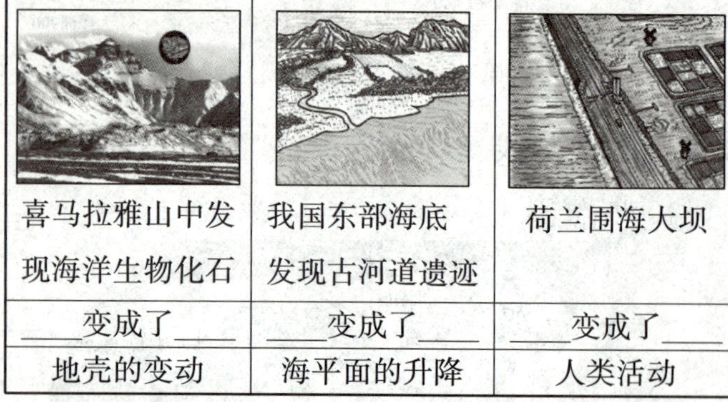

喜马拉雅山中发现海洋生物化石	我国东部海底发现古河道遗迹	荷兰围海大坝
____变成了____	____变成了____	____变成了____
地壳的变动	海平面的升降	人类活动

(二)从地图上得到的启示

1. 大陆漂移说的内容

2亿年前

6 500万年前

现在

两亿年前,各大洲是相互连接的__________,后来原始大陆缓慢漂移分离,逐渐形成了今天__________的分布状况。

2. 大陆漂移说的证据

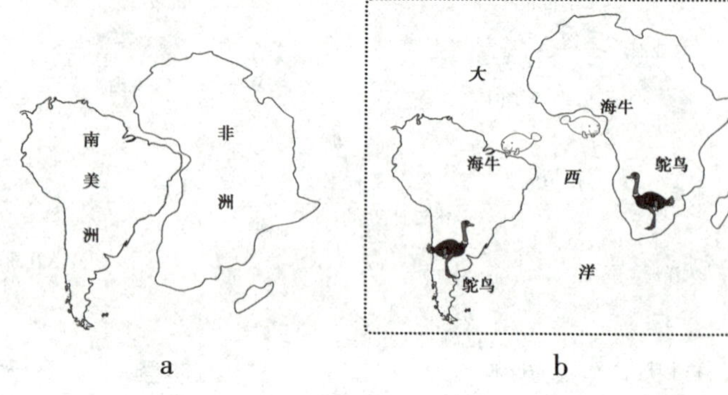

a　　b

c

(1)大西洋两岸大陆________相吻合。

(2)非洲和南美洲________的相似性。

(3)南美洲和非洲__________的相似性。

(三)板块的运动

1. 20世纪60年代地球科学研究表明,大陆漂移是由________引起的。

2. 板块构造学说的内容

(1)由岩石组成的地球表层是由________拼合而成的。

(2)全球大致划分为__________和若干小板块,板块在不断地________着。

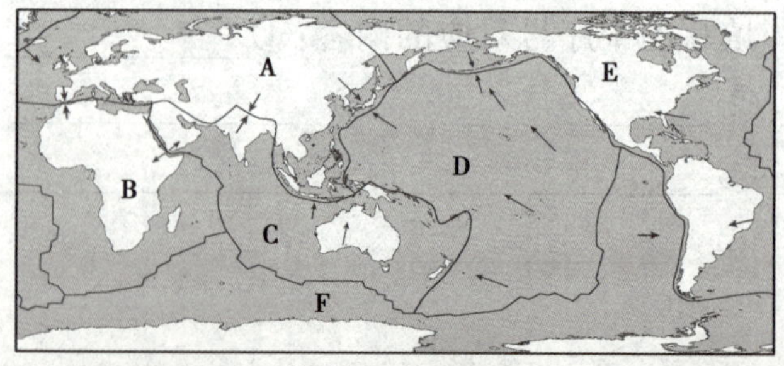

填写图中字母代表的板块:

A ____________　B ____________

C ________　D ________

E ________　F ________

(3)一般来说，________地壳比较稳定；________的地带，地壳比较活跃。

(4)世界上的火山、地震集中分布在________的地带。

3. 板块运动的影响

(1)板块运动对地球面貌的影响

运动形式	产生结果
________运动	常常形成________或________
碰撞挤压运动	在陆地常常形成________

(2)火山、地震的分布

世界上火山与地震活动最剧烈的地方，主要位于两大地带。一是________火山地震带，二是横贯欧洲南部到亚洲的________火山地震带。

练基础

考点 1　海陆的分布

读世界海陆分布图，完成 1 ~ 3 题。

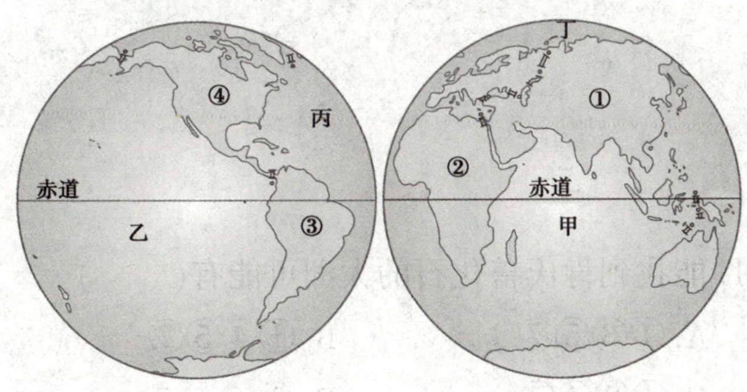

1. 世界上最大的大洲和最大的大洋分别是(　　)

A. ①和乙　　B. ②和丙

C. ③和丁　　D. ④和甲

2. 能正确反映地球表面海陆面积比例的是(　　)

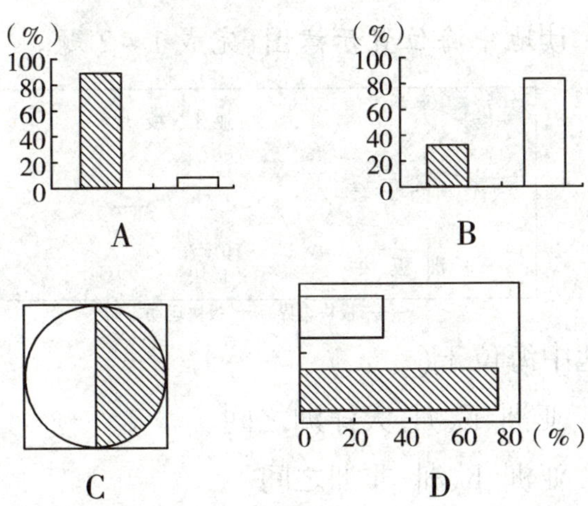

3. 陆半球是指陆地面积最大的半球，关于陆半球的说法正确的是(　　)

A. 陆地面积大于海洋面积

B. 海洋面积大于陆地面积

C. 陆地面积集中在南半球

D. 陆地连为一体，海洋被陆地分割

2022 年 3 月 23 日，神舟十三号乘组航天员在中国空间站开讲“天宫课堂”第二课，全国各地学生同步感受宇宙魅力。据此完成 4 ~ 5 题。

4. 宇航员从空间站可以看到(　　)

①地球是一个球体

②地球是蔚蓝色的

③城市的点点灯光

④地球表面的经纬网

A. ①②③　　B. ①②④

C. ①③④　　D. ②③④

5. 宇航员从空间站看到的地球以蓝色为主，是由于(　　)

A. 湖泊面积大，占地球表面 71%

B. 海洋面积大，占地球表面 71%

C. 陆地面积大，占地球表面 71%

D. 森林面积大，占地球表面 71%

考点2 七大洲、四大洋的分布

读地中海位置示意图，完成1~2题。

1. 地中海位于(　　)
   A. 亚洲、欧洲、大洋洲之间
   B. 亚洲、欧洲、非洲之间
   C. 北美洲、南美洲、非洲之间
   D. 北美洲、南美洲、大洋洲之间
2. 现代测量表明，目前地中海的面积在不断缩小，原因是地中海(　　)
   A. 所处板块发生张裂
   B. 所处板块发生碰撞挤压
   C. 处于板块内部，地壳稳定
   D. 蒸发旺盛，海平面下降

读麦哲伦船队环球航行路线图，回答3~4题。

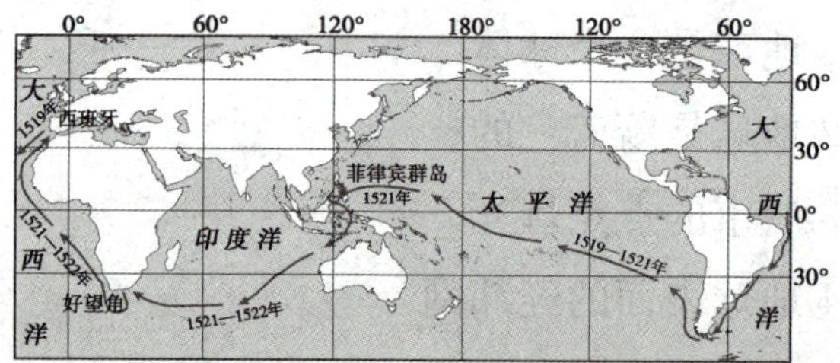

3. 麦哲伦船队途中先后经过的大洋是(　　)
   A. 太平洋、大西洋、印度洋
   B. 大西洋、太平洋、印度洋
   C. 太平洋、印度洋、大西洋
   D. 大西洋、印度洋、太平洋
4. 下列对应关系正确的是(　　)
   A. 苏伊士运河—非洲、欧洲分界线
   B. 直布罗陀海峡—亚洲、非洲分界线
   C. 白令海峡—亚洲、大洋洲分界线
   D. 巴拿马运河—南、北美洲分界线
5. 白令海峡为(　　)
   A. 北美洲与南美洲的分界线
   B. 亚洲与非洲的分界线
   C. 北美洲与欧洲的分界线
   D. 亚洲与北美洲的分界线

考点3 板块运动

肯氏兽的化石在中国、南非以及美洲大陆等地都有发现。肯氏兽是三叠纪时期中国北方陆生四足动物的代表，现在它们的化石远隔重洋。读肯氏兽图片和大洲轮廓图，完成1~2题。

1. 能找到肯氏兽化石的大洲可能有(　　)
   A. ①③⑤⑦　　B. ①④⑤⑦
   C. ①②④⑦　　D. ①⑥⑤⑦
2. 肯氏兽的化石远隔重洋，可以用于证明(　　)
   A. 气候的变化
   B. 大陆漂移
   C. 远古时期动物大迁徙
   D. 海平面下降

读世界板块分布局部示意图和印度尼西亚默拉皮火山喷发景观图,完成3~5题。

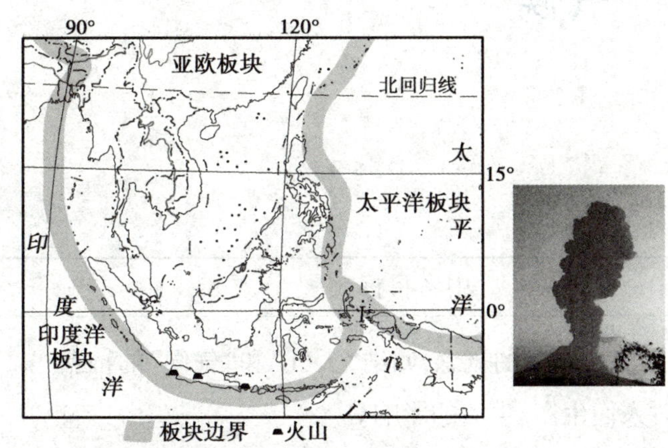

3. 印度尼西亚位于亚洲( )

A. 东北部　B. 东南部

C. 西北部　D. 西南部

4. 默拉皮火山位于( )

A. 印度洋板块与亚欧板块交界处

B. 亚欧板块与太平洋板块交界处

C. 太平洋板块和印度洋板块交界处

D. 板块的内部,地壳运动活跃

5. 印度尼西亚有"火山之国"之称。许多农民选择到火山附近耕种,原因是( )

A. 温泉众多,是疗养胜地

B. 欣赏壮丽的火山爆发景观

C. 气候凉爽,适宜居住

D. 土壤肥沃,利于农作物生长

请完成"夯实基础过中考"P14

第二单元 气候

课标导航及中考目标

课标要求	中考目标
区分“天气”和“气候”的概念，并能正确运用。	1. 说出“天气”与“气候”的概念，归纳“天气”和“气候”的特点。 2. 说出天气对人们生产、生活的影响。
识别常用的天气符号，能看懂简单的天气图。	通过收看天气预报，识别常用的天气符号，看懂简单的天气图。
用实例说明人类活动对空气质量的影响。	用实例说明人类活动对空气质量的影响，提升环保意识，养成爱护环境的行为习惯。
阅读世界年平均和 1 月、7 月平均气温分布图，归纳世界气温分布特点。	根据世界年平均气温分布图及 1 月、7 月平均气温分布图，总结气温的分布规律。
阅读世界年降水量分布图，归纳世界降水分布特点。	根据世界年平均降水量分布图，分析归纳世界降水量分布规律。
运用气温、降水量资料，绘制气温曲线图和降水量柱状图，说出气温与降水量随时间的变化特点。	1. 能说出气温的观测方法及有关气温的一些常见概念。 2. 学会运用气温资料，绘制气温曲线图，并总结气温随时间的变化特点。 3. 知道降水的形式以及降水量的测量方法。 4. 运用降水资料，绘制降水量柱状图，并归纳降水量随时间变化的特点。
运用世界气候类型分布图说出主要气候类型的分布。	1. 在世界气候分布图上指出主要气候类型的分布地区。 2. 能够根据资料分析某地的气温和降水的季节变化特点，概括该地的气候特征。
举例说明纬度位置、海陆分布、地形等因素对气候的影响。	通过分析材料，能够说出纬度位置、海陆位置、地形等因素对某地气候的影响，比较分析影响两地气候差异的主要因素。
举例说明气候对生产和生活的影响。	根据图文材料，能分析出不同地区的气候差异导致人类活动的差异，同一地区不同季节人们的生产、生活差异。

学基础

一、多变的天气

(一)天气及其影响

类别	天气	气候
概念	一个地区________里的大气状况	一个地区________的天气平均状况
区别	时刻在变化,持续时间________	具有一定特征,一般变化________
描述	晴朗、多云、狂风暴雨等	四季如春,全年高温多雨等

(二)明天的天气怎么样

1. 天气预报

(1)天气预报内容:一日或几日内________、风、________和降水等的情况。

(2)风向:风的________。

(3)风力:风的________,共分18级。级数越大,风力________。在下图横线上填出风的级别及风向。

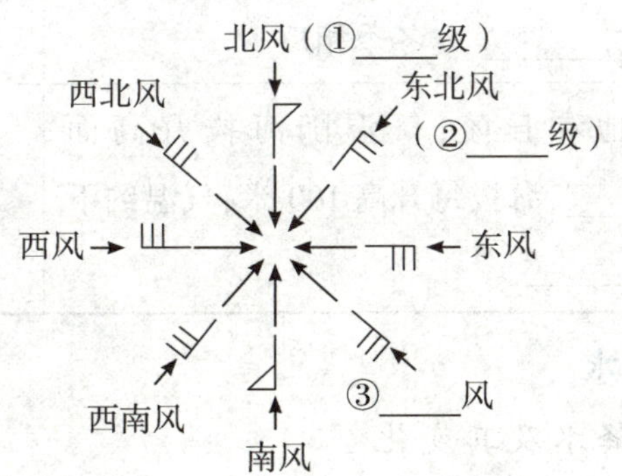

2. 卫星云图

(1)卫星云图的判读:绿色表示________,蓝色表示海洋,白色表示________。云的颜色越白,表示云层越________,云层厚的地方一般是________区。

(2)常用的天气符号

晴	①____	阴	小雨
中雨	大雨	暴雨	②____
台风	③____	小雪	中雪
大雪	④____	⑤____	霜冻
⑥____	霾		

(三)我们需要洁净的空气

1. 空气质量

(1)空气质量的高低,可以用______________来表示。

(2)空气质量指数________,表明空气清新,对人体健康有利;空气质量指数________,表明空气污浊,对人体健康有害。

2. 影响空气质量的因素

(1)自然因素:气压的高低、_______的大小等。

(2)人类活动:汽车________、工业废气、焚烧秸秆等。

3. 治理措施:使用清洁能源;植树造林,绿化环境;低碳生活,绿色出行等。

二、气温

(一)气温的变化

1. 气温的观测

定义	大气的温度
单位	________(℃)
观测工具	________、最高温度表、最低温度表
观测时间	一日4次,即北京时间8时、14时、20时、2时
观测求值	日平均气温指一天中不同时间气温值的平均数,用类似的方法,可以求得一个月或一年的平均气温

2. 气温在不断变化

(1) 气温日变化

气温日较差 = 一天中最高气温 - 一天中最低气温。

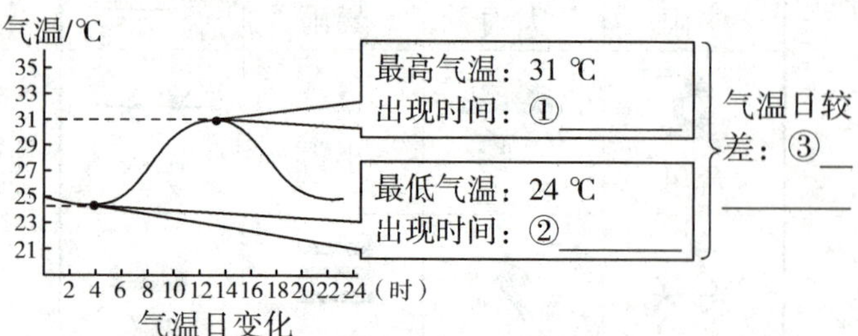

气温日变化

(2) 气温年变化

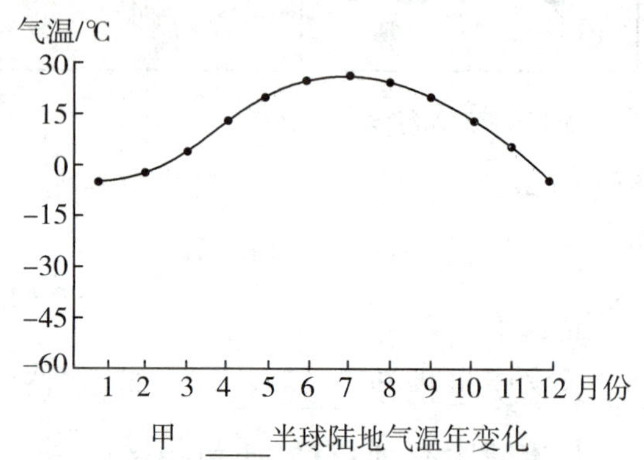

甲 ____半球陆地气温年变化

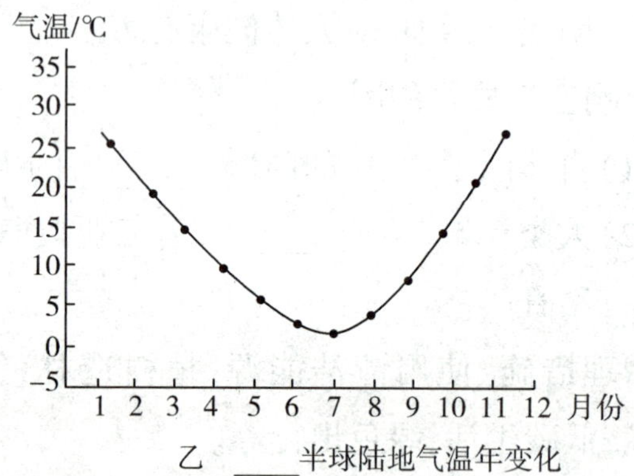

乙 ____半球陆地气温年变化

	北半球陆地	北半球海洋	南半球陆地	南半球海洋
月平均气温最高值	7月	____月	1月	____月
月平均气温最低值	____月	2月	____月	8月
气温年较差 = 一年中______气温 - 一年中______气温				

(二) 气温的分布

1. 等温线

(1) 等温线：同一条等温线上各点的气温______。

(2) 判读

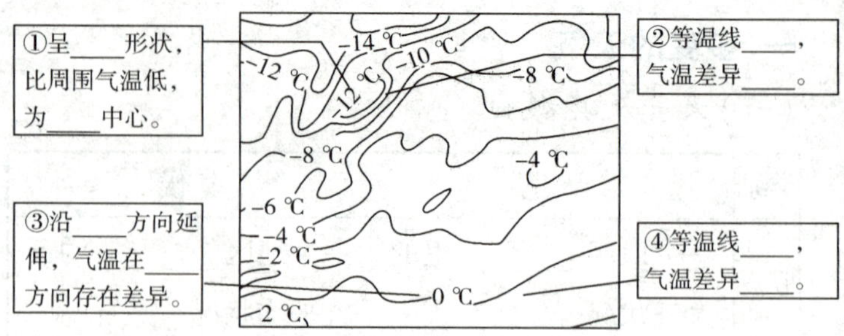

2. 世界气温的分布

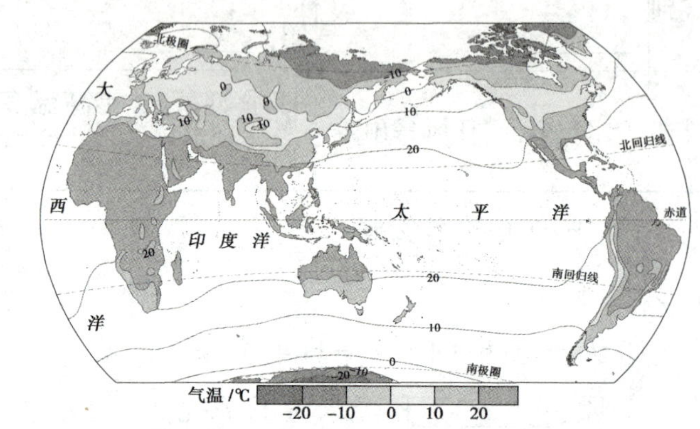

气温分布规律	影响因素
低纬度气温________，高纬度气温________	________
同纬度地带，夏季陆地气温________，海洋气温________，冬季相反	________
在山地和丘陵，气温随海拔升高而________，海拔每升高100米，气温约下降________	________

三、降水

(一) 降水及其变化

1. 降水的定义：从大气中降落的________等，统称为降水。其中________是降水的主要形式。

2. 降水量的测量：基本工具是________，单位是________。

3. 降水的变化

(1) 季节变化

①根据下表所示资料，把乙图中空缺月份的降水量柱状图补充完整。

月份	降水量/毫米
6	105
7	245
8	285

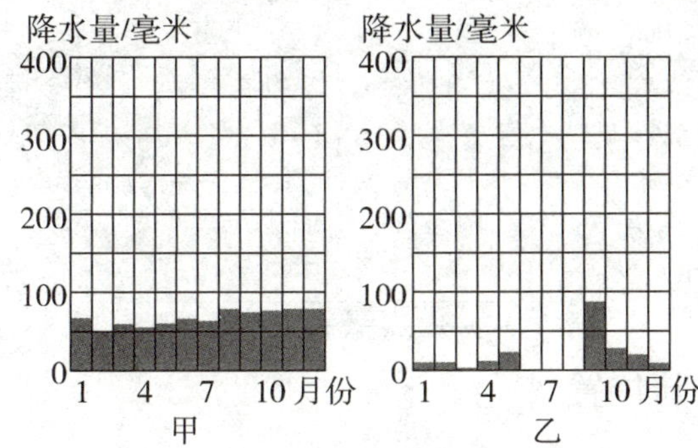

②分配特点：甲图对应地区降水量季节分配比较________，乙图对应地区降水量季节差异________。

(2)年际变化：同一地区，不同年份的降水量也有差别。

(二)降水的分布

1. 表示形式：通常用等降水量线图表示。

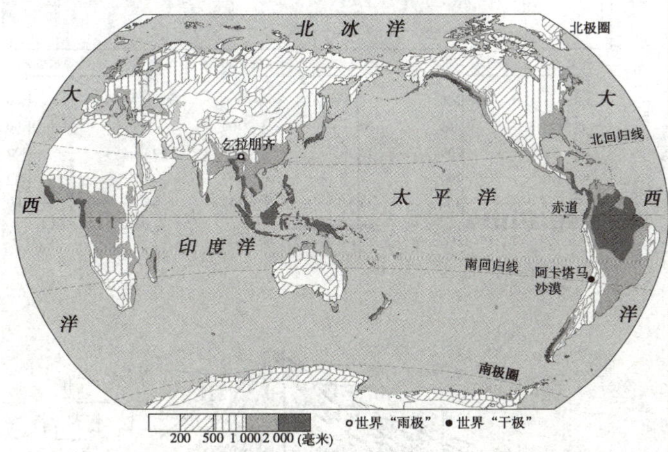

(1)在图中描出年降水量在 2 000 毫米以上和 200 毫米以下的区域。

(2)世界的"雨极"是________，世界的"干极"是________。

2. 分布规律

(1)赤道附近地带降水________，两极地区降水________。

(2)南、北回归线两侧，大陆西岸降水________，大陆东岸降水________。

(3)中纬度沿海地区降水________，内陆地区降水________。

(4)山地的迎风坡降水________，背风坡降水________。

四、世界的气候

(一)气候的地区差异

1. 气候的两大要素：________和________。

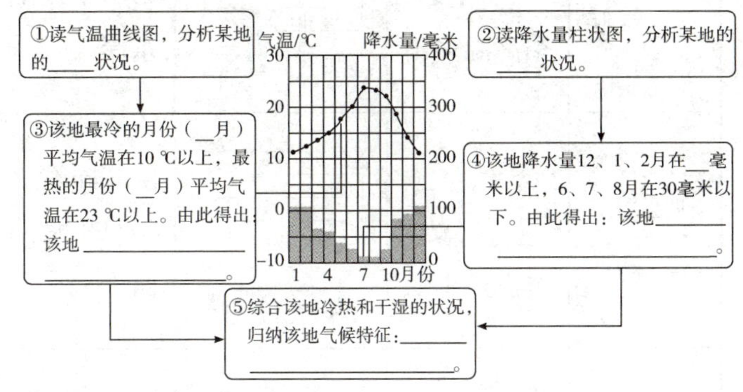

2. 气候地区差异很大

(1)赤道附近终年________。

(2)寒带地区长冬无夏，________。

(3)沙漠地区________。

(4)温带地区亚欧大陆西岸全年________，东岸夏季________，冬季________。

(二)世界主要气候类型的分布及特征

气候类型	气候特点	图示	分布地区
A____气候	全年高温多雨		赤道附近地区
B____气候	全年高温，一年分__ ____两季		热带雨林气候区的南北两侧
C____气候	全年高温，一年分____两季		10° N ~ 北回归线的大陆东岸

（续表）

气候类型	气候特点	图示	分布地区
D____气候	全年炎热少雨		南北回归线～南北纬30°的大陆内部和西岸
E____ ____气候	冬季____ ____，夏季高温多雨		南北纬25°～35°的大陆东岸
F____ ____气候	冬季____ ____，夏季炎热干燥		南北纬30°～40°的大陆西岸
G____ ____气候	夏季高温多雨，冬季寒冷干燥		北纬35°～50°的亚欧大陆东岸
H____ 气候	全年温和湿润		南北纬40°～60°的大陆西岸
I____ 气候	冬冷夏热，干旱少雨		南北纬40°～60°的大陆内部
J寒带气候	全年寒冷，降水稀少		极圈以内
K____气候	气候垂直变化明显		海拔较高的高山、高原地区

（三）影响气候的主要因素

1. 纬度位置

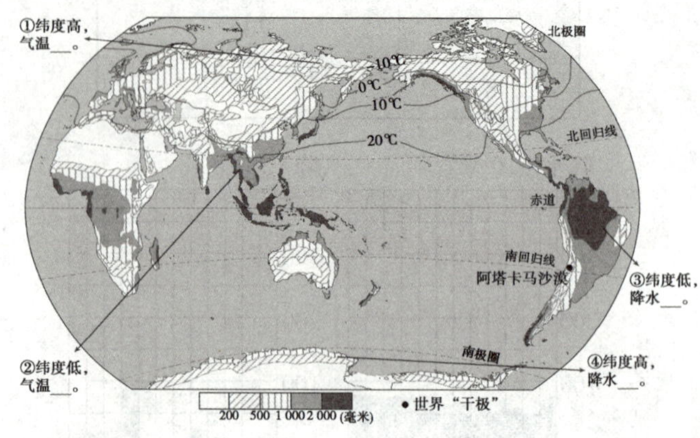

2. 海陆位置

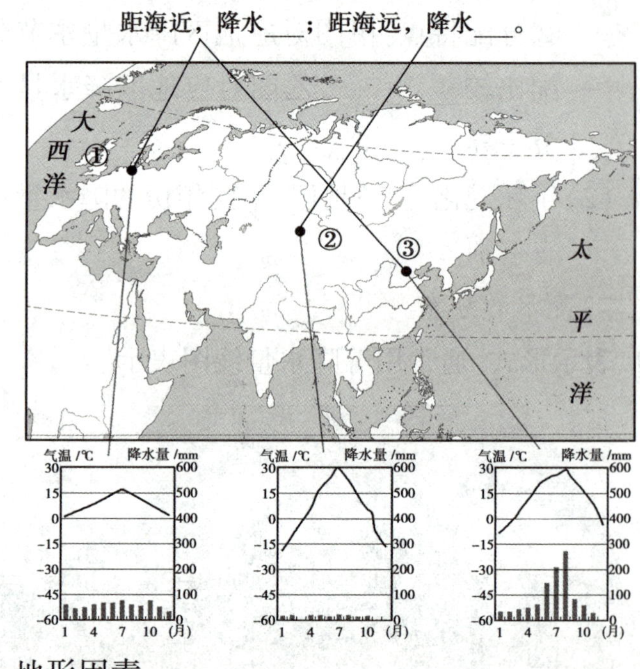

3. 地形因素

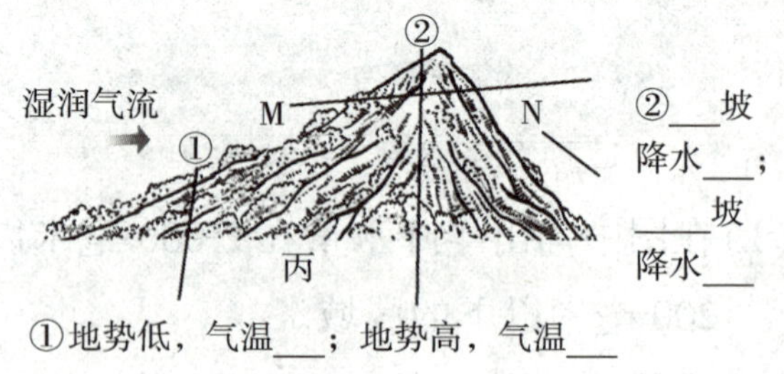

（四）气候与人类活动

1. 气候对人类活动的影响

（1）气候与人们的________关系密切。影响着人类的服装、饮食等。

（2）气候影响人类的生产活动，对________的影响最显著。

(3)气候会发生异常变化,会给人类的生产和生活带来危害,从而产生________。

2. 人类活动影响气候

(1)________会改善局地气候。

(2)______会导致局地甚至全球气候的恶化。

3. 全球气候变暖

(1)人为原因:燃烧煤、________等,大量排放二氧化碳;砍伐森林,________森林对二氧化碳的吸收。

(2)危害:气温上升,________地区冰雪融化,海平面上升,________可能被淹没。

练基础

考点1 天气及其影响

某学校计划举行户外研学活动,同学们查询了近期的天气情况,如下表所示。据此完成1~3题。

日期	12月10日	12月11日	12月12日	12月13日
气温	2~9 ℃	6~13 ℃	-2~8 ℃	0~11 ℃
天气	(雨)	(雨)	(多云)	(晴)
PM2.5	273	172	128	98

1. 与近期天气状况符合的是(　　)

A. 10日天气多雨,出门要戴好口罩

B. 11日气温骤降,出门需带好雨具

C. 12日天气晴朗,可适当减少衣物

D. 13日天气晴朗,气温日较差最大

2. 空气质量最差的一天是(　　)

A. 12月10日　　B. 12月11日

C. 12月12日　　D. 12月13日

3. 为改善空气质量,我们应(　　)

A. 户外烧烤

B. 燃烧秸秆

C. 共享单车出行

D. 燃放烟花爆竹

下图为春季某日我国东部一条经线附近地区的天气状况示意图。读图回答4~5题。

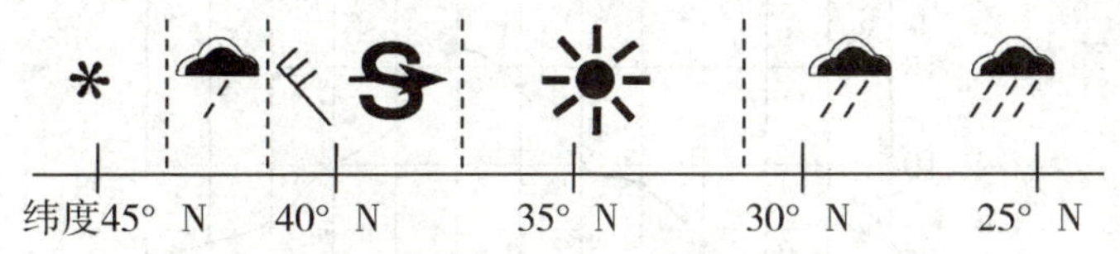

4. 40°N附近的天气状况是(　　)

A. 有微风和沙尘

B. 雨夹雪天气

C. 晴转多云天气

D. 出现沙尘暴、大风天气

5. 给图示30°N附近的人们的生活建议是(　　)

A. 适宜户外运动

B. 注意添衣防冻

C. 出行带好雨具

D. 做好防晒保护

考点2 气温的变化和分布

读北半球年平均气温分布图,完成1~3题。

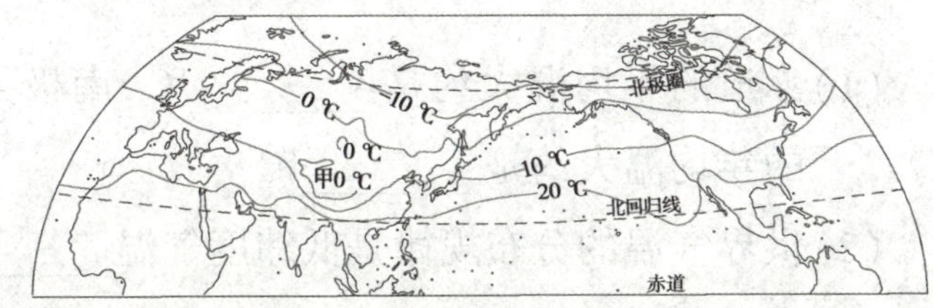

1. 北半球的气温分布规律是(　　)

A. 从南向北递减

B. 从北向南递减

C. 从东向西递减

D. 从东向西递增

2. 影响北半球气温分布的主要因素是(　　)

A. 纬度位置　　B. 海陆位置

C. 地形地势　　D. 人类活动

3. 甲地为低温中心,主要原因是(　　)

A. 纬度高　　B. 距海近

C. 深居内陆　　D. 海拔高

4. 同学们整理了11月某日郑州市整点的气温,并

绘制了气温日变化曲线,读图完成下列问题。

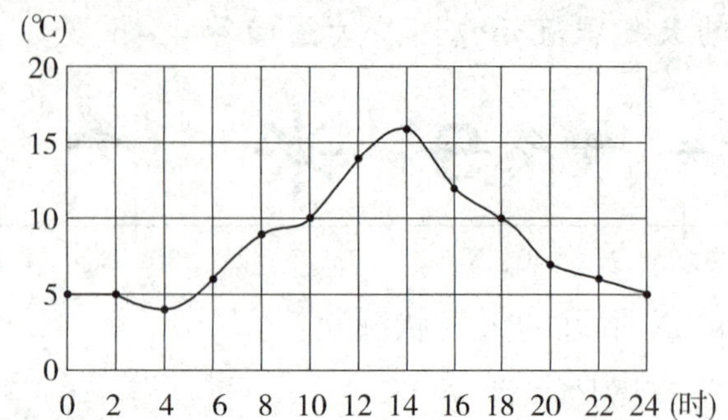

(1)该日最高温出现在________时左右,最低温出现在日出前后,当日的气温日较差为________。

(2)地理社团建议师生上学时穿着________(较厚/较薄)一些。

5. 读世界年平均气温分布示意图,完成下列问题。

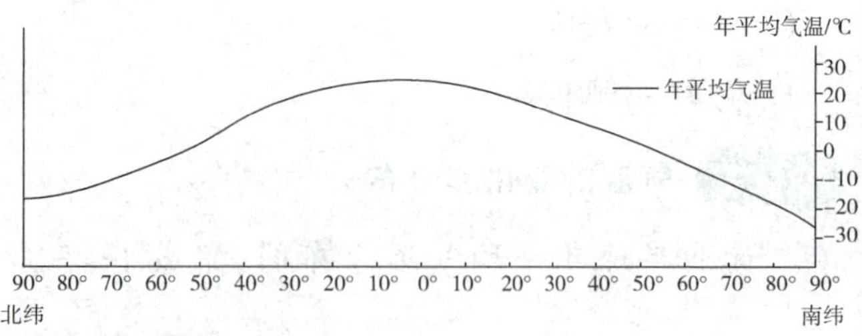

(1)赤道的年均温大约是________℃,南极点的年均温大约是________℃。

(2)世界气温的分布规律是低纬度气温__________,高纬度气温________。

(3)导致赤道和两极气温差异的主要因素是________。

考点 3 降水的变化和分布

读世界年降水量分布图,完成1~3题。

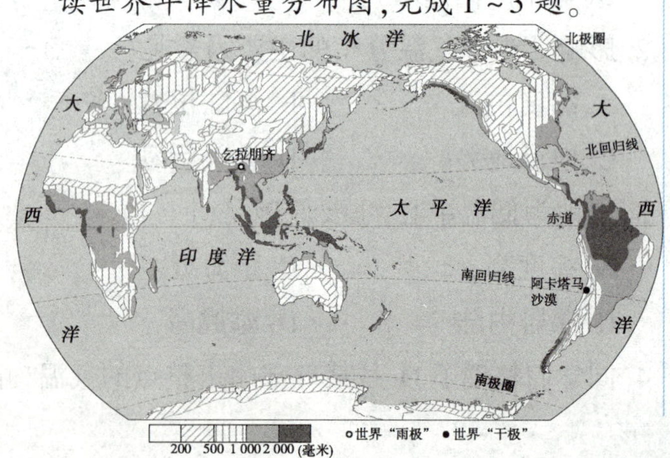

1. 世界年降水量最多的地区主要分布在(　　)

A. 赤道附近　　B. 沿海地区

C. 回归线附近　　D. 极地地区

2. 世界降水量分布的一般规律是(　　)

A. 大陆内部降水多

B. 从赤道向两极逐渐增多

C. 南北回归线附近大陆东岸降水少

D. 赤道附近降水多,两极地区降水少

3. 亚欧大陆内部降水量较少的主要原因是

A. 海拔高,水汽难以到达

B. 距海远,水汽难以到达

C. 气温高,难以形成降水

D. 植被少,降水难以存留

读世界某山脉东西两侧气候资料图,完成4~6题。

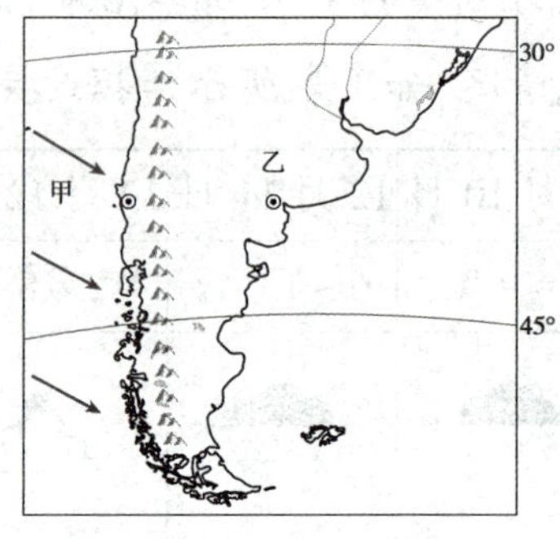

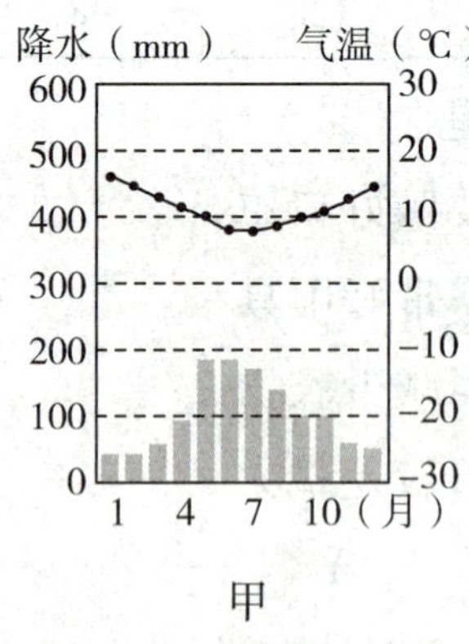

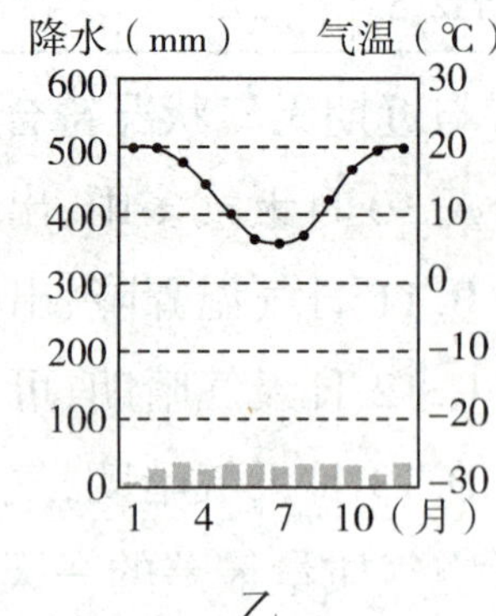

4. 甲、乙两地(　　)

A. 1月气温最高,位于南半球

B. 1月气温最低,位于南半球

C. 7月气温最高,位于北半球

D. 7月气温最低,位于北半球

5. 甲地的降水特点是(　　)

A. 夏季多雨　　　　B. 冬季多雨

C. 全年湿润　　　　D. 全年干燥

6. 与甲地相比,乙地(　　)

A. 位于迎风坡,降水多 B. 位于背风坡,降水少

C. 位于沿海,降水多　D. 深居内陆,降水少

考点 4 世界气候类型的分布

下图中阴影部分表示世界某种气候类型的分布。据此完成 1 ~2 题。

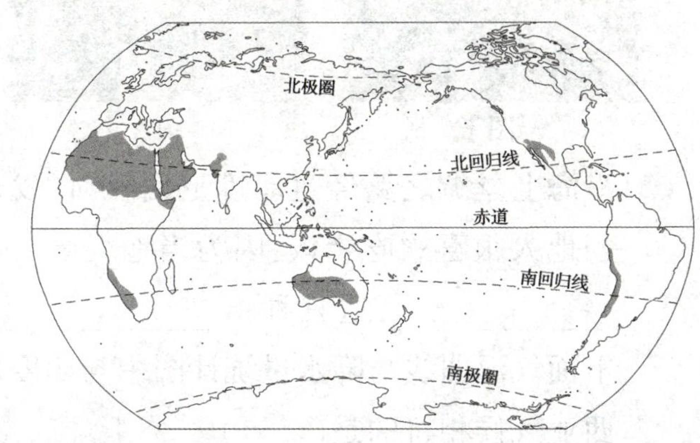

1. 该气候类型的名称是(　　)

A. 热带雨林气候　　B. 热带草原气候

C. 热带沙漠气候　　D. 地中海气候

2. 该气候区人口稀疏,主要的气候原因是(　　)

A. 终年高温多雨　　B. 终年炎热干燥

C. 终年酷寒烈风　　D. 终年酷寒干燥

3. 读亚洲气候类型分布图,完成下列问题。

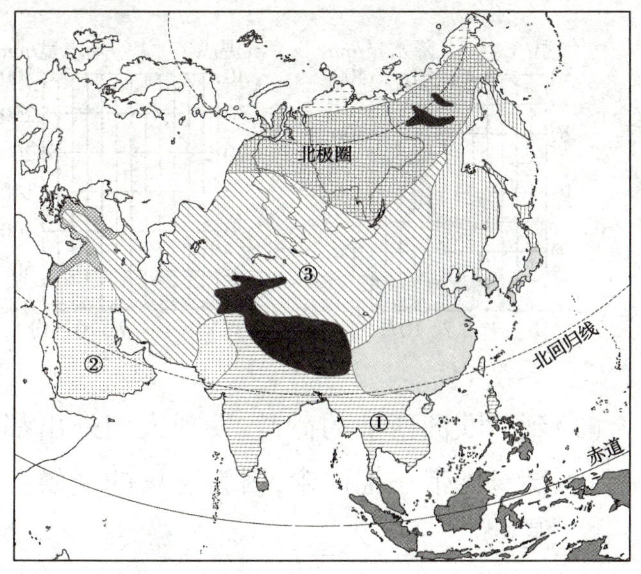

(1) 下列气候统计图中与 ②气候类型相符的是__________。

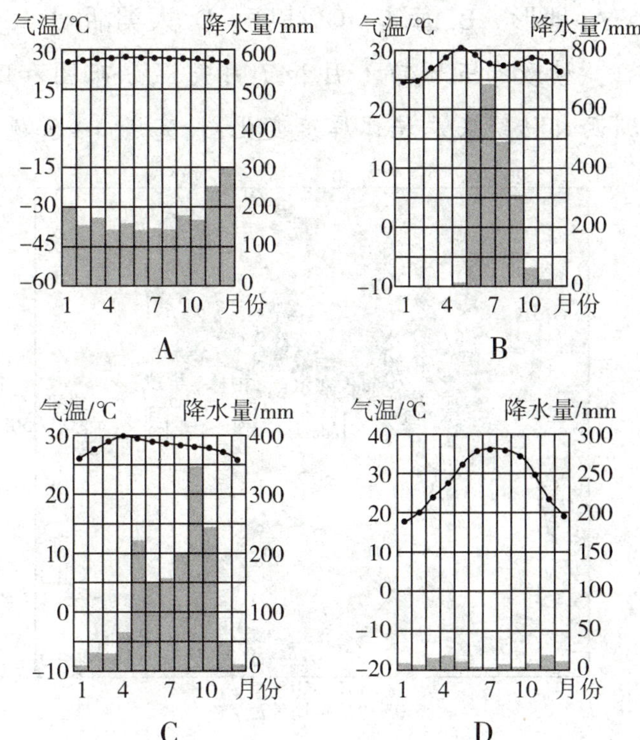

(2) 描述③气候类型的分布特点。

(3) 传统民居反映了当地的自然环境特点。与①②③三种气候类型分别对应的传统民居是__________、__________、__________。

甲　　　　乙　　　　丙

考点 5 影响气候的主要因素

右图示意某年 6 月 12 日河南省登封市区和登封嵩山风景区的天气预报。读图完成 1 ~2 题。

登封市区	嵩山风景区
12日	12日
27℃	21℃
20℃	14℃
微风	微风

1. 该日登封市的天气是(　　)

A. 晴天　　B. 阴天

C. 多云　　D. 晴转多云

2. 影响两地气温差异的主要因素是(　　)

A. 地形　B. 海陆　C. 纬度　D. 人类活动

读欧洲五城市1月和7月气温分布图和欧洲西部传统民居墙体厚度变化图，完成3~5题。

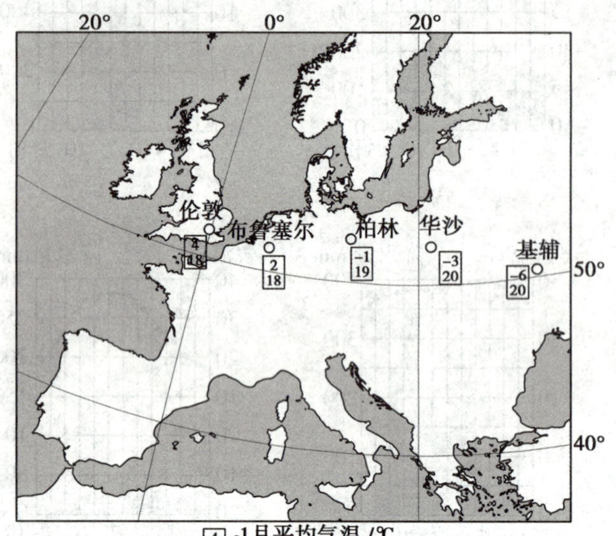

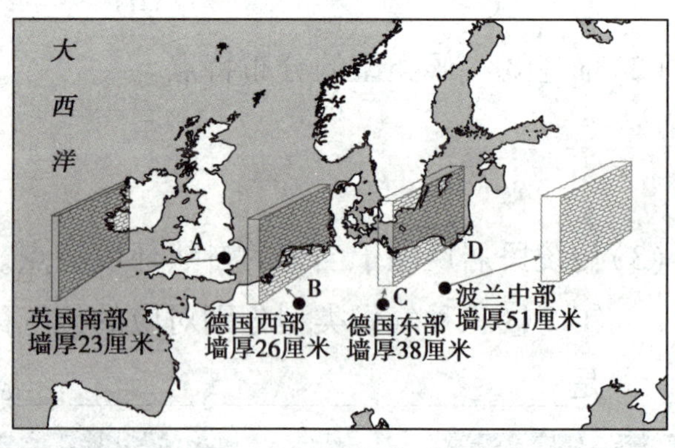

3. 图中1月平均气温最高的城市是(　　)

A. 伦敦　　B. 布鲁塞尔

C. 柏林　　D. 基辅

4. 影响伦敦和华沙1月平均气温差异的主要因素是(　　)

A. 纬度位置　　B. 海陆位置

C. 地形因素　　D. 人类活动

5. 图中欧洲西部传统民居墙体厚度随气温变化的原因及规律是(　　)

A. 温差变大，墙体变厚 B. 温差变大，墙体变薄

C. 降水增加，墙体变厚 D. 降水减少，墙体变薄

6. “一带一路”是“丝绸之路经济带”和“21世纪海上丝绸之路”的简称。它横跨东亚、西亚、欧洲，航渡东南亚、南亚、非洲，穿越四大文明古国。沿途国家风土人情各具特色。据此完成下列问题。

(1)“丝绸之路经济带”中，我国西安和哈萨克斯坦自然景观差异很大。下面图1为哈萨克斯坦景观图，图2为西安郊区景观图，造成这种景观差异的原因是________。

图1

图2

(2)沿海上丝绸之路经过印度尼西亚时，发现当地人很喜欢吃米饭，因为当地气候________，适宜种植________。下面气温曲线与降水量统计图中与印度尼西亚气候相符的是(　　)。

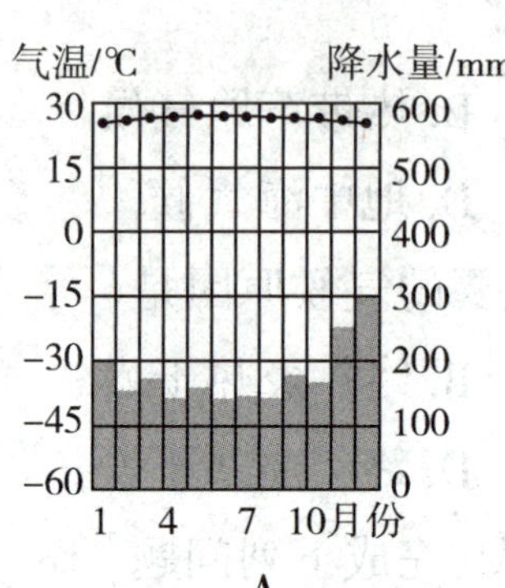

A

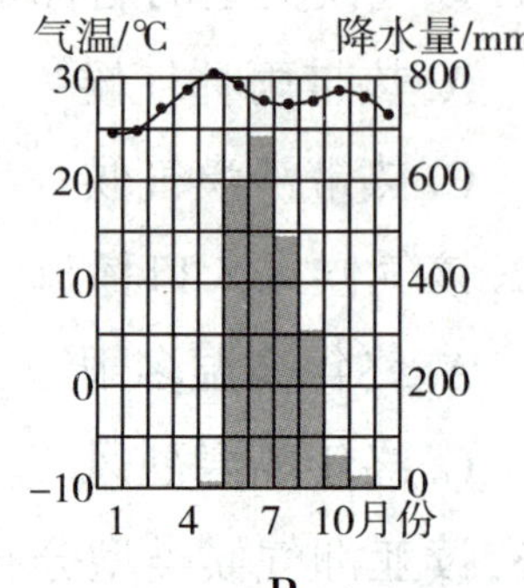

B

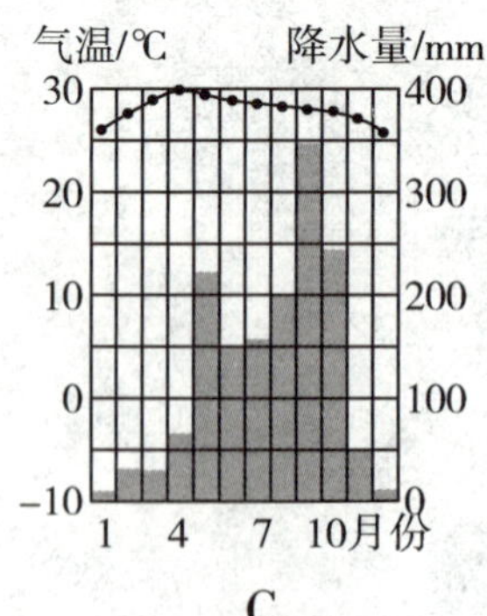

C

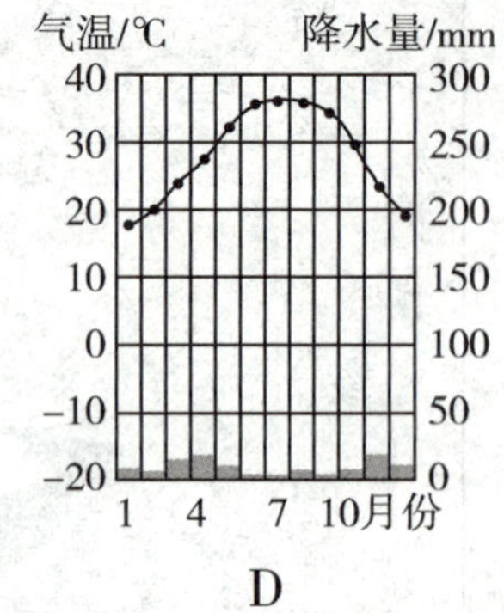

D

(3)到达欧洲西部的荷兰，发现人们外出都要随身携带一把雨伞，因为这里的气候特点是________。

请完成“夯实基础过中考”P18

第三单元　居民与聚落

课标导航及中考目标

课标要求	中考目标
运用地图和其他资料归纳世界人口增长和分布的特点。	1. 根据图文资料，分析说明世界人口增长的特点，比较不同国家和地区人口增长的快慢。 2. 说出世界人口分布的特点，并分析其成因。
举例说明人口数量过多对环境及社会、经济的影响。	结合相关材料，分析人口数量变化、人口增长快慢对社会、环境和经济的影响。
说出世界三大人种的特点，并在地图上指出三大人种的主要分布地区。	结合图文资料，说出世界三大人种的特点，并在地图上指出三大人种的主要分布地区。
运用地图说出汉语、英语、法语、俄语、西班牙语、阿拉伯语的主要分布地区。	读图说出汉语、英语、法语、俄语、西班牙语、阿拉伯语的主要分布地区。
说出世界三大宗教及其主要分布地区。	根据图文材料说出世界三大宗教主要分布地区及建筑特点。
运用图片描述城市景观和乡村景观的差别。	结合图文资料，描述乡村聚落、城市聚落及其景观差异。
举例说出聚落与自然环境的关系。	举例说明聚落的位置、形态、建筑等与自然环境的关系。
懂得保护世界文化遗产的意义。	欣赏世界文化遗产图片，举例分析聚落发展变化对文化遗产影响的利与弊，说出保护文化遗产的意义。

学基础

一、人口与人种

(一)世界人口的增长

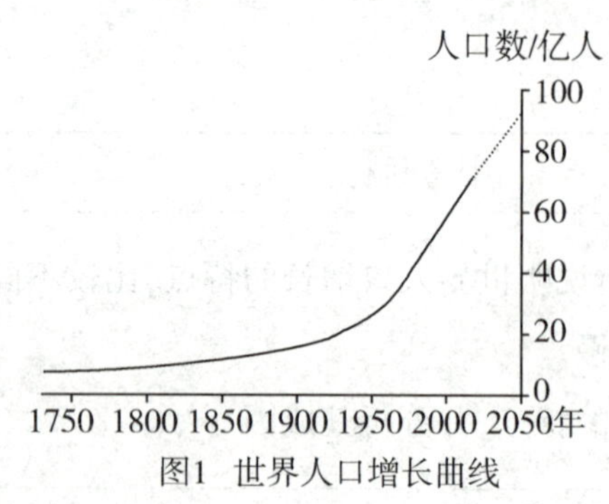

图1 世界人口增长曲线

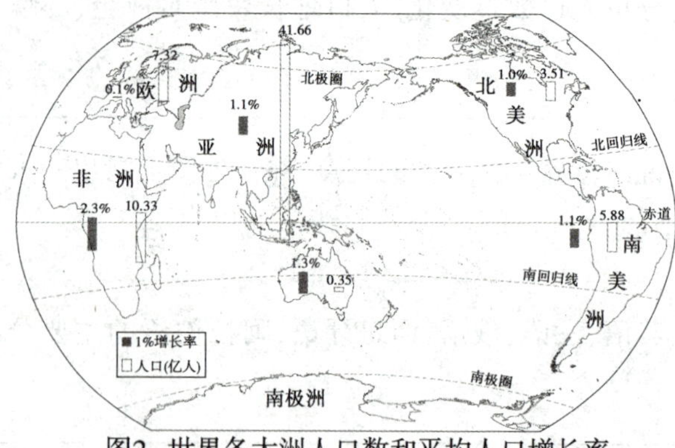

图2 世界各大洲人口数和平均人口增长率

1. 在图1曲线上分别描出代表1750年、1950年、2011年世界人口数量的点。
在图2中圈出平均人口增长率最高和最低的大洲。

2. 各大洲(除南极洲)中,人口最多的是________洲,其次是非洲和欧洲,________洲人口最少。

3. 人口的增长速度通常用________________来表示。

人口自然增长率		人口数量
公式:人口自然增长率=①________-________。	大于零	②________
	等于零	③________
	小于零	④________

(二)世界人口的分布

1. 人口密度

(1)定义:平均____________内居住的人口数。

(2)公式:人口密度=人口总数/总面积(单位:人/千米^2)。

2. 人口分布

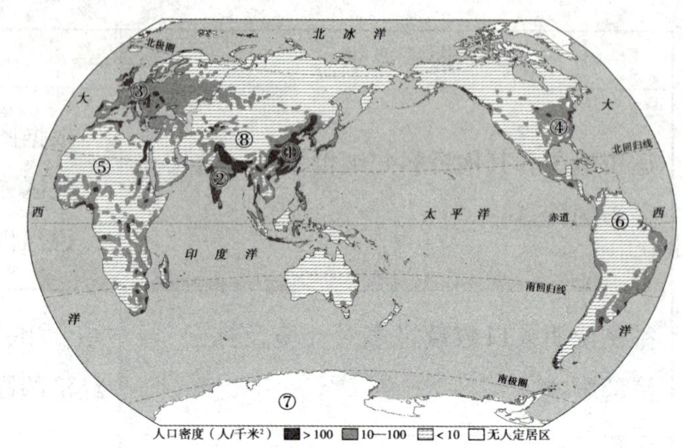

人口分布			分布成因
特点	分布地区		
世界人口分布不均匀,主要分布在____纬度的平原和沿海地区	人口稠密区	①________	自然条件优越,农业发展较早
		②________	
		③________	工业发展较早,经济发达
		④________	
	人口稀疏区	⑤沙漠地区	极端______
		⑥雨林地区	气候______
		⑦高纬度地区	终年______
		⑧高原、山区	地势高峻

(三)人口问题

原因	人口数量过多、增长过快	人口增长过慢,甚至停止增长或不断减少
问题	影响____和社会经济,如____困难、饥饿贫困、居住条件差、________等	________,国防兵源不足,社会抚养老年人的负担加重等
措施	制定相应的人口政策,使人口增长与社会、______的发展相适应,与环境、______相协调。人口增长过快的国家实行生育控制政策,而人口停止增长或人口不断减少的国家采取措施__________	

(四)不同的人种

人种		主要分布地区
划分依据:根据体质方面的特征	白种人	非洲北部,______,亚洲的西部,大洋洲东南部,______洲中部,南美洲东南部
	黄种人	______,北美洲北部,南美洲西北部
	黑种人	__________,大洋洲西北部
世界不同人种虽然有体质上的差异,但没有优劣之分,所有人种都是平等的		

二、世界的语言和宗教

(一)联合国六大工作语言及分布

主要语言	主要分布地区
汉语	______、亚洲东南部一些国家
英语	欧洲西部、______洲、亚洲的南部、大洋洲和非洲的南部等
____语	欧洲的东部、亚洲的西北部和北部
法语	法国及周边、______洲中部和西部等
西班牙语	西班牙、______洲的许多国家
阿拉伯语	非洲北部、______等
世界上使用人数最多的是______语,使用范围最广的是______语	

(二)三大宗教发源地及分布

三大宗教	基督教	伊斯兰教	________
标志性建筑	________	________	佛塔
主要分布地区	____、____、大洋洲	亚洲____部和东南部、非洲北部和东部	亚洲东部和东南部

三、人类的聚居地——聚落

(一)聚落与环境

1. 聚落的分类

类型 ↗ ________ → 农村、牧村、渔村等
类型 ↘ ________

2. 聚落形成和发展的条件

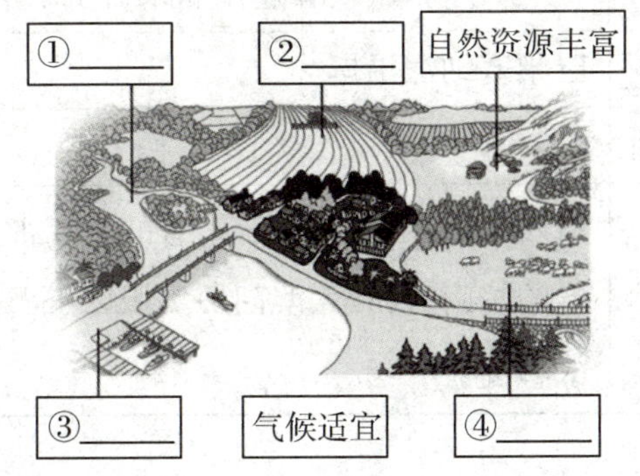

3. 聚落的分布

分布地区	分布特点	原因
一些河流中下游______地区或河口、沿海地区	比较______	工农业生产比较发达
高山、荒漠地区	少有或没有聚落	自然条件恶劣

4. 聚落的形态

聚落形态	成因	举例
________	在一些平原地区,聚落规模较大,人口众多,房屋密集	北京、郑州、成都等,我国东部多数乡村聚落
________	在山区,有的聚落沿山麓、谷地延伸;在一些平原地区,为了靠近水源,沿河流发展成带状聚落	兰州、西宁等,山地、丘陵地区的乡村,多沿河谷分布

(二)聚落与世界文化遗产

1. 特色聚落的意义:与当地________融为一体,从不同角度记录了当时的历史、政治、文化、民俗等信息,是我们了解当时人们生活情况的“百科全书”。

2. 被列入《世界遗产名录》的聚落

国家	列入《世界遗产名录》的聚落
	巴黎塞纳河沿岸
意大利	________
中国	山西省的________、云南省的丽江古城、安徽省的皖南古村落、澳门历史城区、福建厦门鼓浪屿等

练基础

考点1 世界的人口

据联合国预计,到2100年世界人口将达到110亿。读世界人口数量(含预测)图,回答1~3题。

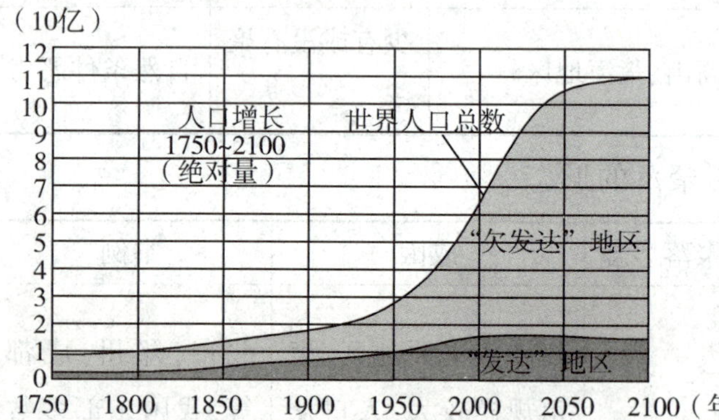

1. 截止到2000年,世界人口的增速(　　)

A. 越来越快　　B. 越来越慢

C. 一直很慢　　D. 先快后慢

2. 推测到2100年世界人口占比较大的国家可能是(　　)

A. 美国　　B. 德国

C. 日本　　D. 印度

3. 发达地区的国家可能出现的人口问题是(　　)

A. 人口老龄化

B. 人口增长快

C. 性别比失调

D. 农村人口多

读世界局部地区人口分布图,完成4~5题。

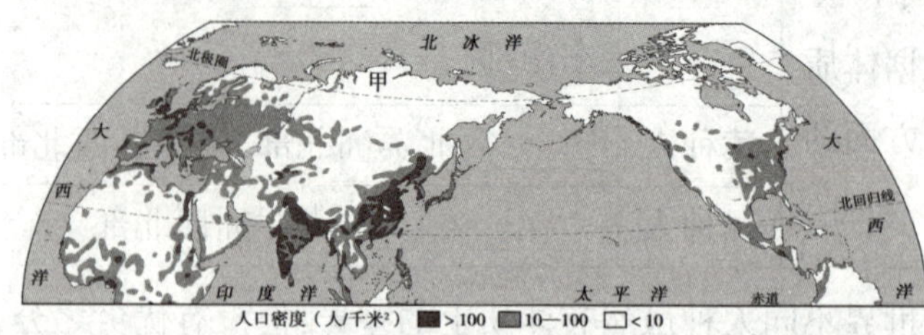

4. 每平方千米人口数量在100人以上的地区主要位于(　　)

A. 中、低纬度内陆地区

B. 中、低纬度沿海平原

C. 中、高纬度沿海平原

D. 中、高纬度内陆地区

5. 甲地人口密度小,主要原因是甲地位于(　　)

A. 过于潮湿的雨林地区

B. 终年严寒的高纬度地区

C. 极端干旱的沙漠地区

D. 地势高峻的高原山区

考点2 世界的人种、语言和宗教

读第29~31届奥运会举办地点信息示意图,完成1~2题。

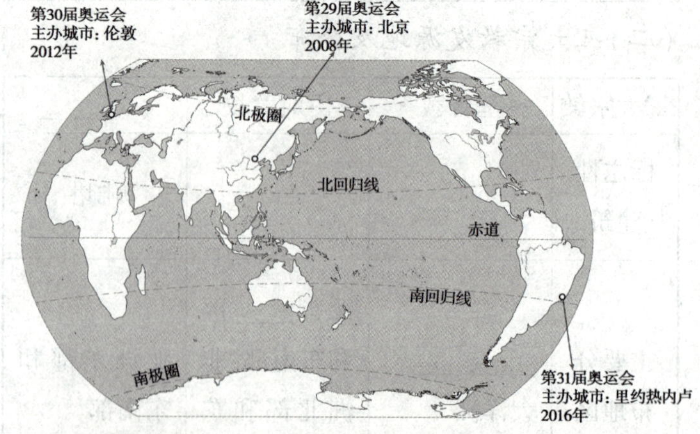

1. 第30届奥运会承办国的官方语言是(　　)

A. 英语　　B. 汉语

C. 法语　　D. 俄语

2. 在里约热内卢看到的典型宗教建筑是(　　)

A

B

C

D

考点 3 聚落与自然环境

唐诗《商山麻涧》诗中道“云光岚彩四面合，柔柔垂柳十余家。雉飞鹿过芳草远，牛巷鸡埘春日斜。秀眉老父对樽酒，茜袖女儿簪野花。征车自念尘土计，惆怅溪边书细沙。”下图为根据诗句描述的聚落所作的水墨画，据此完成1~2题。

1. 诗句描述的聚落是(　　)

①城市聚落

②乡村聚落

③以工业、服务业生产为主

④以农业生产为主

A. ①③　　B. ②③　　C. ①④　　D. ②④

2. 诗中村落形成的有利条件主要有(　　)

A. 水源丰富　　B. 交通便利

C. 土壤肥沃　　D. 资源丰富

读欧洲莱茵河畔景观图，完成3~4题。

3. 该地聚落的形态为(　　)

A. 团块状　　B. 条带状

C. 点状　　D. 圆环状

4. 影响该聚落呈此形态的主要自然因素是(　　)

A. 气候　　B. 植被

C. 河流　　D. 矿产

请完成“夯实基础过中考”P22

第四单元 发展与合作

课标导航及中考目标

课标要求	中考目标
通过实例，认识不同地域发展水平存在差异。	运用数据和实例，说出发展中国家和发达国家发展水平的差异。
运用地图归纳发展中国家与发达国家的分布特点。	运用地图，指出代表性的发展中国家与发达国家及分布特点。
用实例说明加强国际经济合作的重要性。	运用实例，说明加强国际经济合作的重要性，列举主要国际经济组织。

学基础

一、地域发展差异

不同地区，自然条件、开发历史、经济水平和社会发展水平存在显著差异，根据发展水平的差异，国家分为________和________。

二、发达国家和发展中国家的分布

1. 发达国家最多的大洲是________洲。
2. 从世界范围看，大多数发达国家分布在北半球的________，发展中国家主要分布在南半球和北半球的________。
3. 联系

产品、资金、技术、人才、设备、管理经验

发达国家 ←（政治、经济商谈）→ 发展中国家

称为“①________”

原料、市场

互助合作

称为“②________”

三、国际经济合作

1. 全球性问题：________、资源、________、发展等问题。
2. 国际合作

(1) 一方面，全球资源和能源的分布不平衡，各国的________、技术、________条件不一样，每个国家在发展经济中都具有一定的优势，也具有一定的不足。

(2) 另一方面，很多国家的________发展与其他国家息息相关。一个国家要________和进步，就要同其他国家开展________和交流，相互取长补短，实现共同进步。

练基础

考点 地域差异与国际合作

1. “金砖国家”中，领土既跨东西两半球、又跨两大洲的国家是（　　）

A. 中国　　B. 俄罗斯

C. 印度　　D. 巴西

2. “金砖国家”之间的互助合作属于（　　）

A. 南北对话

B. 亚太经济合作组织

C. 世界贸易组织

D. 南南合作

请完成“夯实基础过中考”P25

第五单元　认识大洲

课标导航及中考目标

课标要求	中考目标
运用地图等资料简述某大洲的纬度位置和海陆位置。	从半球位置、经纬度位置和海陆位置三个方面描述一个大洲的地理位置。
运用地图和其他资料，归纳某大洲地形、气候、水系的特点，简要分析其相互关系。	运用地图和其他资料，归纳某大洲地形、气候、水系的特点，简要分析其相互关系，通过对某个大洲自然环境的认识，初步掌握学习区域地理的基本思路和方法。

学基础

一、位置和范围

(一)雄踞东方的大洲

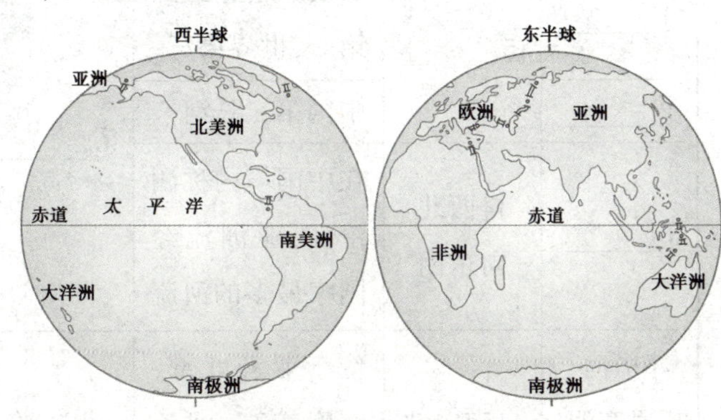

图 1

30°　90°　150°
北极圈
60°
亚　洲
30°
北回归线
0°

图 2

1. 描图填图

(1)在图 1 中，描出东西半球的分界线和赤道。

(2)在图 2 中，用红笔画出赤道和 80°N 纬线，用蓝笔画出 30°E 和 180°经线。

(3)在图 2 中，填注出欧洲、非洲、北冰洋、太平洋和印度洋。

2. 亚洲的位置

半球位置	从东、西半球看，大部分地区位于________，小部分地区位于________
	从南、北半球看，大部分地区位于________，小部分地区位于________
海陆位置	位于________东部，北临________，东临________，南临________
经纬度位置	纬度位置：大致位于 11°S ~ 81°N，地跨________、______、______纬度地区，地跨______、______、______三个温度带
	经度位置：大致位于 26°E ~ 170°W

3. 范围：亚洲西以______山脉、______河、里海、大高加索山脉、____海和土耳其海峡为界与____相邻；亚洲西南以__________为界与非洲相邻；

东南隔海与大洋洲相望；东北隔________与北美洲相望。

(二)世界第一大洲

1. 亚洲是世界上第一大洲。亚洲是世界上面积最_____、跨纬度最_____、东西距离最_____的大洲。

2. 亚洲的地理分区

亚洲的地理分区	主要国家
东亚	____、____、____、____、____
______	缅甸、老挝、泰国、柬埔寨、越南、马来西亚、新加坡、印度尼西亚、菲律宾、文莱、东帝汶
______	印度、巴基斯坦、尼泊尔、不丹、孟加拉国、斯里兰卡、马尔代夫
______	沙特阿拉伯、伊朗、伊拉克、土耳其、阿富汗、科威特等
______	哈萨克斯坦、吉尔吉斯斯坦、塔吉克斯坦、乌兹别克斯坦、土库曼斯坦
______	俄罗斯的亚洲部分

二、自然环境

(一)地势起伏大，长河众多

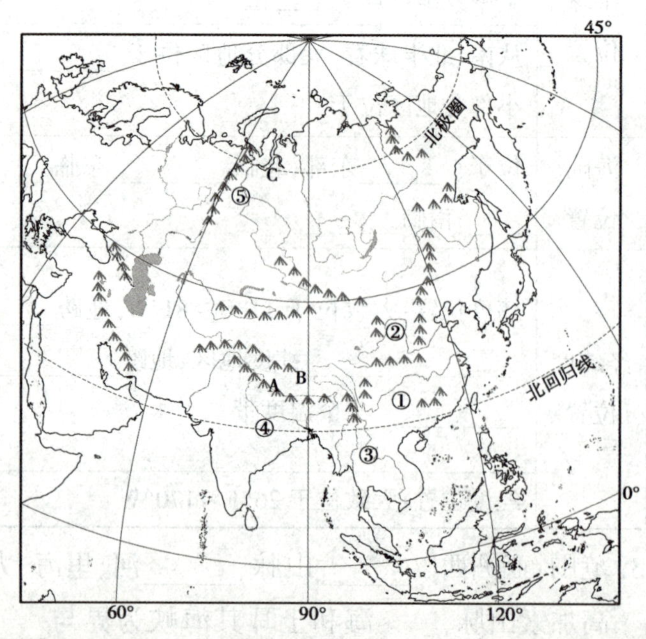

1. 描图填图

(1)在上图中描出乌拉尔山脉、乌拉尔河、大高加索山脉。

(2)在上图中填出土耳其海峡、白令海峡。

2. 地势和地形

(1)地势：起伏很大，________高，________低。

(2)地形：中部以________、________为主，四周________面积广大。

(3)主要地形区

①世界上最高大的山脉——A________脉。

②世界上最高的高原——B________。

③亚洲最大的平原——C________。

3. 亚洲的河流

(1)特点：受地形的影响，亚洲的河流多发源于中部高原、山地，呈______流向周边的海洋。

(2)注入海洋的河流

河流	流向	特征	注入的海洋
①______	⑤______	长度、流量亚洲第一，世界第三	⑥______
②______		中国第二长河	
③______	自西北向东南	在中国境内称澜沧江，亚洲流经国家最多的河流	
鄂毕河、叶尼塞河、勒拿河	自南向北	位于亚洲北部，纬度较高，河流结冰期较长	北冰洋
④______	自西向东	位于亚洲南部，主要流经印度、孟加拉国	⑦______
印度河	自北向南	位于亚洲南部，主要流经巴基斯坦	

(3)不注入海洋的河流：塔里木河、阿姆河、锡尔河等最终不注入海洋，而是消失在沙漠中或注入内陆湖泊。

(二)复杂的气候

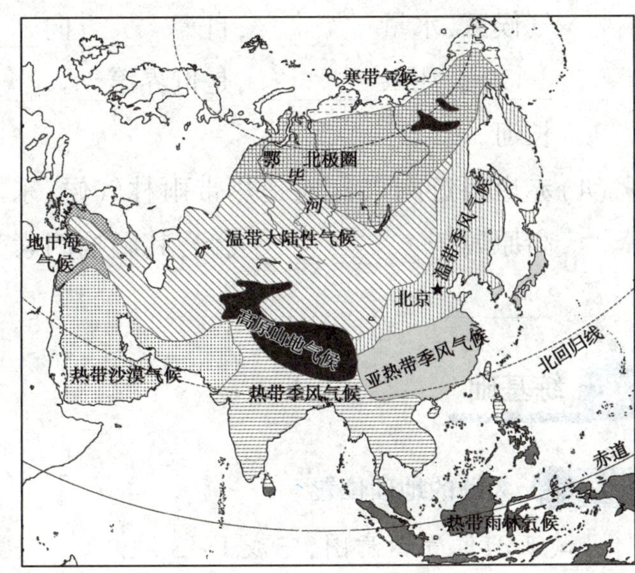

1. 气候特点：________，________气候分布广，________显著。

2. 主要气候类型

(1)热带：________、________、________。

(2)亚热带：________、________。

(3)温带：________、________。

(4)寒带：寒带气候。

(5)地势高的高原、山地：________。

3. 成因

纬度位置	亚洲跨纬度________，地跨热带、北温带、北寒带
海陆位置	亚洲东、北、南三面濒临大洋，中西部深居亚欧大陆腹地，各地距海远近不同，降水差异大
地形	地形________

4. 季风气候

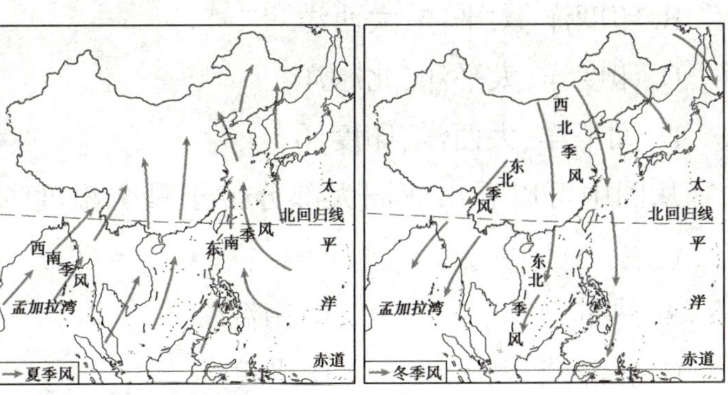

名称	夏季风	冬季风
发源地	________	西伯利亚和蒙古
风向	风由海洋吹向陆地，____或____季风	风由陆地吹向海洋，____或____季风
性质	________	________
降水	降水较多	降水较少
影响	有利影响：________，有利于农业生产。 不利影响：降水很不稳定，容易发生________	

三、亚洲不同地区自然环境对人类活动的影响

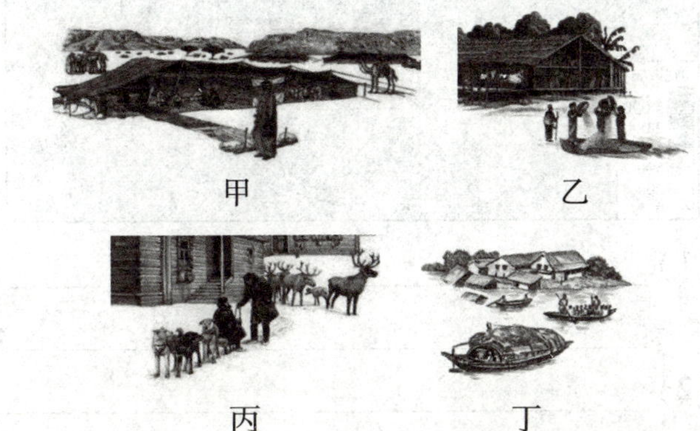

地区及居民	所属分区	生产、生活	自然环境
沙特阿拉伯的贝都因人(图____)		居住____，身着________，过着游牧生活	气候________
东西伯利亚的雅库特人(图____)		居住____，身着________，运输工具是狗拉雪橇	气候____，____广布
恒河三角洲的孟加拉人(图____)		以捕鱼为生，交通工具是____	地势低平，降水丰沛，河网密布
印度尼西亚加里曼丹岛的达雅克人(图____)		聚居在长屋里，有的长屋长达200米	终年________

四、其他大洲的自然环境特点及其相互关系

1. 非洲的地形特点

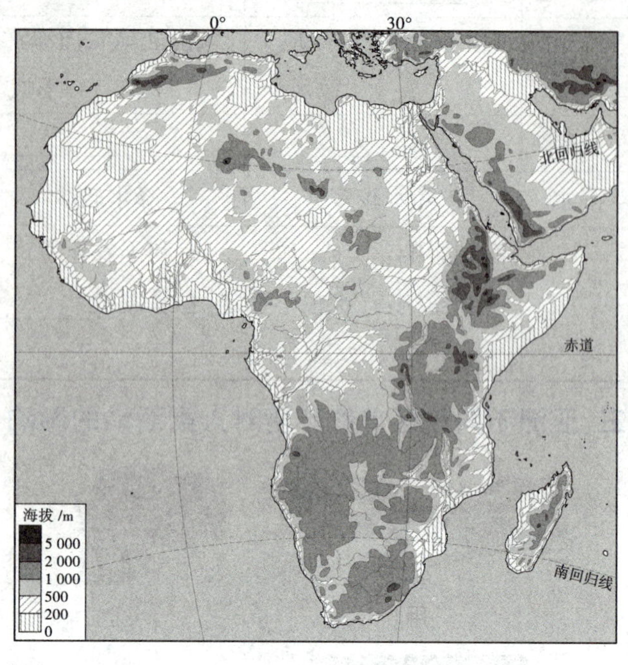

(1)______________________________;

(2)______________________________;

(3)______________________________。

2. 非洲的气候特点

(1)______________________________;

(2)______________________________。

(3)受地形和气候的影响,尼罗河发源于______高原,流经______气候区和______气候区,水量______,自______向______流,注入______,是世界第______长河。

(4)赤道附近刚果盆地是热带雨林气候,东非高原属于______气候,其影响因素是______。

练基础

考点1 大洲的地理位置

读亚洲位置示意图,完成1~3题。

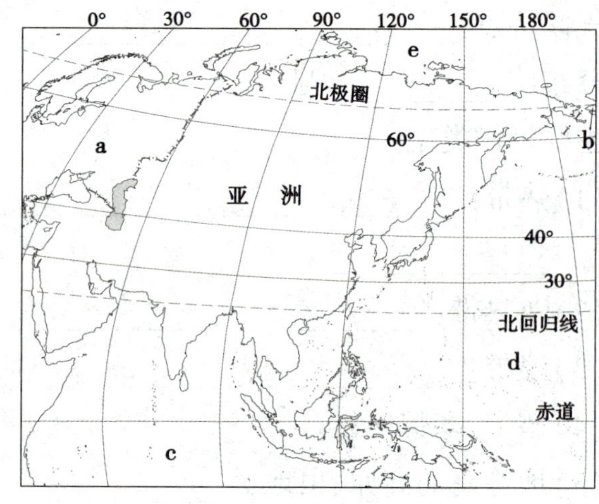

1. 与亚洲相邻的a、b两大洲是(　　)

A. 北美洲、非洲

B. 欧洲、北美洲

C. 欧洲、大洋洲

D. 非洲、南美洲

2. 亚洲濒临的大洋c、d、e分别是(　　)

A. 大西洋、太平洋、北冰洋

B. 印度洋、太平洋、大西洋

C. 印度洋、太平洋、北冰洋

D. 太平洋、大西洋、印度洋

3. 从图中可以看出亚洲大部分位于哪个温度带(　　)

A. 热带　　B. 南温带

C. 北温带　　D. 北寒带

读北美洲位置和范围示意图，完成4～5题。

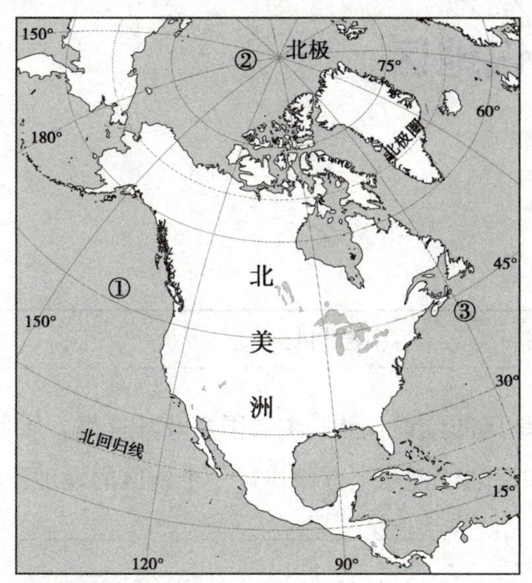

4. 北美洲位于(　　)

A. 北半球、西半球

B. 南半球、西半球

C. 北半球、东半球

D. 南半球、东半球

5. 图中①②③代表的大洋依次是(　　)

A. 太平洋、北冰洋、印度洋

B. 太平洋、北冰洋、大西洋

C. 大西洋、印度洋、太平洋

D. 大西洋、北冰洋、太平洋

考点2 大洲的自然环境

读亚洲大陆30°N沿线地区地形剖面图，回答1～3题。

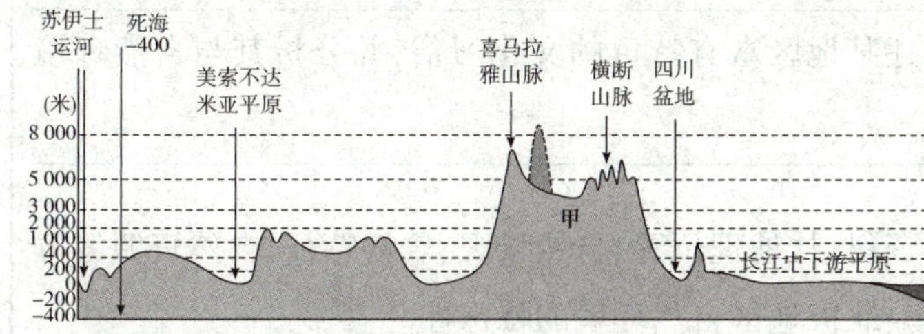

1. 此图反映的地势特征是(　　)

A. 中部高，四周低

B. 西高东低

C. 东西高，中间低

D. 东西低，中间高

2. 下列示意图中最能反映亚洲河流分布形态特点的是(　　)

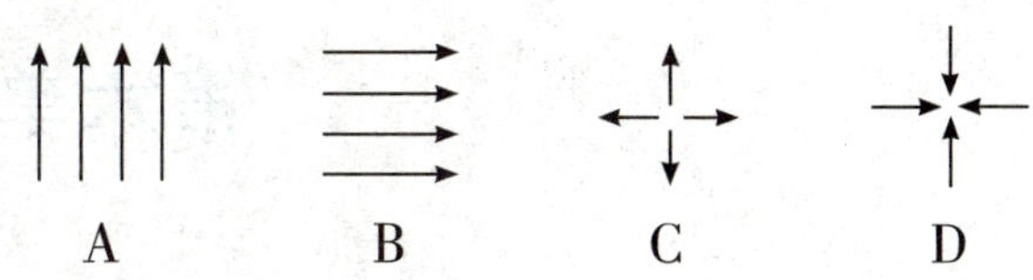

3. 关于甲地区的叙述正确的是(　　)

A. 气候为温带大陆性气候

B. 为多条大河的发源地

C. 位于板块内部，地壳稳定

D. 农业以种植业为主

读亚洲气候类型分布图，回答4～6题。

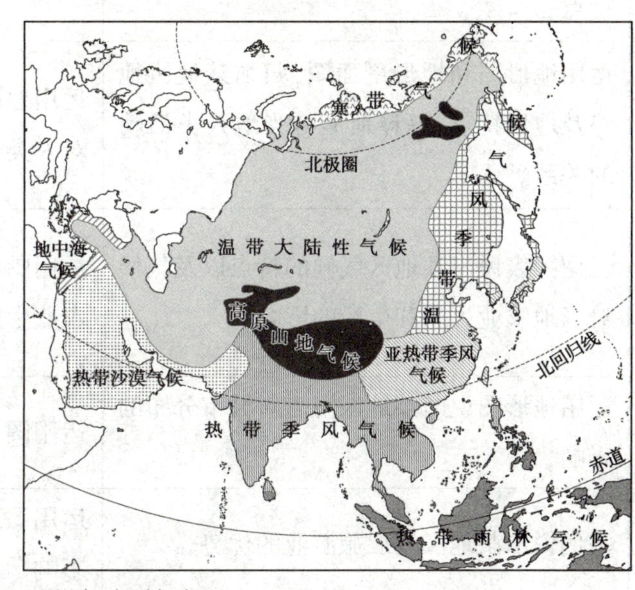

4. 亚洲气候特点(　　)

①气候复杂多样 ②温带大陆性气候分布广泛 ③季风气候显著 ④水旱灾害频繁

A. ①②③　　B. ①②④

C. ②③④　　D. ①③④

5. 影响亚洲气候的因素有(　　)

①纬度 ②海陆 ③地形 ④人类活动

A. ①②③　　B. ①②④

C. ②③④　　D. ①③④

6. 亚洲受夏季风影响明显的地区是(　　)

A. 东部和北部　　B. 东部和南部

C. 西部和南部　　D. 西部和北部

请完成"夯实基础过中考"P26

第六单元　认识地区

课标导航及中考目标

课标要求	中考目标
在地图上找出某地区的位置、范围、主要国家及其首都，读图说出该地区地理位置的特点。	在地图上找出某地区的位置、范围、主要国家及其首都。从半球位置、经纬度位置和海陆位置三个方面描述一个地区的地理位置。
运用地形图和地形剖面图，归纳某地区地势及地形特点，解释地形与当地人类活动的关系。	运用地图，归纳某地区地形、地势的特点，运用案例简要分析地形对人类生活、生产的影响。
运用图表说出某地区气候的特点以及气候对当地农业生产和生活的影响。	运用图文资料说出某地区气候的分布及其特点，以及气候对当地农业生产和生活的有利和不利影响。
运用地形图说明某地区河流对城市分布的影响。	运用图文资料说明某地区河流对城市分布的有利和不利影响。
举例说出某地区发展旅游业的优势。	运用图文资料说出某地区发展旅游业的优势及其对该地区经济的影响。
运用地图和其他资料，指出某地区对当地或世界经济发展影响较大的一种或几种自然资源，说出其分布、生产、出口等情况。	运用地图和其他资料，说出某地区对当地或世界经济发展影响较大的一种或几种自然资源，说出其分布地区、在世界的地位、出口线路等。
运用资料描述某地区富有地理特色的文化习俗。	运用资料描述某地区富有特色的文化习俗，并分析其与自然环境的关系。
说出南、北极地区自然环境的特殊性，认识开展极地科学考察和保护极地环境的重要性。	1. 结合图文资料，从地理位置、自然景观、气候特征、自然资源等方面，说出南、北极地区自然环境的特殊性。 2. 认识开展极地科学考察的意义和保护极地环境的重要性。

学基础

(以东南亚、中东地区、欧洲西部、撒哈拉以南非洲、极地地区为例)

一、东南亚

(一)"十字路口"的位置

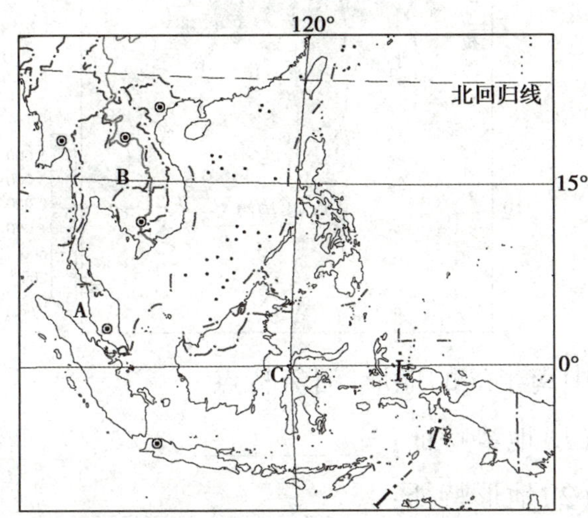

1. 地理位置

(1)半球位置:位于____半球,地跨____、____半球。

(2)纬度位置:大部分在10°S~25°N之间,绝大部分地区位于____(温度带),位于____(高/中/低)纬度地区。

(3)海陆位置:位于____东南部,东临______,西临________,南部隔海与______相望。

2. 范围

(1)东南亚包括B______半岛和C______群岛。

(2)主要国家11个:______、______、______、柬埔寨、泰国、马来西亚、新加坡、菲律宾、________、文莱、东帝汶。

3. 地理位置的重要性

(1)地处亚洲与________、太平洋与________之间的"十字路口"。

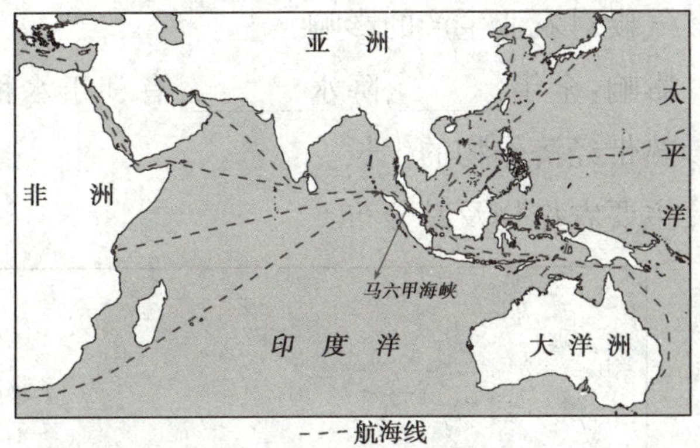

(2)马六甲海峡:在______岛和______半岛之间,是连接太平洋和印度洋的重要海上通道,被称为"海上生命线"。

(二)热带气候与农业生产

1. 气候类型及分布

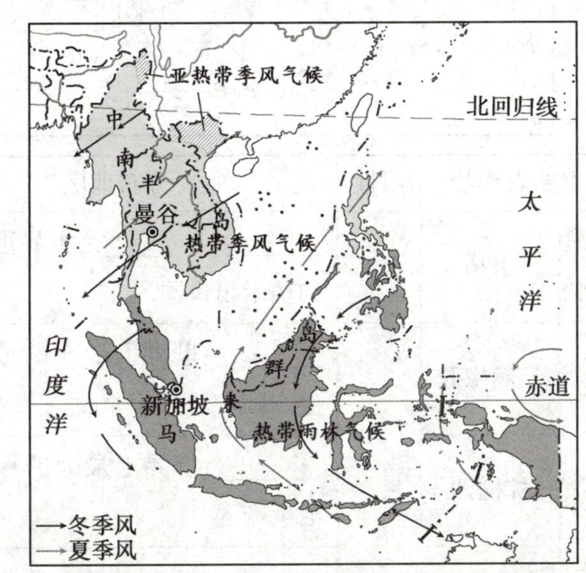

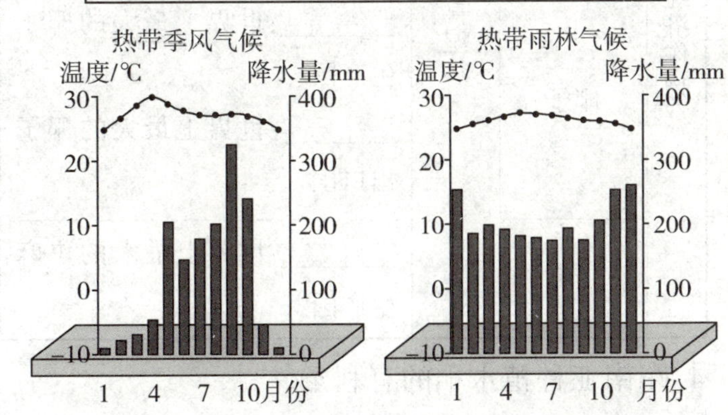

气候类型	分布	典型城市	气候特征
热带季风气候	________及菲律宾群岛北部	曼谷	________
热带雨林气候	________大部和马来半岛	新加坡	________

2. 气候对农业生产的影响

影响:全年______,降水______,有利于水稻和热带经济作物的生长。

3. 主要农作物及其分布

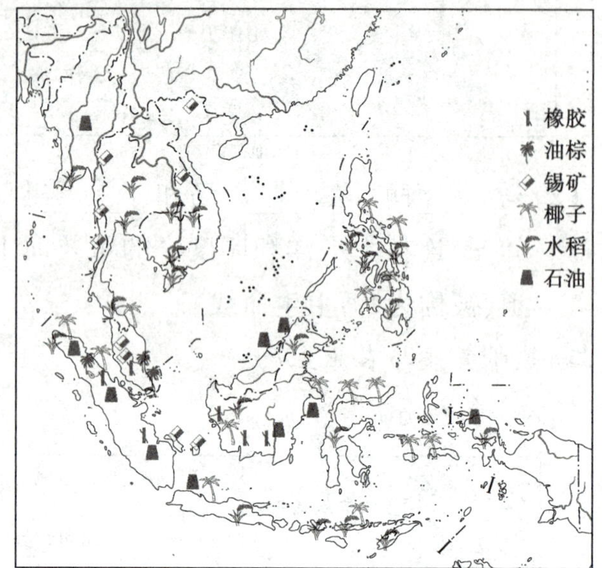

主要农作物		习性	主要分布地区
粮食作物	水稻	____	__________是世界重要的稻米出口国
经济作物	天然橡胶	喜湿热	________:世界上最大的橡胶生产国
	棕榈油		________:世界上最大的棕榈油生产国
	椰子		________:世界上最大的椰子生产国
			________:世界上最大的椰子出口国
	焦麻		________:世界上最大的焦麻生产国

4. 东南亚种植水稻的有利条件

自然条件	气候__________,耕地较少,河流沿岸地区土壤______
人文条件	人口______,______丰富;居民对大米的需求量______;种植历史______

(三)山河相间与城市分布

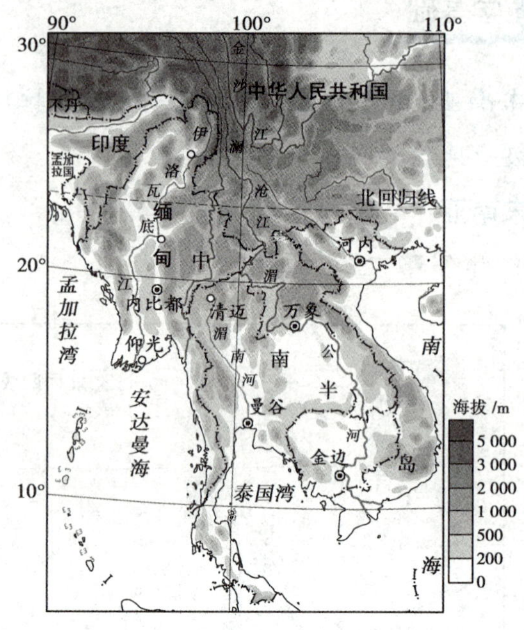

1. 中南半岛的地形、河流特点

(1)地势特征:____________。

(2)地形特征:__________,__________。

(3)河流特征:大多____________延伸,多为国际河流。

(4)主要河流:__________、____________、湄南河、萨尔温江、伊洛瓦底江等。

2. 城市分布

(1)中南半岛的大城市主要分布在__________及________________________。

(2)原因:该区土壤______、地形______、灌溉水源______、交通______等。

(四)热带旅游胜地

1. 主要旅游资源

(1)自然景观

①越南:________。

②印度尼西亚:________。

(2)人文景观

①缅甸仰光:______。

②曼谷:______。

③柬埔寨:______。

2. 旅游业繁荣原因:热带旅游资源丰富;名胜古

迹众多,风土人情多样;华人华侨分布集中。

二、中东

(一)“三洲五海之地”

1. 地理位置

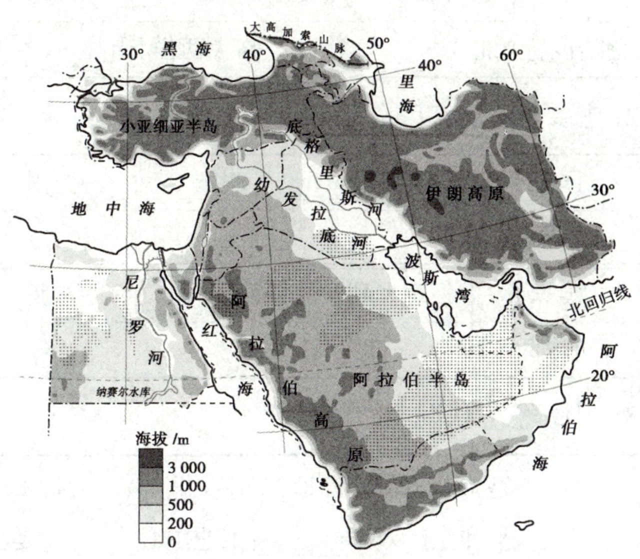

(1)半球位置:位于____半球、____半球。

(2)纬度位置:大部分在20°N～40°N,地处____(温度带),位于____纬度地区。

(3)海陆位置:位于亚洲西南部和非洲东北部,地处________、________、________三大洲交界地带,沟通了________洋和________洋,位于________海、________海、________海、________海和________海之间,被称为“两洋三洲五海”之地。____________运河和____________海峡是其交通要道,自古以来是东西方交通枢纽,战略位置极其重要。

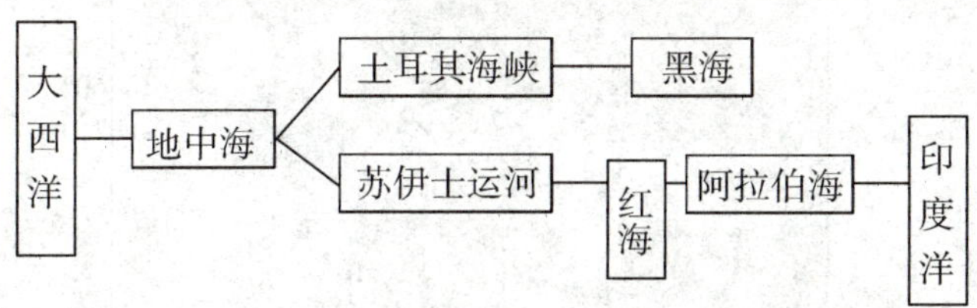

2. 范围:包括______的大部分和非洲的______。

(二)世界石油宝库

1. 地位:是目前世界上石油储量最____、生产石油最____的地区,被称为“世界石油宝库”。

2. 分布

(1)主要分布在________及其沿岸地区。

(2)主要产油国:________、________、________、________、________。

3. 石油的输出

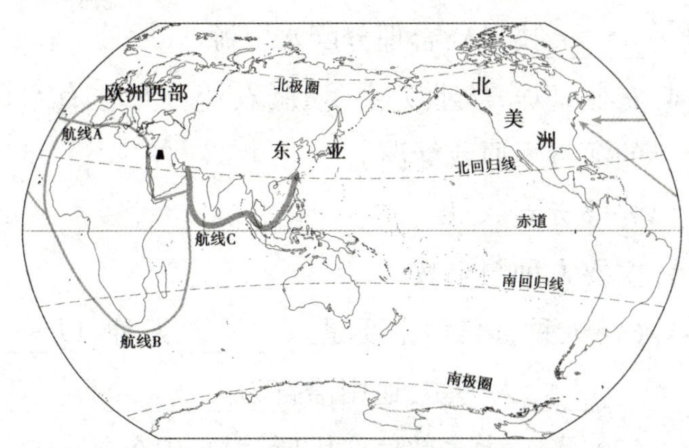

线路	经过主要的海洋、海峡和运河	到达地区
航线 A	________ ________	______、______
航线 B	________ ________	______、______
航线 C	________ ________	______

(三)匮乏的水资源

1. 中东的自然环境

地形	以________为主,平原面积较小。主要地形区:________高原、________高原等
气候	以________为主,全年________;地中海沿岸是________
河流	河流较少,主要河流:________、________、________

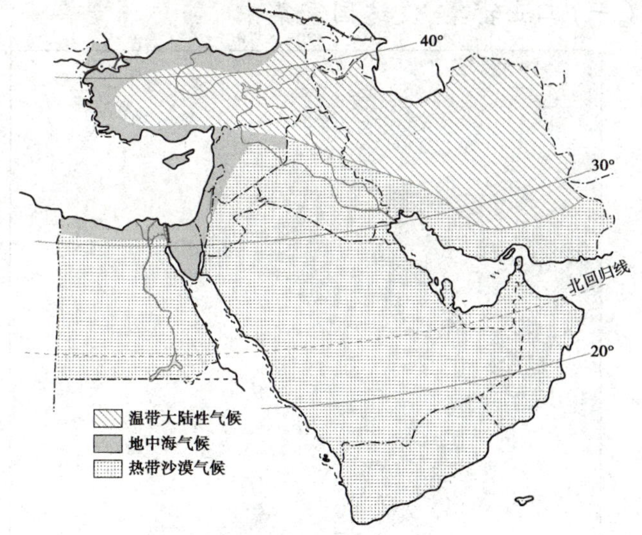

2. 水资源匮乏原因：受________气候影响，气候________，河流________，水资源________。

3. 对策：海水淡化；发展节水农业（________、________技术）；合理分配水资源。

4. 农业：以畜牧业为主，灌溉农业分布在有水源的河谷平原或绿洲上。

（四）多元的文化

1. 主要人种与宗教

（1）人种、语言：主要是________人种，以________人为主，通用语言为________。

（2）宗教：大多数信仰伊斯兰教，中东是________、________、________的发源地，________是三大宗教圣城。

（3）宗教文化的差异

居民	主要信仰的宗教
阿拉伯人	________
波斯人	________
土耳其人	________
犹太人	________

2. 风俗习惯

民居	服饰	交通方式
墙____窗____，屋顶为________	身穿________，头戴________	________
原因：以______为主，气候________，沙漠______		

三、欧洲西部

（一）工业密集，发达国家集中

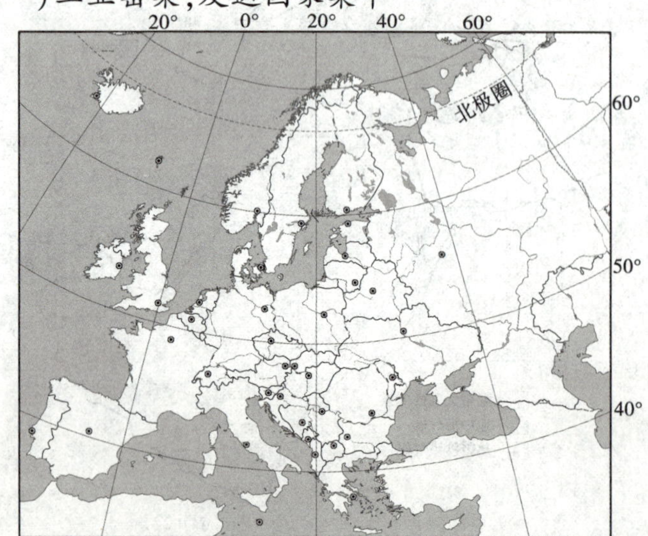

1. 位置和范围

半球位置	主要位于________半球、________半球
纬度位置	主要在36°N~71°N之间，主要位于____（温度带）、地跨____（温度带），位于____纬度地区
海陆位置	北临______，______临大西洋，南临______

2. 主要国家及首都

国家	英国	法国	德国
首都			
国家	意大利	西班牙	希腊
首都			

3. 国民经济状况

工业	是工业革命发源地，工业工艺______，技术水平和生产效率______；工业中心______，是世界上著名的工业______地带
农业	在国民经济中所占比重小，但生产水平高，______化、______化程度高，耗用劳动力______。农业多以______业为主
服务业	体系______，质量______，产值______，是国民经济的______产业

（二）现代化的畜牧业

1. 自然环境

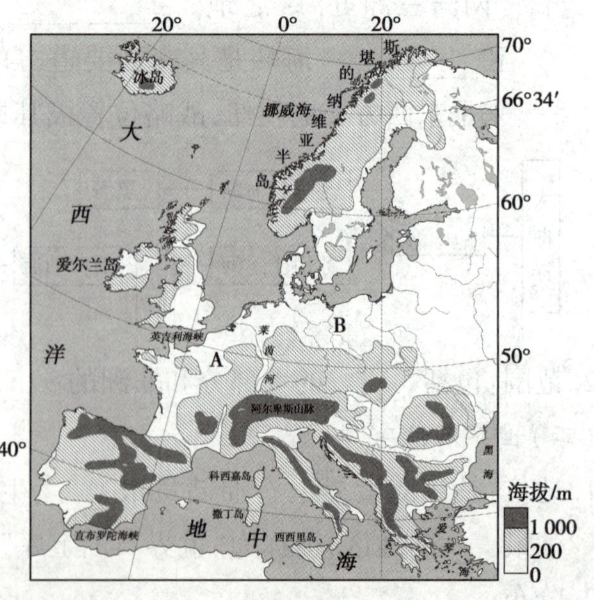

（1）地形以______为主，地势低平，南北多______

__;地势________、________。

主要地形区:A________平原、B________平原;北部为________山脉、南部为________山脉等。

(2)河流:河网密布,水量充沛,______航运发达。主要河流为________、________。

(3)气候

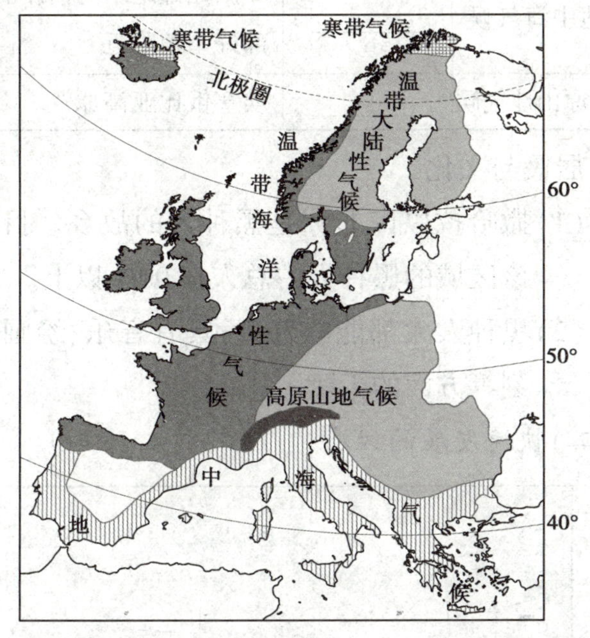

气候类型	分布	气候特征
________气候	西部大西洋沿岸	________
________气候	地中海沿岸	________
温带大陆性气候	东部内陆地区	________
寒带气候	北部北冰洋沿岸一带	________
高原山地气候	阿尔卑斯山	________

(4)地形对气候的影响:欧洲西部以平原为主,地势低平,中部平原广大,比利牛斯山及阿尔卑斯山呈东西走向,有利于来自________的________气流长驱直入,影响范围很广,使得欧洲西部温带海洋性气候面积广大,特征显著。

2. 发达的畜牧业

(1)地位:欧洲西部人民称牧草为“________”,这里多数国家的农业以畜牧业为主,畜牧业产值占总产值比重较高。

(2)畜牧业特点:农民以饲养牛、羊等牲畜为主,同时种植谷类作物及牧草;主要生产肉类、鲜奶及奶制品、羊毛等;荷兰、丹麦是世界上著名的乳畜大国。

(3)畜牧业发达的原因

气候	________气候广布,全年________,有利于________生长
地形	地形以____为主,地势____,利于大规模放牧
市场	人口______,经济______,消费市场________

(三)发展旅游业的优势

自然条件	自然旅游资源丰富
社会经济条件	人文旅游资源丰富;居民收入______,休闲时间______;使用统一货币______;交通______,接待服务水平高,设施______

四、撒哈拉以南非洲

(一)黑种人的故乡

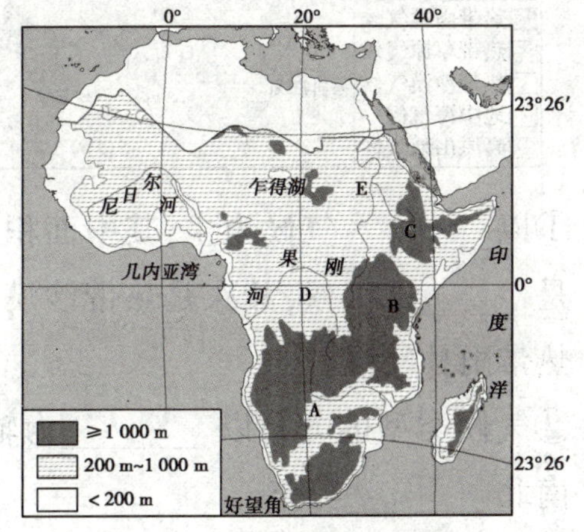

1. 范围:绝大部分位于撒哈拉沙漠以南,面积约占非洲总面积的五分之四。

2. 地理位置

半球位置	位于____半球、地跨____半球
纬度位置	主要分布在______之间，______穿过中部，大部分地区位于______，被称为“热带大陆”
海陆位置	在撒哈拉沙漠以南，西临____，东临____，东北临____

3. 自然环境

(1)地形

①以______为主，有“高原大陆”之称，高原主要分布在______，其中A是______高原，B是______高原，C是______高原。

②平原主要分布在______；地势________、________。

(2)河流：D________河是非洲水量最大的河流，E________河是世界上最长的河流。

(3)气候类型及分布

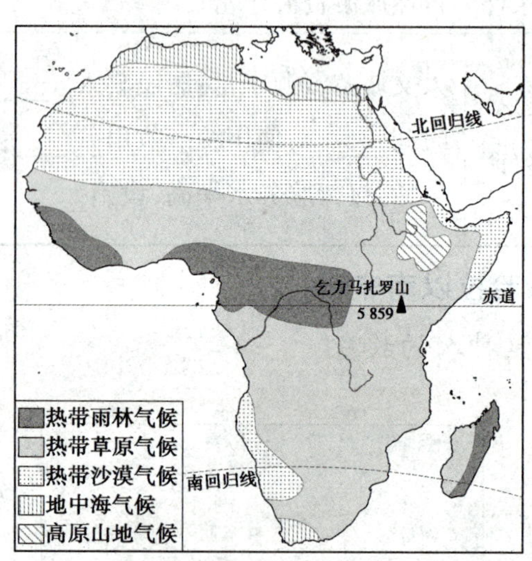

①以________气候为主，其中面积最大的是________气候，其次是热带沙漠气候和热带雨林气候。

②气候类型的分布以________为轴，大致南北________分布。

气候类型	气候特征	分布
________	________	刚果盆地和几内亚湾沿岸
________	________	从北、东、南三面围绕着热带雨林气候区
热带沙漠气候	________	非洲北部撒哈拉沙漠和西南部地区
地中海气候	________	非洲北部地中海沿岸和南部好望角附近
高原山地气候	________	埃塞俄比亚高原

4. 居民与文化

(1)撒哈拉以南非洲是黑种人的故乡。目前，该区域的黑种人占总人口90%以上。

(2)黑种人大都能歌善舞，具有音乐、绘画、雕刻等方面的天赋。

(二)快速发展的经济

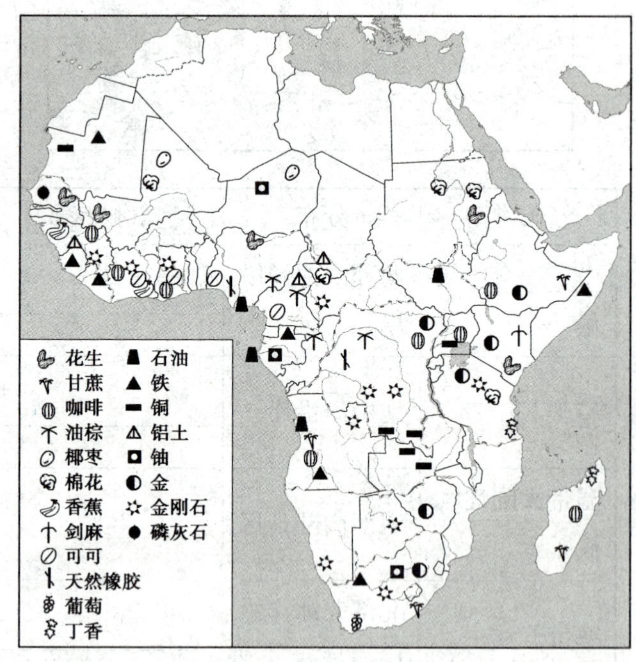

发展基础	矿产资源：种类______、储量______，______、______储量和产量居世界首位，石油、铀、铜、铁等储量也很大。有“世界原料仓库”之称。 生物资源：是______、______、______的原产地，野生动物众多
经济特点	出口______________、进口______________

存在问题	工业制成品在贸易中比初级农矿产品贵得多,因此,这些国家在国际贸易中处于不利地位
成因	由于长期遭受____________,经济发展缓慢,形成了过分依赖一种或几种初级农矿产品生产的"________"
解决措施	发展民族工业和多样化农业。 如:尼日利亚、安哥拉发展__________;肯尼亚发展______和______
发展现状	21世纪以后经济增长迅速

(三)人口、粮食与环境

1. 粮食问题:撒哈拉以南非洲农牧业生产落后,农产品产量很低,粮食供应不足成为撒哈拉以南非洲普遍遇到的情况。

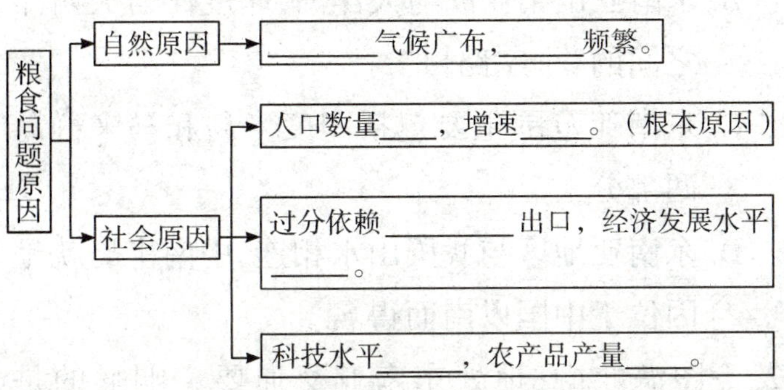

2. 人口、粮食与环境问题

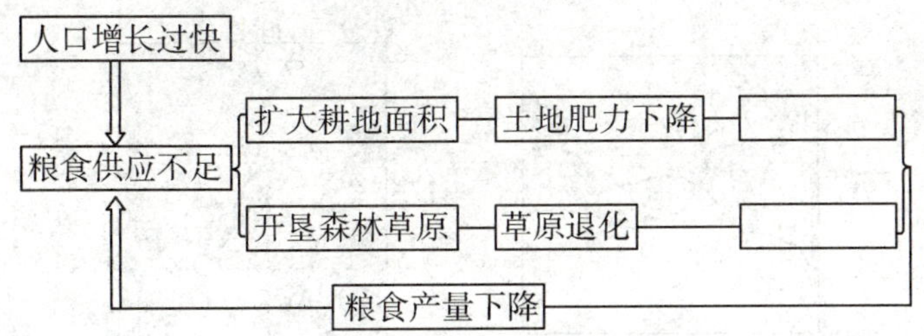

3. 解决措施:控制人口增长,提高人口素质;保护生态环境,减轻自然灾害。大力发展粮食生产;加强团队合作;引进人才、技术;等等。

五、极地地区

(一)独特的自然环境

1. 位置与范围

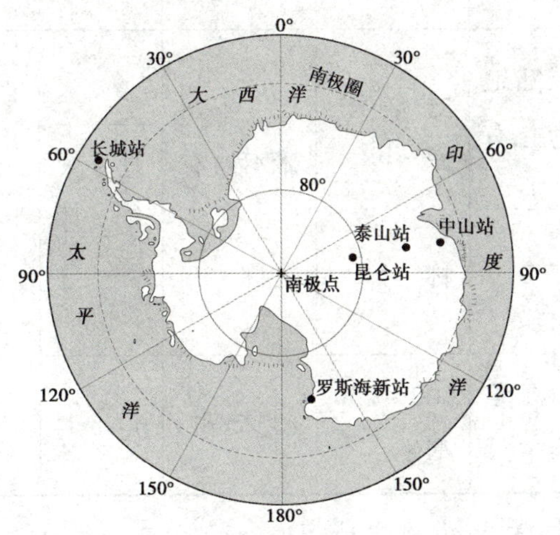

南极地区图

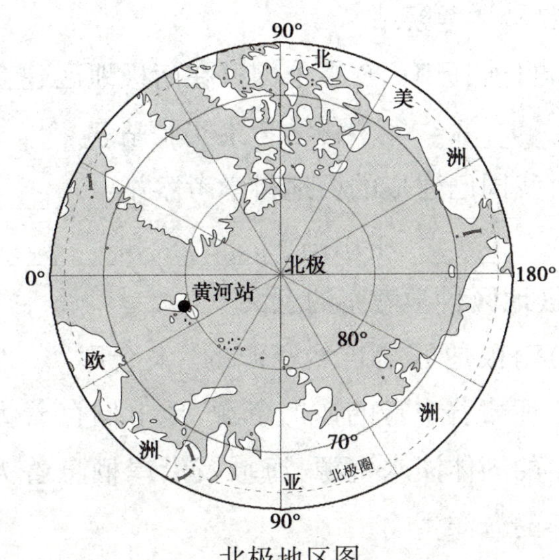

北极地区图

南极地区	主要位于______及其以南地区,包括南极洲及其周边的____洋、____洋、____洋的部分海域
北极地区	主要位于______及其以北地区,包括北冰洋大部及其周边的____洲、____洲、____洲部分地区

2. 自然地理环境

	海陆分布	年平均降水量	年平均风速	暖季节	代表动物
南极地区	以陆地为主,有“________”之称	55 毫米,有“________”之称	17 ~ 18 米/秒,有“_____”之称	_____月~次年__月	
北极地区	以海洋为主	100 ~ 250 毫米	10 米/秒	6 ~ 8 月	

(二)科学考察的宝地

1. 主要科学考察站

(1)目前,已有 20 多个国家在南极地区建立了________多个科学考察实验站。

(2)我国已建成的极地科学考察站:________、________、中山站、________和________。

2. 南极地区科学考察的意义

(1)南极地区是自然资源的“大仓库”。地下埋藏着丰富的矿产资源,地上储存着大量的固体淡水资源,海域及沿岸栖息着无数的海洋生物。

(2)丰富的自然资源和原始的自然环境,为科学家们进行地质、冰川、海洋、生物、气象、天文等学科的科学研究,提供了领域广阔的天然实验室。

3. 科考时间

(1)一般选择在极地地区的暖季。

(2)原因:暖季气温较____,且有____,可以充分利用白昼时间。

练基础

考点 1 地区的地理位置

读东南亚在世界的位置图,完成 1 ~ 2 题。

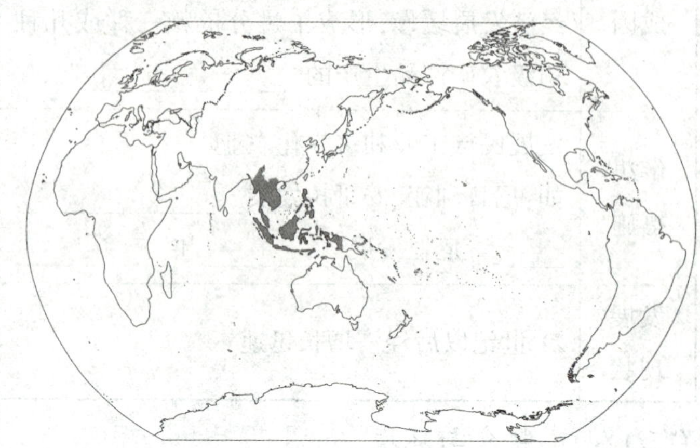

1. 下列关于东南亚位置、范围的描述,正确的一项是(　　)

A. 东南亚位于亚洲南部

B. 东南亚位于亚洲与大洋洲、印度洋与大西洋之间的“十字路口”

C. 东南亚范围主要包括印度半岛和马来群岛两部分

D. 东南亚地区与我国山水相连,中南半岛就是因位于中国以南而得名

2. 下图海峡中,地处东南亚交通要道咽喉的是(　　)

A. 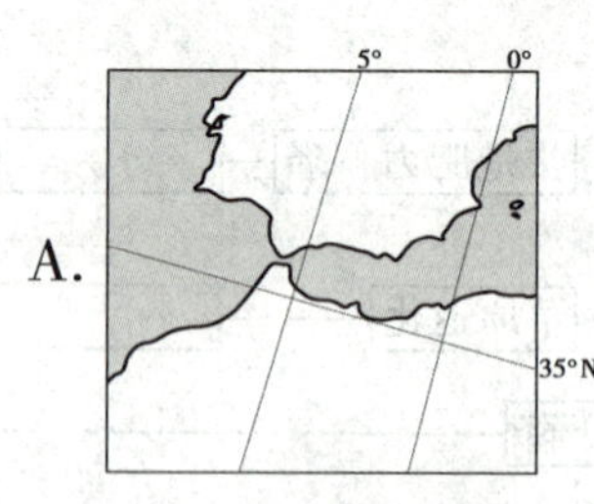

B. 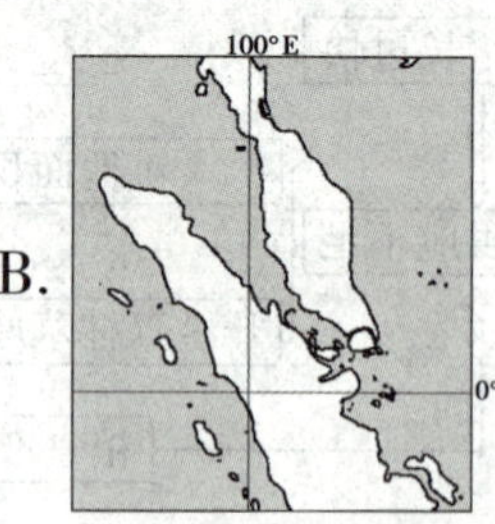

C. 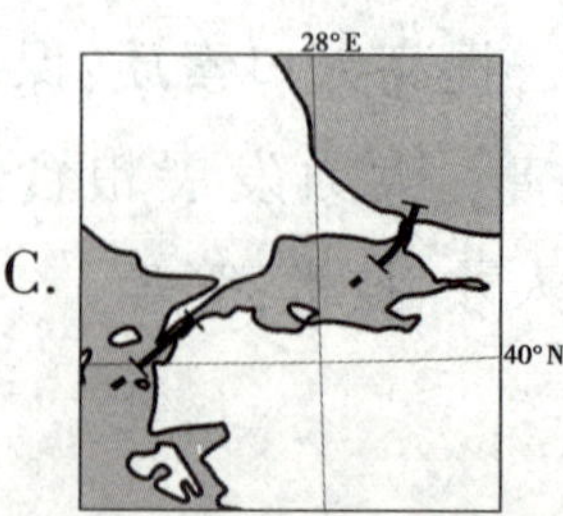

D. 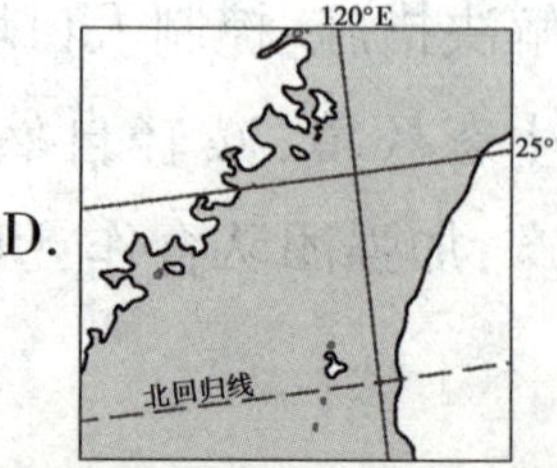

3. 小林同学在复习欧洲西部地区时遇到了一些问题和困惑,需要你协助答疑解惑。图 1 为欧

洲西部地区简图,图 2 为欧洲西部伦敦和罗马气候资料统计图。阅读图文资料,完成下列问题。

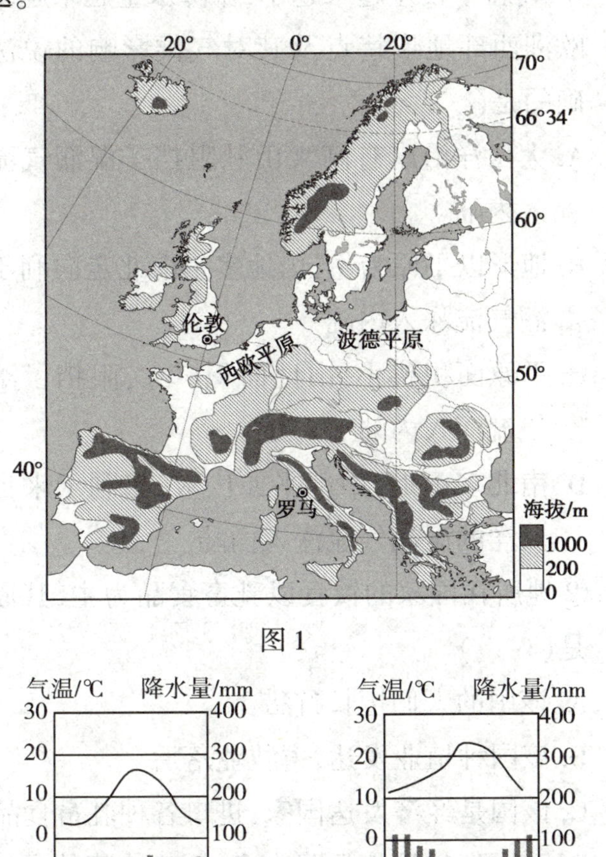

图 1

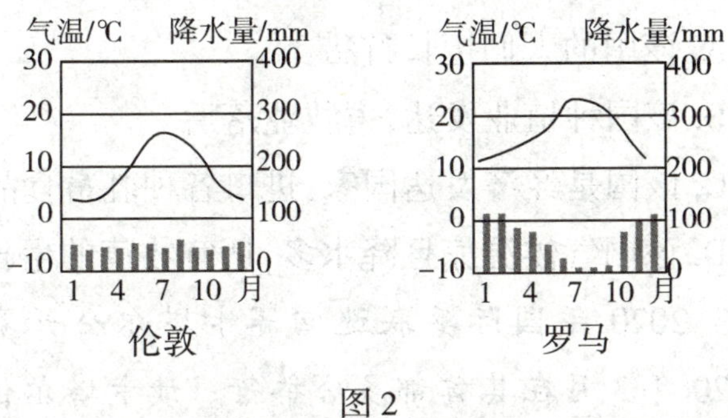

图 2

(1)欧洲西部温带海洋性气候典型,小林绘制了其成因示意图,请你帮他补充完整。

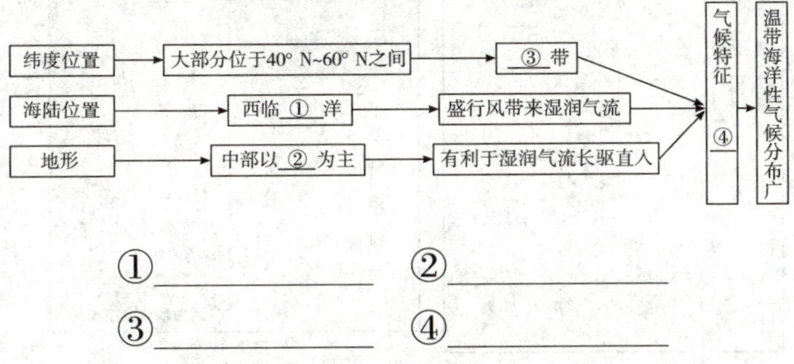

①__________　②__________

③__________　④__________

欧洲西部旅游业十分发达,每年的八月份是欧洲的传统度假期,而拥有明媚阳光和蔚蓝大海的地中海沿岸则是他们最爱的度假目的地。据统计有 60% 的英国人在假期会选择直奔地中海沿岸,在沙滩边的躺椅上享受日光浴。

(2)请你帮助小林分析英国人热爱日光浴,并选择地中海沿岸为度假目的地的主要气候原因。

考点 2　地形与当地人类活动的关系

读中南半岛示意图,完成 1 ~ 2 题。

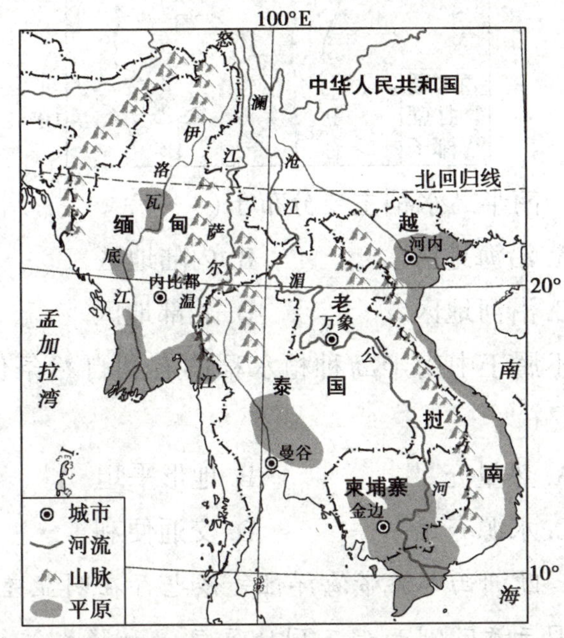

1. 中南半岛地形、河流分布特点是(　　)

A. 山河相间,横向分布

B. 山河相间,纵列分布

C. 山脉、河流无序分布

D. 地势南高北低,河流自南向北流

2. 中南半岛城市与人口主要分布在冲积平原与河口三角洲,主要原因是(　　)

①地形以平原为主,土壤肥沃

②水源充足,为城市提供用水

③交通便利

④水流湍急,水能丰富

A. ①②③　　B. ②③④

C. ①③④　　D. ①②④

考点3 气候对当地农业生产和生活的影响

读中南半岛部分地区水稻分布图,回答1~2题。

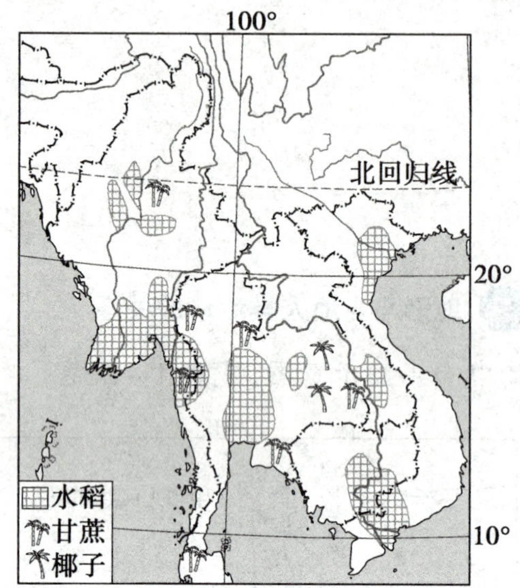

1. 中南半岛水稻主要分布于(　　)

A. 沿海地区　　B. 内陆地区

C. 沿河地区　　D. 北部地区

2. 不属于中南半岛种植水稻的有利自然条件的是(　　)

A. 热量充足　　B. 地形平坦

C. 水源充足　　D. 交通便利

欧洲西部温带海洋性气候也存在明显差异,下图示意欧洲西部不同地区气温和降水统计资料。据此,回答3~5题。

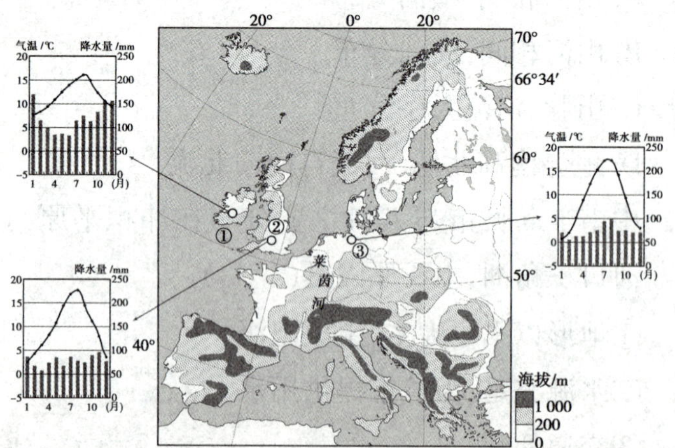

3. 读①②③地气候资料,分析①→②→③气温年较差和年降水量的变化特点是(　　)

A. 气温年较差越来越大,年降水量越来越少

B. 气温年较差越来越小,年降水量越来越少

C. 气温年较差越来越大,年降水量越来越多

D. 气温年较差越来越小,年降水量越来越多

4. 欧洲西部地形特点及其对气候影响的说法正确的是(　　)

A. 大西洋沿岸有高大山脉阻挡了湿润气流深入内陆

B. 地形以平原为主,山地多呈南北走向利于湿润气流深入内陆

C. 平原面积狭小,山地面积广大,阻挡了湿润气流深入内陆

D. 南北多山地,中部平原广大,有利于来自大西洋的湿润气流深入内陆

5. ②地所在国家的饮食以乳畜食品为主,其原因是(　　)

A. 该国的人们擅长狩猎

B. 该国种植业发达,畜牧业落后

C. 该国是经济发达国家,进口各种乳畜食品

D. 该国气候温凉且降水多,适宜牧草的生长

2020年国际乒联巡回赛卡塔尔公开赛于2020年3月在其首都多哈举行。读卡塔尔位置示意图和多哈气候资料表,回答6~7题。

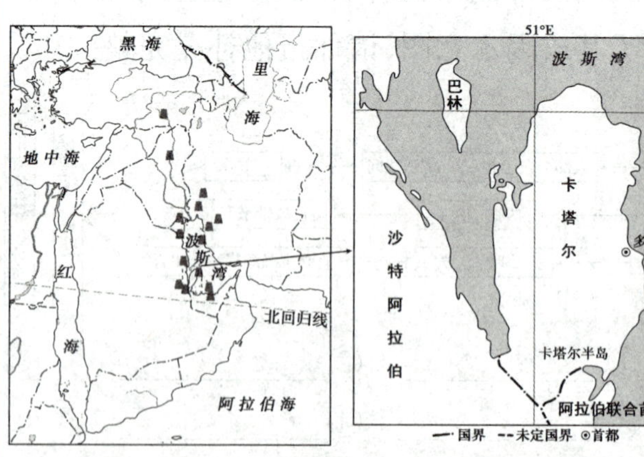

月份	平均气温/℃	降雨量/mm
1	21.2	13.2
2	22.5	17.1
3	26.3	16.1

（续表）

月份	平均气温/℃	降雨量/mm
4	31.2	8.7
5	37.4	3.6
6	40	0.0
7	40.5	0.0
8	39.9	0.0
9	38.1	0.0
10	34.6	1.1
11	29	3.3
12	23.7	12.2

6. 国际乒联卡塔尔公开赛期间，多哈(　　)

A. 炎热干燥　　B. 高温多雨

C. 寒冷干燥　　D. 温和多雨

7. 卡塔尔(　　)

A. 位于南半球、热带

B. 位于印度洋北岸，属南亚地区

C. 居民多为白色人种，通用拉丁语

D. 居民传统服装为宽大白色长袍

考点 4　河流对城市分布的影响

1. 读下面的曼谷气候资料统计图，曼谷的气候类型是(　　)

热带季风气候

温度/℃　降水量/mm

30　400
20　300
10　200
0　100
-10　0
1　4　7　10月份

A. 热带季风气候

B. 热带草原气候

C. 热带雨林气候

D. 亚热带季风气候

2. 城市形成和发展受到自然环境的影响。读下面的法国地形示意图和法国气候类型分布示意图，完成下列问题。

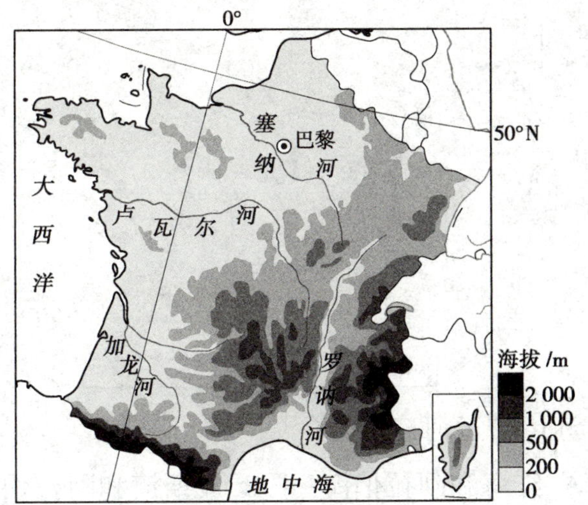

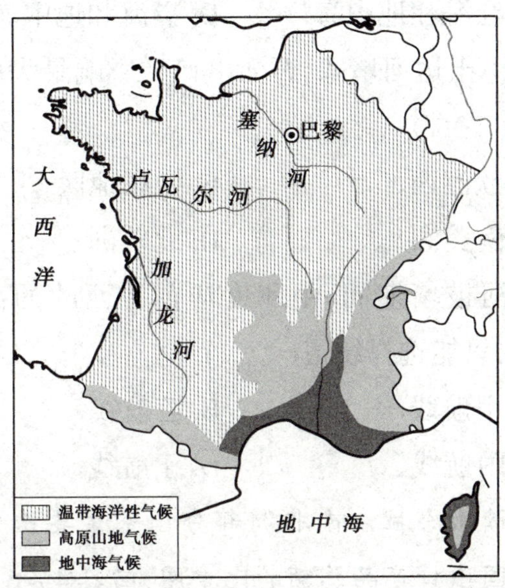

(1)巴黎所处地形类型为＿＿＿＿＿＿＿＿，有利于城市的形成和发展。

(2)巴黎处于＿＿＿＿＿＿＿＿气候区，全年温和湿润。

(3)流经巴黎的河流是＿＿＿＿＿＿，水源充足，＿＿＿＿便利。

考点 5　对当地或世界经济发展影响较大的自然资源

2021 年 3 月 23 日至 29 日，某货轮在苏伊士运河航道搁浅，造成河道严重堵塞。全球通过海洋运输的石油，大约 30% 通过苏伊士运河完成。

此次“塞船”可能导致全球石油价格提高10%以上。读波斯湾石油外运航线图,完成1~3题。

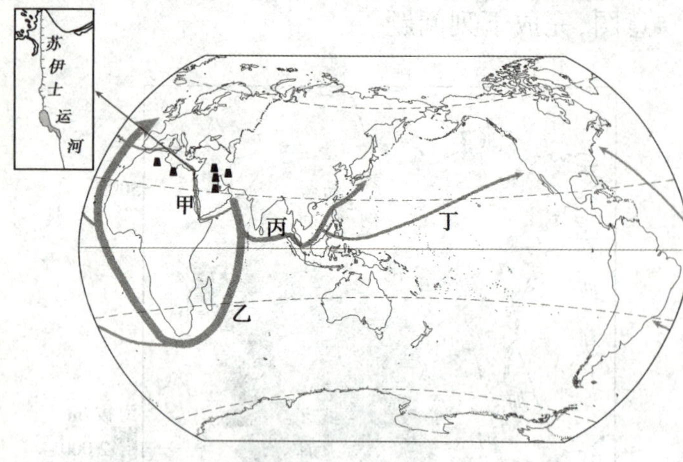

1. 苏伊士运河连接了(　　)

A. 红海和阿拉伯海　　B. 波斯湾和阿拉伯海

C. 红海和地中海　　D. 黑海和地中海

2. 苏伊士运河堵塞,石油出口受影响最大的地区是(　　)

A. 欧洲西部　　B. 中东地区

C. 南美洲　　D. 北美洲

3. 运河被堵期间,由印度洋前往西欧的部分船只,只能选择绕道(　　)

A. 甲航线　　B. 乙航线

C. 丙航线　　D. 丁航线

读撒哈拉以南非洲部分国家主要出口产品占本国出口产品总额的比重图,回答4~6题。

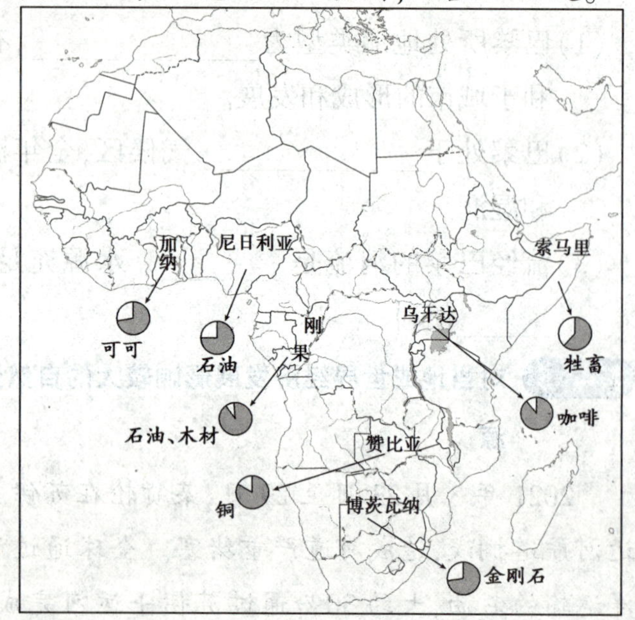

4. 撒哈拉以南非洲发展经济的主要优势是(　　)

A. 资源丰富　　B. 交通便利

C. 科技发达　　D. 国内市场广阔

5. 赞比亚出口的主要产品是(　　)

A. 石油　　B. 铜

C. 钻石　　D. 铀

6. 由图可知,撒哈拉以南非洲的经济特征主要表现为(　　)

A. 以出口初级农矿产品为主

B. 以出口工业制成品为主

C. 现代农业发达

D. 加工制造业发达

考点6 某地区发展旅游业的优势

据统计,泰国在2019年春节期间中国游客出境游热门目的地中位列榜首。泰国物产丰富,有橡胶、甘蔗、茶叶、咖啡、香料、椰子、油棕、蕉麻等,结合所学知识,完成1~3题。

1. 泰国成为中国游客春节出境游首选目的地的原因可能是(　　)

A. 地处热带,可以享受温暖的假期

B. 纬度较高,可以观赏雪国风光

C. 深居内陆,可以体验大漠风光

D. 人烟稀少,可以远离城市的喧嚣

2. 中国游客在泰国可以看到的农业景观是(　　)

A

B

C

D

3. 中国游客在泰国最可能购买的特色产品是（　　）

A. 牛肉干　　B. 葡萄酒

C. 乳胶枕　　D. 羽绒被

近年来，南极旅游不断升温。结合所学知识，完成4～5题。

4. 南极旅游的最佳时间是（　　）

A. 11月至次年2月

B. 3月至5月

C. 6月至8月

D. 8月至10月

5. 对于登陆南极游玩，下列建议合理的是（　　）

A. 南极有极昼现象，气温高，不需要携带保暖衣物

B. 南极野生动物缺乏食物，建议携带食物投喂企鹅

C. 南极多狂风，建议携带防风大衣

D. 南极多暴雨，建议携带雨伞和雨衣

考点7 富有地理特色的文化习俗

纱丽是世界上历史最悠久的服饰之一，五千多年前，类似纱丽的服饰便在亚洲某地区广泛流行，并延续至今。纱丽的衣料一般由棉、纱、丝、布、尼龙和混纺等制成，以质地“轻柔薄爽”为佳。读纱丽服饰图，完成1～2题。

1. 根据纱丽的特点，推测该服饰主要分布地区气候特点是（　　）

A. 终年温和湿润

B. 终年炎热

C. 终年寒冷干燥

D. 冬冷夏热，降水少

2. 根据纱丽的特点，推测该服饰主要分布在（　　）

A. 东亚　　B. 西亚

C. 南亚　　D. 北亚

考点8 极地地区独特的自然环境

读两极地区图，完成1～3题。

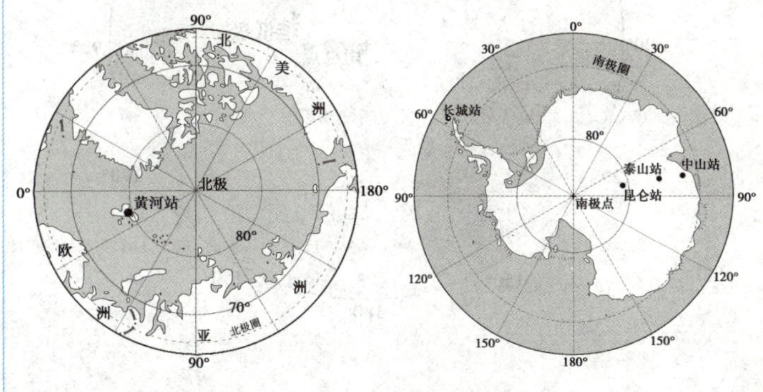

1. 两极地区共有的地理特征是（　　）

A. 以海洋为主

B. 纬度较低

C. 冰雪覆盖

D. 动植物资源丰富

2. 关于两极地区的叙述，正确的是（　　）

A. 围绕北极地区的大洲是亚洲、非洲、欧洲

B. 两极地区气候严寒的主要原因是冰雪覆盖

C. 围绕南极地区的大洋是太平洋、大西洋、印度洋

D. 昆仑站在中山站的西南方

3. 下列属于北极地区代表动物的是（　　）

A

B

C

D

难抵极——距南极大陆所有海岸线最远的点。2020年1月25日，中国探险者冯静徒步1 800千米，历时近三个月，在难抵极上竖起了五星红旗，这是人类首次仅靠双脚到达此处。读南极地区示意图，完成4～6题。

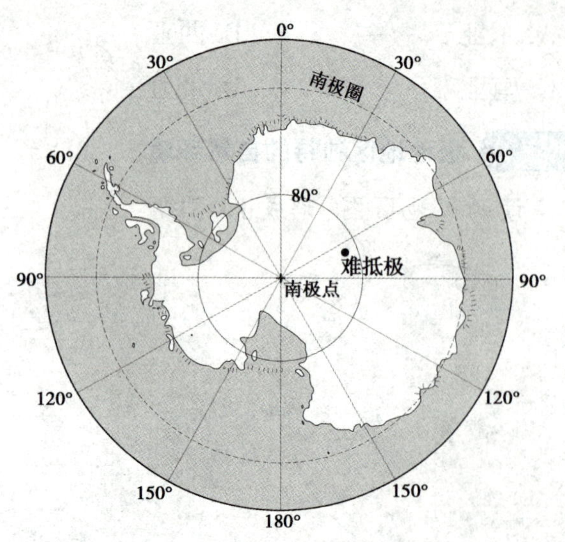

4. 难抵极位于南极点的(　　)

A. 东南　　B. 正北

C. 东北　　D. 西北

5. 冯静选择在1月前后在南极大陆徒步的主要原因是此时南极为(　　)

A. 雨季,降水多　　B. 极夜,风雪小

C. 暖季,白昼长　　D. 暖季,无风雪

6. 冯静在徒步过程中可能遇到的困难有(　　)

A. 高寒缺氧　　B. 酷寒烈风

C. 干旱缺水　　D. 沼泽泥泞

请完成"夯实基础过中考"P29

第七单元 认识国家

课标导航及中考目标

课标要求	中考目标
在地图上指出某国家地理位置、领土组成和首都。	在地图上指出某国家领土组成、首都,从经纬度位置和海陆位置方面描述一个国家的地理位置。
根据地图和其他资料概括某国家自然环境的基本特点。	运用地图和其他资料,归纳某国家地形、气候、河流的特点,简要分析其相互关系。
运用地图和其他资料,联系某国家自然条件特点,简要分析该国因地制宜发展经济的实例。	运用地图和其他资料,归纳某国家自然环境特征,分析该国因地制宜发展农业、工业、交通等方面的实例。
用实例说明高新技术产业对某国家经济发展的作用。	运用图文资料说出高新技术产业的特点,以某国家为例说明该产业对经济发展的积极影响。
举例说出某国家在自然资源开发和环境保护方面的经验、教训。	运用地图和其他资料,举例说出某国家自然资源的优势、开发现状、给环境带来的影响,以及应采取的保护措施。
根据地图归纳某国家交通运输线路分布的特点。	根据地图归纳某国家交通运输线路分布的特点,并分析影响交通分布的原因。
根据地图和其他资料说出某国家的种族和人口(或民族、宗教、语言)等人文地理要素的特点。	根据地图和其他资料说出某国家的种族和人口(或民族、宗教、语言)等人文地理要素的特点,并分析与自然环境和历史因素的关系。
用实例说明某国家自然环境对民俗的影响。	根据图文资料,说出某国家的特色民俗,分析与自然环境的关系。
举例说出某国家与其他国家在经济、贸易、文化等方面的联系。	根据图文资料,说出某国家与其他国家在经济、贸易、文化等方面的联系,以及带来的影响。

学基础

(以日本、印度、俄罗斯、澳大利亚、美国、巴西为例)

一、日本

(一)多火山、地震的岛国

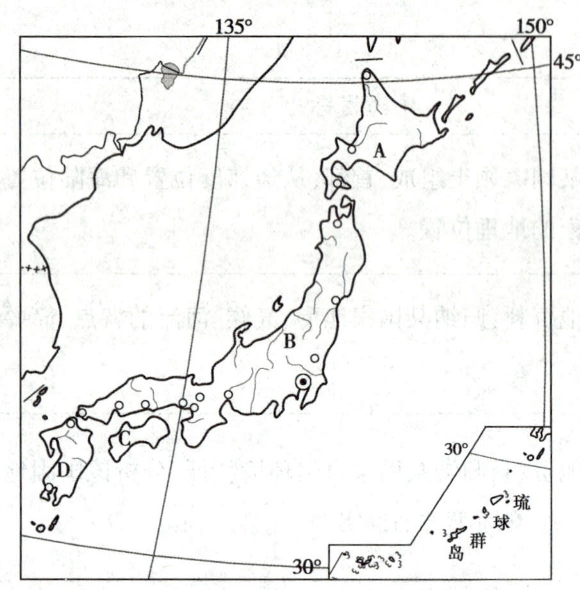

1. 地理位置

(1)半球位置:位于____半球、____半球。

(2)纬度位置:大部分在23.5°N ~46°N,主要位于________(温度带),主要位于____纬度地区。

(3)海陆位置:位于亚洲______部,东临______,西临______与________、________、______、______隔海相望。

2. 领土组成:由A________、B________(面积最大)、C________、D________四个大岛及其附近的一些小岛组成,是典型的岛国。海岸线______,多________。首都是______。

3. 自然环境特征

地形	________广布,沿海平原______,最大的平原是________,最高的山是________;地势________、________
气候	北部为________气候,南部为________气候。气候具有明显的_____特征
河流	河流短急,____资源丰富

4. 多发火山、地震

原因	位于____板块与____板块交界处,地壳活跃
防震措施	使用质地较轻的建筑材料,举行防震演习

(二)与世界联系密切的工业

1. 日本工业高度发达,是世界经济强国。

2. 工业发展特点

经济特点	进口__________,出口________
发展条件	有利:科技______;劳动力______且素质______;多________,____便利等 不利:地域______,资源______,国内供给______,对外______

3. 工业的分布

分布特点	主要分布于______________
原因	海运______,便于______________; 城市人口集中,是国内最大的______; 沿海平原集中,填海造陆价格低; 工厂靠近码头,_____便利
措施	加速扩大______,对象:____、____、东亚、东南亚等

(三)东西方兼容的文化

日本以________民族为主,传统服饰是________,日本文化是东西方文化兼容的典型。

二、印度

(一)世界第二人口大国

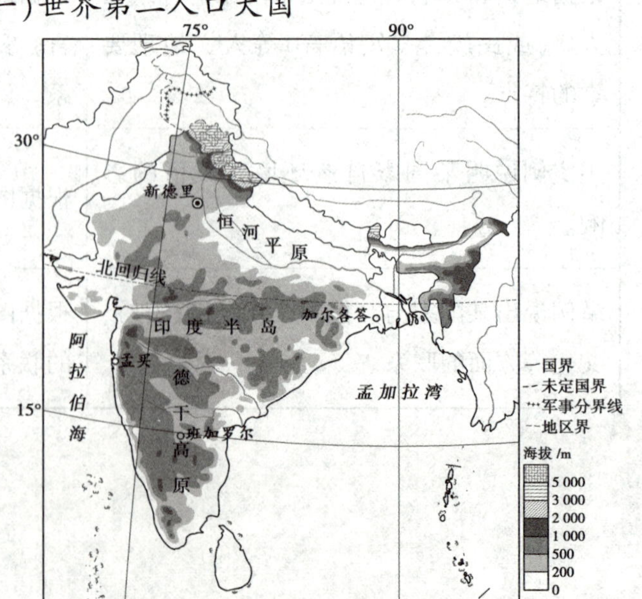

1. 地理位置

(1)半球位置:位于________半球、________半球。

(2)纬度位置:大部分在10°N～30°N,主要位于______(温度带),主要位于______纬度地区。

(3)海陆位置:位于亚洲______部,东临______,西临______,南临______,与________、________、______、______、______、______陆上相邻;与______、______隔海相望。

2. 地形与河流

地形	北部为________,中部为________,南部为________;地势________、________
河流	________是印度的母亲河,发源于________,注入________

3. 人口

现状	人口______,增长______,人口数量居世界第______
影响	优势:劳动力______,价格______;消费市场______
	劣势:资源环境等压力大,制约经济发展
人口政策	控制生育计划

(二)热带季风气候与农业生产

1. 气候类型及特征

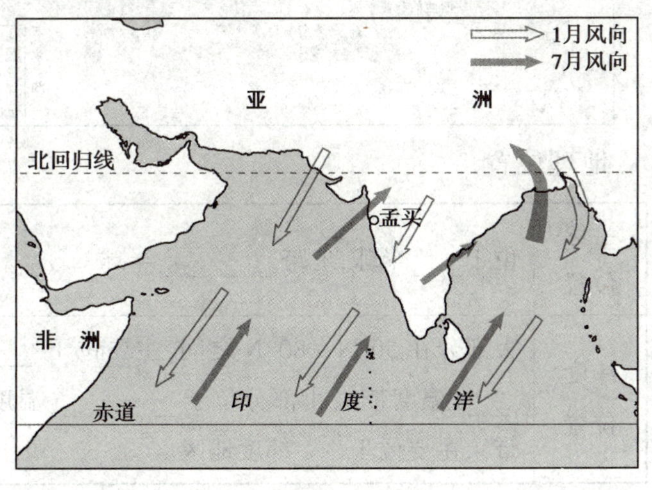

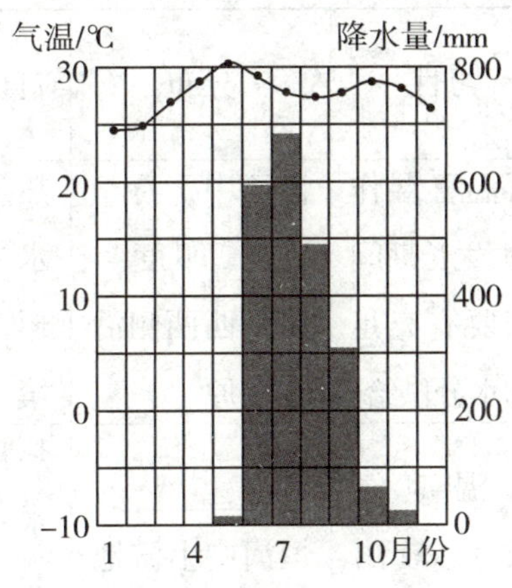

(1)以________气候为主,气候特征:________________。

(2)季风特点

	时间	盛行季风	季风特点
旱季	________	________	从______吹向______,气流干燥,降水______
雨季	________	________	从______吹向______,气流湿润,降水______

(3)西南季风与农业生产:西南季风不稳定,降水量的________分配很不稳定,______灾害频繁。

2. 粮食生产

(1)粮食作物

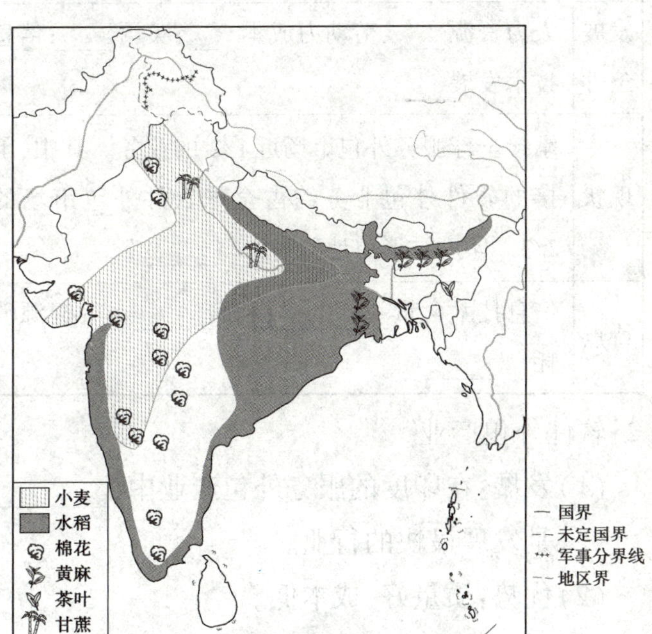

粮食作物	习性	分布	与自然环境的关系
水稻	喜温喜湿作物,生长期间需要有充足的水分供给	恒河中下游______,印度半岛东西两侧沿海平原	热量______,降水______,地形______,土壤______
小麦	喜温凉气候,比较耐旱	______,恒河中上游地区	热量______,降水______,地势起伏______,灌溉便利

(2)经济作物

种类	分布	与自然环境的关系
棉花	德干高原西北部	高原地形,降水较少,日照充足
黄麻	恒河三角洲	地势低平,气候湿热
茶叶	东北部的低山丘陵	降水多,低山丘陵排水好

(3)粮食增产:得益于两次"______"。

(三)迅速发展的服务外包产业

1. 服务外包产业

发展背景	跨国公司为了降低成本、提高效率,将软件设计等信息技术服务业务,外包给其他专业化团队来完成
发展条件	人力资源____,劳动力成本____;英语____;信息技术发展____
现状	承接全球服务外包市场近1/2的业务。其中,承接的软件外包业务约占全球软件外包市场的2/3。印度被形象地称为"______"
特点	信息技术含量______;利润______;资源消耗______

2. 软件外包产业

(1)发展:在印度的服务外包产业中,______是发展最快的行业。

(2)优势:质量好,成本低。

(3)对象:主要来自______,其次是欧洲发达国家。

(4)发源地:______是印度软件外包产业的发源地。

(5)空间分布

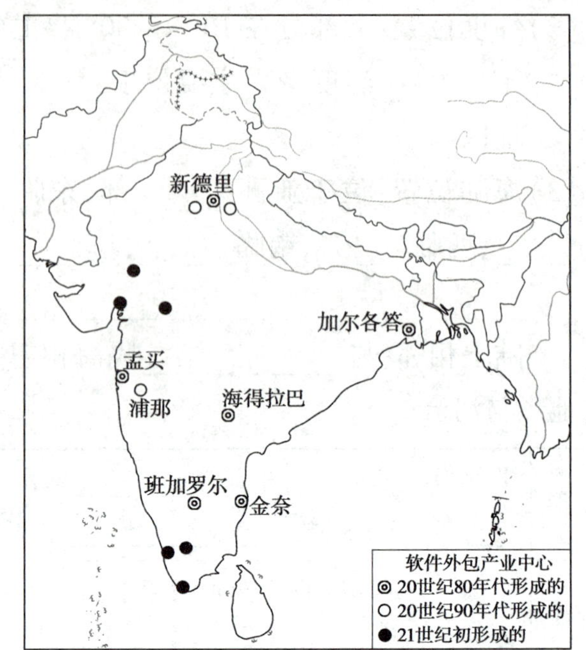

时间	分布
20世纪80年代	______、______、______、______和新德里等大城市
20世纪90年代	向大城市周围______扩散
21世纪初	向______扩散

三、俄罗斯

(一)横跨亚欧大陆北部

1. 地理位置

半球位置	位于____半球,地跨____、____半球
纬度位置	大部分在50°N~80°N之间,主要位于______(温度带),小部分位于______(温度带),主要位于____纬度地区

海陆位置	横跨________。东临________，北临________；西临________；东北隔________与________相望

2. 范围：俄罗斯领土包括欧洲____和亚洲北部，是传统的欧洲国家（欧洲部分人口集中）。

(二) 自然环境

1. 地形：西部以________为主，东部多________、________，地势________、________。

西←——俄罗斯——→东						
________平原、____河	乌拉尔山	________平原、____河	叶尼塞河	____高原（____湖）	勒拿河	________山地

2. 河流与湖泊

河流分布	自西向东			
河流名称	伏尔加河	鄂毕河	叶尼塞河	勒拿河
流向	________	自南向北	自南向北	自南向北
注入海洋（或湖泊）	________	________	________	________

湖泊：________是世界上最深和蓄水量最大的淡水湖。

3. 气候

(1) 由于纬度高，俄罗斯大部分地区为__________气候，冬季________，夏季________。

(2) 北冰洋沿岸是__________气候，太平洋沿岸是__________气候，西南部和东西伯利亚山地的部分地区为__________气候。

(三) 自然资源丰富，重工业发达

1. 自然资源特征

特点	自然资源________，种类________，被称为"________"
主要自然资源	________、________、煤、铁、有色金属等的储量和产量，森林的蓄积量，水能的蕴藏量，都在世界上名列前茅
作用	为俄罗斯发展工业奠定了良好的物质基础

2. 工业

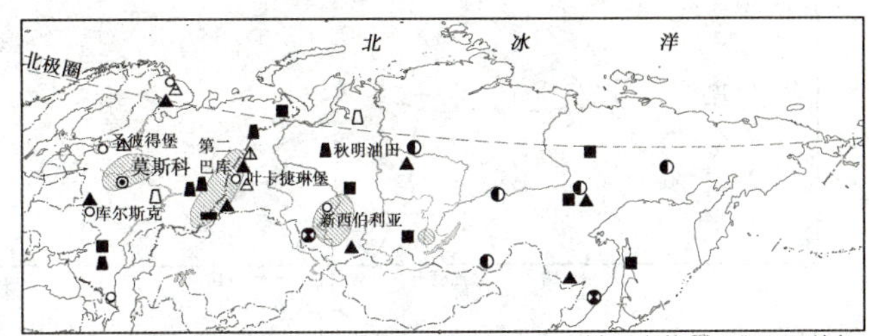

工业特点		工业基础____，部门____，其中____工业和____工业在世界上占有重要地位
工业部门		____、____、机械、化工等重工业发达，____相对滞后
工业分布		工业主要分布在____部分，并且靠近________
四大工业区	以莫斯科为中心的工业区	主要有____、____、飞机、火箭和电子等工业部门，是俄罗斯工业最____的地区
	乌拉尔工业区	主要有____、____、____等工业部门
	圣彼得堡工业区	________、________、电子、造纸和航空航天等工业十分发达，也是俄罗斯____和____工业最发达的地区
	新西伯利亚工业区	主要有____、____、天然气、电力、钢铁等工业部门

3. 经济发展方向

(1) 近十几年来,俄罗斯依靠大量出口______、______,促进了本国经济较快增长。

(2) 过度依赖石油、天然气等资源的出口,导致经济发展不够持续稳定。

(3) 俄罗斯已将______作为国家经济新的发展方向。

(四) 交通

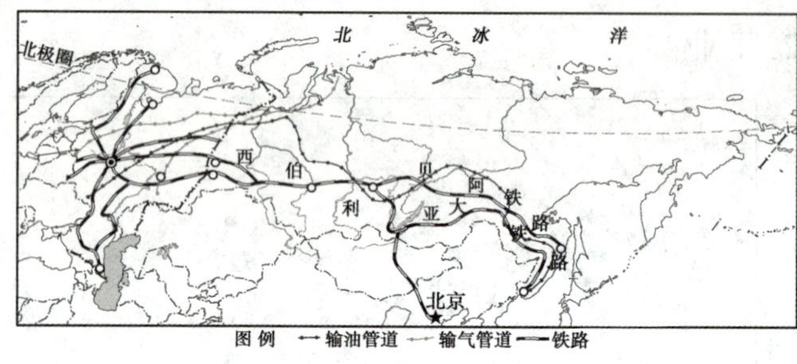

1. 发达的交通

特点	交通部门齐全,______、______、______、______、______与______均很发达
运输方式	客运:以______、______运输为主; 货运:以______、管道运输为主,其中管道运输主要运输______、______
	五海通航:通过运河,伏尔加河与______、______、______、______、______相通
分布特征	地区分布______。______部分铁路非常密集,形成以______为中心的放射状铁路网,______部分铁路比较稀疏,有横贯亚欧大陆的______,被称为"______"

2. 西伯利亚大铁路沿南部山区修建的原因:矿产资源、工业区、城市、人口集中分布于南部;北部地区纬度高,气温低,冻土广布。

3. 主要城市

______	首都,交通发达,是俄罗斯铁路、公路、内河和航空运输的枢纽
圣彼得堡	俄罗斯第______大城市和______沿岸重要港口
摩尔曼斯克	______沿岸的重要海港,港口终年不冻,是一个优良海港
符拉迪沃斯托克(海参崴)	______沿岸的重要海港

四、澳大利亚

(一) 世界活化石博物馆

1. 地理位置与范围

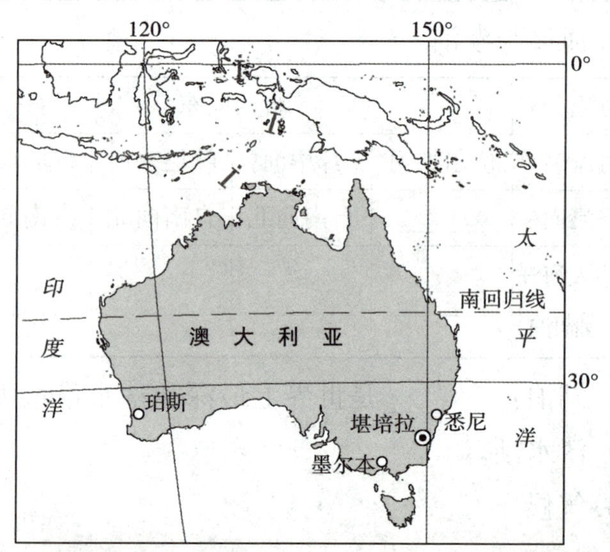

(1) 地理位置

①半球位置:位于______、______半球。

②纬度位置:大部分在10°S~40°S之间,地跨______、______(温度带),主要位于______纬度地区,______(填纬线)穿过澳大利亚中部。

③海陆位置:东临______,西临______。

(2) 澳大利亚是大洋洲面积最大、人口最多的国家,也是世界上唯一独自占有一个大陆的国家。

2. 特有生物

生物种类	袋鼠、鸸鹋、树袋熊、琴鸟、鸭嘴兽、桉树、金合欢等
地位	长期处于孤立状态,生物进化缓慢,使澳大利亚特有古生物众多,被称为"______"

(二)"骑在羊背上的国家"

1. 地位:是世界上放养______数量和出口______最多的国家。

2. 三大牧羊带:由东南和西南沿海向内陆依次为A______混合经营带,B______混合经营带和C______牧羊带。

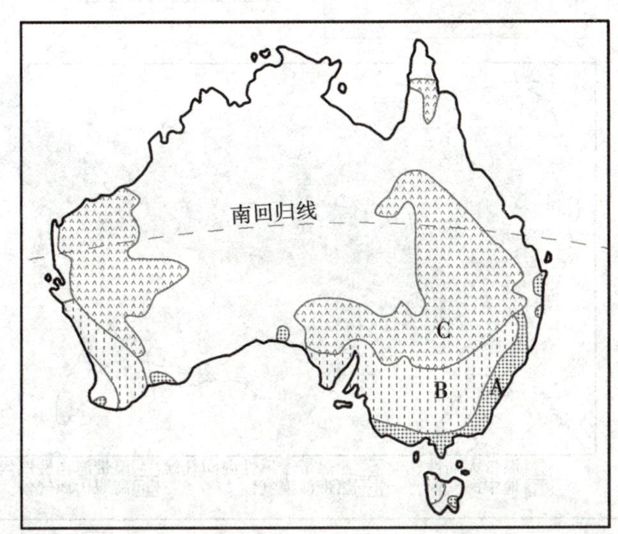

3. 养羊业特点:产业化、______化程度高,耗用劳动力______。______和羊毛主要用于出口,商品率很______。

4. 牧羊带与自然条件的关系

(1)地形对农牧业发展的影响

①西部以______为主,______地势宽广平坦,沙漠广布,适合牲畜过冬和繁殖。

②中部以______为主,没有大型食肉动物,天然草场广布。

③东部以______为主(______)。

④地势:______、______。

(2)气候对农牧业发展的影响

①气候类型与分布:澳大利亚大部分地区地处______和亚热带,以______气候为主。呈______状分布。

气候类型	分布
热带沙漠气候	______
______	东北部沿海
亚热带湿润气候、______	东南沿海
地中海气候	西南部、东南部沿海

②气候与三大牧羊带的分布

牧羊带	分布	气候
粗放牧羊带	西部高原的西南部、大自流盆地东南部	a______气候和b______气候面积广大,气候较为干燥,适合牲畜过冬和繁殖
绵羊与小麦混合经营带	东南部墨累河流域、c______	e______气候、f______气候、g______气候,气候适宜,降水较为h______
羊、牛与经济作物混合经营带	东南部狭窄的沿海平原、d______	

(三)"坐在矿车上的国家"

地位	澳大利亚矿产品出口占商品出口总额的比重很大
发展基础	矿产资源______、品种______、品质优、埋藏浅、易开采
工业部门	采矿业:规模大;采用现代化管理方法和机械化、自动化生产;开采利用效率高;注重环保。在采矿业基础上发展了冶金业

<table>
<tr><td rowspan="5">工业分布</td><td>特点</td><td colspan="2">多分布在____地区</td></tr>
<tr><td>原因</td><td colspan="2">东南沿海矿产资源____;人口____,经济____;港口众多,____</td></tr>
<tr><td rowspan="3">工业城市</td><td>____</td><td>首都,钢铁工业中心</td></tr>
<tr><td>____</td><td>最大的城市、最大的工业中心和港口、有色冶金工业中心</td></tr>
<tr><td>____</td><td>第二大城市、有色冶金工业中心</td></tr>
<tr><td colspan="2">发展</td><td colspan="2">20 世纪 70 年代以来,澳大利亚的服务业发展迅速,超过工业和农牧业,成为澳大利亚的经济支柱。澳大利亚的采矿业和冶金业在国民经济中的地位有所下降</td></tr>
</table>

五、美国

(一)民族大熔炉

1. 领土组成:美国由美国本土、____和____组成。

2. 地理位置

(1)半球位置:位于____半球、____半球。

(2)纬度位置

①本土大部分在 30°N ~49°N,位于____(温度带),主要位于____纬度地区;

②夏威夷州位于____(纬线)附近,地跨热带,阿拉斯加州被____穿过,地跨北寒带。

(3)海陆位置:本土西临____,东临____,东南临____,北、南分别与____、____接壤。

3. 人口

数量	是世界第____人口大国,____是美国人口增长较快的主要原因
构成	土著民是____(____种人),如今美国以____种人(约 80%)和____种人(约 13%)居多,被称为“____”,共同形成美利坚民族。华人华侨约 400 万,旧金山、纽约、洛杉矶等有华人聚居的“唐人街”
问题	存在严重的____问题

(二)农业地区专业化

1. 自然环境

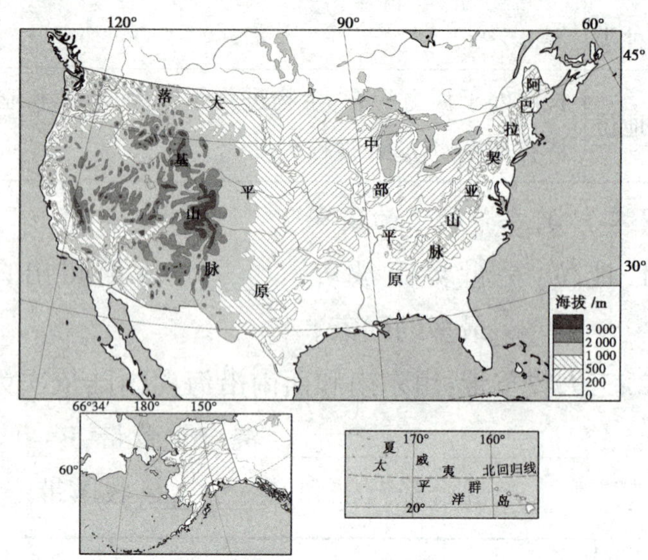

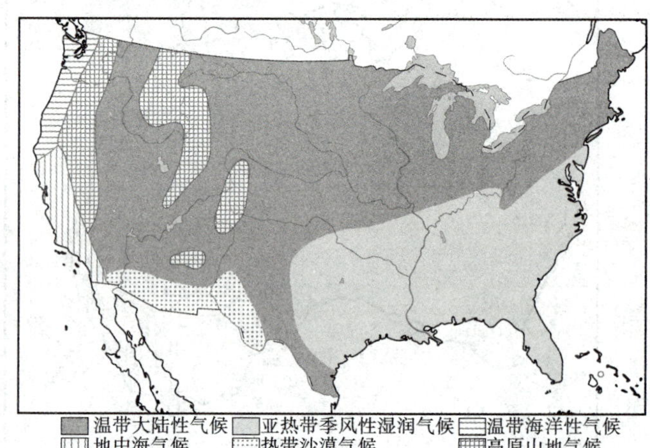

地形	本土地形以____为主,呈____分布;西部是高大的____、____(____、____);中部是广阔的____(____、____);东部是低矮的____(____);地势____、____
河流湖泊	____是世界第四长河,流向为____,注入____。五大湖自西向东分别为____湖、____湖、____湖、____湖、____湖,其中____湖是世界上面积最大的淡水湖,密歇根湖是美国独有湖泊

气候	本土以______气候为主,降水大体自东南向西北______,但西部沿海地区降水较多。本土气候复杂多样,东南沿海为______气候,西部沿海有______气候和______气候,西部山地有______气候,西南部有______气候

2. 农业生产特点

(1)农业生产概况

发展条件	气候:本土大部分在______带,光热______;南部受海洋影响,气候______; 地形:以______为主,耕地______; 土壤:土壤______; 水源:______和______为灌溉、航运提供良好条件
特点	实现地区生产专业化。高度______化,生产规模______、效率______、产量______
地区专业化生产的优点	便于推广先进的生物技术、耕作技术等,使农产品品质优良;便于机械化耕作,提高农业生产效率
地位	美国是世界上主要的农产品______国和______国,是世界上的农业强国

(2)农业地区专业化

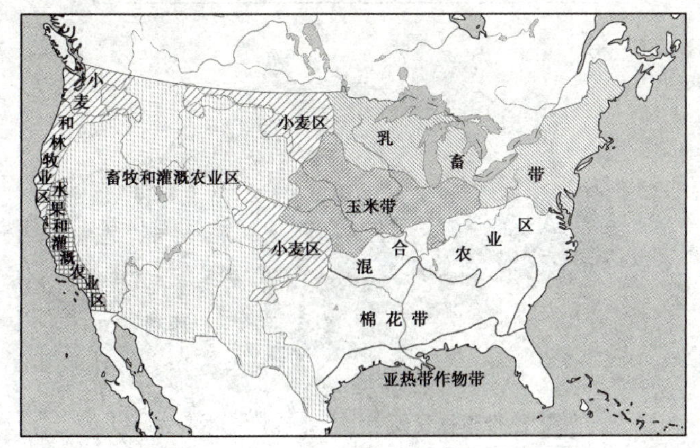

农业带	分布地区	发展条件
______	纬度较高的______	位置偏北,气候______,适合______生长;是美国的主要制造业带,城市和人口分布______,乳畜产品需求量______
玉米带	______	地处______带,春夏气温较高,适合玉米生长;地形______,土壤______
______	美国35°N以南	因土壤肥力下降,棉花种植业已衰落
______	中央平原的北部和中部	地势______,土质好,雨热同期,适合小麦生长,______河灌溉便利。靠北地区种植______,靠南地区种植______
畜牧和灌溉农业区	美国西部高山地区和大平原地区	多高原、高山,降水______,适宜畜牧业和灌溉农业发展
亚热带作物带	墨西哥湾沿岸平原和佛罗里达半岛地带	为______气候,地势低平,适合亚热带作物生长

(三)世界最发达的工业国家

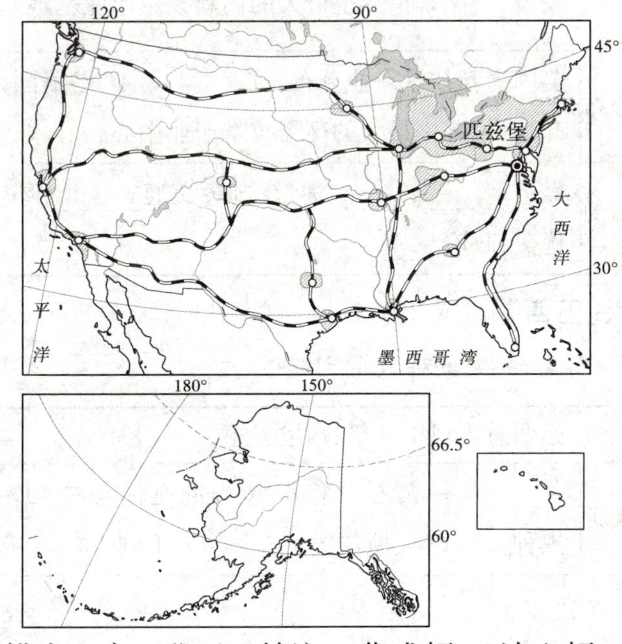

1. 描出三大工业区。填注A华盛顿、B波士顿、C底特律、D芝加哥、E休斯敦、F洛杉矶、G圣弗

朗西斯科(旧金山)的字母。

2. 工业部门体系______,生产规模______,技术先进,是世界上最发达的工业国家。______、______、机械、化工等工业在世界上占有重要地位,其中______工业和尖端技术领域处于世界领先地位。

3. 三大工业区分布

发展条件	形成条件	主要的工业部门
东北部工业区(传统工业区)	丰富的______资源; 大西洋沿岸多优良港湾,______和______提供充足的水源和便利的水运; 地形______,土壤______	______、______、汽车、化工等
南部工业区	墨西哥湾丰富的石油资源	石油、航空航天
西部工业区	以______产业为主,环境优美	航空、电子、信息技术等

4. 高新技术产业

发展	1990年以后,以______技术产业、______技术产业、______技术产业为代表的高新技术产业蓬勃发展,美国是世界上最大的高新技术产业基地
分布	美国高新技术产业分布较广,"______"是美国兴起最早、规模最大的高新技术产业中心
原因	靠近______,______力量雄厚;交通______;环境优美;政府______

六、巴西

(一)大量混血种人的社会

人口	巴西总人口1.9亿,居世界第______
人种	______种人占一半多、黑白混血种人占40%、黑种人占6%、原住民______人不到1%
语言文化	语言:通用______。 ______:原是欧洲基督教的节日,后传到巴西。 ______:融合了葡萄牙的民歌,非洲的鼓乐、舞蹈。 足球:英国是现代足球的发源地,而现在巴西的足球运动水平堪称世界一流

(二)发展中的工农业

1. 地理位置

半球位置	位于______半球、______半球
纬度位置	大部分在______和______之间的热带地区。是世界上热带面积最大的国家
海陆位置	位于南美洲______部,东临______

2. 自然环境

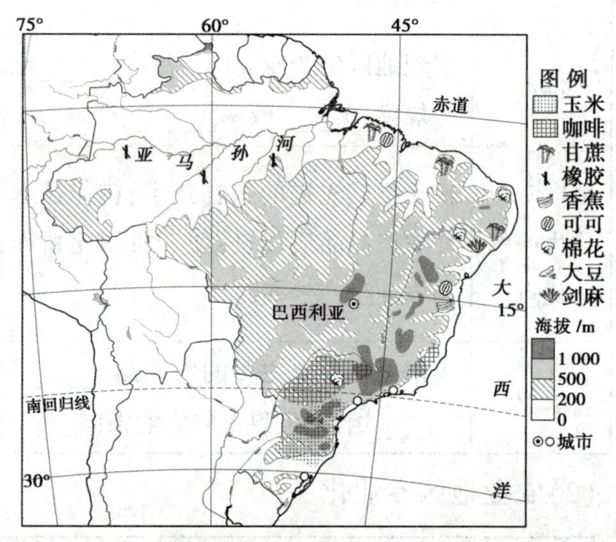

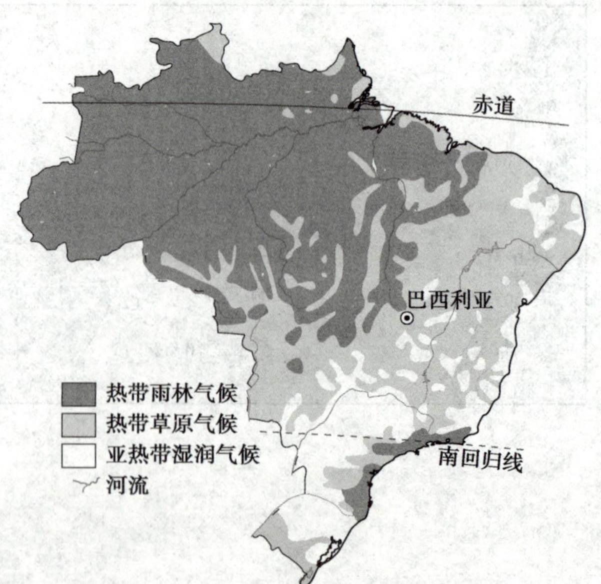

地形	以______和______为主，北部是世界上最大的平原______平原，南部是世界上面积最大的高原______高原
河流	亚马孙河发源于______山脉，自西向东注入______，是世界上水量最大、流域面积最广的河流，长度居世界第二
气候	主要为______气候，亚马孙河流域为______气候，巴西高原属于______气候

3. 工农业发展

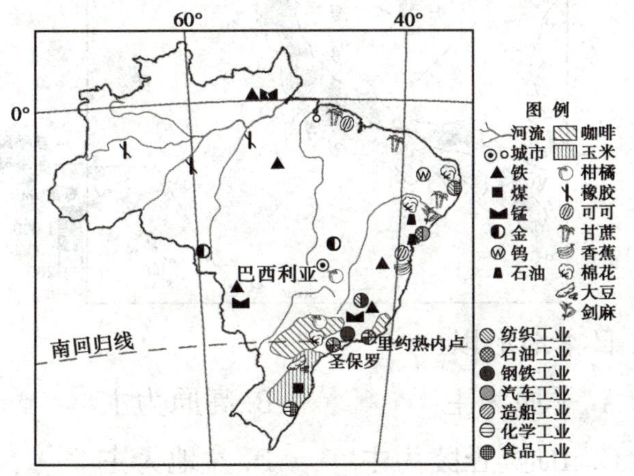

(1)农业发展

①发展条件：大部分位于______带，气候______、地形______，适合种植热带作物。

②农业产品：______、______、______等农产品的产量居世界前列。

(2)矿产和工业

①矿产资源及分布：矿产资源______，主要分布在______。

②工业部门及分布：钢铁、______、______等跻身于世界重要的生产国行列。

工业主要分布在______。

(三)热带雨林的开发与保护

1. 热带雨林概况

分布	巴西的______流域，分布着世界上最大的热带雨林，60%在巴西境内。热带雨林被称为“______”
效益	______效益：调节气候、提供新鲜空气、涵养______，保护淡水；保护土壤，防止土壤侵蚀；提供良好的生物生存环境，维护生物______。 ______效益：提供木材、药材、食品等

2. 热带雨林的开发

古代	原来生活在亚马孙热带雨林中的印第安人，采用原始的______的方法砍伐树木，开荒种地
现代	修建公路，开辟大型的______，采矿，办工厂，建城镇
后果	导致______加剧、生物______，影响全球的气候

3. 热带雨林的保护：禁伐百年以上的原生林，在弃耕地上重新植树，建立自然保护区或国家公园，减少一次性产品的消耗，促进可持续发展。

练基础

考点1 国家的地理位置

读日本位置示意图，完成1~2题。

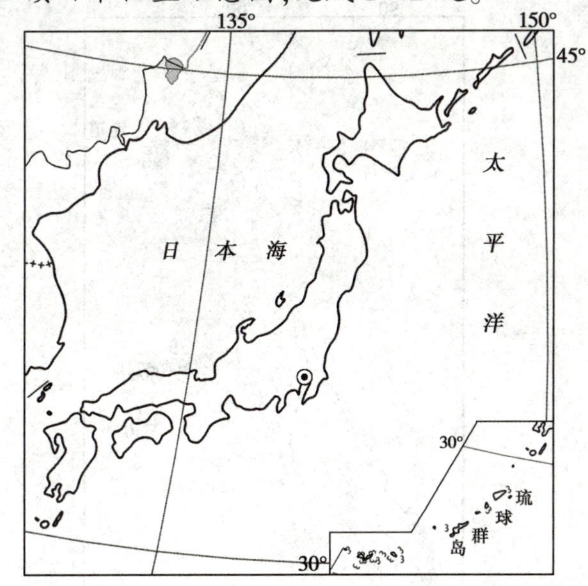

1. 从图中纬度可以看出,日本大部分位于(　　)

A. 低纬度　B. 中纬度　C. 中高纬度　D. 高纬度

2. 关于日本的位置和范围的描述正确的是(　　)

A. 位于亚欧大陆内部

B. 东临日本海,西临太平洋

C. 领土由四个岛屿组成

D. 位于亚洲东部,太平洋西北部

3. 印度位于(　　)

A. 东亚　B. 西亚　C. 南亚　D. 北亚

4. 关于印度地理位置的叙述,不正确的是(　　)

A. 与中国相邻

B. 西临阿拉伯海,东临孟加拉湾

C. 濒临印度洋

D. 主要位于北温带

5. 俄罗斯位于(　　)

A. 高纬度　B. 低纬度　C. 中纬度　D. 中高纬度

6. 关于俄罗斯的叙述,正确的是(　　)

A. 国土辽阔,跨寒温热三带

B. 位于南半球,跨东西半球

C. 海陆兼备,地跨亚欧两洲

D. 是世界上最大的内陆国

7. 地理老师给同学们设计了学习巴西地理位置的任务单。读下面的巴西位置图,完成学习任务单。

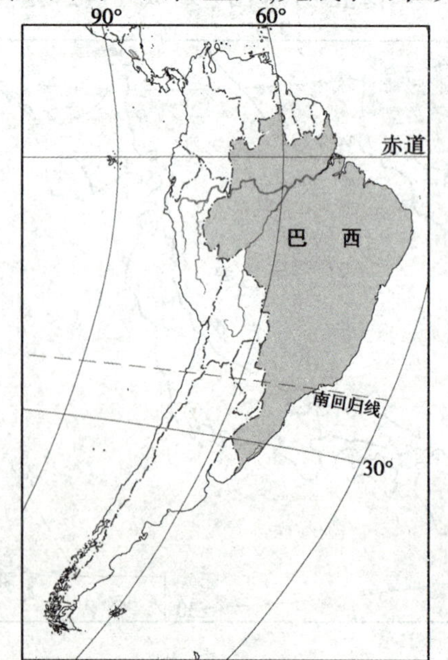

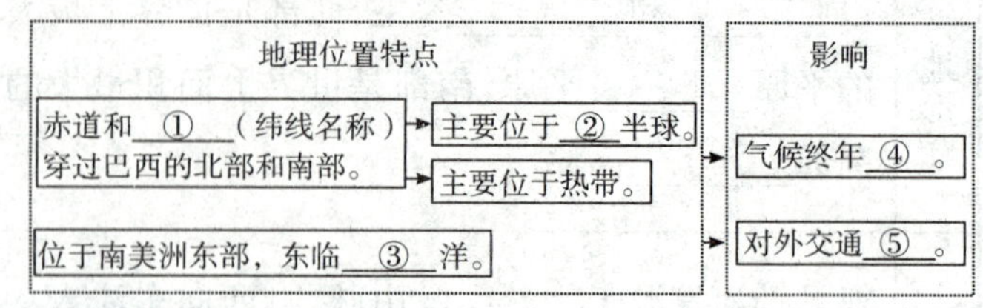

考点2　自然环境特征

读日本地形图,完成1～3题。

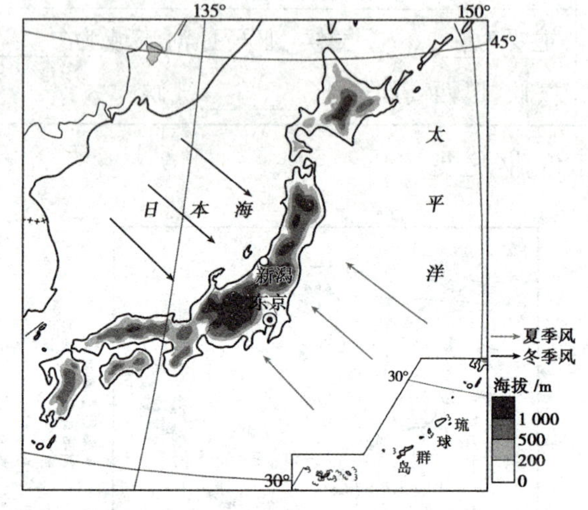

1. 日本地形以(　　)

A. 平原为主　B. 高原为主

C. 山地、丘陵为主　D. 盆地为主

2. 东京夏季盛行(　　)

A. 西北风　B. 东南风

C. 西南风　D. 东北风

3. 日本河流短小、水流湍急的主要原因是(　　)

①国土面积狭小

②森林资源丰富

③地形以山地、丘陵为主

④降水丰富

A. ①②③　B. ①③④

C. ①②④　D. ②③④

读澳大利亚26°S附近地形剖面图,完成4～5题。

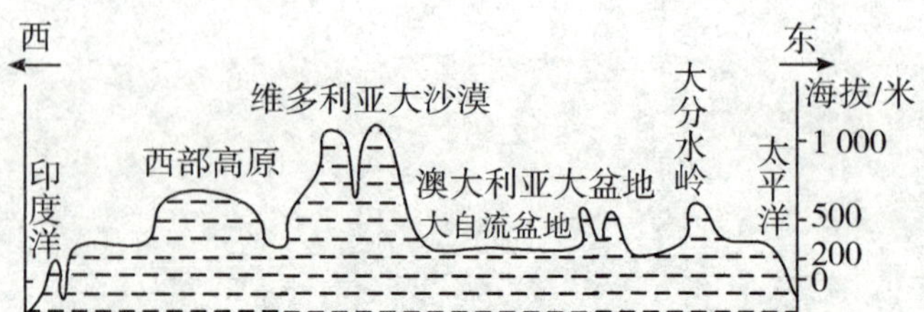

4. 读图可知,澳大利亚的地势特点为(　　)

A. 中间高、四周低

B. 中间低、四周高

C. 东西高、中部低、南北纵列分布

D. 山河相间、纵列分布

5. 有关澳大利亚地形分布的叙述,正确的是(　　)

A. 自南向北分三大地形区

B. 大分水岭位于西部高原的边缘

C. 东部地区以平原为主

D. 西部以高原为主

每年3月印度南部地区都会遭受不同程度的旱灾。图1为印度南部气温曲线与降水量柱状图,图2为南亚盛行风向示意图。读图,回答6～8题。

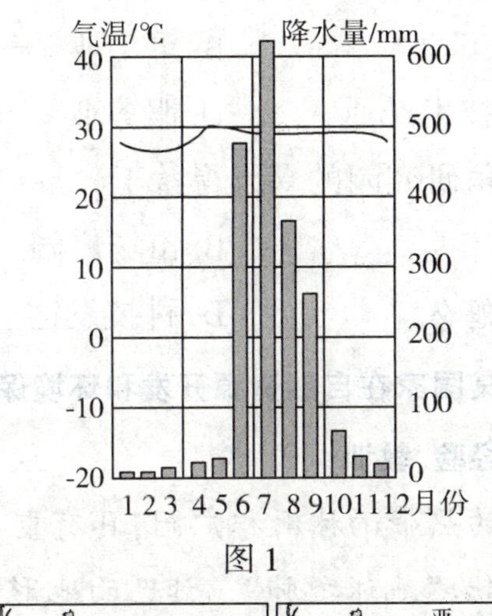

图1

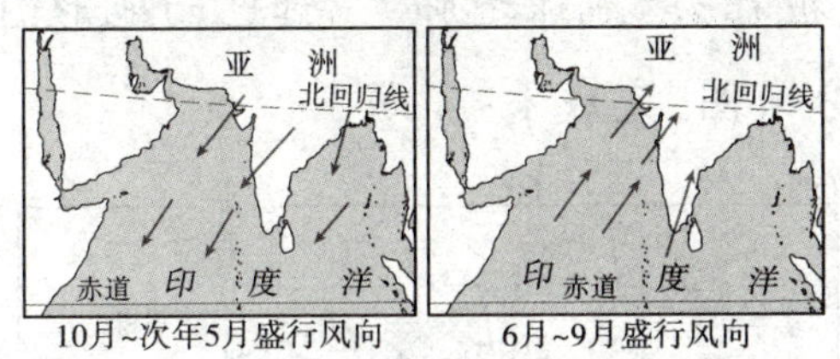

图2

6. 印度南部的气候类型是(　　)

A. 热带雨林气候

B. 热带草原气候

C. 热带季风气候

D. 热带沙漠气候

7. 旱灾期间,印度盛行(　　)

A. 西南季风　　　　B. 西北季风

C. 东南季风　　　　D. 东北季风

8. 印度为防御旱灾可采取的有效措施是(　　)

A. 跨流域调水

B. 兴修水利

C. 海水淡化

D. 植树造林

考点3 因地制宜发展经济

黄麻和棉花是印度的两种重要纺织工业原料。图1示意印度黄麻和棉花的分布,图2示意印度年降水量的分布,读图完成1～3题。

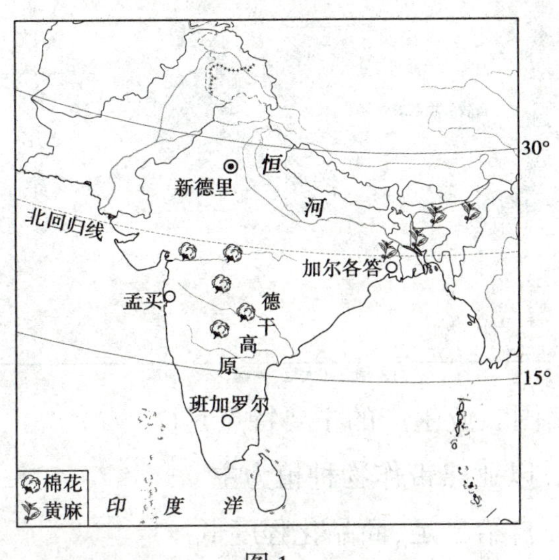

图1

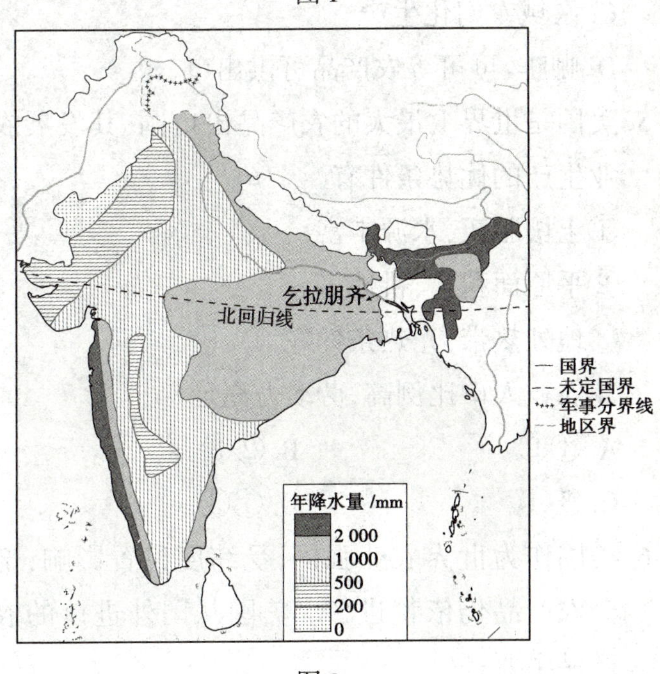

图2

1. 印度棉花主要分布在(　　)

A. 东部沿海地区　　B. 河口三角洲

C. 德干高原　　D. 北部山区

2. 与黄麻分布区相比，印度棉花分布区(　　)

A. 降水较少　　B. 热量充足

C. 地势低平　　D. 灌溉便利

3. 印度的棉纺织业中心最适宜布局在(　　)

A. 加尔各答　　B. 孟买

C. 新德里　　D. 班加罗尔

读美国本土农业带的分布图，回答4～6题。

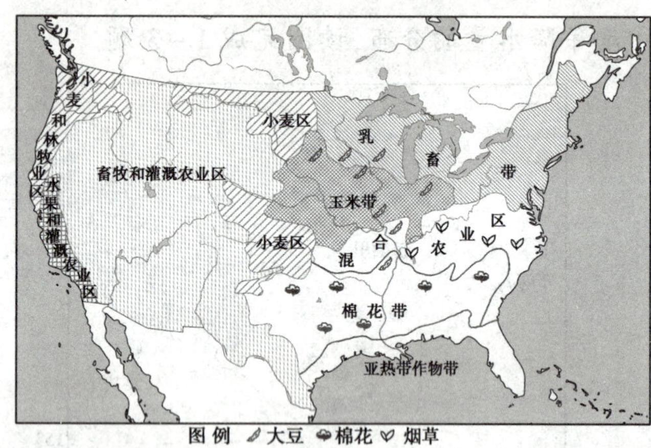

图例 大豆 棉花 烟草

4. 美国农业生产的主要特点是(　　)

A. 以亚热带作物种植为主

B. 自给自足，商品化程度低

C. 区域专门化生产

D. 咖啡、可可等农产品可供出口

5. 美国是世界上最大的农产品出口国，其发展农业生产的优势条件有(　　)

①土壤肥沃，水源丰富

②平原面积广，耕地多

③地处热带，光热条件好

④农业人口比例高，劳动力充足

A. ①②　　B. ②③

C. ③④　　D. ①③

6. 美国作为世界农业强国，受纬度位置影响，部分农产品仍依赖进口。美国从国外进口的农产品主要是(　　)

A. 玉米和小麦　　B. 咖啡和天然橡胶

C. 棉花和大豆　　D. 乳畜产品

考点4 高新技术产业对某国家经济发展的作用

北卡三角研究园是美国最大的科研园区，因其位于杜克大学、北卡州立大学和北卡大学为顶点构成的三角地带而得名，这里的科研人员和设备的聚集密度在全世界堪称一流。读北卡三角园区位置图和其产业结构占比图。据此完成1～2题。

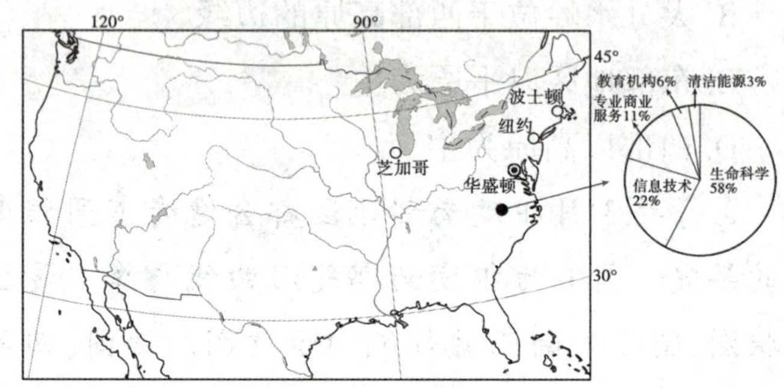

1. 北卡三角研究园主要的产业部门属于(　　)

A. 传统工业　　B. 重工业

C. 高新技术产业　　D. 服务业

2. 北卡三角研究园的兴起得益于(　　)

A. 资源丰富　　B. 市场广阔

C. 历史悠久　　D. 科技发达

考点5 某国家在自然资源开发和环境保护方面的经验、教训

巴西的热带雨林面积广阔，具有重要的生态功能，被称为“地球之肺”。读巴西地形图和气候类型分布图，完成1～4题。

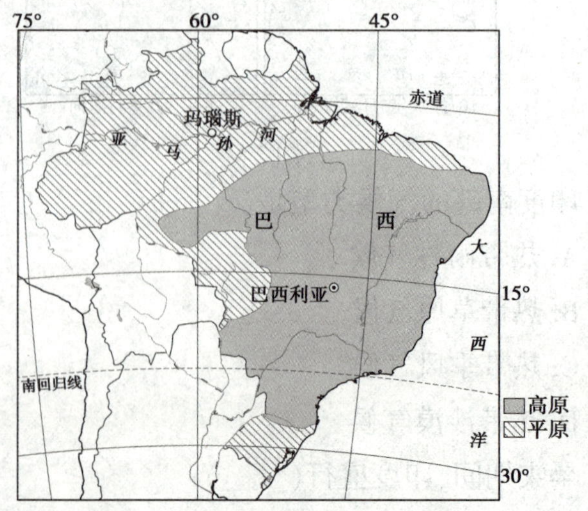

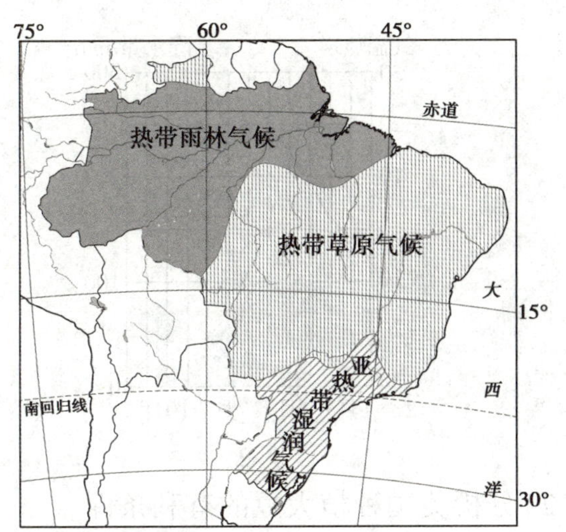

1. 亚马孙河流域(　　)

A. 是世界上面积最大的热带雨林区

B. 世界上水土流失最严重地区

C. 大部分地区位于南温带地区

D. 是巴西面积最大的地区

2. 关于热带雨林环境效益的描述正确的是(　　)

①提供大量木材,增加收入

②调节全球气候

③提供新鲜空气

④涵养水源,防止水土流失

A. ①②③　　B. ①③④

C. ②③④　　D. ①②④

3. 巴西亚马孙地区热带雨林急剧减少的主要原因是(　　)

①修建亚马孙横断公路等,对沿线木材进行掠夺性开采

②沿海城市人口激增,大量居民迁居雨林深处

③原住民采用刀耕火种方法,毁林开荒种地

④气候恶化,频繁发生洪灾,大量原始森林被淹没

A. ①③　B. ②③　C. ②④　D. ①④

4. "地球之肺"遭到破坏,会引发的环境问题主要包括(　　)

A. 减少森林经济效益

B. 耕地面积减少

C. 生物多样性减少

D. 人口数量减少

考点6 交通运输线路分布

读俄罗斯铁路和工业分布图,完成1~2题。

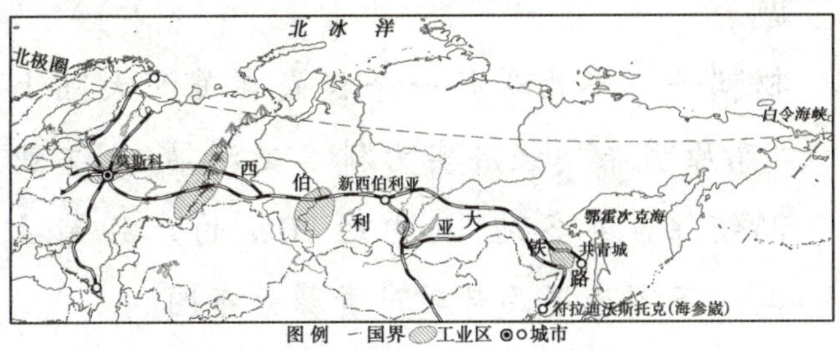

1. 俄罗斯铁路分布特点是(　　)

①分布均匀,亚洲、欧洲成网状分布

②欧洲部分稀疏,亚洲部分稠密

③欧洲以莫斯科为中心,呈放射状分布

④亚洲部分分布在南部,沿东西方向延伸

A. ①②　B. ②④　C. ①④　D. ③④

2. 西伯利亚大铁路沿南部修建的主要原因是(　　)

A. 地形平坦　　B. 气候湿润

C. 水运不便　　D. 工业集中

考点7 国家之间在经济、贸易、文化等方面的联系

读我国企业在巴基斯坦重大投资项目分布示意图,完成1~2题。

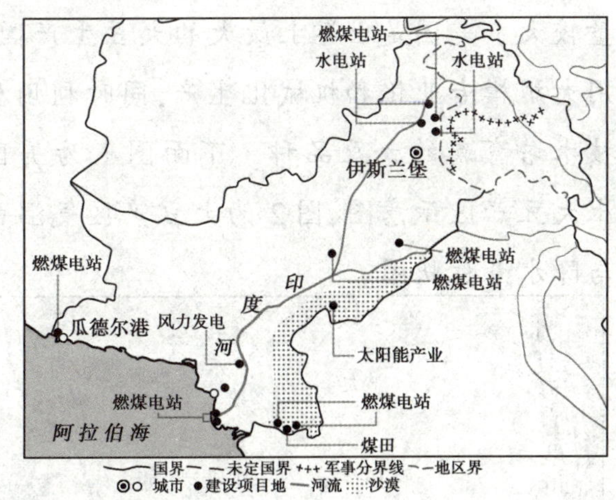

1. 我国企业投资的项目主要是(　　)

A. 采矿业　　B. 制造业

C. 能源产业　　D. 服务业

2. 影响我国企业投资项目分布的主要因素是(　　)

A. 劳动力　B. 资源　　C. 交通　　D. 科技

3. 美国和墨西哥共享 3 000 多千米国境，两国之间经贸来往频繁。阅读图文材料，回答下列问题。

材料一　墨西哥是一个镶嵌在美洲大陆上的“高原明珠”，经济实力排名美洲第四，工业产品销往世界各地，其中约 70% 的产品销往美国。下图为墨西哥矿产资源分布图。

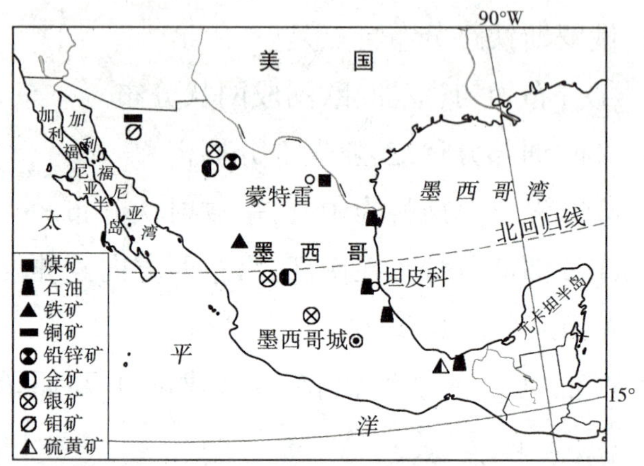

(1) 说出墨西哥发展重工业的有利条件。

材料二　大豆喜暖，生长旺季需要高温，需水量较大。美国是世界上最大的大豆生产国，采用大规模专业化和机械化生产，同时利用科学技术培育新的大豆品种。下面图 1 为美国本土大豆产区示意图，图 2 为大豆产区气温曲线与降水量柱状图。

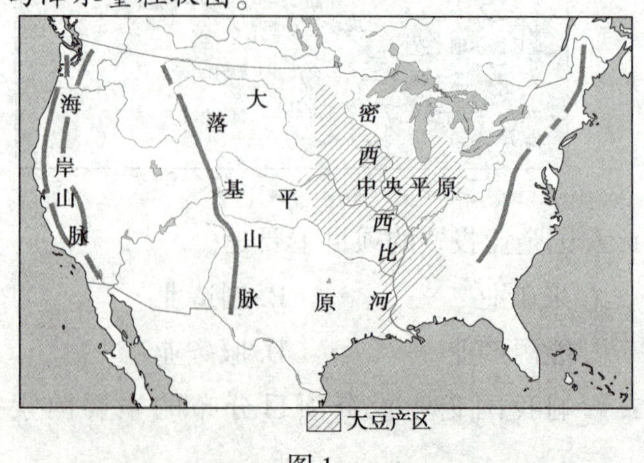

图 1

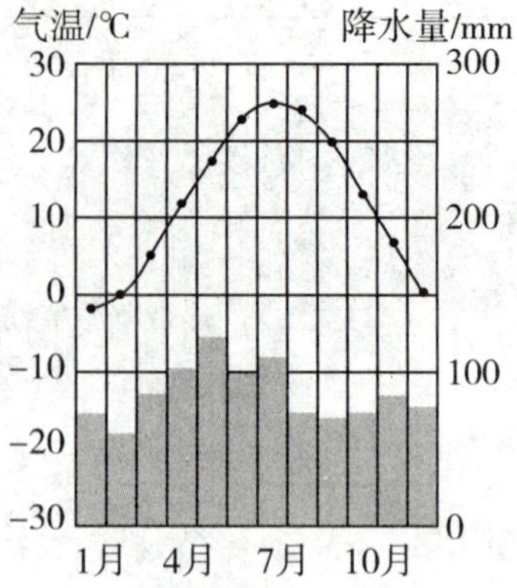

图 2

(2) 分析美国种植大豆的有利条件。

材料三　墨西哥是重要的美国农产品进口国，其中以大豆的进口额增长最快。下图为美国与墨西哥大豆生产成本与产量统计图。

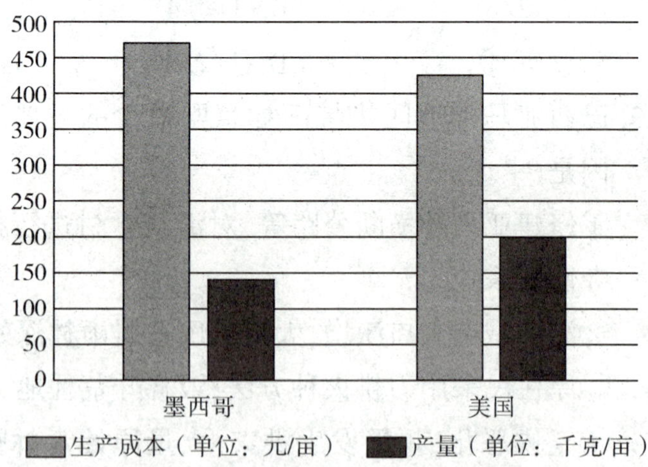

注：1 亩≈666.7 平方米。

(3) 与墨西哥相比，美国的大豆生产具有成本________，产量________的优势。

考点 8　某国家自然环境对民俗的影响

第 32 届夏季奥林匹克运动会于 2021 年夏季在日本东京举行。读日本本州岛地图，回答

1~3 题。

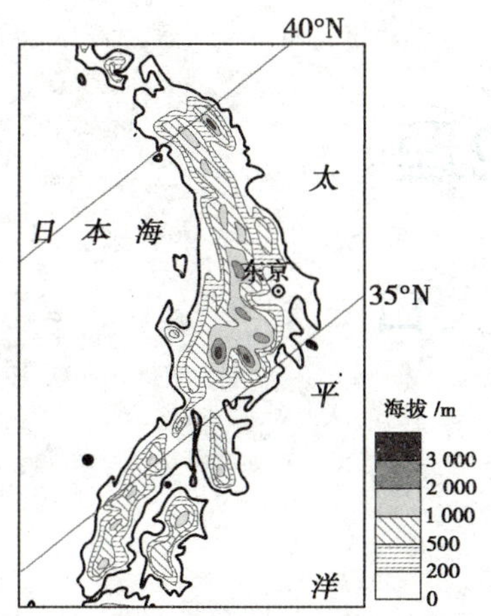

1. 东京举办奥运会的有利条件是(　　)

A. 海运便利,利于运动员乘船参赛

B. 地势平坦,利于建造众多体育场馆

C. 地处热带,适合举办夏季奥运会

D. 远离地震带,避免地震带来的危害

2. 运动员村广场由来自日本不同地区的 4 万根木头搭建而成,可拆卸再利用;奖牌所用金属是从淘汰的笔记本电脑、手机等小家电中提炼而成的。这体现出日本(　　)

A. 矿产、森林资源丰富

B. 资源丰富,物尽其用

C. 土地、森林资源匮乏

D. 注重资源循环利用

3. 奥运会也是展示举办国文化的有利契机,以下能体现日本文化特征的是(　　)

①和服

②动漫

③寿司

④自由女神像

A. ①②③　　B. ①②④

C. ①③④　　D. ②③④

请完成"夯实基础过中考"P36

模块三　中国地理

第一单元　疆域与人口

课标导航及中考目标

课标要求	中考目标
运用地图说出我国的地理位置及其特点。	运用地图,说出我国的半球位置、纬度位置和海陆位置,说出特点和优越性。
记住我国的领土面积,在地图上指出我国的邻国和濒临的海洋,认识我国既是陆地大国,也是海洋大国。	1. 记住我国的陆地领土面积约960万平方千米等。 2. 在地图上指出我国的14个陆上邻国和6个隔海相望的国家、濒临的海洋及内海。
在我国政区图上准确找出34个省级行政区域单位,记住它们的简称和行政中心。	在地图上找出34个省级行政区域的位置、名称、简称和行政中心。记住它们的简称和行政中心。
运用有关数据说明我国人口增长趋势,理解我国的人口国策。	1. 运用图表,说出我国人口增长趋势。 2. 说出我国人口国策的主要内容,独生子女、全面二孩、全面三孩政策的变化及其原因。
运用中国人口分布图描述我国人口的分布特点。	说出我国人口地理界线及其两侧人口分布特点和形成原因。
运用中国民族分布图说出我国民族分布特征。	1. 说出汉族、少数民族的概念;运用数据说明汉族与少数民族人口数量差异;在地图上指出各民族的主要分布区,归纳其分布特点。 2. 运用图文资料,认识各民族风情,理解民族政策。

学基础

一、中国的疆域

(一)我国的位置

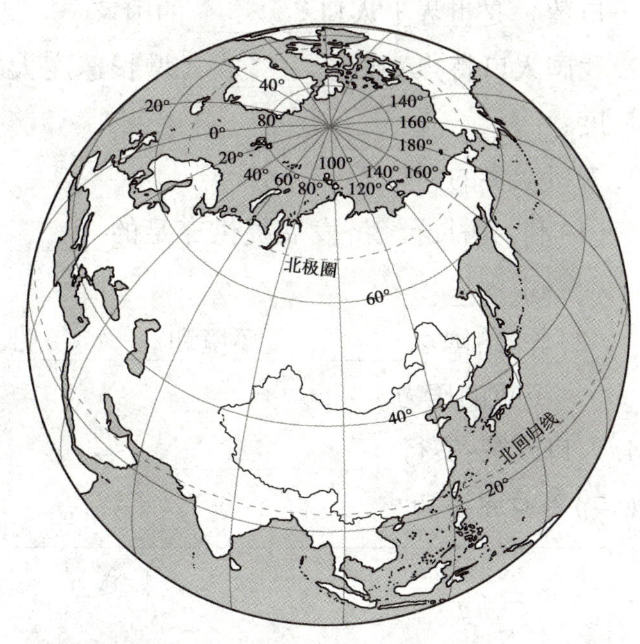

1. 半球位置:我国位于______半球、______半球。
2. 纬度位置:在图中用蓝笔描出23.5°N 和66.5°N。由此发现我国大部分位于______带,少部分位于______带,没有______带。
3. 海陆位置:在图中适当位置标注我国濒临的大洋。由此发现:我国位于亚欧大陆______部、______洋西岸。

(二)我国的疆域

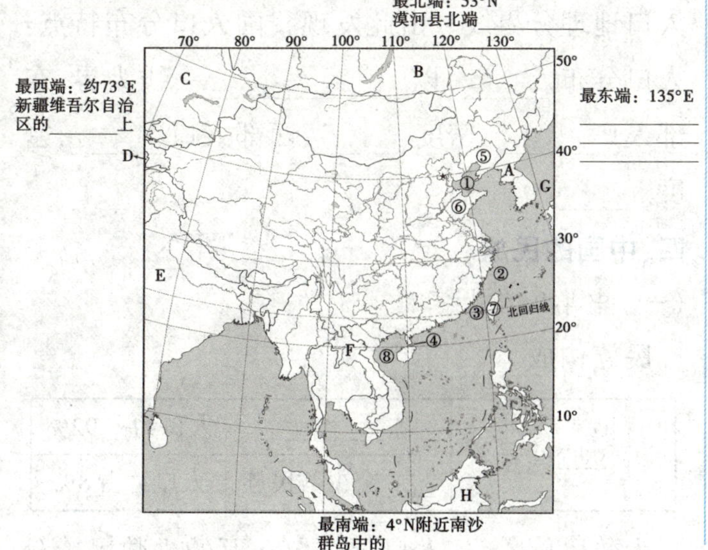

1. (1)陆地领土面积:约________平方千米,居世界第________位。
(2)陆上国界线长度:________万多千米。
(3)陆上邻国:A ________、B ________、蒙古、C ________、吉尔吉斯斯坦、塔吉克斯坦、D ________、巴基斯坦、E ________、尼泊尔、不丹、缅甸、F ________、越南。
2. 海洋大国
(1)濒临的海洋(自北向南):①________海、黄海、②________海、南海。
(2)大陆海岸线:________多千米。
(3)海峡:③________海峡、④________海峡。
(4)半岛:⑤________半岛、⑥________半岛,两半岛共同濒临渤海和黄海。
(5)岛屿:⑦________岛、⑧________岛等。
(6)内海:①________、④________海峡。
(7)隔海相望的国家:韩国、G ________、菲律宾、文莱、马来西亚、H ________。

二、中国的行政区划

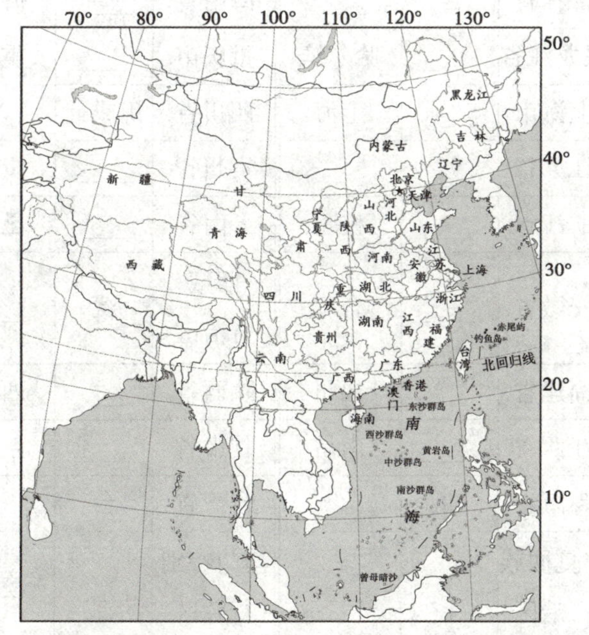

(一)三级行政区划

______(自治区、直辖市、特别行政区)、______(市、自治县)、______(镇、民族乡)。

(二)34个省级行政区域

包括______个省、______个自治区、______个直辖市、______个特别行政区。

(三)省级行政区域的名称、简称、行政中心

1. 用红笔描出北回归线穿过的省级行政区域,自西向东依次是______、______、______、______(写简称)。

2. 用"○"圈出位于东北的省级行政区域,有______、______、______三省。(写简称)

3. 用"□"圈出我国的自治区,并填写下表。

名称	简称	行政中心	名称	简称	行政中心
北京市	____	北京	山东省	鲁	____
天津市	____	天津	河南省	____	郑州
河北省	冀	____	湖北省	____	武汉
山西省	____	太原	湖南省	湘	____
内蒙古自治区	内蒙古	____	广西壮族自治区	____	南宁
辽宁省	辽	____	广东省	____	广州
吉林省	吉	____	海南省	____	海口
黑龙江省	____	哈尔滨	重庆市	____	重庆
上海市	____	上海	四川省	川或蜀	____
江苏省	苏	____	贵州省	____	贵阳
浙江省	____	杭州	云南省	____	昆明
安徽省	____	合肥	西藏自治区	藏	____
福建省	____	福州	陕西省	____	西安
江西省	____	南昌	甘肃省	____	兰州
青海省	青	____	台湾省	台	____
宁夏回族自治区	宁	____	澳门特别行政区	____	澳门
新疆维吾尔自治区	新	____	香港特别行政区	____	香港

三、中国的人口

(一)世界上人口最多的国家

1. 人口数量:根据2020年第七次全国人口普查,我国人口总数为141178万(不含港、澳、台人口数),是世界上人口______的国家。

2. 我国人口特点:基数______,增长速度大幅度______。

3. 人口众多的利弊

(1)利:为社会经济发展提供充足的______和______。

(2)弊:给国家______、环境和______带来沉重的压力。

4. 人口政策:实行______________。

(二)人口东多西少

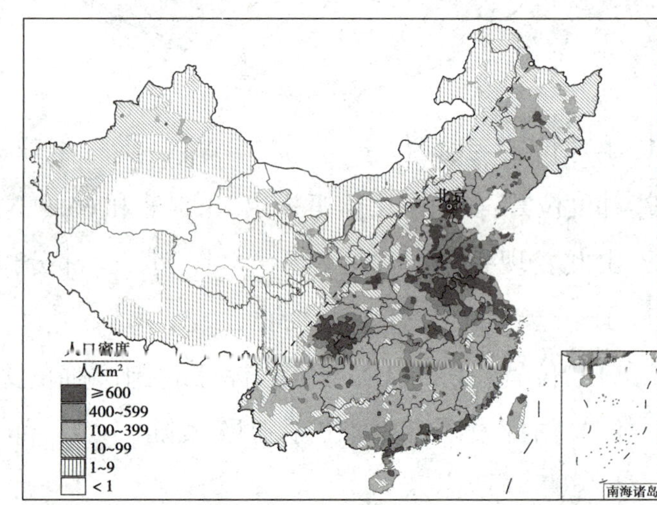

在图中标注黑河、腾冲。并用红笔描出中国人口地理分界线。由此发现我国人口分布特点:人口分布______,以____________一线为界,东部人口______,密度______,西部人口______,密度______。

四、中国的民族

(一)中华民族大家庭

1. 民族构成

<table>
<tr><td rowspan="2">共有____个民族</td><td>________</td><td>人口约占92%</td></tr>
<tr><td>____个少数民族</td><td>人口约占8%</td></tr>
</table>

2. 少数民族人口:人口超过500万的少数民族分

别是________族(最多)、满族、________族、苗族、________族、彝族、土家族、________族和藏族。

3. 民族政策:民族不论大小,一律________。

4. 民族文化:蒙古族________、藏族________、苗族苗年、傣族________、高山族丰收节、汉族元宵节等。

(二)民族分布特点

1. 我国少数民族聚居的主要省级行政区域有__________、__________、__________、__________、__________。

2. 少数民族主要分布在________、________、和________地区,而汉族遍布全国。

3. 我国民族分布特点:“__________________”。

4. 民族自治:在少数民族聚居的地区设立自治机关,如________、自治州、自治县、民族乡等,各少数民族在自治区域内行使自治权。

练基础

考点1 优越的地理位置

读我国的疆域图,回答1~3题。

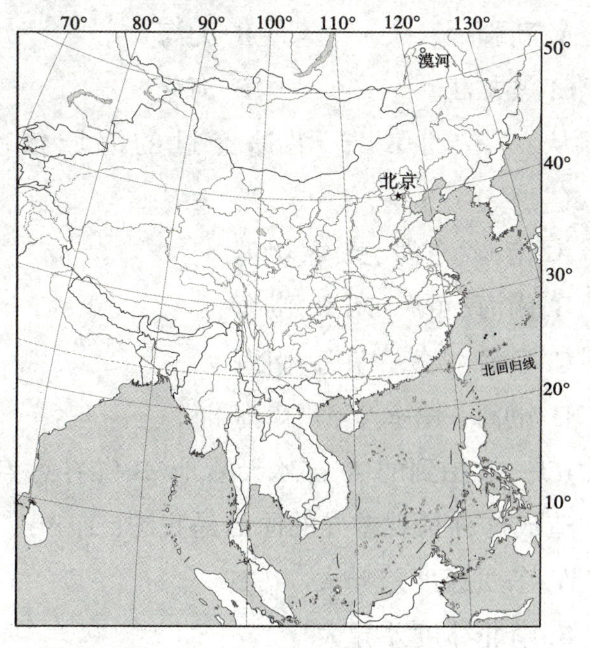

1. 我国领土南北所跨纬度约为(　　)

A. 30°　　B. 40°

C. 50°　　D. 60°

2. 我国大部分地区位于(　　)

A. 北寒带　　B. 北温带

C. 热带　　D. 南温带

3. 这种纬度位置有利于发展(　　)

A. 对外贸易　　B. 海洋事业

C. 海陆交通　　D. 多种农业

读我国的疆域图,回答4~5题。

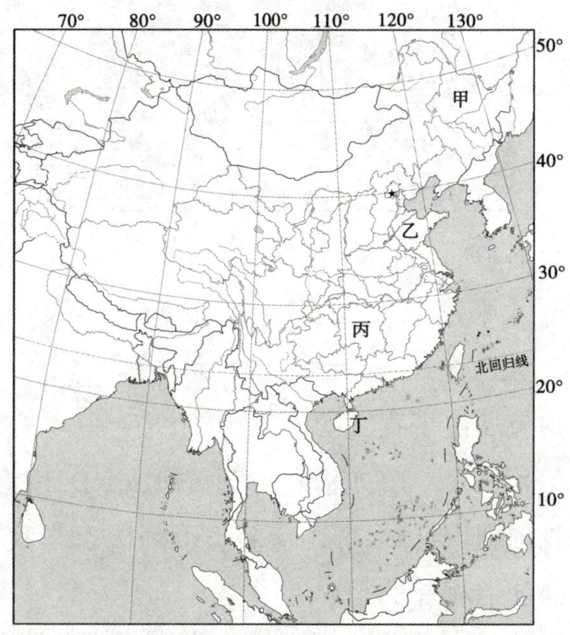

4. “林海雪原,沃野龙江麦浪滔”“碧水蓝天,沙滩椰林稻花香”反映的省区分别是(　　)

A. 甲省、丙省

B. 甲省、丁省

C. 乙省、丙省

D. 乙省、丁省

5. 两省之间的这种差异主要是由于(　　)

A. 纬度跨度大

B. 经度跨度大

C. 经济差异大

D. 地形差异大

考点2 海陆兼备的大国

读我国海域分布示意图,回答1~3题。

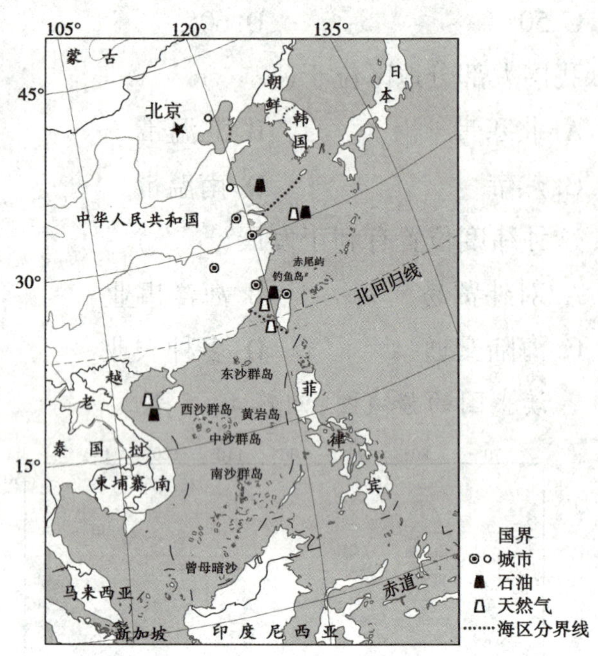

1. 我国东部濒临(　　)

A. 太平洋　　B. 印度洋

C. 大西洋　　D. 北冰洋

2. 钓鱼岛位于我国的(　　)

A. 渤海　B. 东海　C. 黄海　D. 南海

3. 我国疆域辽阔,邻国众多。下列国家与我国东部陆上相邻的是(　　)

A. 日本　　B. 韩国

C. 朝鲜　　D. 菲律宾

读我国南海海域图,完成4~5题。

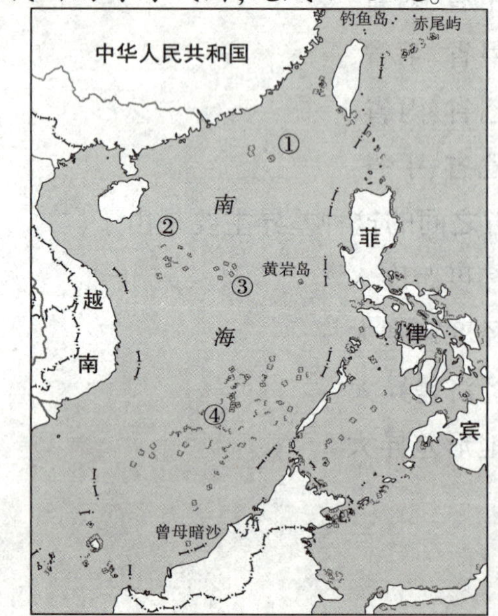

4. 三沙市所属省级行政区的简称是(　　)

A. 闽　B. 粤　C. 琼　D. 桂

5. 图中代表南沙群岛的数字是(　　)

A. ①　B. ②　C. ③　D. ④

大型航拍系列纪录片《航拍中国》,以空中视角俯瞰中国。第一季囊括了地形地貌、气候环境、自然生态各不相同的6个省级行政区域,分别是海南篇、陕西篇、新疆篇、黑龙江篇、上海篇、江西篇。读我国省级行政区域图,完成6~8题。

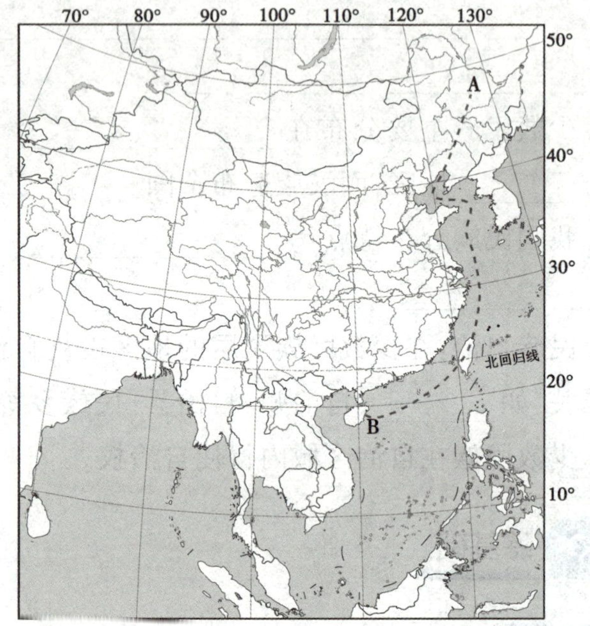

6. 六个省级行政区域中,位于我国最东部的是(　　)

A. 新疆　　B. 上海

C. 黑龙江　　D. 海南

7. 从A省到B省,沿途经过的海域依次为(　　)

A. 南海、东海、黄海、渤海

B. 南海、黄海、东海、渤海

C. 渤海、黄海、东海、南海

D. 渤海、东海、黄海、南海

8. 1月,航拍到的A省冰天雪地,B省春意盎然,造成这种景观差异的原因是我国(　　)

A. 东西经度差异大

B. 南北纬度差异大

C. 东西距海远近不同

D. 南北地形差异大

考点3　我国的行政区划

读我国四个省级行政区域轮廓图，回答1～3题。

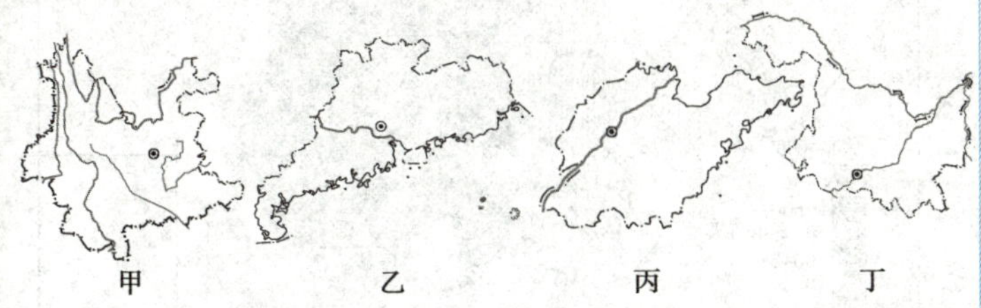

1. 四个省级行政区域及其行政中心对应正确的是(　　)

A. 甲：南宁　　B. 乙：贵阳

C. 丙：济南　　D. 丁：长春

2. 小亮到一家源自乙省的特色餐馆就餐，请判断他吃到的菜系最可能是(　　)

A. 豫菜　　B. 粤菜

C. 川菜　　D. 湘菜

3. 小明想对我国少数民族风土人情进行实地考察，最适合去的是(　　)

A. 甲省　　B. 乙省

C. 丙省　　D. 丁省

读我国四大卫星发射基地分布图，完成4～5题。

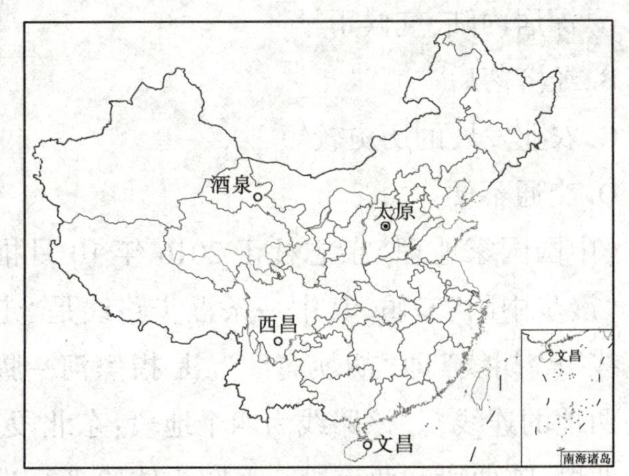

4. 文昌、太原、西昌、酒泉所在省区的简称分别是(　　)

A. 陇、琼、川、晋　　B. 陇、川、琼、晋

C. 琼、晋、川、陇　　D. 琼、陇、滇、冀

5. 下列为四大发射基地所在省区的行政中心的是(　　)

A. 三亚　　B. 大同

C. 成都　　D. 敦煌

6. 读中国政区图，回答下列问题。

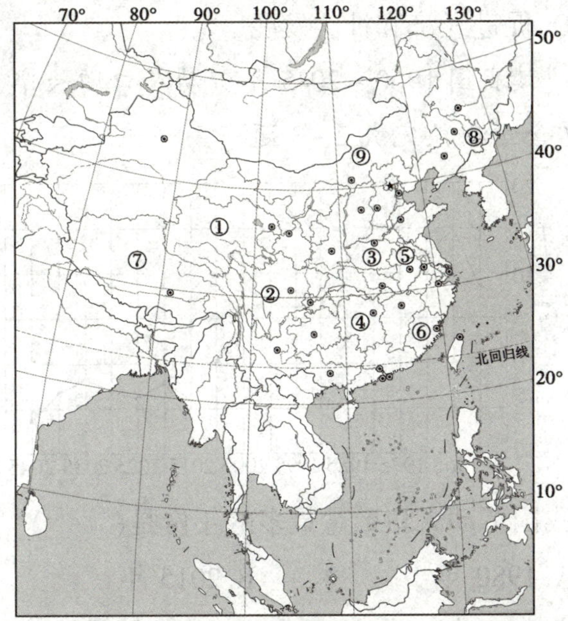

(1) 填出图中序号代表的省级行政区域名称：①________，②________，③________。

(2) 填出图中序号代表的省级行政区域简称：④________，⑤________，⑥________。

(3) 填出图中序号代表的省级行政区域的行政中心：⑦________，⑧________，⑨________。

(4) 图中序号所代表的省级行政区域中，实行民族区域自治的是______，沿陆上国界线分布的是______，沿大陆海岸线分布的是______。

(5) 李鸣同学想去我国冬季黑夜最长的地方，王伟同学想去我国面积最小的省级行政区域，陈亮同学要去我国纬度最低的省级行政区域。他们应该分别去哪里？

考点4 我国的人口政策

1. 人口普查数据显示,我国老龄化程度进一步加深,给社会经济发展带来的突出影响是(   )

A. 就业困难、住房紧张

B. 科技创新力增强

C. 社会养老负担加重

D. 促进经济和社会发展

读我国1960~2045年劳动人口增长率变化图(含预测),完成2~3题。

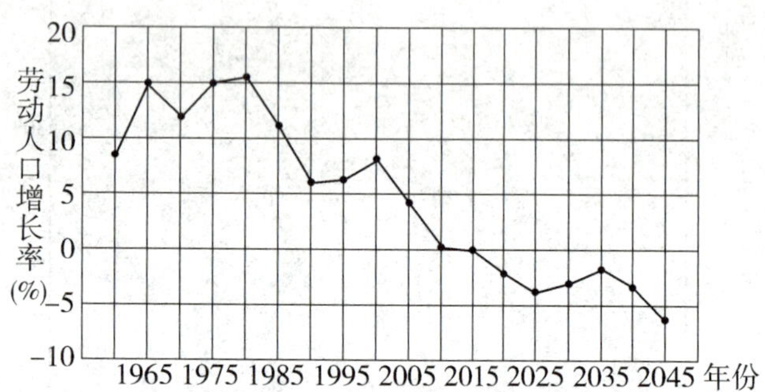

2. 我国劳动人口数量最多的年份是(   )

A. 1980年　　B. 2015年

C. 2025年　　D. 2035年

3. 根据目前劳动人口增长率的变化趋势,可采取的有效措施是(   )

A. 继续实施一对夫妇只生一个孩子的政策

B. 放开三孩政策

C. 鼓励劳动人口到国外就业

D. 大量引进国外劳动力

考点5 我国的人口分布

1. 我国人口密度最大的是(   )

A. 东部地区

B. 东北地区

C. 中部地区

D. 西部地区

2. 影响我国人口分布的自然因素有(   )

①地形　②经济　③气候　④交通

A. ①②　　B. ②④

C. ③④　　D. ①③

读我国人口分布图,完成3~5题。

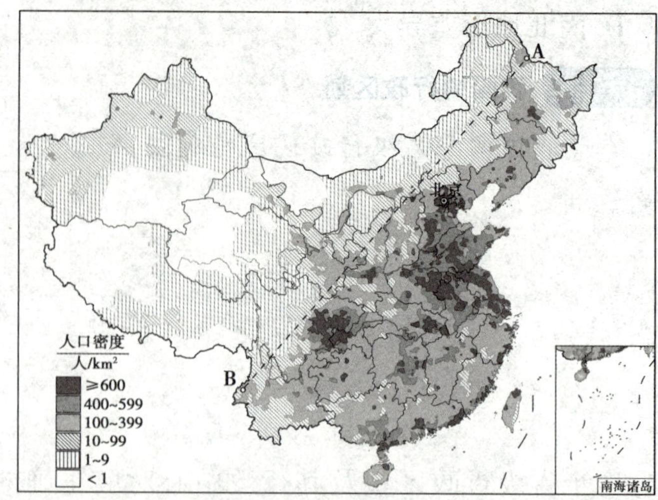

3. 下列有关我国人口分布的说法,正确的是(   )

A. 山区人口稠密,平原人口稀疏

B. 沿海人口稠密,内陆人口稀疏

C. 西部人口稠密,东部人口稀疏

D. 农村人口稠密,城市人口稀疏

4. 有关我国人口状况的叙述,错误的是(   )

A. 是世界上人口最多的国家

B. 人口基数大,人口增长快

C. 以黑河—腾冲一线为界,东南多、西北少

D. 新疆维吾尔自治区属于人口密集地区

5. 我国人口地理界线西北部地区人口稀疏的主要自然原因是(   )

A. 深居内陆,气候干旱

B. 经济落后

C. 农业发展的历史较短

D. 交通不便

6.《中国国家地理》杂志社于2016年10月推出"漫步中国"专辑,其中一条漫步路线是"走胡线"("胡线"即"胡焕庸线",是指黑河—腾冲两地的连线)。该路线为四个地段:东北段、山西段、陕西段和西南段。下图为体验者行进路线图。根据图文资料,完成下列问题。

(1)“于林草交会处穿行”是指“胡线”的________段。

(2)“胡线”即“胡焕庸线”,是我国的人口地理分界线,该线揭示了我国人口分布的主要特点是________________________。

(3)“胡线”东北段穿过A山,其东西两侧地理环境差异明显,下列叙述正确的是(　　)

A. 东侧是内蒙古平原,西侧是东北高原

B. 东侧主要是非季风区,西侧主要是季风区

C. 东侧主要是森林,西侧主要是草原

D. 东侧年降水量一般小于400 mm,西侧年降水量大于400 mm

(4)“胡线”经过山脉B__________,它和淮河是我国重要的地理分界线。

(5)我国正在修建的川藏铁路将穿越“胡线”西南段——横断山脉。玲玲和贝贝从自然地理环境的角度推测这里修建铁路会遇到的主要困难(见下图),你赞同__________的观点。

考点6　我国的民族

第十一届全国少数民族传统体育运动会,于2019年9月8日至16日在河南省郑州市举行,完成1~2题。

1. 若按民族人口数分配参赛名额,参赛运动员人数最多的少数民族是(　　)

A. 壮族　　B. 汉族

C. 维吾尔族　　D. 回族

2. 下列关于我国各民族分布的说法,正确的是(　　)

A. 各民族大散居、小聚居、交错杂居

B. 各民族大聚居、小散居

C. 汉族主要分布在东部和南部

D. 少数民族主要分布在东南和北部

3. 我国是一个多民族的大家庭,民族文化丰富多彩。下图中信息搭配正确的是(　　)

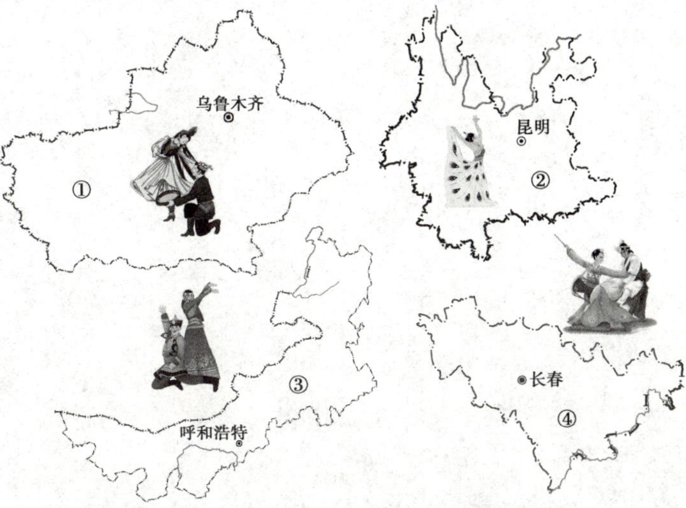

A. ①—维吾尔族—住窑洞,唱信天游

B. ②—朝鲜族—跳孔雀舞,吃竹筒饭

C. ③—蒙古族—参加那达慕大会,骑马、摔跤

D. ④—苗族—气候炎热,喜欢跳跷跷板

4. 方寸邮票也能体现一个国家、地区或民族的经济、历史、文化、风土人情、自然风貌等特色。下面是我国发行过的几张有关少数民族内容的邮票,下列说法正确的是(　　)

①

②

③

④

A. 图①的少数民族传统节日是那达慕大会

B. 图②的少数民族是我国人口最多的少数民族

C. 图③的少数民族主要分布在我国西南地区

D. 图④的少数民族聚居地海拔高，光照强，地热资源丰富

人民币号称中国名片。人民币上的许多人物肖像是我国多民族现状的写照。据此回答5～6题。

5. 五角纸币上的少数民族是壮族和苗族，这两个少数民族主要分布在我国(　　)

A. 东北　　B. 西北

C. 西南　　D. 北方

6. 五元纸币上的人物肖像刻画的是藏族和回族同胞，这两个民族最主要的聚居地所在省区的简称分别是(　　)

A. 藏、宁　　B. 湘、新

C. 川、宁　　D. 藏、桂

请完成"夯实基础过中考"P44

第二单元　中国的自然环境

课标导航及中考目标

课标要求	中考目标
运用中国地形图概括我国地形、地势的主要特征。	1. 读图找出我国三级阶梯的主要地形区、海拔范围及分界线,并总结我国地势的主要特征。 2. 运用图文资料,分析地形对我国气候、交通、能源方面的有利影响。 3. 运用图文资料,总结我国地形的主要特征,并分析开发山区的有利条件和不利条件。
运用资料说出我国气候的主要特征以及影响我国气候的主要因素。	1. 运用图文资料,总结我国气温的分布特征。 2. 读图说出我国温度带的分布及其对农业生产的影响。 3. 运用图文资料,总结我国降水的分布特征。 4. 读图说出我国干湿地区的分布及其主要植被。 5. 运用图文资料,总结我国气候的主要特征,并举例说明其影响因素。
在地图上找出我国主要的河流,归纳我国外流河、内流河的分布特征。	1. 读图指出我国的主要河流,归纳我国外流河、内流河的分布特征。 2. 从流量、流速、结冰期、含沙量等方面分析内流河、外流河以及南方河流、北方河流等的水文特征。
运用地图和资料,说出长江、黄河的主要水文特征以及对社会经济发展的影响。	运用图文资料,说出长江、黄河的主要水文特征及其对社会经济发展的有利影响和不利影响。
了解我国是一个自然灾害频繁发生的国家。	1. 运用图文资料,说出我国自然灾害的种类与分布。 2. 举例说出防灾减灾的措施。

学基础

一、地形和地势

(一)地形类型多样

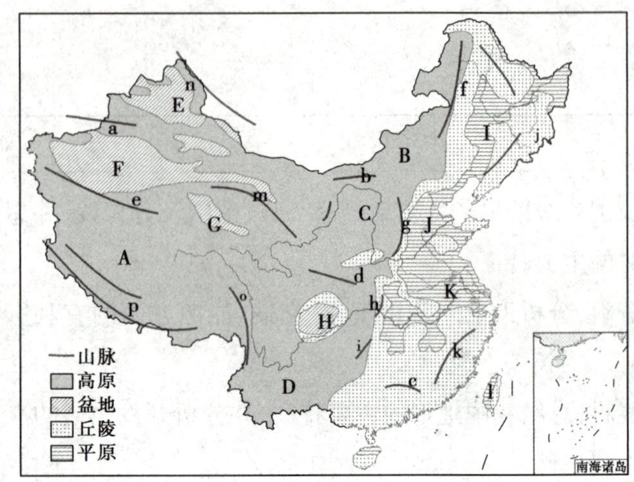

1. 描出大兴安岭、太行山、巫山、雪峰山。由此发现,东部地形以______、______为主,西部地形以______、______和盆地为主。

2. 在图中填出我国主要地形区。

(二)山区面积广大

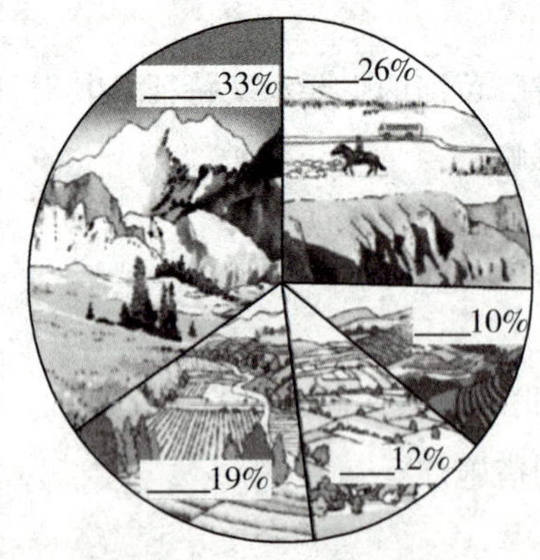

1. 在图中横线上填出地形类型名称。由此发现,我国的地形特点:________,________。

2. 山区:通常把________、丘陵和比较崎岖的________统称为山区。

3. 山区开发

(1)不利条件:地面崎岖,交通不便,不利于发展________。

(2)有利条件:在发展________、牧业、旅游业、采矿业等方面具有优势。

(三)中国的地势

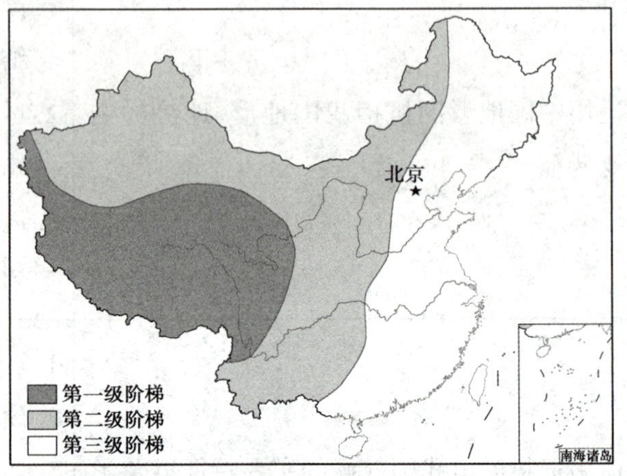

1. 描出我国三级阶梯的分界线并填出位于三级阶梯分界线上的山脉。由此发现,我国第一、第二级阶梯地形以________、________为主,第三级阶梯地形以________、________为主。

2. 我国地势特征:________,呈________分布。

3. 地势的影响

(1)对气候的影响:便于海上湿润气流深入内陆,形成________,有利于________生产。

(2)对交通的影响:顺着地势,我国众多大河滚滚东流,沟通了________交通。

(3)对河流的影响:决定了河流的流向——________;河流从高一级阶梯流入低一级阶梯时,落差很大,________极为丰富。

二、气候

(一)我国的气温

1. 在我国1月平均气温的分布图中描出1月份0 ℃等温线,并在图中相应位置标注海口、漠河,圈画出16 ℃、-28 ℃的分布地区。由此发现,我国冬季气温分布特点:大部分地区气温由________向________逐渐降低,南北温差________。

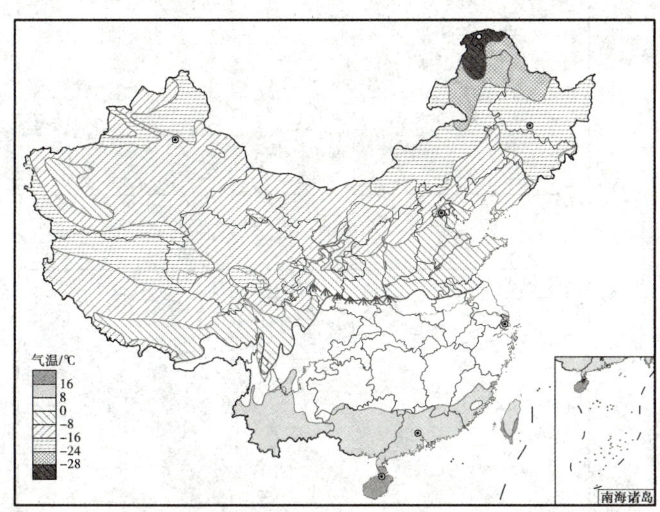

我国1月平均气温的分布

2. 1月0 ℃等温线大致沿________(山脉)—________(河流)一线分布。

3. 在中国7月平均气温的分布图中描出28 ℃、24 ℃、20 ℃、16 ℃、8 ℃等温线,在图中合适位置标注出吐鲁番、青藏高原。由此发现,我国夏季气温分布规律:除________外,全国普遍高温。

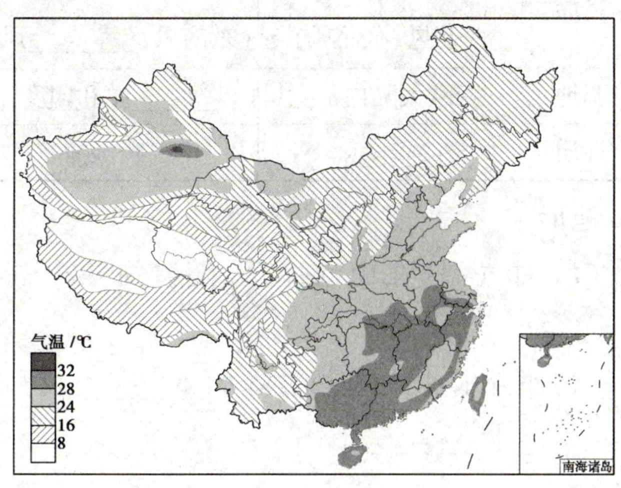

我国7月平均气温的分布

4. 在下图中描出我国温度带(区)的分界线,并在适当位置填出温度带(区)的名称。

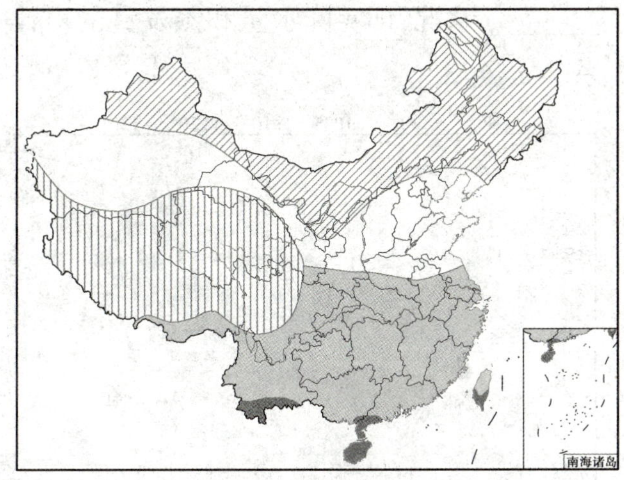

我国温度带的划分

(二)我国的降水

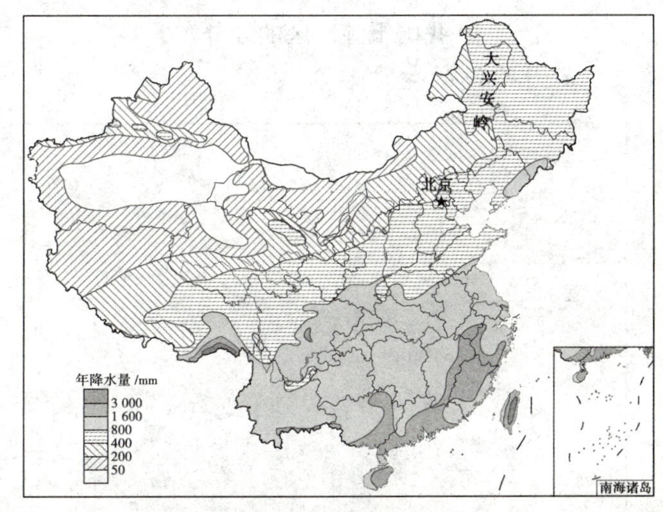

我国年降水量的分布

1. 空间分布。在图中描出200 mm、400 mm、800 mm年等降水量线。圈出年降水量大于1 600 mm、小于50 mm的地区。秦岭—淮河一线大致与________年等降水量线重合。由此发现:我国降水量分布总趋势是________________。

2. 时间分配。季节分配________,大多数地区的降水集中在________月。雨季长短的地区差异:南方雨季开始________,结束________,雨季________;北方雨季开始________,结束________,雨季________。降水的________变化很大。

3. 在下图中描出干湿地区的分界线并在字母处填出干湿地区名称。划分依据：气候的________状况，即年降水量和蒸发量的对比关系。

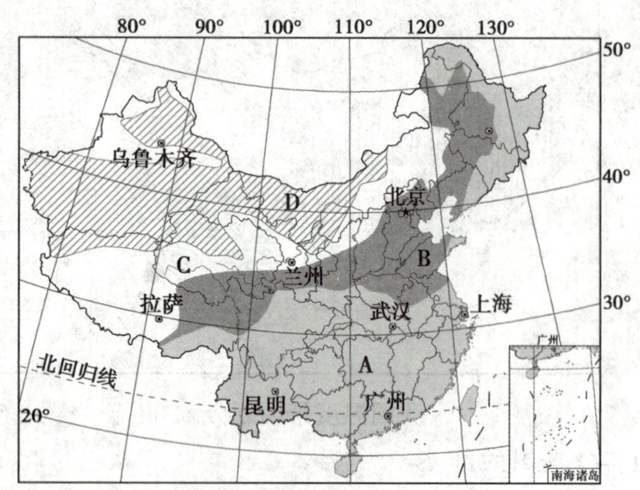

我国干湿地区的划分

(三)我国气候的主要特征

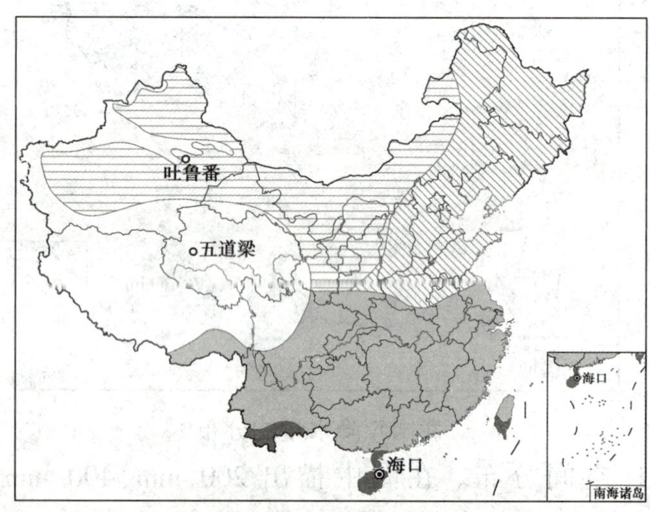

我国气候类型的分布

1. 在图中合适位置填出气候类型名称。
2. 找出温带季风气候和亚热带季风气候的分界线。该线大致经过__________一线。由此发现：我国气候的主要特征是：____________、________显著。

(四)影响我国气候的主要因素

1. 纬度位置：向南向北，得到的太阳光热越来越少，气温越来越________。
2. 海陆位置

(1)自东南向西北，距海越来越远，降水越来越________。

(2)冬夏季风

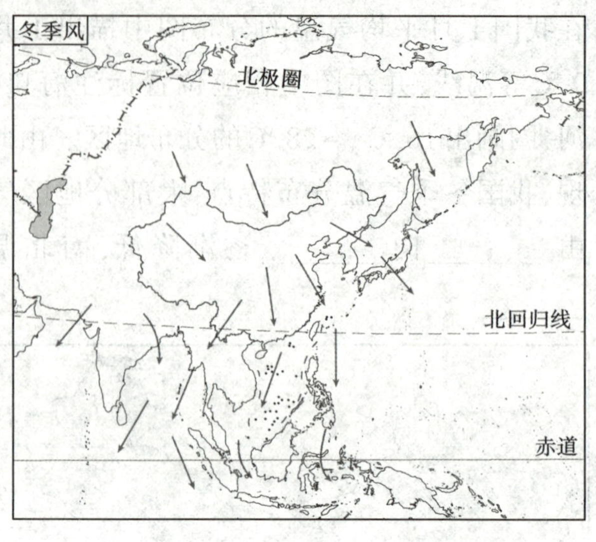

甲

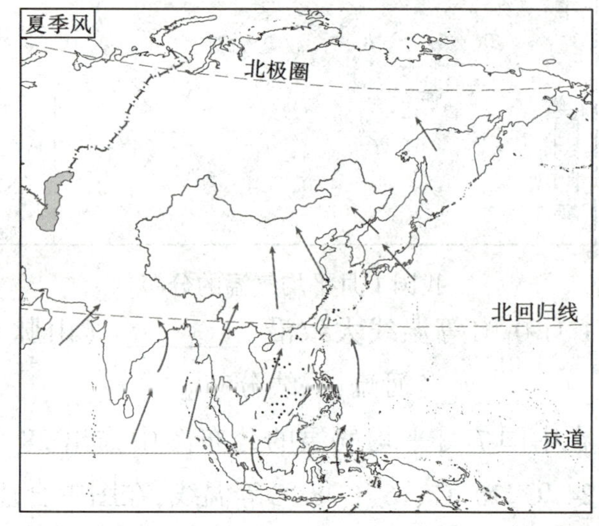

乙

季风	冬季风	夏季风
风向	偏北风 (西北风、东北风)	偏南风 (东南风、________风)
源地	亚欧大陆内部	________洋和印度洋
性质	________	温暖湿润

3. 地形

(1)对气温：在山地，气温随着海拔升高而________。

(2)对降水：山地迎风坡降水________，背风坡降水________。

三、河流

(一)以外流河为主

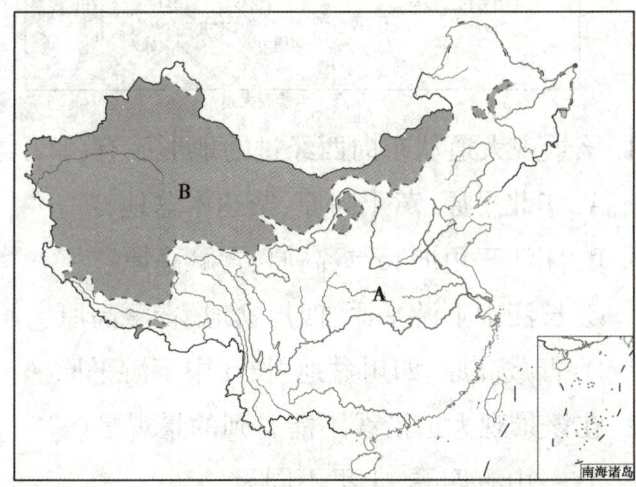

1. 在上图中描出内流区和外流区的分界线并在图中用蓝笔描绘黄河、淮河、长江、雅鲁藏布江、黑龙江、辽河、海河、珠江、澜沧江、怒江、塔里木河并标注名称。

2. 外流河:最终流入________的河流。

   内流河:最终________流入海洋的河流。

3. 河流的水文特征:河流在________、________、流量、________、________与枯水期、________、结冰期等方面的特征。

(二)长江的开发与治理

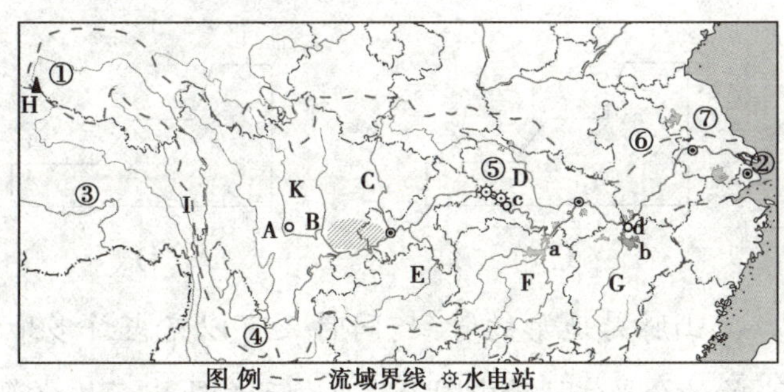

图例 ---流域界线 ☼水电站

1. 长江概况

   (1)在上图中用蓝笔描绘长江干流并用“//”标注长江上、中、下游的分界点。

   (2)在图中描出长江主要支流,并填注名称。

2. 长江各河段特征及开发方向

上游	支流多,______大,落差大,峡谷多,________丰富	水能宝库
中游	河道曲折、多支流湖泊	
下游	水流平稳,江面开阔	黄金水道

3. 长江流域的生态建设

河段	存在问题	治理措施
上游	________	植树造林、________、修建大型水利工程
中、下游	泥沙淤积、________、水污染	________、加固堤坝、治理水污染等

(三)黄河的治理与开发

1. 黄河的概况

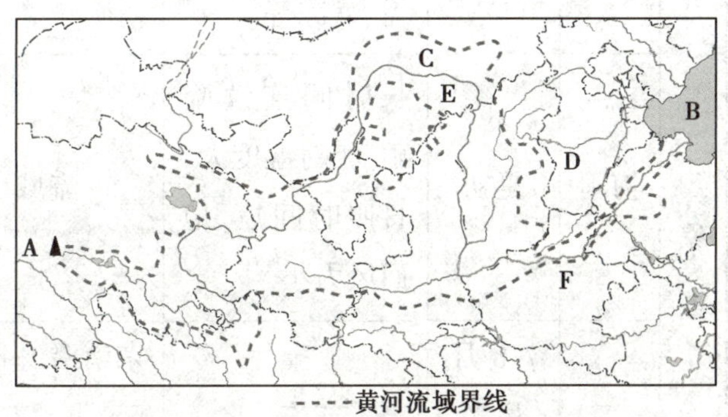

----黄河流域界线

   (1)在图中用红笔描绘黄河干流,用蓝笔描出黄河支流汾河、渭河并标注河流名称。

   (2)在图中用“.”标注黄河上、中、下游的分界点。

2. 黄河的忧患和治理

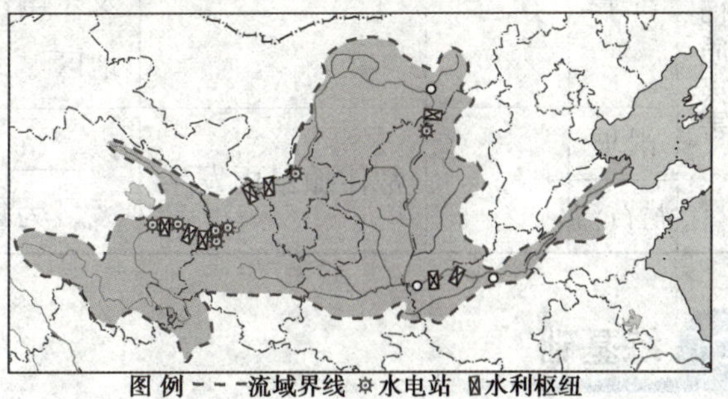
图例 ---流域界线 ☼水电站 ▯水利枢纽

   (1)用“○”圈画黄河产生泥沙最多的河段。

   主要原因是:①黄土土质__________;②________破坏严重;③夏季多________。

(2)用“△”圈画出黄河凌汛产生的河段。

(3)忧患表现与治理措施

	忧患表现	治理措施
上游	草地退化、________严重；凌汛	加强________建设；炸冰泄洪
中游	水土流失严重	开展________综合治理，修建大型水利枢纽
下游	泥沙淤积，形成“________”；凌汛	加固________；炸冰泄洪

四、自然灾害

常见自然灾害		发生时间	灾害特征	主要影响地区
气象灾害	寒潮	____半年	急剧________，并伴有大风、雨雪、冰冻等	大部分地区
	梅雨	夏初	长时间连续降雨、相对湿度大，日照时间短，地面风力小	____流域
	____	7、8月最多	________	东南沿海省区
	沙尘暴	______	空气中尘土、沙粒较多，空气能见度较低	____地区和____地区
地质灾害	地震			____地区及东南沿海地区
	滑坡		常伴随暴雨发生	以____山区最为集中
	泥石流			

练基础

考点1 我国的地形和地势

读318国道示意图，完成1~3题。

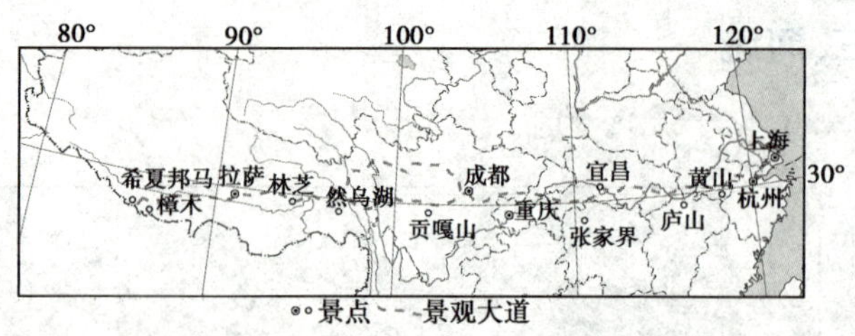

1. 该景观大道从东向西经过的地形区有(　　)

A. 华北平原、黄土高原、柴达木盆地

B. 珠江三角洲、云贵高原、青藏高原

C. 长江中下游平原、四川盆地、青藏高原

D. 青藏高原、四川盆地、长江中下游平原

2. 在该景观大道沿线不能看到的景观是(　　)

A. 一山有四季，十里不同天

B. 山环水绕，沃野千里

C. 河网密布，鱼米之乡

D. 紫色盆地，天府之国

3. 下列地势示意图能反映沿该景观大道我国的地势特点的是(　　)

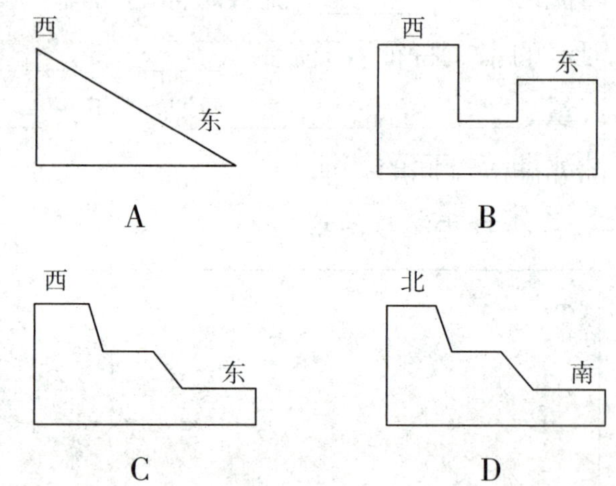

山脉是地形的骨架，同时又可以充当许多地理事物的分界线。读中国山脉走向示意图，回答4~6题。

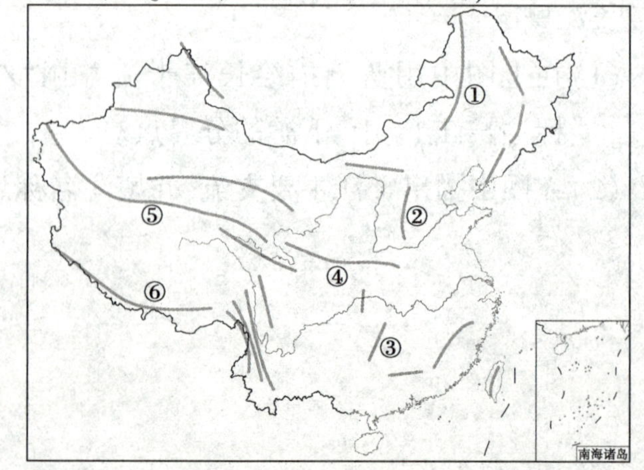

4. 属于我国地势第二、三级阶梯分界线的山脉有(　　)

A. ①②③　　B. ②③⑥

C. ①②⑤　　D. ③④⑤

5. 山脉④是我国暖温带和亚热带的分界线，该山脉是(　　)

A. 大兴安岭　　B. 秦岭

C. 太行山　　D. 阴山

6. ⑤⑥山脉之间的地形区是(　　)

A. 黄土高原　　B. 塔里木盆地

C. 四川盆地　　D. 青藏高原

读中国五种地形类型的面积比例图，回答7~8题。

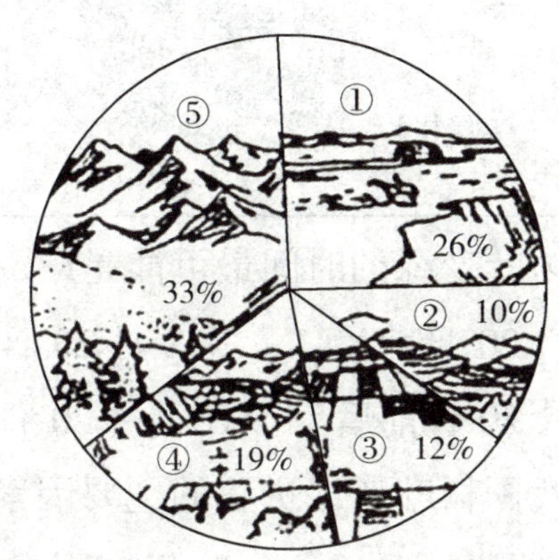

7. 关于我国地形类型的叙述，正确的是(　　)

A. 类型单一，盆地广阔

B. 类型复杂，以平原为主

C. 类型单一，高原比例小

D. 类型复杂，山地比例大

8. 下列说法正确的是(　　)

A. ②地形适合机械化生产

B. ③地形容易发生滑坡

C. ⑤地形一般交通不便

D. ①地形易发洪水灾害

考点2　我国的气候

读我国四城市1月、7月气温曲线图，回答1~3题。

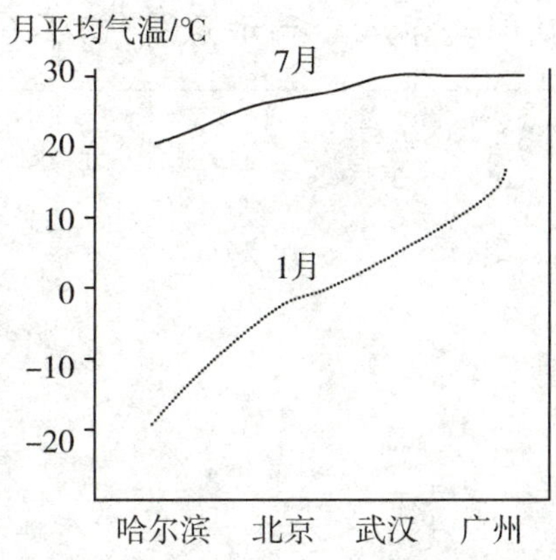

1. 四城市中，气温年较差最大的是(　　)

A. 哈尔滨　　B. 北京

C. 武汉　　D. 广州

2. 造成1月哈尔滨与广州气温差异的主要因素是(　　)

A. 纬度因素　　B. 地形因素

C. 海陆因素　　D. 经度因素

3. 由此看出，我国南北温差较大的季节是(　　)

A. 春季　　B. 夏季　　C. 秋季　　D. 冬季

读我国降水量分布图，回答4~5题。

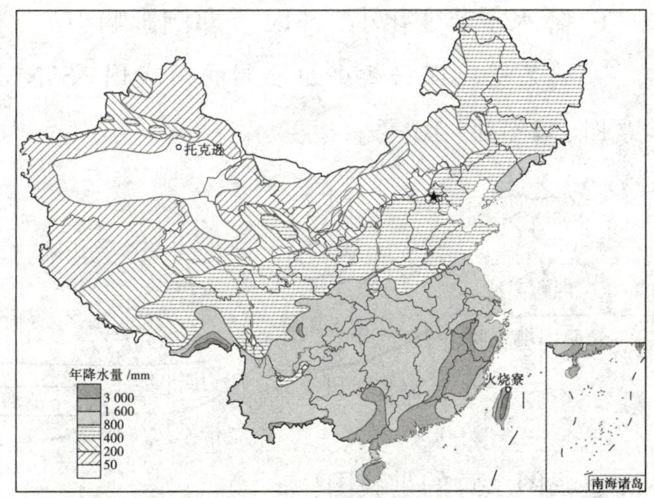

4. 我国年降水量的大致分布规律是(　　)

A. 自东北向东南递减

B. 自西南向东北递减

C. 自西北向东南递减

D. 自东南向西北递减

5. 影响我国年降水量分布的主要因素是(　　)

A. 纬度因素　　B. 地形因素

C. 海陆因素　　D. 人类活动

读我国夏季风分布示意图，回答6～7题。

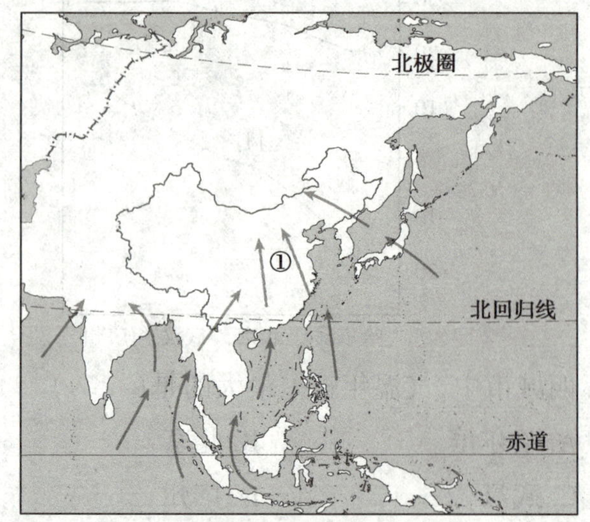

6. 对我国东部地区影响最大的夏季风①的风向是(　　)

A. 西北风　　B. 东北风

C. 东南风　　D. 西南风

7. 受季风气候的影响，我国东部大部分地区(　　)

A. 夏季炎热干燥　　B. 雨热同期

C. 降水季节变化小　　D. 受寒潮影响小

读某校地理兴趣小组绘制的沿我国36°N示意图，回答8～10题。

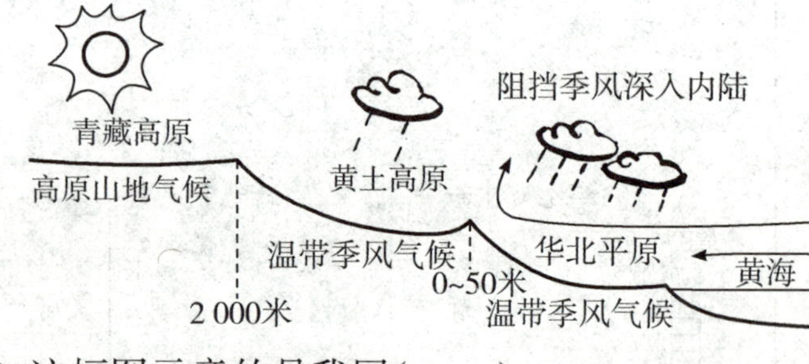

8. 这幅图示意的是我国(　　)

A. 冬季风行进的方向

B. 地形与植被的关系

C. 内陆地区资源分布

D. 地形对气候的影响

9. 由图可以看出我国降水(　　)

A. 自东向西递减　　B. 自西向东递减

C. 自南向北递减　　D. 自北向南递减

10. 造成我国36°N沿线降水差异的主要因素是(　　)

A. 纬度位置　　B. 海陆位置

C. 地形　　D. 人类活动

在北方，一树繁花是春，枝头绿叶也是春。读2021年全国绿叶变绿进程示意图，完成11～12题。

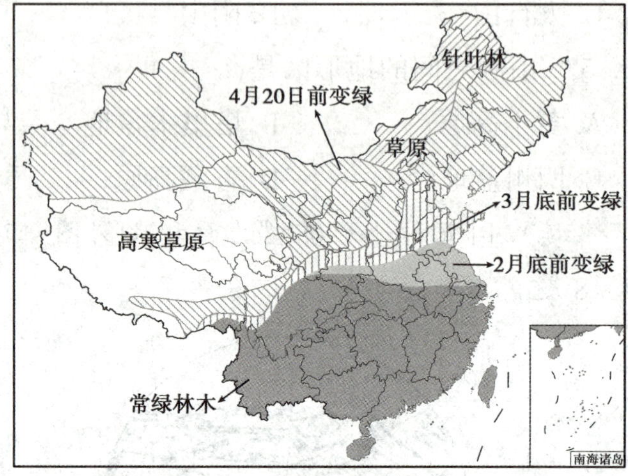

11. 郑州树叶变绿的时间最可能是(　　)

A. 1月20日前后　　B. 2月20日前后

C. 3月20日前后　　D. 4月20日前后

12. 影响我国树叶变绿进程的主要因素是(　　)

A. 纬度因素　　B. 经度因素

C. 海陆因素　　D. 地形因素

晾房主要分布在我国西部的吐鲁番等地，专门晾制葡萄干。读晾房示意图，回答13～14题。

13. 影响晾房建筑特点的气候原因是(　　)

A. 温差大　　B. 气温低

C. 降水少　　D. 降水多

14. 晾房有利于(　　)

A. 防寒　　B. 保暖

C. 通风　　D. 拆卸

15. 读我国东部地区由南向北四个城市降水季节差异图,完成下列问题。

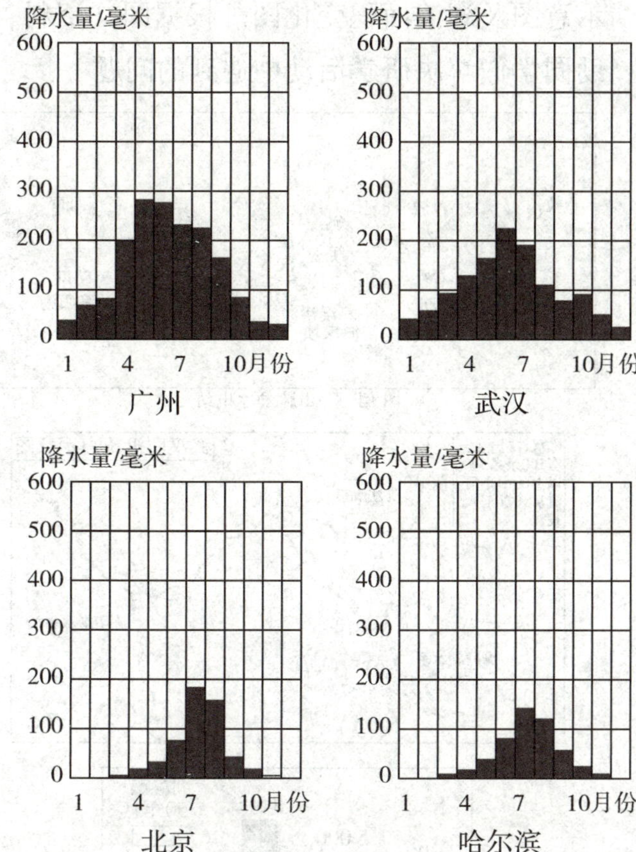

(1)说出四个城市降水季节分配的共同特征。

(2)四个城市雨季的长短差别反映了我国东部地区雨季长短的规律。据此说出我国东部地区由南向北雨季长短的分布规律。

(3)我国降水量的分布除了南北差异外,还存在着由东南沿海向西北内陆的分布差异,这种差异是____。

考点 3 我国的河流

读我国部分河流分布图,回答1~3题。

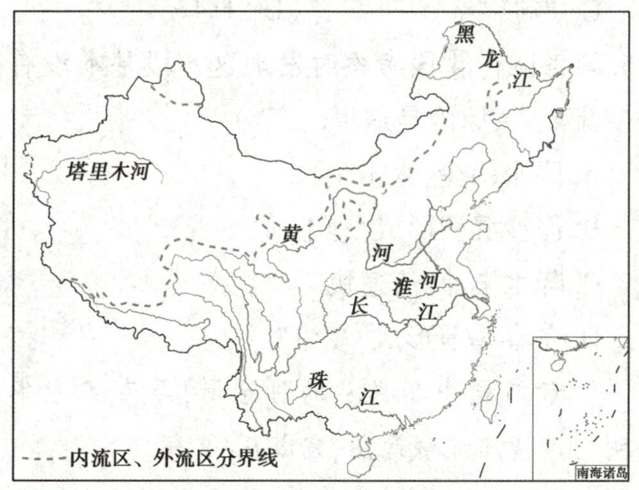

1. 下列河流与流入的海洋匹配正确的是(　　)

A. 长江——黄海

B. 塔里木河——北冰洋

C. 黄河——黄海

D. 珠江——南海

2. 下列河流有结冰期的是(　　)

A. 黑龙江、黄河

B. 珠江、长江

C. 珠江、黄河

D. 珠江、黑龙江

3. 下列关于我国内流河的叙述,正确的是(　　)

A. 大部分在东南沿海

B. 大部分在东北地区

C. 大部分在西北内陆

D. 大部分在西南地区

某科考队从①地出发,沿黄河主河道,对①②③④地进行科学考察。读图完成4~5题。

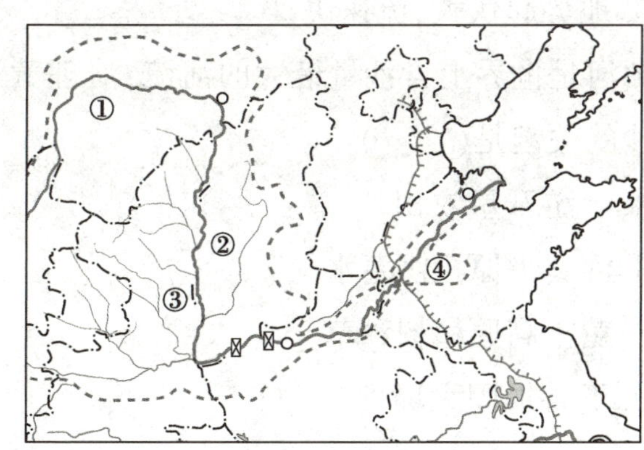

4. 科考队看到黄河含沙量最大的河段是(　　)
A. ①②　　B. ②③
C. ③④　　D. ①④
5. 科考队在④段考察时发现这一段基本没有支流汇入,原因是这里(　　)
A. 降水稀少,水量小
B. 泥沙沉积形成"地上河"
C. 降水丰沛,流速快
D. 冬春季节形成"凌汛"

黄河是中华民族的母亲河,孕育了中华文明。读黄河流域简图,完成6~8题。

6. 黄河(　　)
A. 发源于青藏高原
B. 自西向东注入东海
C. 下游流经黄土高原
D. 是我国第一大河
7. 黄河上游水电站众多,该河段水能资源丰富的主要原因是(　　)
A. 降水丰富,水量大
B. 气候温暖,无结冰期
C. 地势平坦,流速平稳
D. 地势起伏大,流速快
8. 黄河是世界上含沙量最大的河流,治理黄河泥沙的关键是(　　)
A. 上游开垦农田
B. 河套平原拦洪蓄水
C. 黄土高原植树种草
D. 下游加固大堤

9. 某学校组织八年级学生开展"长江"研究性学习活动。下面为长江水系图和武汉防汛压力示意图及湖泊面积变化图。根据图文资料,帮助同学们解决研学活动中遇到的问题。

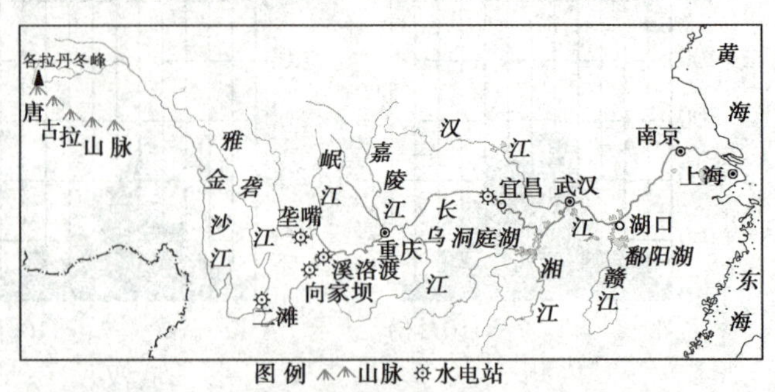

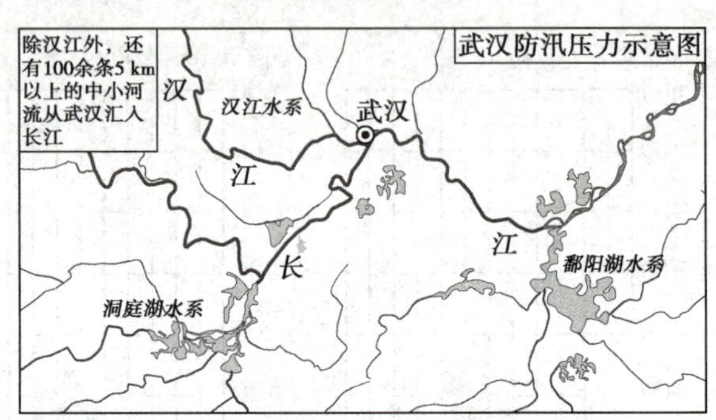

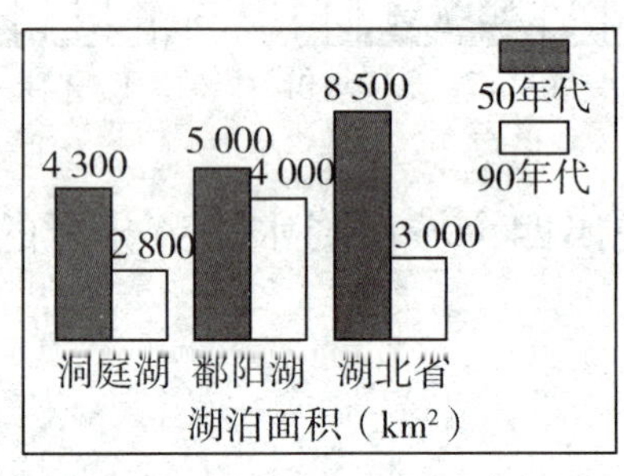

(1)长江干流整体自西向东流,原因是________________________。
(2)第一小组发现长江各河段开发利用的主要方式不同。例如,______(选填"上""中""下")游水电站比较多,______(选填"上""中下")游则称为"黄金水道"。
(3)第二小组总结三峡水利枢纽的主要作用,试帮他们写出两项:________________________。
(4)第三小组要分析长江中游武汉段洪涝灾害频发的原因。帮他们完成下面的知识结构图,分析长江中游武汉段洪涝灾害频发的原因。

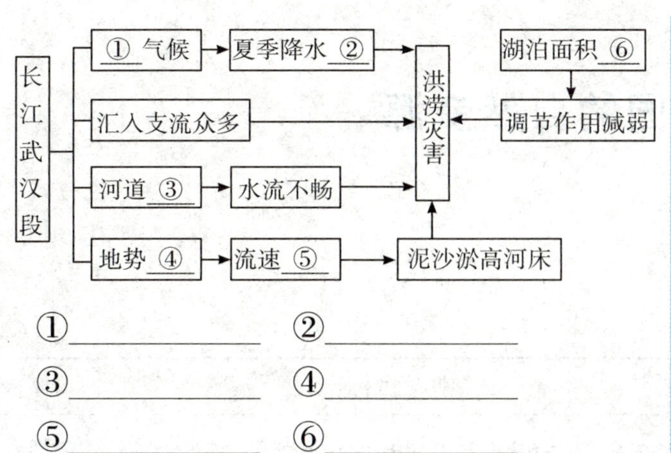

①________ ②________

③________ ④________

⑤________ ⑥________

考点4 我国的自然灾害

读我国沙尘天气分布示意图,完成1~2题。

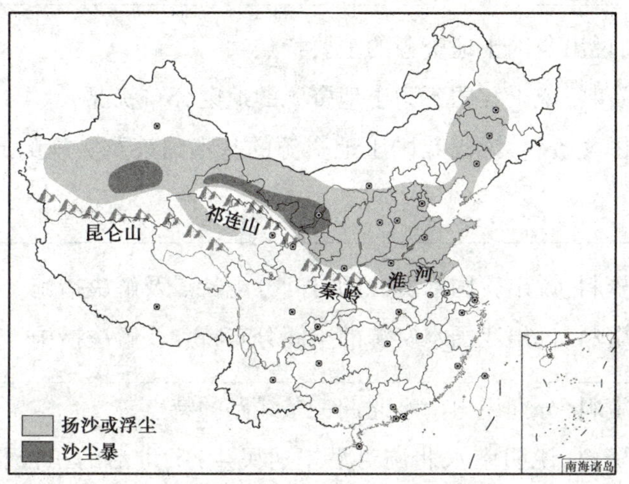

1. 沙尘暴属于(　　)
   A. 地质灾害　　B. 气象灾害
   C. 生物灾害　　D. 海洋灾害
2. 对沙尘起到很大阻挡作用的地形是(　　)
   A. 青藏高原　　B. 横断山脉
   C. 云贵高原　　D. 秦岭
3. 台风带来的天气状况有(　　)
   A. 狂风、暴雨
   B. 洪涝、泥石流
   C. 滑坡、泥石流
   D. 暴雪、冰雹
4. 作为中学生,应对城市内涝我们应该(　　)
   ①远离高层建筑
   ②不要站在树下,电线杆下
   ③远离积水点
   ④下水玩耍
   A. ①②③　　B. ①②④
   C. ①③④　　D. ②③④
5. 读某次寒潮入侵路径图,回答下列问题。

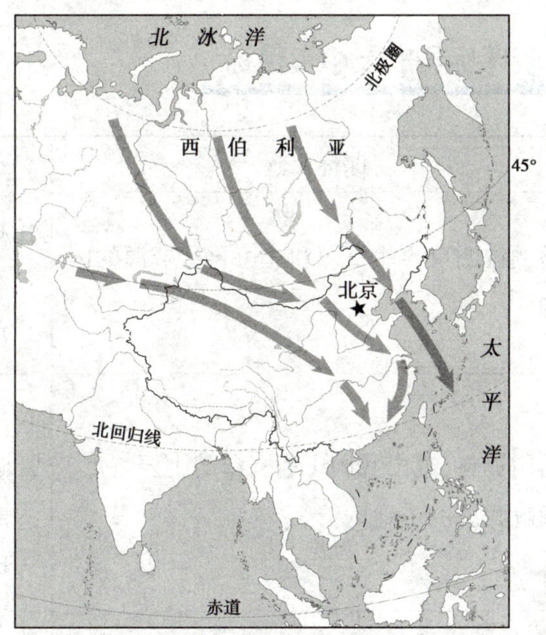

(1)入侵我国的该寒潮移动的方向大致是____________。受寒潮影响,郑州出现的恶劣天气最可能是________。

(2)列举本次寒潮可能给农业带来的影响。

(3)通常,我国西藏和云南等地受寒潮影响小,说出其主要原因。

请完成"夯实基础过中考"P51

第三单元　中国的自然资源

课标导航及中考目标

课标要求	中考目标
举例说明可再生资源和非可再生资源的区别。	1. 根据概念正确区分可再生资源和非可再生资源。 2. 结合相关图文资料，说出可再生资源和非可再生资源的正确利用原则。
运用资料，说出我国土地资源的主要特点，理解我国的土地国策。	1. 运用资料，说出我国土地资源的主要特点。 2. 运用地图资料，说出我国不同土地资源的地区分布状况。 3. 利用相关图文资料，说出我国土地资源的基本国策及实施的原因。
运用资料说出我国水资源时空分布的特点及其对于社会经济发展的影响。	1. 运用地图资料，说出我国水资源的时间分配特点及解决措施。 2. 运用地图资料，说出我国水资源的空间分布特点及解决措施。
结合实例说出我国跨流域调水的必要性。	1. 运用图文资料，分别说出南水北调三条线路的特点。 2. 运用文字资料，说明南水北调对沿岸居民生产、生活的积极影响。

学基础

一、自然资源的基本特征

(一)可再生资源与非可再生资源

照明

冶炼

农业灌溉

种植粮食

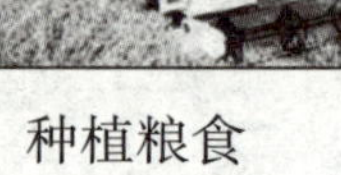

造纸、制造铅笔

1. 自然资源的定义：________中对人类活动有________的物质和能量。

2. 自然资源的分类和利用

种类	特点	举例	利用
可再生资源	可在______内更新、再生，或者可以______	土地、______、森林、水和水能等	合理利用，注意______和______
______	形成、再生过程非常______，相对于人类历史而言几乎不可再生	煤炭、______和铁矿等	珍惜和节约使用

(二)总量丰富,人均不足

1. 优点:我国幅员辽阔,自然环境多样,自然资源总量________,种类相当________。

2. 缺点:我国人口众多,自然资源的人均占有量远________世界平均水平。

二、土地资源

(一)类型齐全,耕地比重小

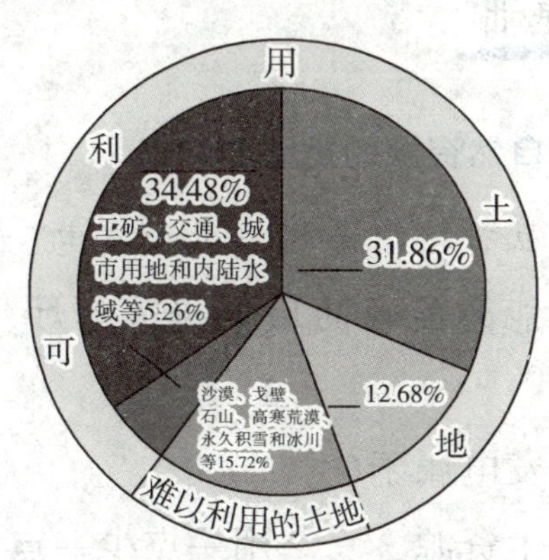

中国土地利用类型的构成

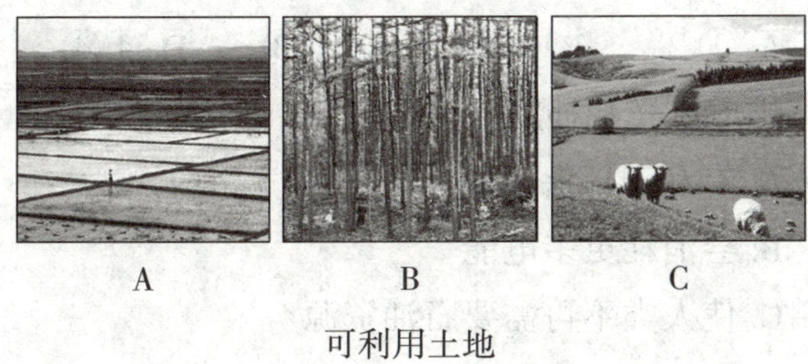

A　　B　　C

可利用土地

1. 农业用地:A________、B________、C________。

2. 建设用地:城乡建设用地、________、工矿用地。

3. 在上面中国土地利用类型的构成图中填出三类农业用地。由此发现:________、________比例大,________比例小。

4. 在图中圈画出难以利用的土地所占比例。由此发现:我国土地资源总量________;土地类型________,但________占有量不足;各类土地资源所占比例________,________少,难以利用的土地较多;________不足。

(二)地区分布不均

1. 填出下图中图例所代表的土地利用类型的名称。

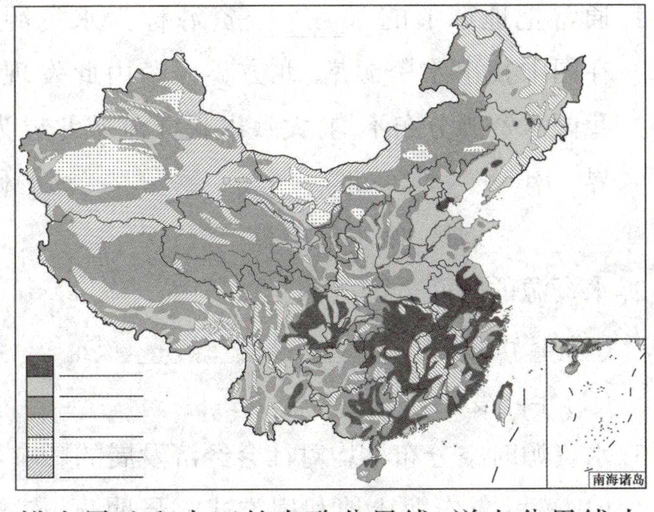

2. 描出旱地和水田的大致分界线,说出分界线大致经过的山脉和河流名称。

(三)合理利用每一寸土地

1. 土地利用中存在的问题

①　②　③　④

①________;②________;

③________;④________。

其中,耕地面积减少、质量下降等问题尤为突出。

2. 土地基本国策:________________________________。

三、水资源

(一)时空分布不均

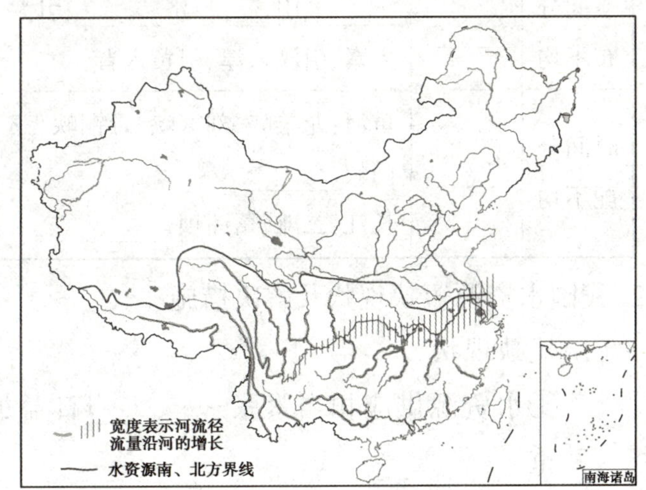

1. 通常把地球上的________资源称为水资源。在图中找出水资源南、北方界线。由此发现：我国水资源分布不均，大致以长江流域北界为界，南________北________。________和________地区，缺水最严重。

2. 水资源的时间分配

(1)季节变化：________多，________少。

(2)年际变化________。

3. 水资源时空分布不均对社会经济发展的影响：

(1)南北方农业土地利用方式差异明显，南方以________为主，北方以________为主。

(2)________灾害频繁，________生产不稳定。

(3)________干旱地区，水资源不足制约社会经济发展。

(二)合理利用与保护水资源

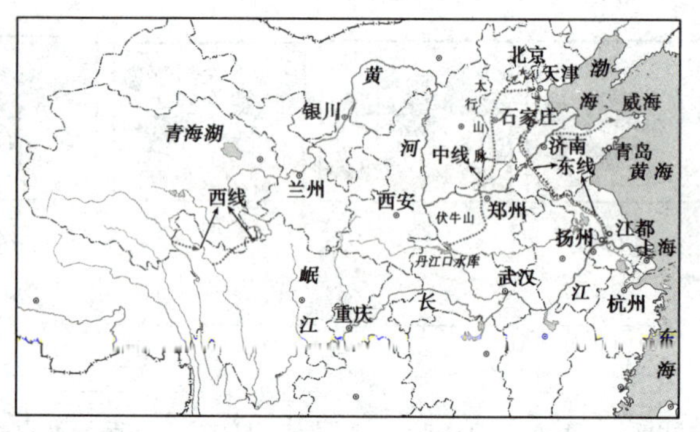

1. 在上图中描绘长江干流和南水北调三条调水线路。解决水资源时空分布不均的措施及主要工程——

问题	解决措施	主要工程
空间分布不均	______	______、引______济______、引大入秦、引滦入津、引黄入晋
时间分配不均	______	黄河：龙羊峡、刘家峡、青铜峡、三门峡、______ 长江：二滩、葛洲坝、______

2. 我国水资源短缺现状及解决措施

(1)短缺现状

①水资源供应相当紧张，________日益加重。

②水资源利用率________，浪费惊人。

③严重的________降低了水资源的可利用价值。

(2)解决措施：节约用水、保护水资源是重要途径之一。建设________社会，在生产和生活中节约用水，防治水污染。

练基础

考点 1 自然资源的类型和特征

风光互补路灯是指以风力发电、太阳能发电提供的电能为能源的城市街道路灯。据此回答1～2题。

1. 太阳能发电属于(　　)

①可再生资源　②用一点少一点

③非可再生资源　④可循环使用

A. ①②　B. ②③　C. ①③　D. ①④

2. 推广风光互补路灯(　　)

A. 有利于环保节能

B. 会消耗更多电能

C. 使人类不再需要石油资源

D. 会加剧环境污染

读中国人均资源占有量与世界平均水平的比较图，完成3～4题。

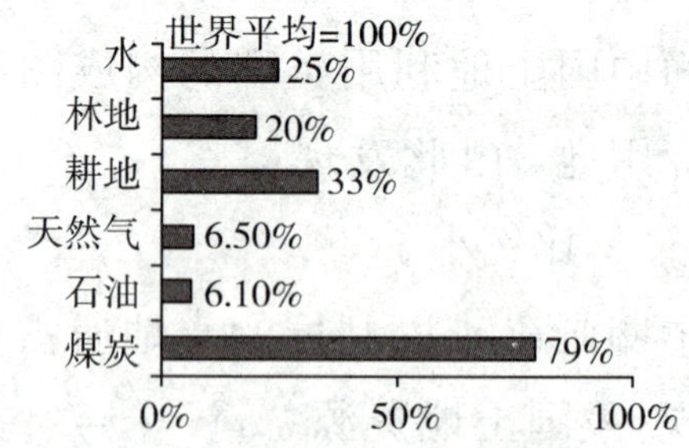

3. 下列资源中，中国人均占有量最接近世界平均水平的是(　　)

A. 石油　B. 水

C. 耕地　D. 煤炭

4. 图中反映我国资源的基本国情是(　　)

A. 总量丰富　B. 人均占有量少

C. 总量缺乏　　　　D. 人均占有量多

考点 2 我国的土地资源

万物土中生，有土斯有粮。读中国土地资源利用类型及1985年与2020年四省区粮食产量统计图，完成1～3题。

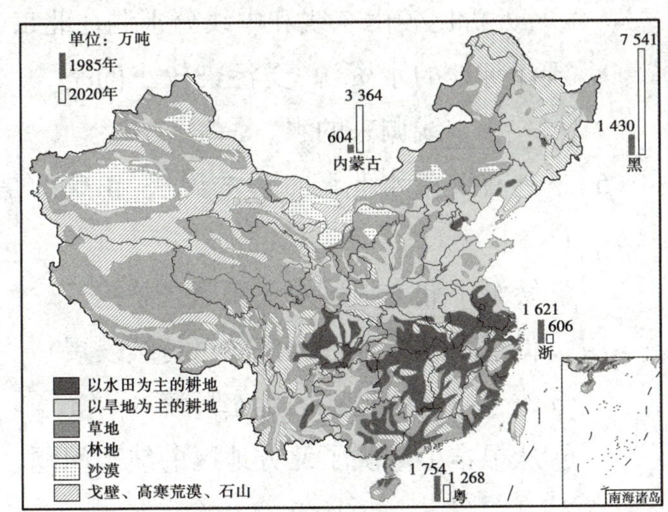

1. 关于我国土地资源的描述，正确的是(　　)
①土地利用类型齐全
②耕地面积大
③耕地主要分布在东部地区
④草地主要分布在沿海地区
A. ①③　　B. ①④
C. ②③　　D. ②④

2. 与1985年相比，2020年四省区的粮食产量(　　)
A. 呈上升趋势
B. 呈下降趋势
C. 增量最大的是黑龙江省
D. 增速最快的是浙江省

3. 为了切实保护耕地，确保粮食安全，下列措施合理的是(　　)
A. 围湖造田，扩大耕地
B. 陡坡开荒，增加旱地
C. 开垦草原，增产粮食
D. 科技兴农，提高粮食单产

读我国土地利用类型构成图，完成4～5题。

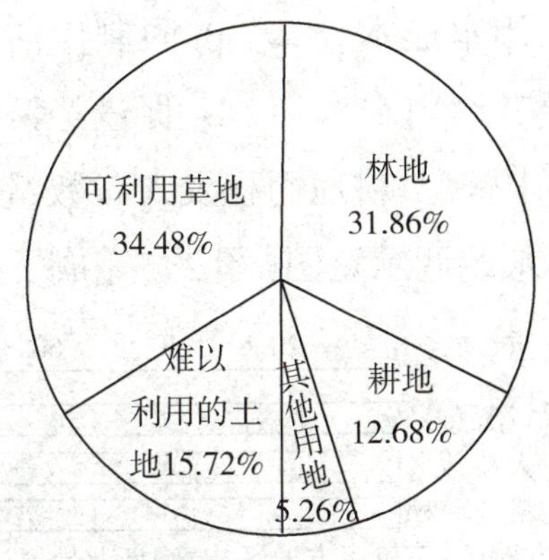

4. 我国的耕地状况是(　　)
A. 比重较小，后备资源充足
B. 比重较小，后备资源不足
C. 比重较大，后备资源充足
D. 比重较大，后备资源不足

5. 我国土地利用的基本国策是(　　)
A. 十分珍惜、合理利用土地和切实保护耕地
B. 坚持科学发展观，珍惜每一寸土地
C. 严格保护基本农田，确保国家粮食安全
D. 保护耕地就是保护我们的生命线

考点 3 我国的水资源

读南水北调示意图，完成1～2题。

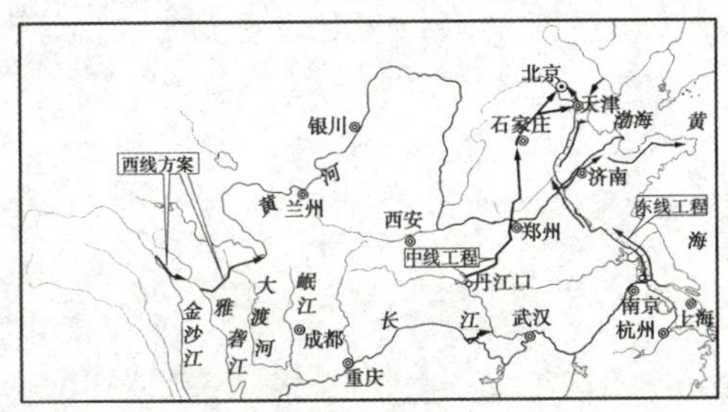

1. 南水北调工程(　　)
A. 东线工程可借助京杭运河河道调水
B. 中线工程引长江干流水送达北京
C. 西线方案线路短，易修建
D. 解决了我国水资源时间分布不均问题

2. 南水北调工程对北京的影响是(　　)
A. 降低了水价　　B. 缓解用水紧张
C. 解决了水污染　　D. 促进高耗水工业发展

3. 北京居民用水实行阶梯水价的主要目的是(　　)

A. 降低用水成本　　B. 限制生活用水

C. 倡导节约用水　　D. 促进经济发展

4. 读我国水资源、耕地面积及人口数量分布图(图1)和南水北调示意图(图2),完成下列问题。

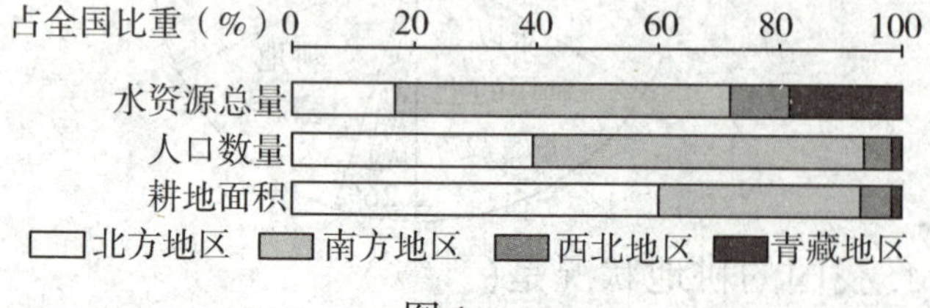

图 1

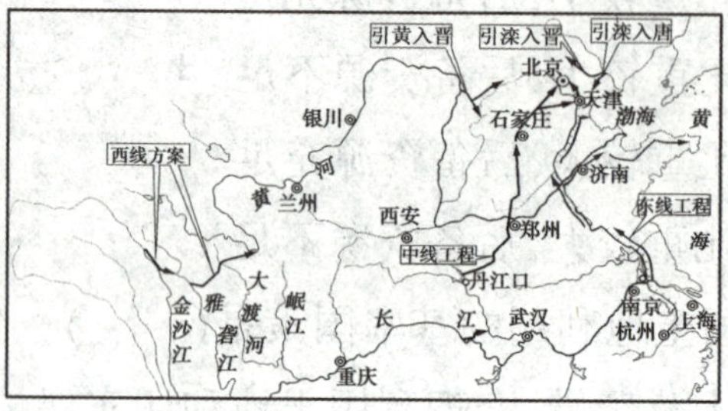

图 2

(1)南水北调反映了我国水资源具有_______________上分布不均的特点。

(2)结合图 1 分析,我国水资源供需矛盾最突出的地区是____________地区。

(3)结合图 2 分析,调水线路东线、中线、西线三条线路相比较,________线施工难度最大,南水北调主要是将________流域的水调往西北地区和华北地区。

(4)联系我国城市、人口、工业分布的相关知识,分析比较由东线和中线分别调往北京、天津等地的水资源,受污染较小的是____________线调来的水。

(5)下列有关南水北调工程的说法,正确的是(　　)

①缓解了北方地区水资源紧张状况

②促进了北方地区经济的可持续发展

③改善了北方地区的生态环境

④从根本上解决了北方地区的缺水问题

A. ①②③　　B. ①②④

C. ①③④　　D. ②③④

请完成"夯实基础过中考"P56

第四单元　中国的经济发展

课标导航及中考目标

课标要求	中考目标
运用资料说出我国农业分布特点，举例说明因地制宜发展农业的必要性和科学技术在发展农业中的重要性。	1. 读图说出我国农业的类型及其分布特点。 2. 根据图文资料说出我国农业的东西和南北差异。 3. 结合具体事例说出农业发展需要考虑的自然因素和社会经济条件。
运用资料说出我国工业分布特点，了解我国高新技术产业的发展状况。	1. 运用地图和相关资料说出我国工业的地区分布特点。 2. 结合具体事例说出工业分布需要考虑的自然因素和社会经济条件。 3. 运用图文资料分析我国四大工业基地的发展条件。 4. 结合具体事例说出我国高新技术产业取得的成就和发展特点。
比较不同交通运输方式的特点，初步学会选择恰当的交通运输方式。	1. 运用图文资料说出公路、铁路、航空、水路、管道等现代交通运输方式的特征及区别。 2. 运用具体事例说出如何选择恰当的交通运输方式。
运用地图说出我国铁路干线的分布格局。	1. 运用地图资料说出我国铁路网的分布特点并分析原因。 2. 运用地图资料找出我国主要的铁路干线和铁路枢纽。

学基础

一、交通运输

(一)交通运输方式的选择

运输方式	运输工具	运价	运速	运量	货运选择依据
铁路运输	____	较低	较快	较大	远程、____
公路运输	汽车	____	较慢	较小	鲜货、活物、____
____运输	轮船	最低	____	最大	大宗笨重、远程、不急需
航空运输	飞机	____	最快	____	贵重、____、量小
管道运输	管道	主要运送____、____、水等流体物质			

(二)我国铁路干线的分布

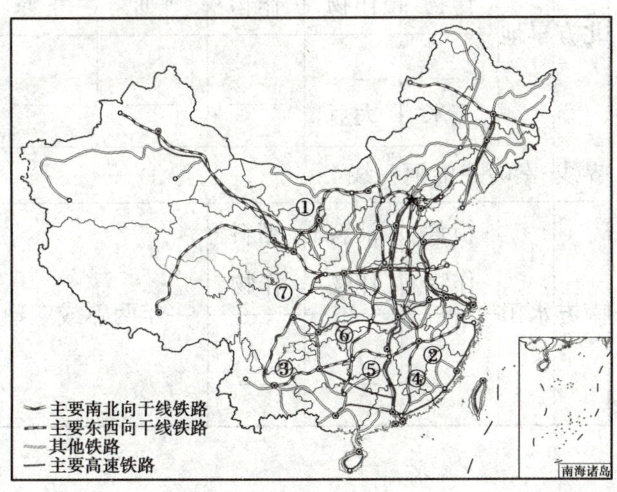

1. 在上图中用蓝笔描绘南北铁路干线，用红笔描绘东西铁路干线，并在适当位置标注主要的铁路干线名称。由此发现：我国铁路干线分布不

平衡,呈现出__________的分布特点。

2. 在上图中填写重要铁路枢纽:北京、兰州、郑州、徐州、株洲、成都、上海。

二、农业

(一)我国农业的地区分布

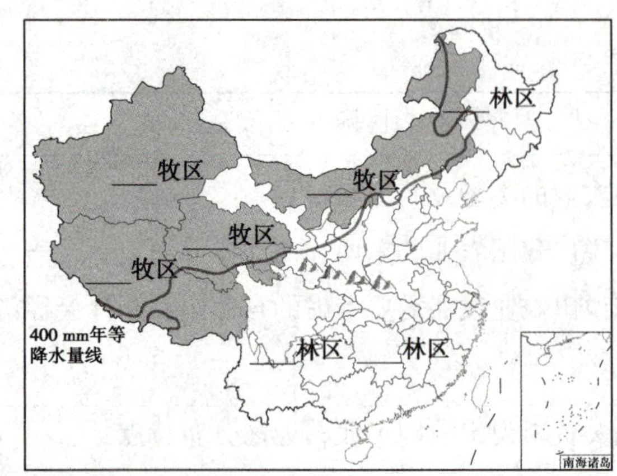

1. 农业地区分布的东西差异。在图中描出400 mm年等降水量线。由此发现我国农业的东西部差异:该线以西以______业为主;以东以______业为主。

2. 在图中横线上填出牧区和林区名称。

3. 农业地区分布的南北差异

	耕地类型	主要农作物			作物熟制	
北方	旱地	粮食作物	油料作物	糖料作物	东北平原	华北平原
		____、玉米	____、大豆	____	____	____
界线	秦岭—淮河一线					
南方	水田	粮食作物	油料作物	糖料作物	一年两熟或三熟	
		____	____	____		

(二)发展农业要因地制宜

图甲

图乙

1. 在图甲中填注适宜发展的农业部门。

2. 在图乙中填注发展农业需要考虑的社会经济条件。

3. 因地制宜的含义:把要发展的农业生产部门或农作物,布局在适宜它发展或生长的地区,以充分利用当地________的优势。

(三)走科技强农之路

大力发展______、优质、______、生态、安全农业,加快我国从农业大国向农业强国迈进的步伐。

三、工业

工业生产包括开采自然资源以及对原材料进行加工和再加工。

(一)我国工业的分布

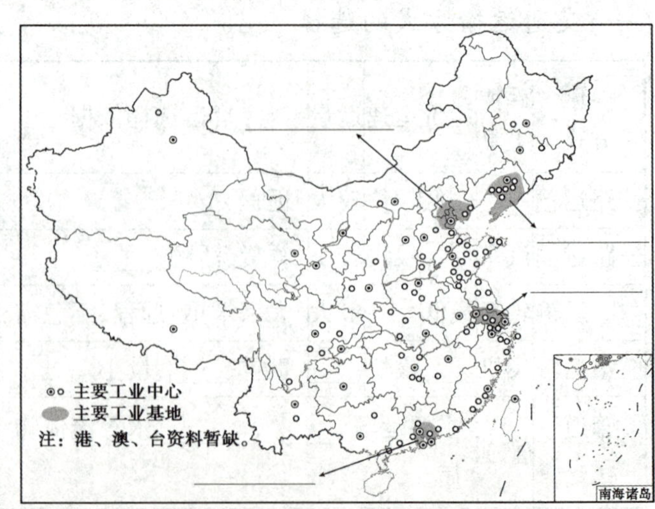

1. 在图中横线上填出工业基地的名称。

2. 我国四大工业基地分布特点：__________。

______地区工业中心密集，并集中了主要的工业基地；______地区工业中心较多；______地区工业中心较少，分布稀疏。

(二)蓬勃发展的高新技术产业

1. 高新技术产业部门：电子信息、________、新能源和________等。

2. 高新技术产业的分布

(1)分布特点：多依附于________。

(2)聚集地区

①__________。

②珠江三角洲。

③__________。

练基础

考点1　交通运输方式的选择

自中欧班列(郑州)铁路货运开通以来，河南省内乃至国内主要经济圈的各类货物，源源不断地在郑州集散分拨运往欧洲，郑州已成为中欧班列重要的"中转站"。读郑州高铁路线(含规划)图，完成1～2题。

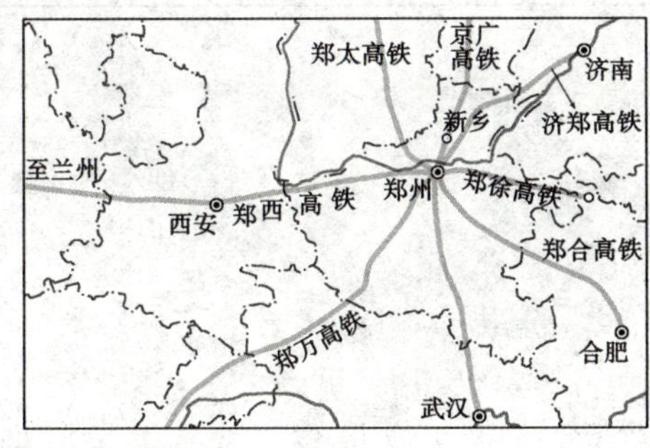

1. 中欧班列线路与国外铁路线相连的国内铁路线是(　　)

A. 陇海线　　B. 兰新线

C. 京广线　　D. 焦柳线

2. 郑州成为中欧班列货物集散点的主要优势条件是(　　)

A. 便利的交通

B. 经济发展水平高

C. 科技力量雄厚

D. 矿产资源丰富

读连霍高速公路线路图，完成3～5题。

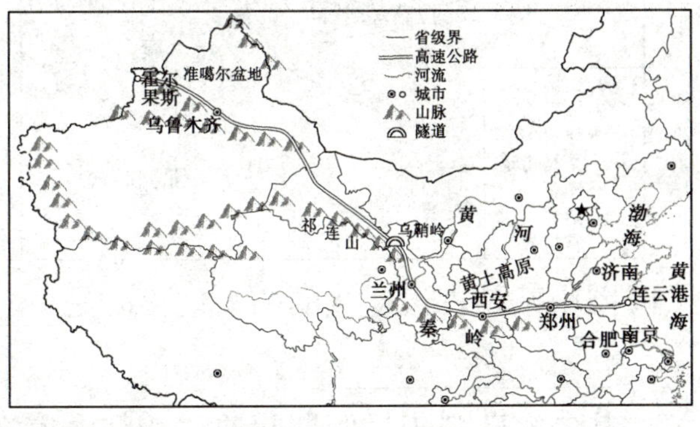

3. 连霍高速(　　)

A. 东起浙江省的连云港

B. 西至西藏自治区的霍尔果斯

C. 沿线经过我国三级阶梯

D. 沿线经过我国4个省级行政中心

4. 沿连霍高速一路向西，沿途可能(　　)

①听到高亢的秦腔

②看到成片的竹楼

③品尝美味的烤羊排

④参加傣族的泼水节

A. ①②　　B. ①③　　C. ②④　　D. ③④

5. 连霍高速隧道最密、建设难度最大的路段位于乌鞘岭，主要原因是(　　)

A. 降水量大，洪灾频发

B. 穿越山体，地形复杂

C. 沙漠广布，建筑材料匮乏

D. 河湖众多，水土流失严重

6. 在横断山区及其东西两侧的崇山峻岭之间，千百年来绵延着一条世界上地势最高、路况最为险峻的进藏交通驿道——茶马古道。它是以茶马互市为主要内容的古代商道，该商道分布在滇、川、藏等地区。随着科技的发展，进藏的现代交通运输线路逐渐增多。读茶马古道和

进藏铁路线分布示意图,完成下列问题。

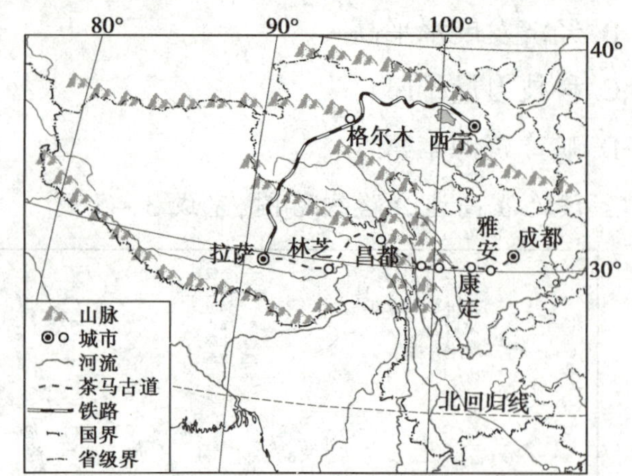

(1)图中茶马古道连接的两大地形区是_______________、__________。

(2)某考察队拟于暑假期间前往茶马古道进行考察,分析该时段考察队徒步穿越横断山区时面临的风险。

(3)图中进入西藏地区的铁路线为________,除铁路运输外,请你再说出一种进藏的现代交通运输方式。

考点2 因地制宜发展农业

我国约80%的苹果产自黄土高原和渤海湾两大优势产区,此外新疆阿克苏的“冰糖心”苹果含糖度高,云南昭通的“丑苹果”比其他地区的苹果要早熟20~30天,具有较强的市场竞争优势。读我国苹果主要产区分布图,完成1~3题。

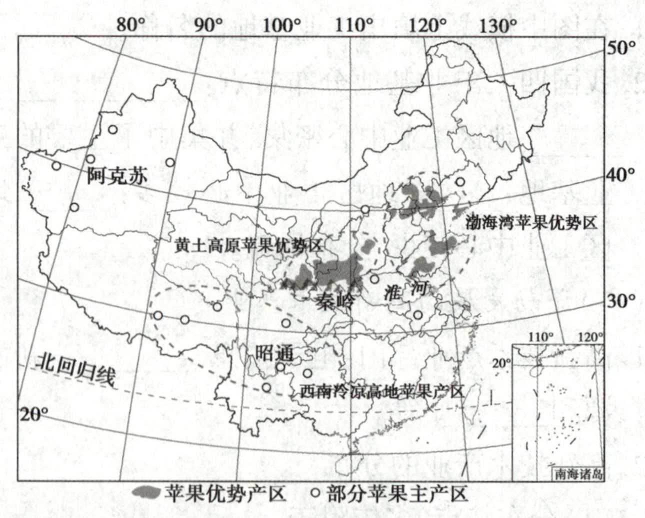

1. 我国苹果优势产区主要分布在(　　)

A. 热带　　B. 亚热带

C. 暖温带　　D. 中温带

2. 与其他产区相比,昭通苹果上市时间早的主要原因是(　　)

A. 纬度低,气温高　　B. 纬度高,气温低

C. 海拔高,气温低　　D. 距海近,降水多

3. 新疆阿克苏种植苹果的优势条件是(　　)

A. 地形平坦　　B. 光照充足

C. 降水丰沛　　D. 雨热同期

由于我国地域辽阔,自然环境差异大,形成了牧区畜牧业和农耕区畜牧业的分布格局。读我国主要牧区分布示意图,回答4~5题。

4. 我国四大牧区集中分布在(　　)

A. 湿润地区　　B. 半湿润地区

C. 季风区　　D. 非季风区

5. 影响我国畜牧业分布格局的主要因素是(　　)

A. 纬度位置不同产生的东西温度差异

B. 海陆位置不同产生的东西温度差异

C. 纬度位置不同产生的东西湿度差异

D. 海陆位置不同产生的东西湿度差异

6. 阅读图文材料，完成下列问题。

“春种一粒粟，秋收万颗子”，春耕春播是春天里的大事。读我国不同地区春耕春播时间示意图和济南春季气温、降水数据表，回答问题。

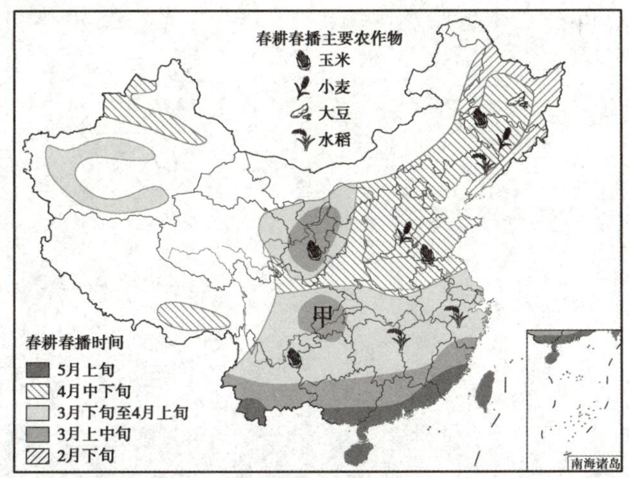

	3月	4月	5月
气温(℃)	8.2	16.1	21.8
降水(mm)	15.3	27.4	46.6

(1)我国东部地区春耕春播时间总体变化规律是____________________。

(2)影响各地春耕春播时间差异的主要因素是(　　)

A. 热量　　B. 降水

C. 地形　　D. 交通

(3)除时间差异外，不同地区耕种的粮食作物也有差异，秦岭—淮河一线以北地区主要是______，秦岭—淮河一线以南地区主要是________。

(4)以济南为例，华北平原春季降水____(填多或少)，气温增长_____(填快或慢)，容易出现的气象灾害是____________。

(5)甲地春耕春播时间早于同纬度的平原地区，主要原因是________________________________。

考点3 我国工业的分布及其发展条件

读“中国制造”到“中国创造”的转变示意图，完成1～2题。

1. 下列属于高新技术产业的是(　　)

A. 汽车制造业　　B. 机械制造业

C. 石油加工业　　D. 航天航空业

2. “中国制造”迈向“中国创造”的主导因素是(　　)

A. 资源　　B. 交通　　C. 科技　　D. 市场

随着一大批国内知名纺织服装企业在新疆各地投资建厂，纺织服装产业链条延伸，成为当地解决贫困人口就业的重要渠道。读下面的我国棉花主要分布区示意图，完成3～4题。

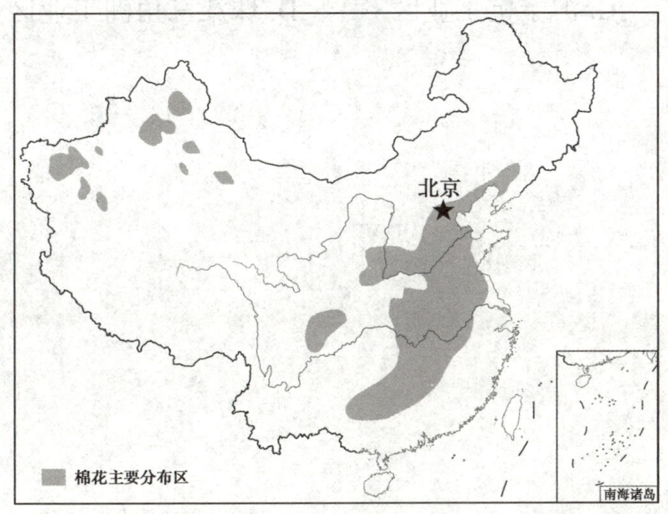

3. 国内知名纺织服装企业在新疆各地投资建厂的主要原因是(　　)

A. 交通便利　　B. 靠近棉花产地

C. 劳动力丰富　　D. 国内市场广阔

4. 新疆当地和纺织服装产业有关的产业是(　　)

A. 钢铁工业　　B. 飞机制造业

C. 高新技术工业　　D. 印染业

机器人制造被誉为“制造业皇冠顶端的明珠”，是目前全球新一轮科技和产业革命的重要切入点。近年来我国机器人产业快速发展。读我国主要机器人企业地区分布统计图和我国机器人产品结构图，完成5～6题。

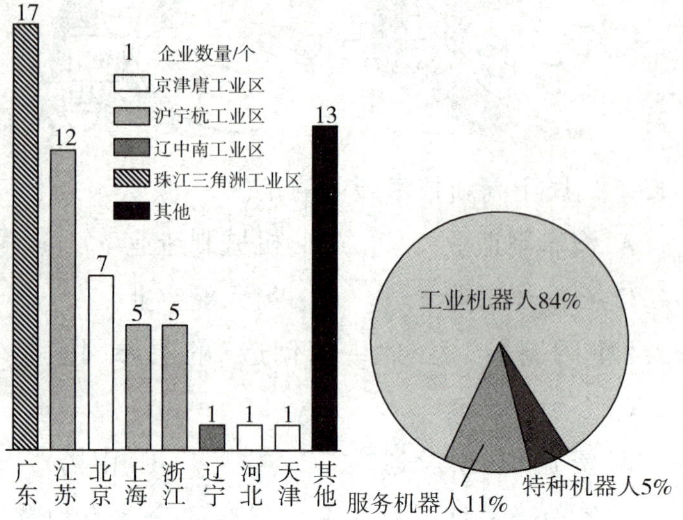

5. 目前，我国机器人产业聚集度最高的工业区是（　　）

A. 辽中南工业区　　B. 京津唐工业区

C. 沪宁杭工业区　　D. 珠江三角洲工业区

6. 我国现阶段机器人产业的发展，将主要推动我国（　　）

A. 农业机械化生产的普及

B. 工业智能化比重的增加

C. 服务行业向多元化发展

D. 特种行业专业水平提高

7. 分析长江三角洲地区汽车工业密集的优势条件。

请完成“夯实基础过中考”P60

第五单元　中国的地理差异

课标导航及中考目标

课标要求	中考目标
在地图上找出秦岭、淮河，说明“秦岭—淮河”一线的地理意义。	1. 运用事例说明我国自然环境和人类活动存在的差异。 2. 运用事例说明秦岭—淮河南北两侧的地理差异。
在地图上指出北方地区、南方地区、西北地区、青藏地区四大地理单元的范围，比较它们的自然地理差异。	1. 说出我国四大地理区域划分的依据、界线及主要影响因素。 2. 理解我国四大地理区域的自然地理差异。
用事例说明四大地理单元自然地理环境对生产、生活的影响。	举例说明地理环境对四大地理区域农业、工业、文化等方面的影响。

学基础

一、地理差异显著

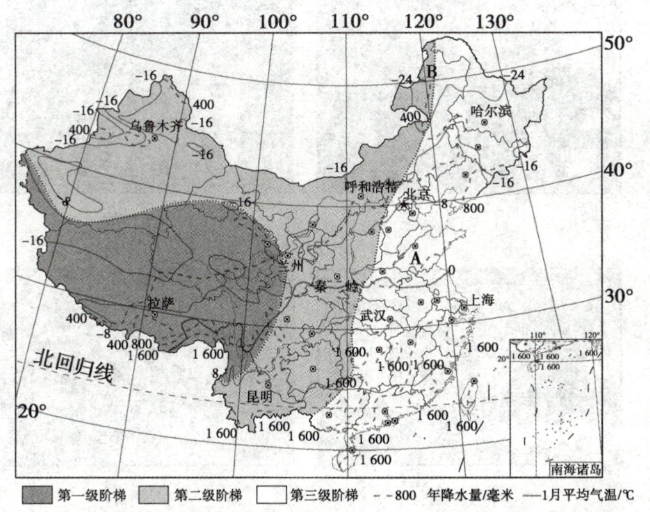

用蓝笔描出0 ℃、-16 ℃和-24 ℃等温线。用红笔描出我国地势第一、二级阶梯和第二、三级阶梯分界线，并填出A、B年等降水量线的数值。

(一)自然环境差异

表现	变化方向	差异	原因
气温	由南向北	气温逐渐____	____逐渐升高
降水	自东南向西北	年降水量逐渐____	____越来越远
地势	自西向东	西____东____，呈三级阶梯状分布	

(二)人类活动差异

项目	差异	原因
农业生产	西____东____、南____北____	地形、气候等自然环境的差异
人口、城市、交通线	东____西____	
经济发展水平	东部____，西部____	

（三）秦岭—淮河南北两侧的地理差异

1. 自然差异

项目		秦岭—淮河以北	秦岭—淮河以南
地形	主要类型	____、高原	高原、____、____、丘陵
地形	主要地形区	黄土高原、东北平原、____平原	云贵高原、四川盆地、东南丘陵、________平原
气候	1月平均气温	低于________	高于________
气候	年降水量	________毫米	________毫米
气候	气候类型	________气候	亚热带、热带季风气候
河流	流量	________	________
河流	有无结冰	________	________
典型植被类型		温带落叶阔叶林	________

2. 人文差异

	秦岭—淮河以北	秦岭—淮河以南
耕地类型	________	________
主要农作物	________、大豆、花生、甜菜等	________、油菜、甘蔗等
作物熟制	一年一熟或________	一年________
民居特点	屋顶坡度较____，墙体较____	屋顶坡度较________，墙体较________
交通运输方式	________	________

二、四大地理区域

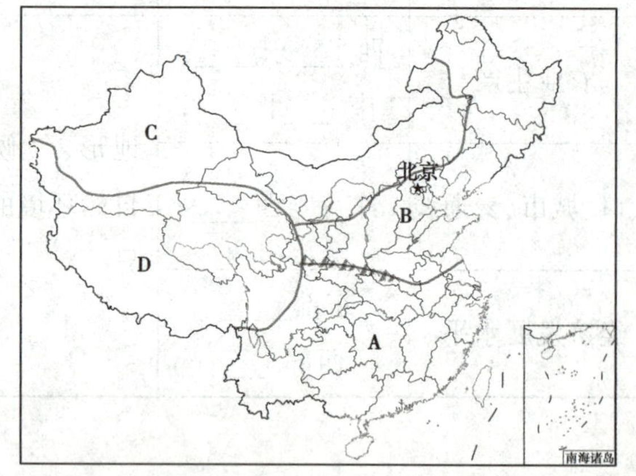

1. 在上图中描出四大地理区域的界线并标注秦岭—淮河。划分依据：地理位置、________地理、________地理的特点。

2. 四大地理区域：A ________地区、B ________地区、C ________地区和 D ________地区。

练基础

考点1 我国四大地理区域的划分

中国传统民居在整体上追求与自然环境和谐统一，它凝聚着人与自然相处的集体智慧以及人文精神，也承载着中国人对"家"的归属和情结。读我国四大地理区域简图及部分地区传统民居景观图，完成1～3题。

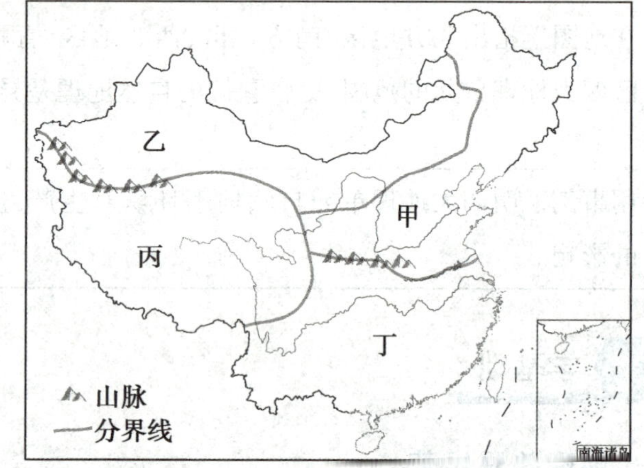

①竹楼

②窑洞

③阿以旺

④碉房

1. 图示传统民居与当地自然环境匹配正确的是（　　）

A. ①—黄土深厚，地势平坦

B. ②—全年高温，植被稀疏

C. ③—深居内陆，降水稀少

D. ④—地势低平，河湖众多

2. 图示传统民居与我国四大地理区域对应正确的是(　　)

A. ①—乙　　B. ②—丁

C. ③—甲　　D. ④—丙

3. 甲、丁两区域的分界线是(　　)

A. 800 mm 年等降水量线穿过的地方

B. 地势第二、三级阶梯的分界线

C. 季风区与非季风区的分界线

D. 热带和亚热带的分界线

读我国四大地理区域略图，回答4～6题。

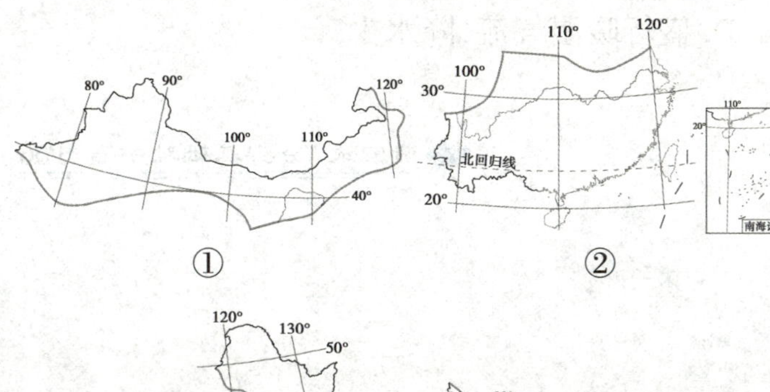

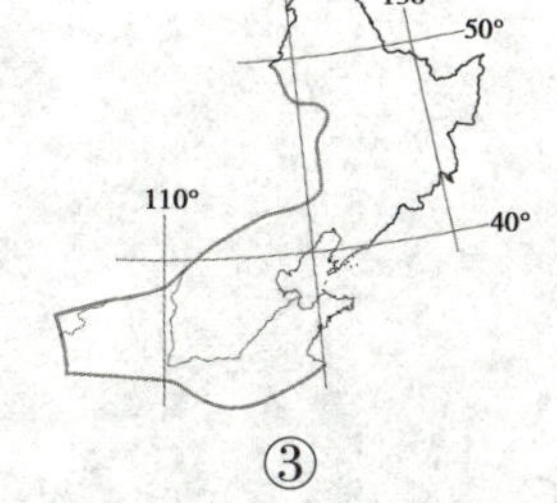

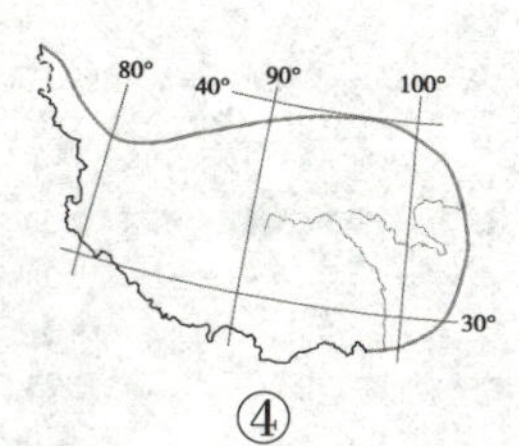

4. 下图为我国部分城市1月平均气温统计图，其中位于③区域的城市有(　　)

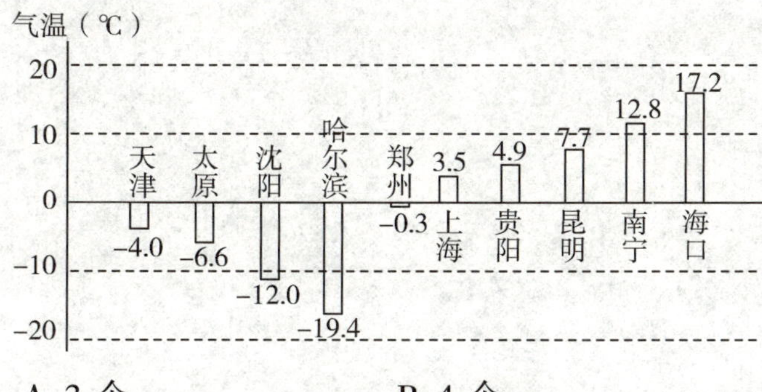

A. 3个　　B. 4个

C. 5个　　D. 6个

5. ②和④两区域夏季气温相差很大，其主要影响因素是(　　)

A. 纬度位置　　B. 海陆位置

C. 地形　　D. 夏季风

6. 制约①区域农业生产的主要因素是(　　)

A. 热量　　B. 降水　　C. 地形　　D. 土壤

考点 2　秦岭—淮河一线的地理意义

秦岭—淮河一线是我国东部重要的地理界线。下图中河流①②③④是我国著名河流。据此完成1～3题。

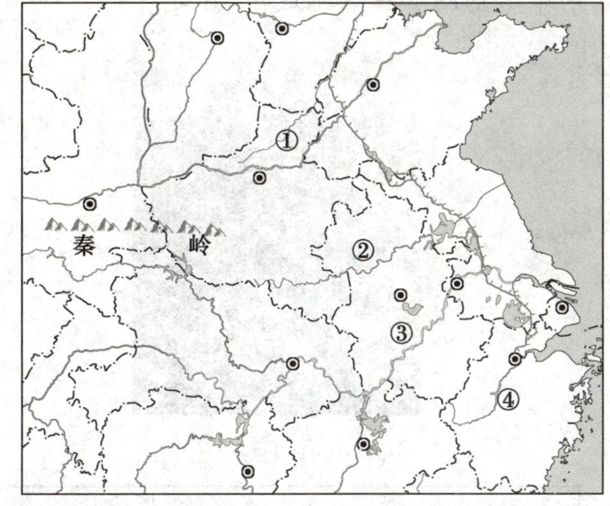

1. 图中序号代表淮河的是(　　)

A. ①　　B. ②　　C. ③　　D. ④

2. 下列四幅图能体现①河下游地区气候特征的是(　　)

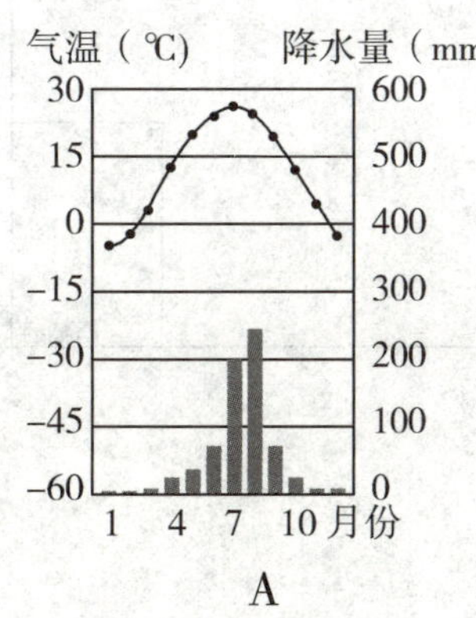

A

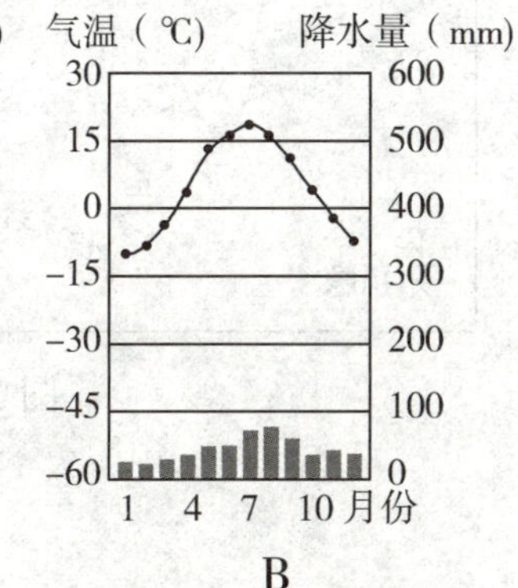

B

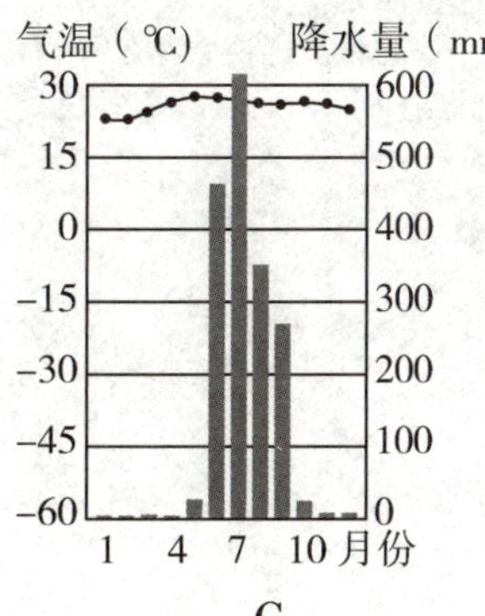

C

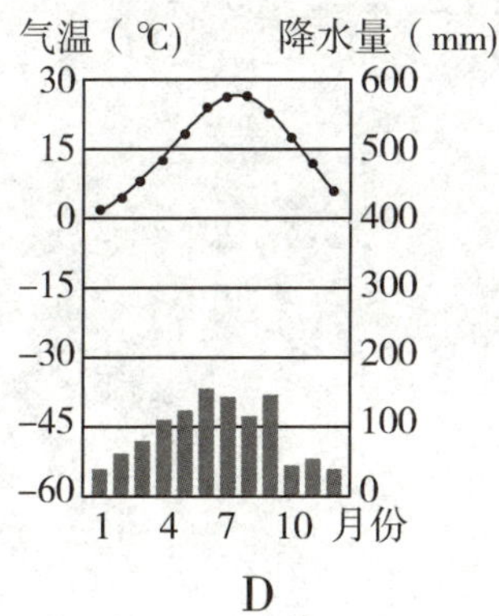

D

3. ③河流域大部分属于(　　)

A. 中温带　　B. 暖温带

C. 亚热带　　D. 热带

当山脉阻挡了暖湿气流,暖湿气流会在山脉一侧被抬升形成云,而山脉另一侧气流下沉,出现晴空。图1为秦岭景观图,图2为我国主要山脉分布示意图。据此完成4~6题。

图1

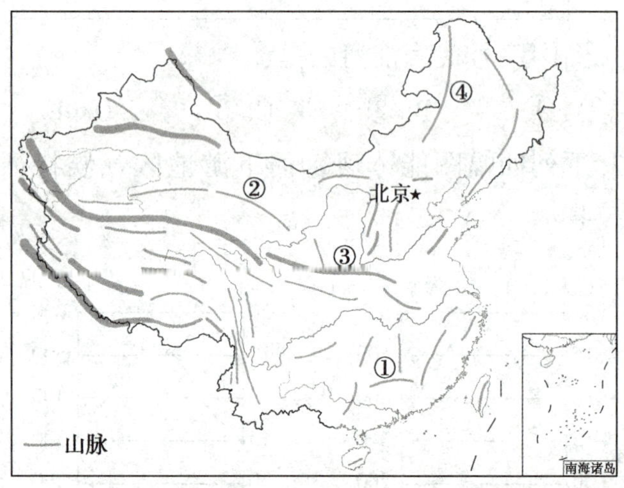

图2

4. 图2中代表秦岭的是(　　)

A. ①　B. ②　C. ③　D. ④

5. 秦岭是我国(　　)

A. 1月0℃等温线穿过的地方

B. 暖温带与寒温带分界线

C. 400 mm年等降水量线穿过的地方

D. 半湿润区与半干旱区分界线

6. 秦岭有云一侧(　　)

A. 盛行冷干气流,降水少

B. 盛行暖湿气流,降水多

C. 盛行冷湿气流,降水多

D. 盛行暖湿气流,降水少

请完成"夯实基础过中考"P66

第六单元 北方地区

课标导航及中考目标

课标要求	中考目标
运用地图简要评价某区域的地理位置。	运用地图说出某区域的纬度位置和海陆位置，并简单评价其对生活、生产、交通等的影响。
在地形图上识别某区域的主要地形类型，并描述区域的地形特征。	在地形图上判别某区域的主要地形类型及其分布，归纳区域的地形特征。
运用地图与气候统计图表归纳某区域的气候特征。	运用地图与气候统计图表归纳某区域的气温和降水的特点，判断气候类型。
运用地图和其他资料说出某区域的产业结构与产业布局特点。	运用地图和其他资料，根据某区域三类产业所占比例，说出产业结构特点与产业布局特点。
运用地图和其他资料归纳某区域人口、城市的分布特点。	运用地图和其他资料归纳某区域人口、城市的分布特点，并分析原因。
运用资料比较区域内的主要地理差异。	运用资料比较区域内的地形、气候等方面的差异。
根据资料，分析某区域内存在的自然灾害与环境问题，了解区域环境保护与资源开发利用的成功经验。	根据图文资料，分析某区域内自然灾害与环境问题的特点、原因、治理措施，归纳该区域环境保护与资源开发利用的成功经验。
运用资料说出首都北京的自然地理特点、历史文化传统和城市职能，并举例说明其城市建设成就。	运用地图描述北京的地理位置，并能说明其地理位置的优越性。 举例说明北京深厚的历史文化传统和主要的城市职能。 举例说明北京城市建设成就及未来城市建设目标。

学基础

一、自然特征与农业

(一)黑土地 黄土地

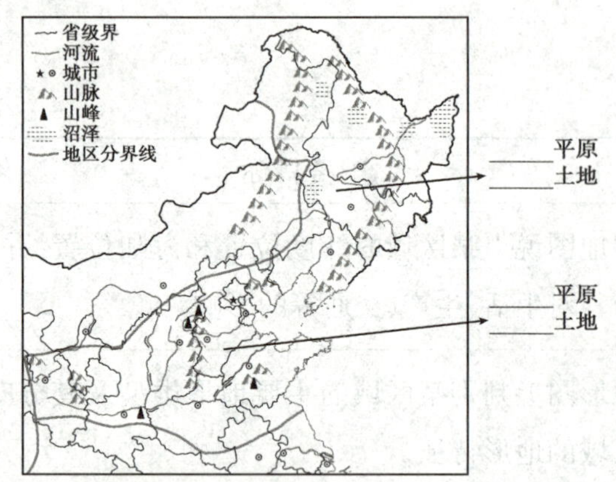

描出北方地区的范围。在图中横线处填出地形区名称以及土壤类型。

(二)重要的旱作农业区

1. 农业特征:耕地多为________,是我国重要的________农业区。
2. 主要农作物:粮食作物有________、玉米、谷子等;经济作物有________、棉花、大豆等。

二、东北三省

(一)山环水绕 沃野千里

1. 地形:以______和______为主,山环水绕、沃野千里。
2. 气候:典型气候特征是冷湿,以________为主。

(二)从"北大荒"到"北大仓"

1. 地位:东北地区是我国重要的商品粮基地。
2. 农业发展优势条件:地势平坦,土壤肥沃,适宜大规模机械化耕作;气候雨热同期,有利于农作物生长;地广人稀,耕地面积广阔,粮食商品率高。
3. 制约因素:纬度高、________不足。
4. 主要农作物:盛产(春)小麦、水稻、大豆、玉米、甜菜等。

(三)我国最大的重工业基地

1. 地位:我国最大的重工业基地。
2. 发展工业的优势条件:煤、铁、石油等资源丰富,交通便利,国家政策支持等。
3. 问题:资源枯竭、产业结构________、环境污染等。
4. 措施:振兴东北老工业基地。调整产业结构,积极发展第三产业和高新技术产业,从工矿城市向综合性城市转变;加快技术改造,提高资源开采、加工水平,减少资源和能源浪费等。

三、黄土高原

(一)文明的摇篮

1. 地表景观:________、支离破碎。
2. 民俗风情:黄土高原的传统民居—________;陕北民歌信天游;安塞腰鼓。

(二)严重的水土流失

1. 水土流失的原因:黄土土质________,易遭受侵蚀;降水集中在夏季,且多________;植被________,地表裸露,冲刷严重;人口增长快,乱砍滥伐、过度放牧、过度开垦等导致生态环境恶化;修路、采矿等活动破坏地表植被。
2. 治理措施:陡坡________,缓坡建梯田、坡底修挡土坝等工程措施相结合,治理水土流失。

四、祖国的首都——北京

(一)政治文化中心

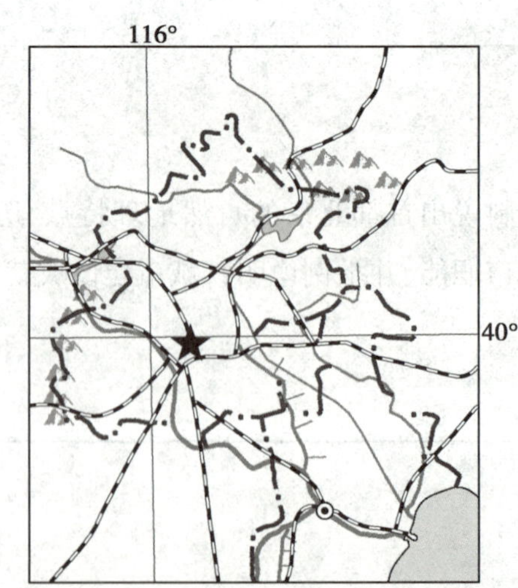

在图中描出116°E经线、40°N纬线,并在合适位置填注渤海、天津市、河北省、燕山、西山。

1. 自然地理特征

地理位置	经纬度位置	大致位于____、____
	海陆位置	西面、北面背靠群山，面向____
地形	以________为主	
地势	由____向____倾斜	
气候	____气候：夏季高温多雨，冬季寒冷干燥	
河流	主要有永定河、潮白河、温榆河和人工运河——____运河	

2. 城市职能：全国________中心、________中心、________中心。

(二)历史悠久的古城

1. 悠久的历史：著名________和________名城，拥有3 000多年的建城史和800多年的建都史。

2. 名胜古迹：长城、______、周口店北京猿人遗址、______、天坛、明十三陵等。

3. 北京的旅游名胜

北京故宫

颐和园

前门大街

南锣鼓巷

4. 旧城城市布局：分________和________，其格局形成于元、明两代，旧城呈现独特的"________"字形轮廓。

(三)现代化的大都市

1. 城市发展成就

(1)城市规模不断扩大，在城市中心区外围形成一批________。

(2)重点功能区：________、________、金融街、王府井商业街。

2. 现代化的立体交通

(1)市区形成了________的快速道路网。

(2)全国最大的________交通枢纽和国际航空港。

3. 城市发展与保护

(1)保护：在城市建设中，重视________文化建筑的保护和________的改善。

(2)发展目标：国家首都、________、文化名城、________。

练基础

考点1　北方地区的自然特征与农业

"三月无雨旱风起，麦苗不秀多黄死"是唐代诗人白居易在《杜陵叟》中对华北地区常见自然灾害的描述。读济南市气候统计图，完成1～3题。

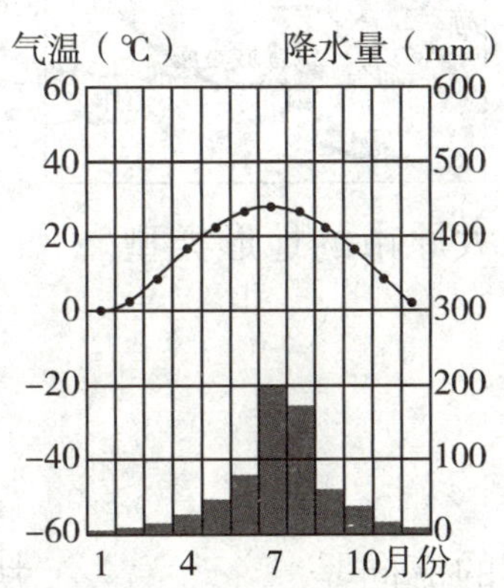

1. 诗中描述的华北地区的自然灾害是(　　)

A. 春旱　　B. 夏涝

C. 台风　　D. 地震

2. 华北地区这种自然灾害产生的主要原因是(　　)

A. 春季气温回升快，降水少，蒸发旺盛

B. 夏季气温高，降水多，排水不畅

C. 沿海降水多，风力强劲

D. 位于板块交界处，地壳活跃

3. 华北地区应对这种自然灾害的主要对策有（　　）

①修建水库　②修建水电站　③发展节水农业　④发展河谷农业

A. ①②　　B. ②④　　C. ①③　　D. ③④

4. 山西是中华民族发祥地之一。阅读图文材料，完成下列问题。

材料一　山西自古就有“表里山河”的雅称，即山西省里里外外都是大山大河，地形险要而复杂。下图为山西省地形示意图。

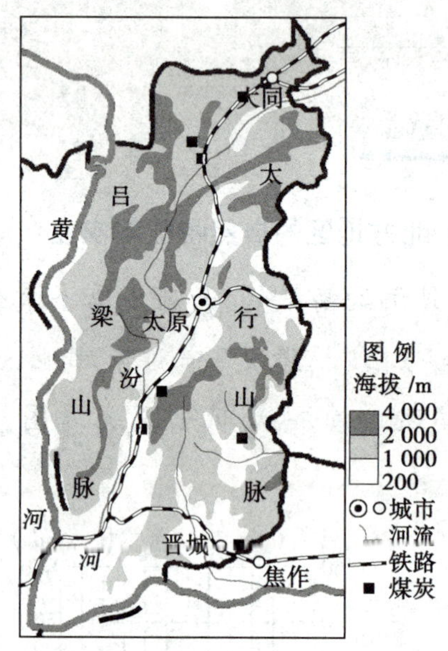

(1)说出太原市的地形类型。

(2)汾河的流向是__________，判断依据是__________。

材料二　山西省是我国著名的煤炭能源基地，近年来该省努力调整能源结构，加速发展新能源。山西省大同市建有全球首个“熊猫光伏电站”。光伏发电是利用太阳能电池板将太阳能直接转变为电能的一种技术。下面左图为大同市熊猫光伏电站景观图，右图为大同市气候统计图。

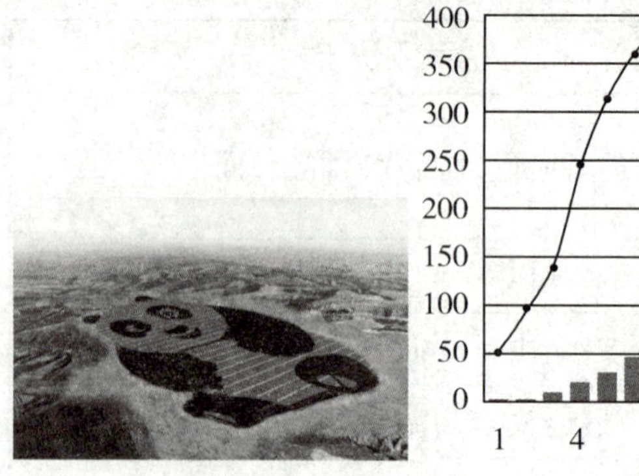

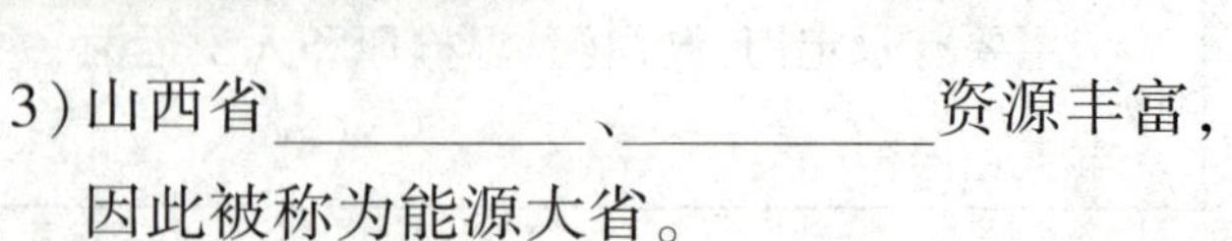

(3)山西省__________、__________资源丰富，因此被称为能源大省。

(4)分析大同市发展光伏发电产业的优势条件。

材料三　山西省吕梁市杏花村汾酒享誉千载而盛名不衰。杏花村汾酒选用本地“一把抓高粱”为主要原料，加以优质泉水、大麦、豌豆，在一定的生态条件下发酵酿制。名酒产地必有佳泉，杏花村优质泉水给汾酒以无穷的活力。高粱属一年生草本作物，喜温，喜光，生长期充足的光照对高粱的生长发育具有主导作用。下图为吕梁市气候统计图。

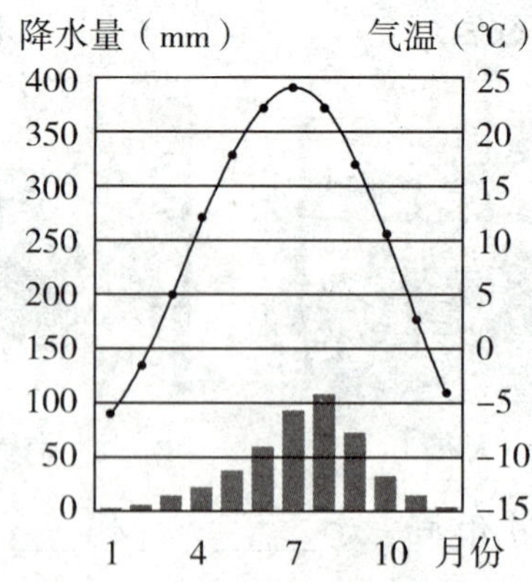

(5)分析山西杏花村发展酿酒业的有利条件。

考点2 比较区域内的主要地理差异

读东北三省年平均气温和降水量分布图，比较沈阳和齐齐哈尔的气候差异，并分析导致两地气候差异的主要原因。

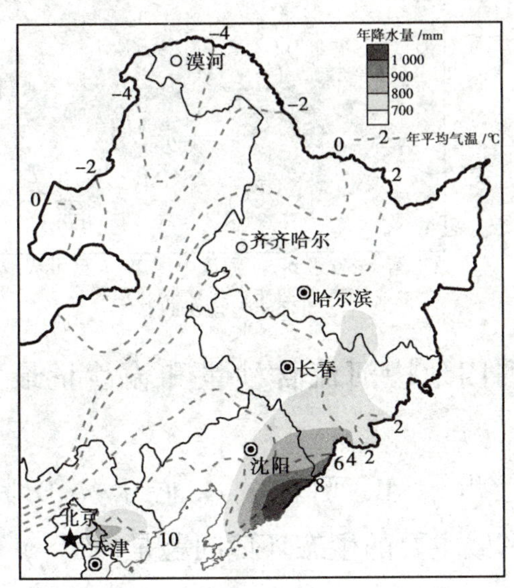

考点3 东北三省的产业结构与产业布局

辽中南工业基地是我国最大的重工业基地。20世纪90年代，该地区出现经济发展滞后现象，针对这一现象，辽宁省政府开发建设长兴岛临港工业区，吸引东北腹地传统工业走向沿海地区，实现老工业基地的振兴。读辽宁省局部矿产资源与工业分布图，完成1~3题。

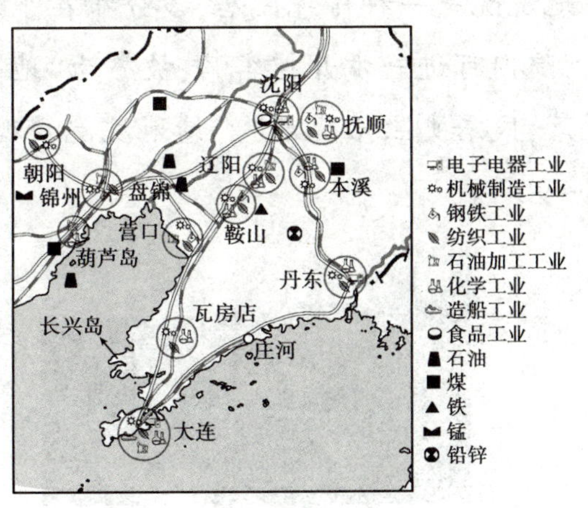

1. 辽中南工业基地发展重工业依托的优势是(　　)

A. 充足的劳动力　　B. 便利的交通

C. 广阔的市场　　D. 丰富的矿产资源

2. 该地区出现经济发展滞后现象的主要原因是(　　)

A. 交通落后　　B. 资源枯竭

C. 用地紧张　　D. 人口增长快

3. 与辽中南传统工业区相比，长兴岛临港工业区发展的优势是(　　)

A. 靠近原料产地　　B. 劳动力充足

C. 港口条件优越　　D. 铁路交通便利

4. 东北地区是新中国工业的摇篮和我国重要的工业基地，20世纪90年代，由于资源枯竭、设备老化、产业结构单一，东北工业基地出现经济发展滞后的现象，针对这一现象，国家明确提出振兴东北老工业基地的战略。下图是我国东北局部地区主要矿产资源和工业分布图。阅读图文材料，完成下列问题。

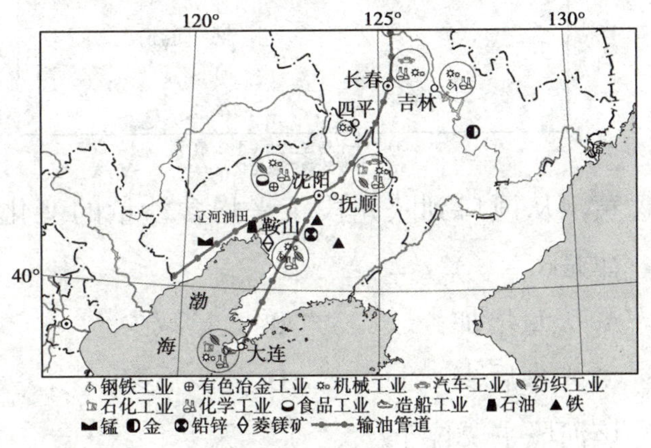

(1)鞍山的工业结构特点是________、________。

(2)说出鞍山发展钢铁工业的有利条件。

(3)目前鞍山在经济发展中出现的问题有哪些？针对这些问题至少提出一条解决措施。

考点4 黄土高原自然灾害与环境问题

读我国黄河部分河段含沙量变化示意图，回答1～3题。

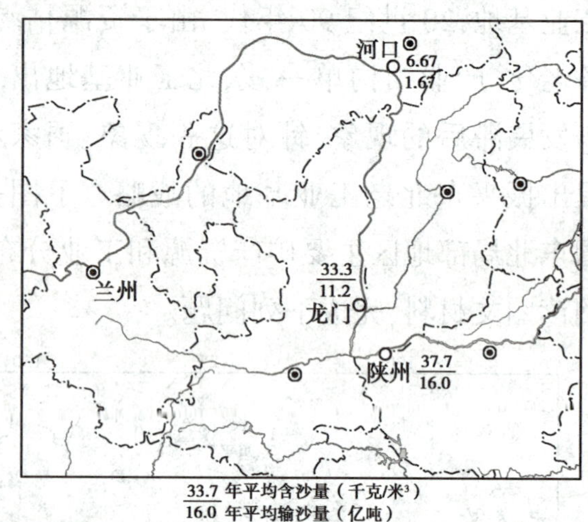

1. 黄河从河口到陕州段年平均含沙量的变化规律是(　　)

A. 大量增加　　B. 大量减少

C. 先多后少　　D. 先少后多

2. 该河段主要位于(　　)

A. 青藏高原　　B. 云贵高原

C. 黄土高原　　D. 内蒙古高原

3. 黄河含沙量的这种变化反映出该地最突出的环境问题是(　　)

A. 水土流失

B. 土地荒漠化

C. 土地盐碱化

D. 湿地减少

下图中阴影区域为黄土高原。读图回答4～6题。

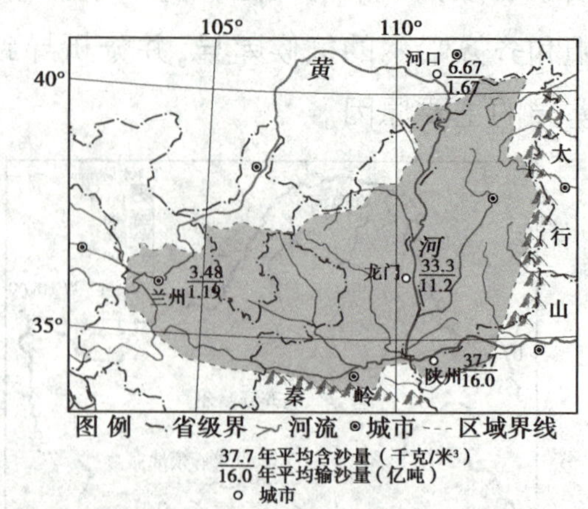

4. 下列四地中河流含沙量和输沙量最大的是(　　)

A. 兰州　　B. 河口　　C. 龙门　　D. 陕州

5. 该区域主要的生态环境问题是(　　)

A. 土地荒漠化　　B. 水土流失

C. 资源枯竭　　D. 草场退化

6. 治理该区域生态环境问题的有效措施有(　　)

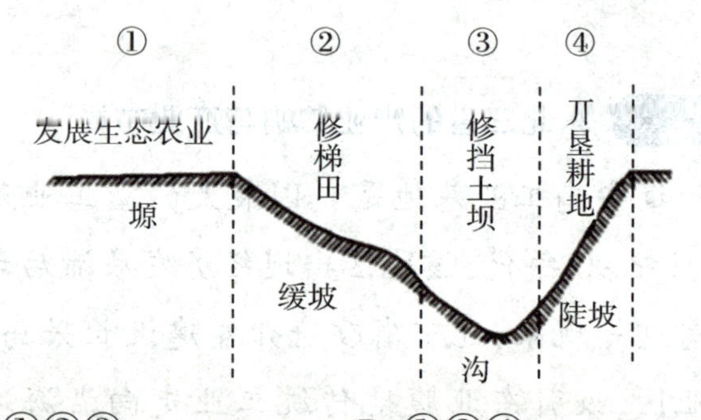

A. ①②③　　B. ①③④

C. ①②④　　D. ②③④

地坑院是一种传统民居，多分布在平坦的塬面上，院内可进一步开挖窑洞，被誉为"地平线下古村落，民居史上活化石"。读地坑院景观图，完成7～9题。

7. 地坑院反映出当地的气候(　　)

A. 冬暖夏凉,降水多

B. 冬冷夏热,降水少

C. 终年炎热干燥

D. 终年炎热多雨

8. 地坑院所在地区最易出现的生态环境问题是(　　)

A. 土地荒漠化

B. 生物多样性锐减

C. 湿地面积减小

D. 水土流失

9. 20 世纪 90 年代中期,地坑院开始逐渐被填埋,其原因最不可能是(　　)

A. 地坑院窑洞采光通风较差

B. 生活条件改善,居民逐渐搬迁

C. 地坑院窑洞冬暖夏凉

D. 缓解当地耕地紧缺局面

考点 5　北京的历史文化传统和城市职能

北京将继续加强作为首都的全国政治中心、文化中心、国际交往中心和科技创新中心"四个中心"城市功能建设,疏解非首都功能。结合所学知识,完成1 ~2 题。

1. 2019 年,中关村示范区首发百余项新技术新产品,体现了北京城市职能中的(　　)

A. 政治中心　　B. 科技创新中心

C. 国际交往中心　　D. 文化中心

2. 下列做法有利于北京疏解非首都功能的是(　　)

A. 继续保留一般性制造业

B. 主城区建立区域性物流基地

C. 部分教育医疗资源向周边扩散

D. 减缓城际铁路建设

京津冀协同发展是国家的重大战略,设立雄安新区是深入推进京津冀协同发展的一项重大决策部署。读京津冀协同发展规划图,完成3 ~5 题。

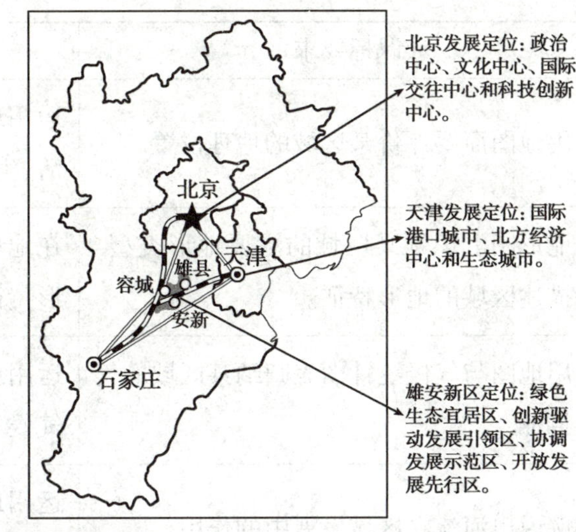

3. 雄安新区位于(　　)

A. 天津市　　B. 山东省

C. 河北省　　D. 北京市

4. 根据城市发展的定位,最适合在北京发展的工业部门是(　　)

A. 人工智能　　B. 造船工业

C. 石油化工　　D. 钢铁工业

5. 实现京津冀1.5小时通勤圈主要借助于(　　)

A. 平坦的地形

B. 发达的交通

C. 相似的生活习惯

D. 众多的劳动力

请完成"夯实基础过中考"P70

第七单元　南方地区

课标导航及中考目标

课标要求	中考目标
运用地图简要评价某区域的地理位置。	运用地图说出某区域的纬度位置和海陆位置,并简单评价其对生活、生产、交通等的影响。
在地形图上识别某区域的主要地形类型,并描述区域的地形特征。	在地形图上判别某区域的主要地形类型及其分布,归纳区域的地形特征。
运用地图与气候统计图表归纳某区域的气候特征。	运用地图与气候统计图表归纳某区域的气温和降水的特点,判断气候类型。
举例说出河流在区域发展中的作用。	运用地图和其他资料,说出河流在某区域经济发展过程中所起的作用。
以某区域为例,说明区域发展对生活方式和生活质量的影响。	运用地图和其他资料举例说明区域经济的发展对当地人民生活方式和生活质量的积极影响。
举例说明祖国内地与香港、澳门经济发展的相互促进作用。	运用地图和相关资料说出港澳与祖国内地优势互补的合作关系,以及不同阶段合作方式变化的原因。 举例说明港澳与祖国内地合作关系对祖国内地和港澳经济发展的促进作用。
认识台湾省自古以来一直是祖国不可分割的神圣领土;在地图上指出台湾省的位置和范围,分析其自然地理环境和经济发展特色。	运用地图说出台湾省的位置、范围,明确台湾是我国不可分割的神圣领土。 读图说出台湾岛的地形特征及主要地形区的分布,分析河流的特征。 了解台湾岛的主要气候类型以及丰富的自然资源,能初步说明自然条件与物产、资源之间的因果关系。 了解台湾的经济发展特色,理解外向型经济对台湾经济发展的影响。

学基础

一、自然特征与农业

(一)气候湿热的红土地

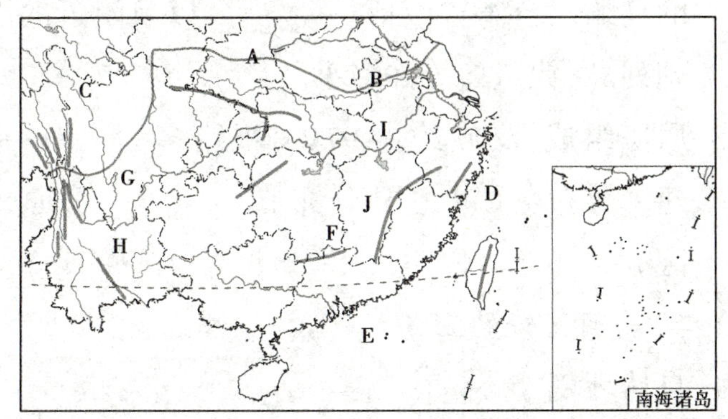

1. 在上图中描出南方地区与北方地区以及青藏地区的分界线。南方地区位于A ________—B ________以南、C ________以东,东面和南面分别濒临黄海、D ________和E ________。
2. 在图中标注南方地区的四大地形区:四川盆地、云贵高原、长江中下游平原和东南丘陵。南方地区地形________,东西差异明显。
3. 气候:属于____________________气候,其特点是夏季高温多雨,冬季温和湿润。
4. 植被、土壤:水热充足,植被以____________________为主,土壤多为红壤。

(二)重要的水田农业区

1. 发展农业的有利条件
   (1)气候________,水热条件优越。
   (2)平原地区,地势低平,河湖密布,灌溉条件良好。
2. 主要农作物
   (1)主要种植________,也种植小麦、棉花、油菜等。
   (2)盛产________、竹、________、天然橡胶,以及________、香蕉、菠萝等热带、亚热带水果。

二、长江三角洲地区

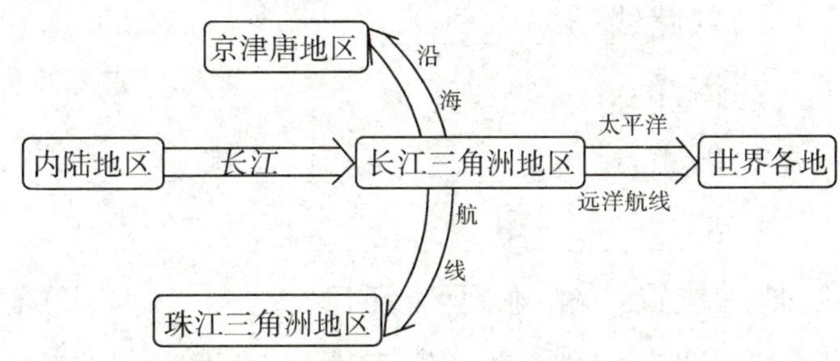

1. 位置:位于长江的______地区,濒临黄海和东海,地处江海交汇之地。
2. 地形:以________为主,地势低平。
3. 气候:主要是______气候,夏季高温多雨,冬季温和湿润。
4. 农业:地形平坦、________同期、河网密布、农业耕作条件优越,是我国著名的“鱼米之乡”。
5. 长江三角洲城市群是我国城市分布最密集、经济发展水平最高的地区,是我国最大的城市群,________是其核心城市。
6. 长江对长江三角洲地区发展的影响
   (1)有利影响
   ①为长江三角洲地区提供灌溉水源,有利于农业发展;
   ②为长江三角洲地区提供便利的水路交通,有利于其对外联系;
   ③为长江三角洲地区提供生产生活用水及水产品等。
   (2)不利影响:丰水期容易发生洪涝灾害,危害生产和居民生命、财产安全。

三、香港和澳门

(一)地理概况

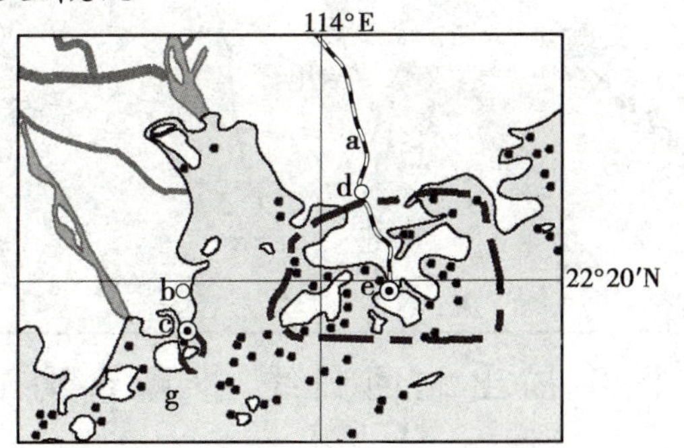

1. 写出下列地理事物的名称。

(1)铁路线:a. ________

(2)海洋:g. ________

(3)城市:b. ________ c. ________

d. ________ e. ________

2. 地理位置:香港位于珠江口________,与广东省深圳市相邻;澳门位于珠江口西侧,与广东省珠海市相邻。

3. 气候:属于________气候。

4. 人地关系:地狭人________,解决方式是“上天”——建设高层建筑、“下海”——填海造地。

(二)港澳与祖国内地的联系

1. 经济特征:香港是________港,国际金融中心、贸易中心、信息服务中心及航运中心;澳门的博彩旅游业发达,是其经济发展的支柱产业。

2. 港澳与祖国内地的经济联系

(1)港澳优势:资金、______、人才和管理经验。

(2)祖国内地的优势:资源、劳动力、厂房等。

3. 港澳地区和祖国内地的合作模式

(1)改革开放初期:“前店后厂”,“前店”指港澳地区,“后厂”指________。

(2)目前:先进制造业+现代化服务业。

四、台湾省

(一)不可分割的神圣领土

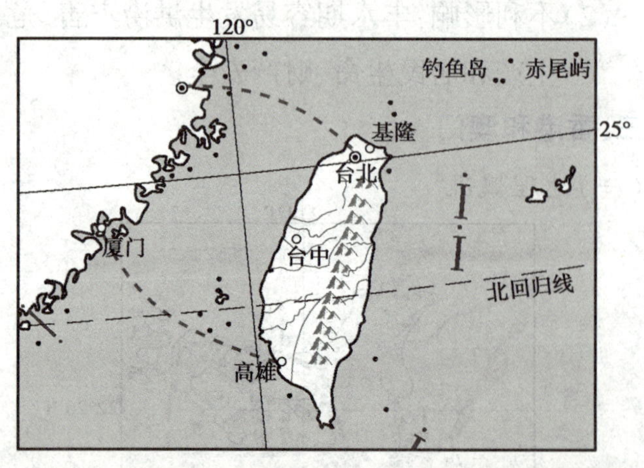

1. 在图中描出北回归线,推断台湾岛位于________带和________带。

2. 在图中圈画出我国的钓鱼岛和澎湖列岛。填出台湾岛周围的海洋、海峡。台湾岛北临________,东临________,南临________,西隔________与________省相望,是我国面积最大的岛屿。台湾省包括________,以及附近的澎湖列岛、钓鱼岛等许多小岛。

3. 居民组成:汉族约占97%,祖籍多为广东、福建。分布:人口主要分布在________平原地区。

(二)美丽富饶的宝岛

1. 自然环境

(1)地形:以________为主,平原主要分布在________沿海地区。

(2)气候:以________、________气候为主;冬季________、夏季________、雨量充沛,夏秋多________和暴雨。

(3)河流:短急,________丰富,最大的河流是浊水溪。

2. 资源及物产

(1)资源:森林、________产和水产资源十分丰富,被誉为“________”;岛上森林面积广阔,有“____________”的美誉。

(2)物产丰富

	分布	主要产品
种植业	西部平原	稻米、甘蔗、茶叶和热带、亚热带水果
林业	中东部山地	樟树、______(特有树种)

(三)外向型经济

1. 经济发展历程

(1)20世纪50年代:以农业和______为主。

(2)20世纪60~90年代:重点发展出口加工工业,形成了“________”型的经济。

(3)20世纪90年代以来:重点发展以电子工业为主导的______产业。

2. 经济命脉：出口贸易，最大的贸易伙伴是________。

3. 经济发展的有利因素：大量受过________的劳动力；海岛多港口；吸收外国资本；大力建设________区。

练基础

考点 1　南方地区的自然特征与农业

插秧指将水稻秧苗栽插于水田中，或指把水稻秧苗从秧田移植到稻田里。读我国某地插秧图，回答1～2题。

1. 该农业活动常见于我国（　　）

A. 北方地区　　B. 南方地区

C. 西北地区　　D. 青藏地区

2. 该地区的气候特征是（　　）

A. 终年炎热干燥

B. 夏季高温多雨，冬季温和少雨

C. 终年寒冷干燥

D. 夏季高温多雨，夏季寒冷干燥

贵州省是一个多桥的省份，读贵州省地形图，回答3～5题。

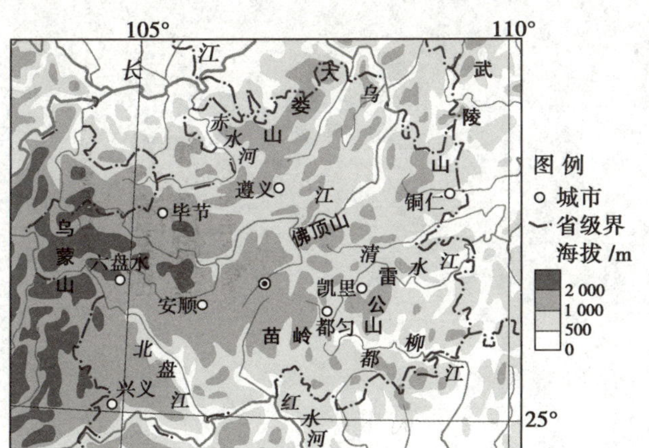

3. 该省的地形特征主要是（　　）

A. 雪山连绵　　B. 地表崎岖

C. 河湖密布　　D. 地势低平

4. 贵州省多桥的主要自然原因是（　　）

A. 天无三日晴

B. 地无三里平

C. 人无三分银

D. 旅游景点多

5. 贵州的气候、地形特点决定了该省（　　）

A. 耕地丰富　　B. 草原广阔

C. 水能丰富　　D. 水网密布

6. 研学旅游已成为人们的一种学习方式。下图为玲玲设计的研学旅游路线图。读图，完成下列问题。

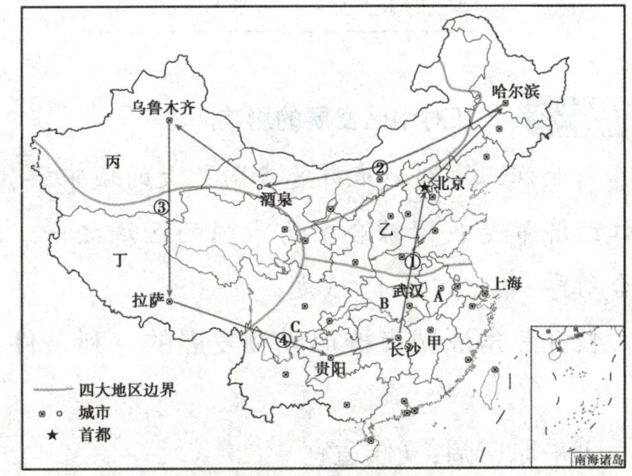

（1）①②③④四段研学路线中，最能体现降水、植被等地理事物从沿海向内陆变化规律的是________（填数码）。

（2）对长江A、B、C三个河段的研学考察中，得知水能资源丰富的是________河段。（填字母）

（3）长江经济带不同地区的发展条件不同。与上海相比，重庆的优势条件是________。（选填“资源条件”“产业基础”“科技创新”）

（4）考察期间，下列描述与各考察区域地理特征对应正确的是（　　）

A. 武汉—黄梅时节家家雨,青草池塘处处蛙

B. 哈尔滨—千里冰封,万里雪飘

C. 酒泉—接天莲叶无穷碧,映日荷花别样红

D. 贵州—登高瞭望一片沙,大风一起不见家

(5) 玲玲和贝贝两位同学围绕甲、乙两地的主要环境问题发表了各自的观点。你支持________的观点。

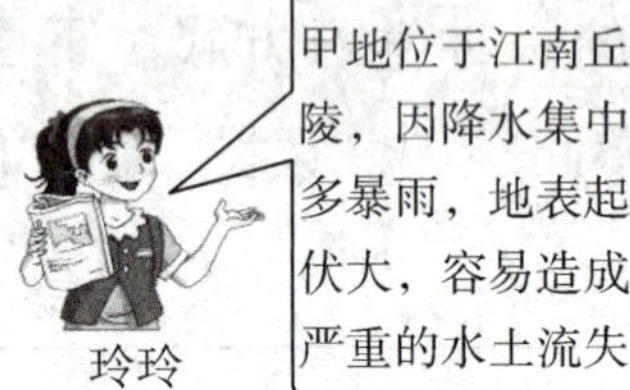

考点 2 长江对地区发展的影响

长江三角洲城市群是我国最大的城市群,长江经济带是我国综合实力最强的区域之一。结合所学知识,回答 1 ~ 3 题。

1. 长江三角洲城市群形成和发展的有利条件有( )
   ①平原广阔,气候适宜
   ②经济发展快,科技力量雄厚
   ③矿产资源丰富,乡镇企业发展快
   ④国家政策支持及上海的辐射带动作用
   A. ①②③ B. ①③④
   C. ②③④ D. ①②④

2. 长江三角洲地区城市数量多,不同城市之间人们的联系日益密切,形成"同城效应"的最主要条件是( )
   A. 经济的快速发展
   B. 发达的高速铁路和高速公路
   C. 人们生活方式的不断改变
   D. 城市规模的不断扩大

3. 长江经济带发展的区位优势是( )
   ①淡水资源、矿产资源丰富
   ②长江下游水电站众多
   ③城市密集,人口众多,市场广阔
   ④西电东送只保障上海市用电,能源供应充足
   A. ①② B. ①③
   C. ②④ D. ③④

4. 读长江流域局部图,回答下列问题。

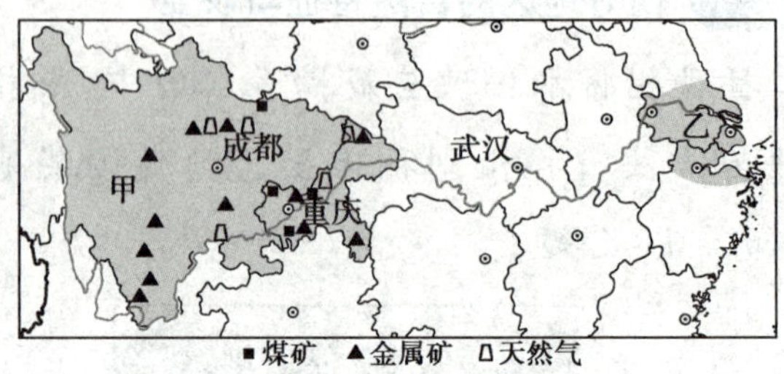

(1) 比较甲、乙两大经济区的异同点。

(2) 分别说出甲、乙两大经济区发展工业的有利条件。

考点3 祖国内地与香港、澳门的经济联系

港珠澳大桥是连接香港、珠海、澳门的大型跨海通道,读港珠澳大桥线路示意图,回答1~2题。

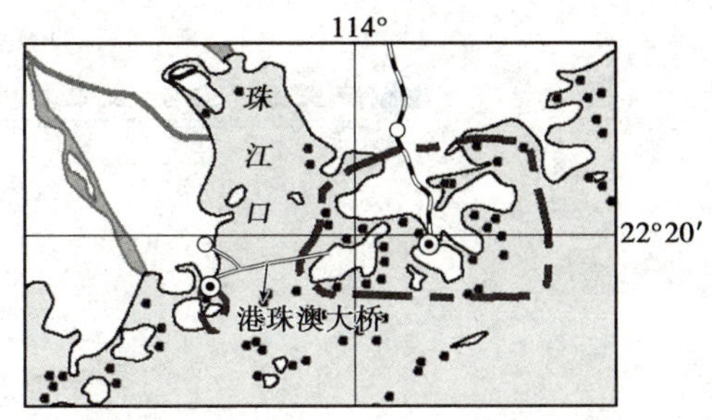

1. 港珠澳大桥是世界上最长的跨海大桥,这里的"海"指的是(　　)

A. 渤海　　B. 黄海

C. 东海　　D. 南海

2. 港珠澳大桥的建成(　　)

A. 便于香港为内地提供原料和燃料

B. 便于内地为香港提供技术和管理经验

C. 加速三地社会经济一体化

D. 加剧三地居民的交通压力

3. 澳门陆地面积不断扩大的主要方式是(　　)

A. 填海造陆　　B. 建造高楼

C. 毁林开荒　　D. 减少绿地

考点4 台湾的自然环境和经济发展

读台湾岛年平均气温分布图,回答1~3题。

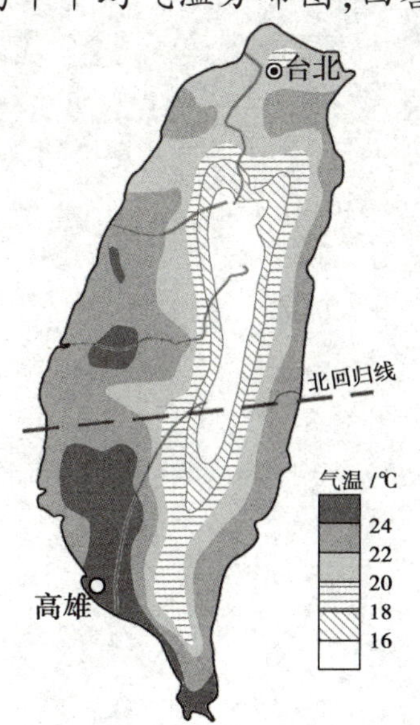

1. 台湾岛沿海大部分地区年均温为(　　)

A. 22~24 ℃　　B. 20~22 ℃

C. 18~20 ℃　　D. 16~18 ℃

2. 台湾岛年均温最低的区域是(　　)

A. 东部地区　　B. 南部地区

C. 北部地区　　D. 中部地区

3. 与台北相比,高雄气温较高,其主要原因是高雄(　　)

A. 纬度低　　B. 距海近

C. 海拔低　　D. 人口多

读台湾岛主要农矿产品分布图,回答4~6题。

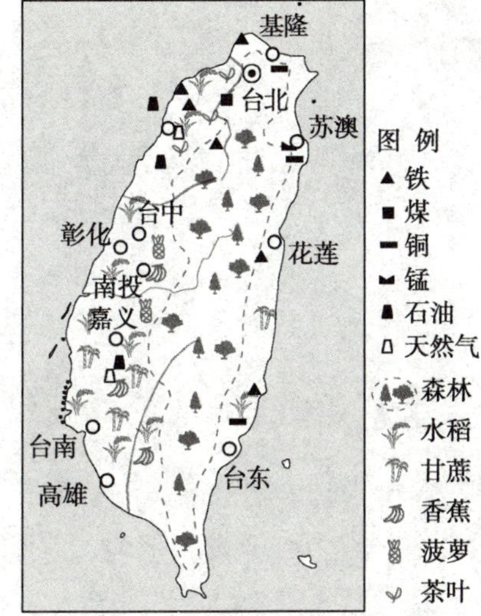

4. 台湾岛物产丰富的主要原因包括(　　)

A. 水热充足　　B. 地形单一

C. 四面环海　　D. 人口稠密

5. 台湾岛的水稻集中分布在(　　)

A. 东部沿海　　B. 中部山区

C. 西部平原　　D. 南部高原

6. 影响台湾岛水稻分布的自然条件不包括(　　)

A. 水热条件好

B. 土壤肥沃

C. 地形平坦

D. 昼夜温差大

7. 读台湾岛地形示意图和台湾岛森林、铁路分布图,回答下列问题。

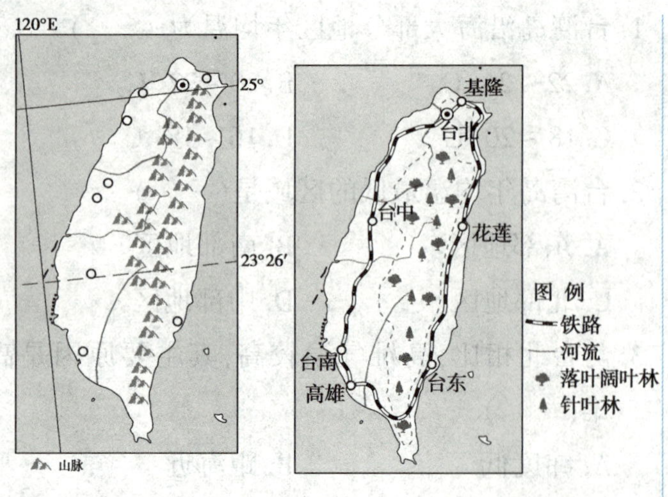

(1)台湾岛铁路环岛分布的主要原因是______________________________。

(2)台湾岛森林主要分布在________,这里森林资源丰富的原因是______________。

请完成“夯实基础过中考”P77

第八单元　西北地区和青藏地区

课标导航及中考目标

课标要求	中考目标
运用地图简要评价某区域的地理位置。	运用地图说出某区域的纬度位置和海陆位置,并简单评价其对生活、生产、交通等的影响。
在地形图上识别某区域的主要地形类型,并描述区域的地形特征。	在地形图上判别某区域的主要地形类型及其分布,归纳区域的地形特征。
运用地图与气候统计图表归纳某区域的气候特征。	运用地图与气候统计图表归纳某区域的气温和降水特点,判断气候类型。
运用地图和其他资料归纳某区域人口、城市的分布特点。	运用地图和其他资料归纳某区域人口、城市的分布特点,并分析原因。
运用资料比较区域内的主要地理差异。	运用资料比较区域内的自然地理和人文地理差异。
举例说出区际联系对区域经济发展的意义。	运用图文资料举例说出我国不同区域之间优势互补及其对区域经济发展的意义。
以某区域为例,说明我国西部开发的地理条件以及保护生态环境的重要性。	以我国西部某区域为例,说出该地区资源开发利用的成功经验,并分析在开发过程中保护生态环境的重要性。

学基础

一、西北地区

(一)自然特征与农业

1. 草原和荒漠

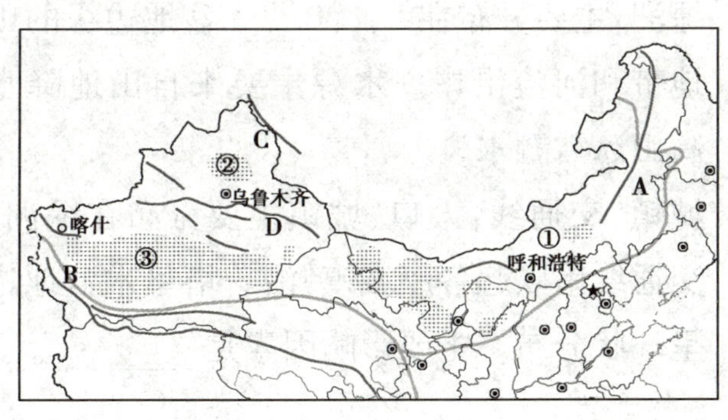

(1)在图中描出大兴安岭、阿尔金山、昆仑山和阿尔泰山。填出内蒙古高原、塔里木盆地和准噶尔盆地。西北地区主要位于我国地势的第________级阶梯,大体位于A ________以西、长城和B ________—________以北;主要包括新疆、________和宁夏及甘肃的北部。

(2)地形

东部	西部(自北向南)
主要是①______高原	C______山、②______盆地、D______山、③______盆地、昆仑山
以______和______为主	

(3)气候

气候成因	深居内陆,距海遥远,山岭重重阻隔,______难以到达
气候类型	______气候
气候特点	冬冷夏热,全年降水较______,是我国干旱面积最广的地区

(4)河流:河流稀少,多为______性河流,是我国______河的主要分布区。

(5)植被景观

东部高原	荒漠草原	西部盆地
以____为主		大面积的______

2. 牧区

(1)贺兰山东、西两侧牧场的差异

地区	贺兰山以东	贺兰山以西
牧区	______牧区	以______牧区为主
降水状况	______	稀少
地表状况	水资源比较丰富,分布有______、锡林郭勒草原	多______
草场类型	温带草场	高山草场
优良畜种	______、三河牛	新疆______

(2)民居:______是牧区的传统民居,便于拆卸、搬运和安装,适合游牧生活。

3. 灌溉农业区

(1)在图中描出黄河、塔里木河;在图中用横线绘出祁连山和天山大致位置。

(2)填注河套平原、宁夏平原和河西走廊。这些地区发展种植业的有利条件:夏季气温______,光照______,昼夜温差______;不利条件是气候______,降水较少。

(3)主要种植业区

省区	灌溉农业区	灌溉水源	美称
甘肃	______	______、地下水	粮棉瓜果之乡
新疆	高山山麓		
宁夏	宁夏平原	黄河水	______
内蒙古	______		

(4)特色农产品:特色瓜果,如葡萄、哈密瓜等;______棉等。

(5)古老引水工程——______。

(二)塔里木盆地

1. 位置:塔里木盆地位于我国新疆南部,______山脉和昆仑山脉之间,是我国面积最大的盆地。

2. 气候:属于温带大陆性气候,气候______,降水稀少,成为我国极端干旱的地区。

3. 绿洲:主要分布在______盆地边缘的山麓地带和河流沿岸。水源主要来自山地降水和高山冰雪融水。

4. 城镇、交通线:人口、城镇主要分布在绿洲上,交通线串联起各座城镇,沿着塔里木盆地边缘呈环状分布。主要影响因素是______。

5. 资源的开发

(1)______资源丰富,天然气储量占全国陆上储量的1/4左右。

(2)西气东输工程

①原因:我国能源资源生产和消费的______大;我国能源消费结构的调整。

②线路:一线工程西起新疆塔里木盆地的轮南油气田,东至上海;二线工程主干线于新疆霍尔果斯口岸将从中亚进口的天然气向南运至广州。

③对西部区域发展的意义:有利于发挥西部的能源优势;增加财政收入和就业机会;促进西部地区基础设施建设;带动西部地区经济发展。

④对东部区域发展的意义:缓解东部地区能源短缺的状况;优化东部地区的能源结构;改善东部地区环境质量等。

(3)环境保护:塔里木盆地生态环境脆弱,在开发油气资源的同时,需要注意生态环境的保护。

二、青藏地区

(一)世界屋脊

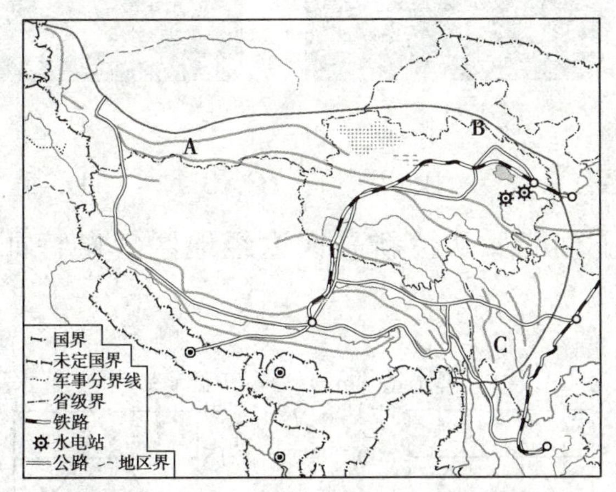

1. 青藏地区位于我国西南部,A______山脉—B______山脉以南,C______山脉以西,南至国界。主要包括西藏自治区、______省和四川省西部。

2. 以"高寒"为特征的自然环境

自然要素	自然环境
地势	地势高耸,平均海拔在______米以上,有"______"之称
地形	"远看是山,近看是川"
地表景观	雪山连绵,______广布
河流、湖泊	是许多大江大河的发源地;______星罗,沼泽连片
气候	独特的______气候,冬______夏______,年温差______,日温差______;由于海拔高,空气______,日照充足,太阳辐射______

3. 民族与服饰:主要是______族,传统服饰是______。

(二)高寒牧区和河谷农业区

1. 高寒牧区。在图中描绘西藏和青海的省区分界线。这里______、缺氧、气压低,主要的畜种有______、藏绵羊、藏山羊。

2. 河谷农业。在图中填注湟水谷地、雅鲁藏布江谷地。这里海拔较______、日照时间较长、气温较______、土质较肥沃,适宜______、小麦、豌豆的生长。

练基础

考点1 西北地区的自然特征和农业

读西北地区年降水量分布图,回答1~2题。

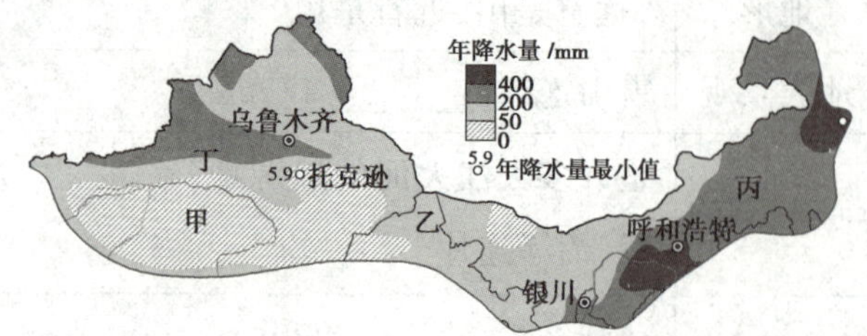

1. 甲、乙、丙三地自西向东降水量的变化规律是(　　)
   A. 越来越少　　B. 越来越多
   C. 基本不变　　D. 先增后减

2. 丁所在省区发展农业的不利条件是(　　)
   A. 热量不足　　B. 光照不足
   C. 昼夜温差小　　D. 水源不足

胡杨是生活在沙漠中的唯一乔木树种(下图),被人们誉为"沙漠守护神"。我国90%以上的胡杨生长在西北地区。胡杨有"生而一千年不死,死而一千年不倒,倒而一千年不朽"的说法。读图回答3~5题。

3. 胡杨主要分布在(　　)
   A. 青藏高原　　B. 云贵高原
   C. 塔里木盆地　　D. 四川盆地

4. 胡杨在沙漠地区最主要的作用是(　　)
   A. 美化环境　　B. 净化空气
   C. 防风固沙　　D. 增加经济收入

5. 造成胡杨"倒而一千年不朽"的气候环境是(　　)
   A. 高温　　B. 寒冷
   C. 湿润　　D. 干旱

读兰新高铁示意图,回答6~8题。

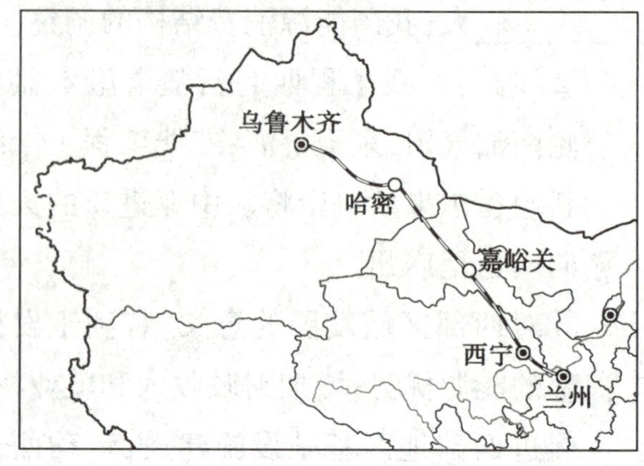

6. 兰新高铁沿途可以看到的典型景观是(　　)

①

②

③

④

A. ①　　B. ②　　C. ③　　D. ④

7. 下列能反映兰新高铁途经地区气候特征的是(　　)

①

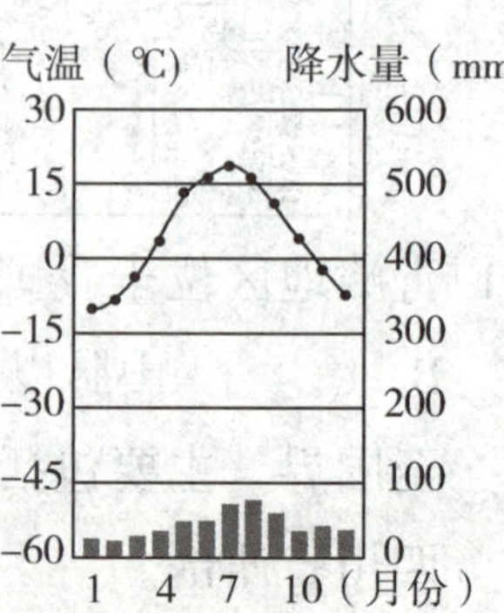

②

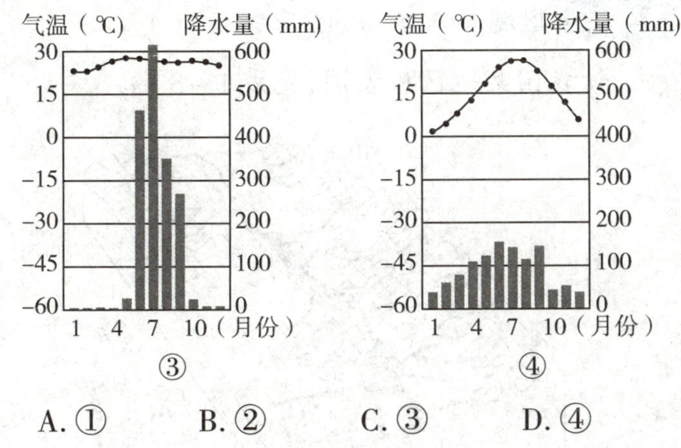

A. ①　　B. ②　　C. ③　　D. ④

8. 兰新高铁途经省区发展农业的有利条件是(　　)

A. 全年高温　　B. 昼夜温差大

C. 光照较弱　　D. 降水充沛

9. 和布克赛尔蒙古自治县位于新疆维吾尔自治区北部。"纳仁"也叫手抓羊肉面,是和布克赛尔人们招待客人最上等的食品。"纳仁"的珍贵是因为在和布克赛尔很难种植小麦。下图为和布克赛尔蒙古自治县气候图以及"纳仁"照片。结合图文材料,回答下列问题。

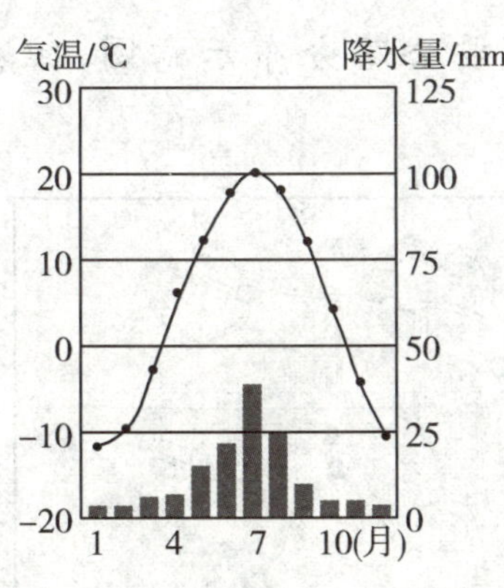

小麦生长习性:
·适宜的气温:生长期均温为16~22 ℃
·足够的水份:生长期(4个月左右)降水量为270~500 mm
·充足的光照

纳仁

(1)新疆的自然环境特征是______,适合发展______业(农业部门)。

(2)请结合和布克赛尔蒙古自治县气候特点及小麦的生长习性,分析该地区难以种植小麦的原因。

考点2 青藏地区的自然特征和农业

青稞是西藏自治区主要的农作物之一。图1为青稞景观图,图2为西藏自治区青稞分布图。据此完成1~3题。

图1

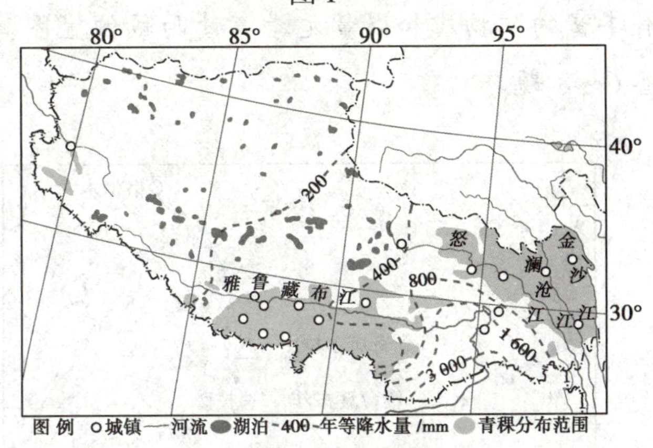

图2

1. 根据西藏自治区的自然环境特征,可以推测青稞的主要生长习性是(　　)

A. 喜高温　　B. 喜温凉

C. 耐洪涝　　D. 耐盐碱

2. 西藏自治区的农业属于(　　)

A. 水田农业　　B. 旱作农业

C. 灌溉农业　　D. 河谷农业

3. 该地区的青稞穗大粒饱,原因是(　　)

①日照时间长,有利于光合作用

②气温高,生长期短

③降水充沛,水源充足

④昼夜温差大,利于养分的积累

A. ①②　　B. ①③

C. ①④　　D. ②③

4. 青藏高原太阳能资源丰富的原因是(　　)

A. 纬度高,气温低

B. 海拔高,光照强

C. 距海近,降水多

D. 纬度低,气温高

5. 甘肃省敦煌莫高窟内精美绝伦的壁画世界闻名,壁画能够保存至今的主要自然原因是(　　)

A. 风沙较大　　B. 光照强烈

C. 气候干燥　　D. 河流众多

2004 年,西藏在海拔 5 100 米的念青唐古拉雪山建立了冰川矿泉水生产基地。该矿泉水含有丰富的矿物质和微量元素。读西藏位置图,回答 6 ~ 8 题。

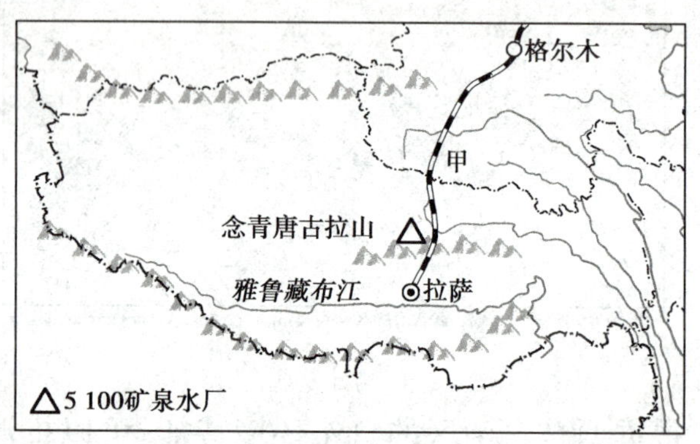

6. "5100"矿泉水厂建立的有利自然条件是(　　)

①无污染　②水质优　③土质好　④运输便捷

A. ①②　　B. ①③

C. ②③　　D. ②④

7. 甲铁路是(　　)

A. 宝成铁路　　B. 兰青铁路

C. 青藏铁路　　D. 陇海铁路

8. 在西藏修建甲铁路的主要障碍是(　　)

①高寒缺氧　②昼夜温差大　③冻土　④干旱缺水

A. ①②　　B. ②④

C. ①③　　D. ③④

考点 3 区域人口、城市的分布特点

读我国某地区模型图,完成 1 ~ 3 题。

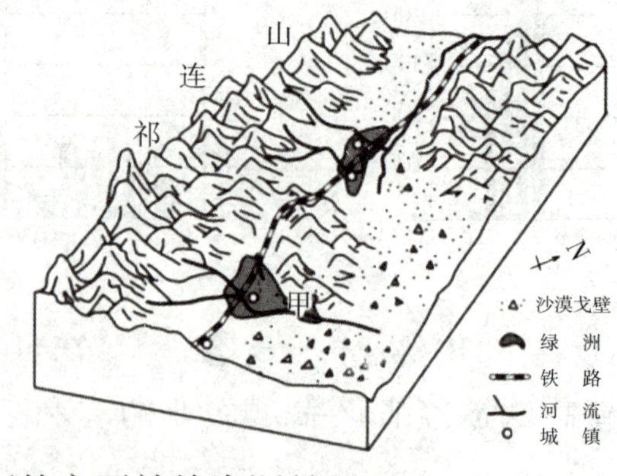

1. 甲河的主要补给水源是(　　)

A. 大气降水　　B. 冰雪融水

C. 地下水　　D. 湖泊水

2. 该区域突出的自然环境特征是(　　)

A. 干旱　　B. 高寒

C. 湿热　　D. 冷湿

3. 该区域铁路分布的决定因素是(　　)

A. 地形平坦　　B. 气候适宜

C. 资源丰富　　D. 人口、城镇分布

读塔里木盆地主要公路分布示意图,回答 4 ~ 5 题。

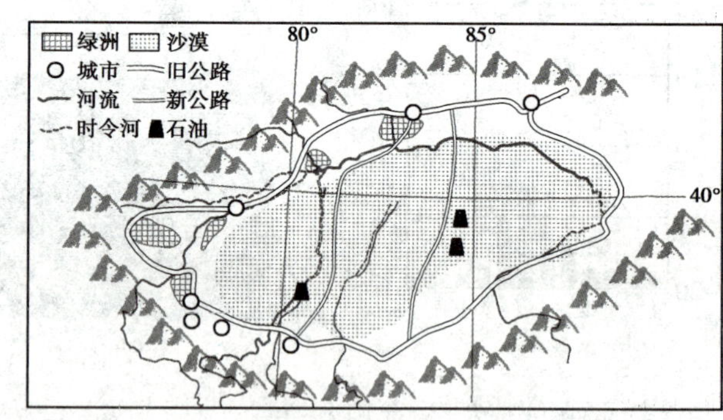

4. 塔里木盆地旧公路分布在(　　)

A. 盆地内部　　B. 盆地边缘

C. 河流沿岸　　D. 城市附近

5. 新公路修建的主要目的是(　　)

A. 便于居民出行

B. 带动旅游业的发展

C. 开发油气资源

D. 改善生态环境

读我国西藏自治区人口与主要城镇分布示意图(数值为各区域占自治区总人口的百分比)。回答6~8题。

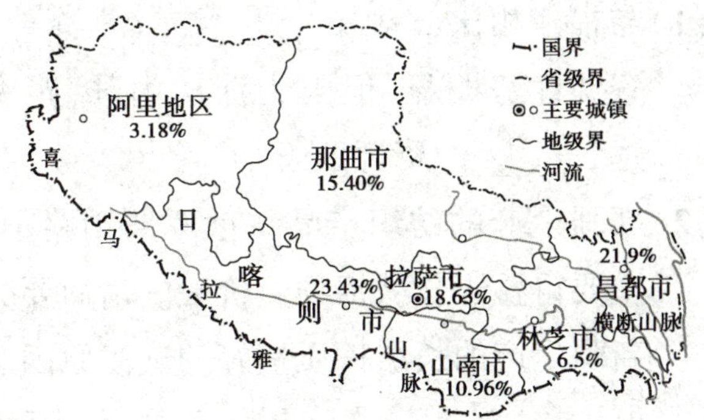

6. 西藏自治区人口数量最少的区域是(　　)
   A. 山南市　　B. 日喀则市
   C. 阿里地区　　D. 那曲市
7. 西藏自治区城镇集中分布在(　　)
   A. 绿洲　　B. 山麓地带
   C. 河谷地带　　D. 河口三角洲
8. 影响西藏自治区人口与城镇分布的主要因素是(　　)
   A. 气温　B. 降水　C. 光照　D. 交通

考点 4　西部地区的开发与保护

读我国西北五省区主要能源矿产分布示意图,回答1~3题。

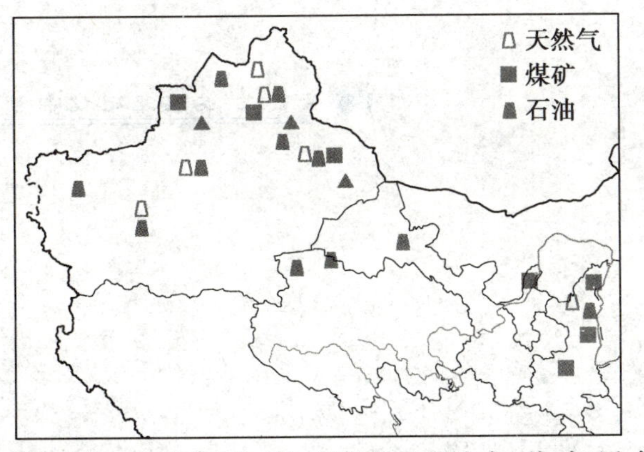

1. 我国西北五省区中煤、石油、天然气分布最集中的是(　　)
   A. 新　B. 甘　C. 青　D. 陕
2. 为了充分利用本区的能源,我国实施的大型工程是(　　)
   A. 南水北调　　B. 北煤南运
   C. 西气东输　　D. 西电东送
3. 西北地区能源开发过程中最有可能出现的环境问题是(　　)
   A. 植被破坏　　B. 湿地破坏
   C. 酸雨　　D. 水土流失

读塔里木盆地油气资源分布图,回答4~6题。

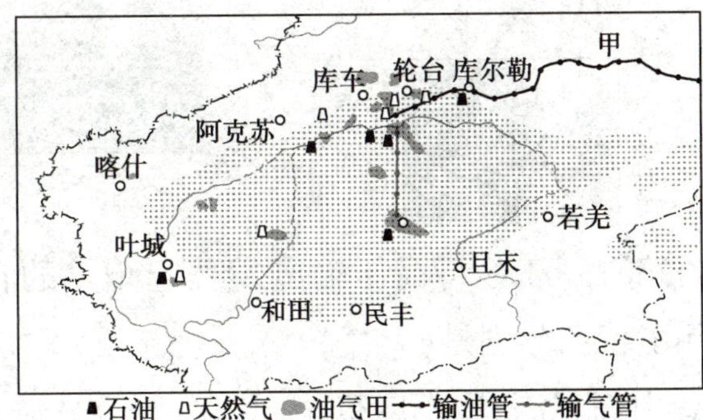

4. 该地区油气资源运输的主要方式是(　　)
   A. 铁路　　B. 管道
   C. 公路　　D. 水运
5. 甲线路的工程是(　　)
   A. 西电东送　　B. 西气东输
   C. 南水北调　　D. 青藏铁路
6. 该工程给东部地区带来的好处有(　　)
   A. 增加了就业机会
   B. 改善了大气环境
   C. 增加了财政收入
   D. 带动了相关行业的发展
7. 西气东输工程自2013年开始向香港特别行政区输送天然气。西气东输工程给香港带来的影响主要是(　　)
   A. 带动了当地的经济发展
   B. 增加就业机会
   C. 带动了资源的开发
   D. 缓解了能源供应紧张的局面

考点 5　区际联系对区域经济发展的意义

2022年7月,白鹤滩—江苏特高压输电工程竣工投产,该工程西起四川省布拖县,东至江苏

省常熟市,全长2 087千米,是我国实施西电东送战略的重点工程。读白鹤滩—江苏特高压输电工程线路示意图及起止点景观图,完成1~3题。

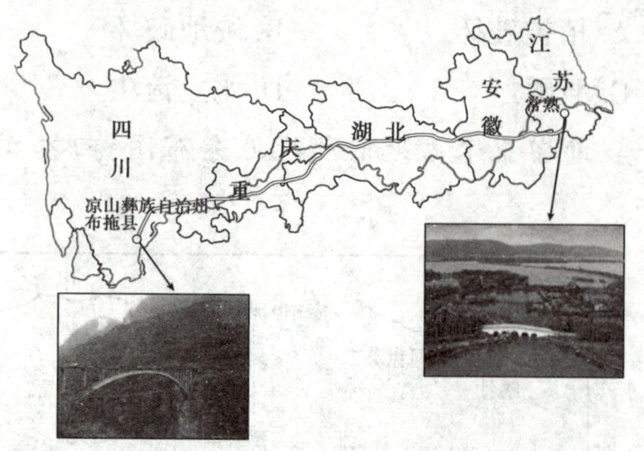

1. 白鹤滩—江苏特高压输电工程起止点的自然环境特征分别是(   )

A. 山高谷深、沙漠广布

B. 千沟万壑、沃野千里

C. 雪山连绵、千沟万壑

D. 山高谷深、河湖众多

2. 该工程的终点江苏省常熟市(   )

A. 经济发达,能源缺乏

B. 经济发达,能源丰富

C. 经济落后,能源缺乏

D. 经济落后,能源丰富

3. 该工程对江苏省产生的积极影响为(   )

A. 完善交通,促进基础设施建设

B. 优化能源结构,改善空气质量

C. 将资源优势转化为经济优势

D. 恢复自然生态,增加生物多样性

4. 结合所学新疆、福建的知识,完成下列问题。

(1)与福建相比,新疆的________(洁净能源)资源优势明显,但因为深居内陆,距海遥远,________资源缺乏。

(2)新疆生产的纺织产品在俄罗斯销路很好,主要得益于长绒棉物美价廉。请简要分析新疆生产的长绒棉质量好的气候原因。________________________。(至少答一点)。

(3)福建东临________海峡,这里距海较近,水运便利,________资源丰富,但缺乏能源。

(4)给两地的跨区域资源调配提出合理化建议。

请完成“夯实基础过中考”P83

模块四　乡土地理

课标导航及中考目标

课标要求	中考目标
运用地图，描述家乡的地理位置，分析其特点。	运用地图，说出河南省的纬度位置和海陆位置，分析特点和优越性。
利用图文材料说明家乡主要地理事物的变迁及其原因。	运用图文材料说出河南省主要地理事物的变迁，并分析原因。
举例分析自然资源、自然灾害对家乡社会、经济等方面的影响。	运用图文材料分析自然资源、自然灾害对河南社会、经济等方面的影响。
运用家乡的人口资料与全国人口情况进行比较，说出家乡人口数量和人口变化的特点。	运用河南的人口资料与全国人口情况进行比较，说出河南人口数量和人口变化的特点，分析原因。
了解家乡的对外联系现状，认识家乡进一步改革开放的重要性。	运用图文材料分析河南的对外联系现状，认识家乡进一步改革开放的重要性。
了解家乡的发展规划，关注家乡的未来发展，树立建设家乡的志向。	运用图文材料分析河南的发展规划，关注家乡的未来发展，树立建设家乡的志向。

学基础

河南的概况

(一)河南的地理位置

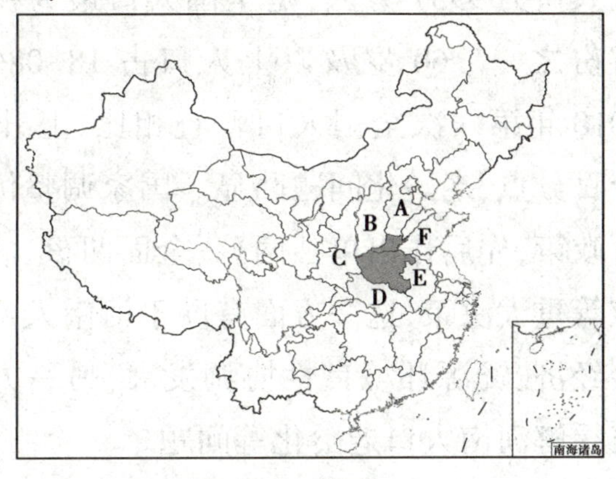

河南在中国的位置

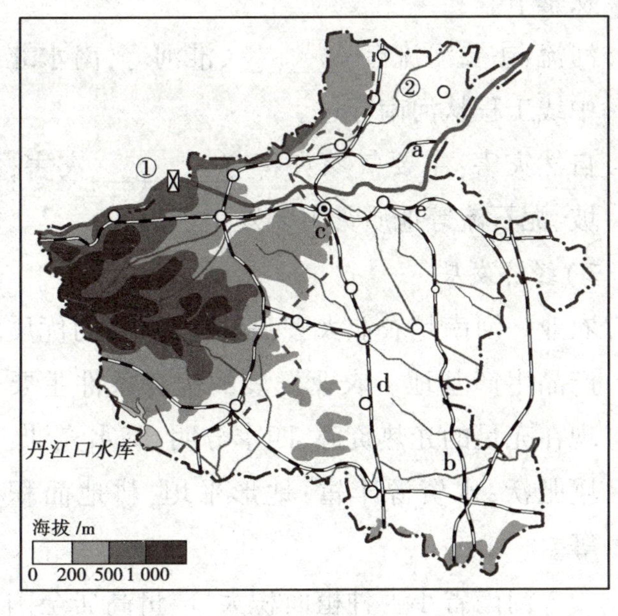

河南省地形图

写出图中字母、序号所代表的地理事物名称。

邻省:A. ________ B. ________ C. ________

D. ________ E. ________ F. ________

河流:a. ________ b. ________

水库:①________

调水路线:②______________

城市:c. ________

铁路线:d. ________ e. ________

河南简称豫,行政中心为郑州,因大部分位于黄河以南,故称河南。

1. 经纬度位置:主要位于 31°23′N ~ 36°22′N、110°21′E ~ 116°39′E,南部属于亚热带,北部、中部属于暖温带。
2. 海陆位置:位于中国中东部、黄河中下游,主要位于华北平原。
3. 相邻省区:东接山东、安徽,北接河北、山西,西连陕西,南邻湖北。

(二)自然环境

1. 地形:河南地形复杂多样,主要有山地、平原、丘陵和盆地。地势________,东西差异明显。
2. 气候:受________影响显著,南部为亚热带季风气候,北部为温带季风气候,降水集中于夏秋季节。
3. 河流:主要河流有________、淮河等,南水北调中线工程从河南穿过。
4. 自然灾害:主要气象灾害有________灾害,滑坡、泥石流等地质灾害多发生于山区。

(三)经济发展

1. 农业。河南是农业大省,是全国重要的优质农产品生产基地。农业发展的优势条件主要表现在充足的光热资源,四季分明,降水充沛;土壤肥沃;水资源丰富;地形平坦,耕地面积广等。

   河南省小麦种植面积大,产量高居全国第一。玉米是仅次于小麦的河南省第二大粮食作物。河南是我国大豆的主要产区之一,是我国主要产棉区之一。河南油料作物的生产主要包括花生、油菜籽和芝麻等。
2. 工业。中华人民共和国成立初期至 21 世纪前 10 年,河南工业结构以冶金、化学、建材、轻纺、能源等传统工业为主。十八大以来,河南省大力发展高新技术产业和先进制造业。手机、盾构机(隧道掘进机)等产品产量跻身世界前列,矿山机械、起重机等加快追赶国际先进水平。汽车工业是河南省的支柱产业之一。
3. 交通。河南省是全国承东启西、连南贯北的重要交通枢纽,拥有铁路、公路、航空等综合交通运输体系。河南省铁路线网以郑州为中心,构建“米”字形快速铁路网。

   河南拥有郑州新郑国际机场、洛阳机场和南阳机场等民用机场。郑州航空港经济综合实验区为国际航空物流中心、内陆地区对外开放的重要门户。
4. 旅游业。河南是华夏文明的主要发祥地,中华民族的摇篮,多个朝代在此建都。自然及人文旅游资源丰富,如郑州登封嵩山、焦作云台山、信阳鸡公山、安阳殷墟、嵩山少林寺、洛阳白马寺及龙门石窟等。

(四)人口与城市

1. 人口

根据第七次全国人口普查结果,河南省常住人口为 9937 万人,是全国人口最为稠密的省份之一。60 岁及以上人口占 18.08%,与 2010 年第六次全国人口普查相比,上升 5.35 个百分点,老龄化问题凸显。国家调整优化生育政策,先后作出单独两孩、全面两孩、放开三孩等重大决策,这一方面有助于河南人口与社会经济、资源环境良性协调发展,另一方面也将缓解河南人口老龄化等问题。

2. 城市

初步形成了以中原城市群为主体形态，大中小城市、小城镇协调发展的现代城镇体系。

郑州是全省政治、经济、文化中心，全国重要的铁路、航空、高速公路枢纽城市，国家中心城市，中部地区重要的物资集散地。

练基础

考点1 河南的自然环境特征

读河南省简图，回答1～3题。

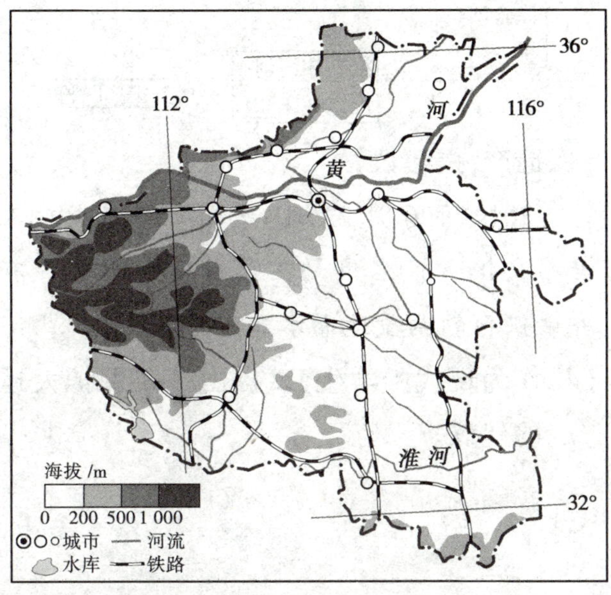

1. 河南省的主要地形类型是(　　)

A. 平原、山地　　B. 山地、高原

C. 高原、平原　　D. 盆地、山地

2. 境内的黄河和淮河流向大致是(　　)

A. 自东向西　　B. 自南向北

C. 自西向东　　D. 自北向南

3. 河南省城市的主要分布规律是(　　)

A. 沿海分布　　B. 沿河分布

C. 沿湖分布　　D. 沿铁路线分布

下图示意黄河流域泥塑艺人代表作品《黄河娃》。据此完成4～6题。

4. 打陀螺、滚铁环，泥塑作品中泥娃们的游戏场地有可能是(　　)

A

B

梯田

C

D

5. 与泥娃的服饰“花棉袄，虎头帽”反映的气候类型相符的是(　　)

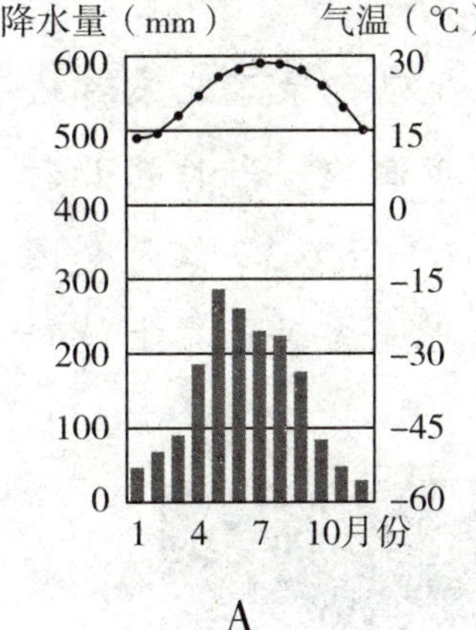

A

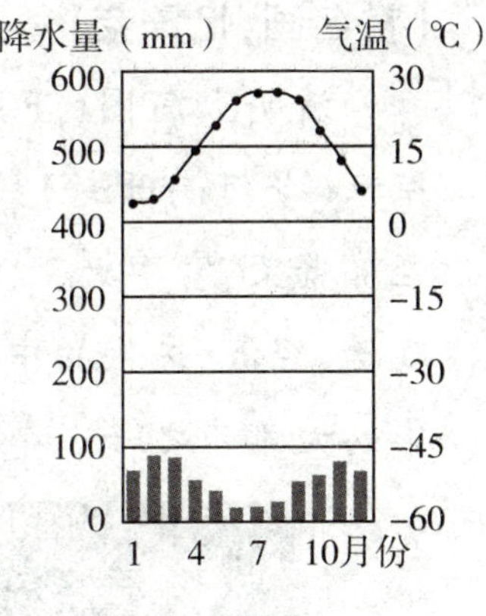

B

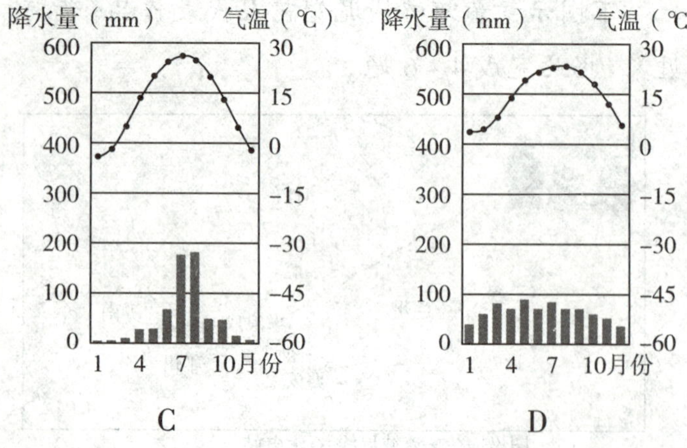

6. 唤醒时代记忆,延续黄河文明。对于非物质文化遗产黄河泥塑,作为中学生可以(　　)

①加大电视宣传力度　②关注非遗传承创新

③动手捏制黄河泥娃　④参观学习欣赏作品

A. ①②③　　B. ②③④

C. ①③④　　D. ①②④

7. 阅读关于大运河的图文材料,完成下列问题。

【溯文明,理水系】

"汴水流,泗水流,流到瓜洲古渡头。"这首唐诗中的"汴水",就是大运河流经郑州段的通济渠,通济渠曾是中国古代大运河的水运枢纽。

(1)通济渠沟通了黄河水系和淮河水系。通济渠流经________(地形区),地势平坦,水流平缓,适合航运。

【赏名画,忆繁荣】

清明上河图(下图)生动记录了北宋都城东京(今河南开封)的城市面貌。当时的开封经济繁荣,富甲天下,人口过百万,不仅是全国政治、经济、文化的中心,也是当时世界上最繁华的大都市之一。

(2)当时全国各地的人员和物资聚集在开封,形成了独特的漕运文化。从杭州到开封的漕船上运送的粮食最有可能是________(填"大米"或"小麦")。

【水脉塞,究原因】

北宋后期,由于受黄河决口影响,汴河淤浅抬高日益加重,自汴堤下瞰,居民如在深谷。金灭北宋以后,汴河失去漕运价值,任其淤塞。

(3)根据资料把下图填写完整。

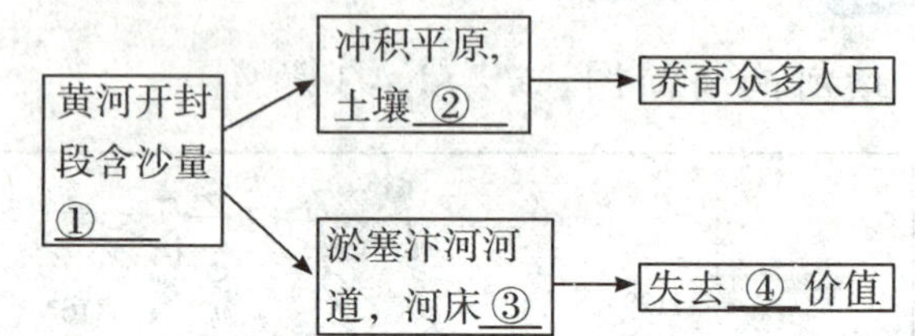

【保遗产,提建议】

2014年6月22日,中国大运河成功入选世界文化遗产名录。在郑州还遗留保存有通济渠仅存的两段地面水工遗存之一。

(4)作为现代中学生,试提出一条保护大运河的建议。

考点2 河南的经济发展

河南省山河壮丽,历史悠久,名胜古迹众多,是旅游资源大省,旅游业已成为河南省经济社会发展的重要支撑。读河南省景点分布图与河南省地形图,完成1～2题。

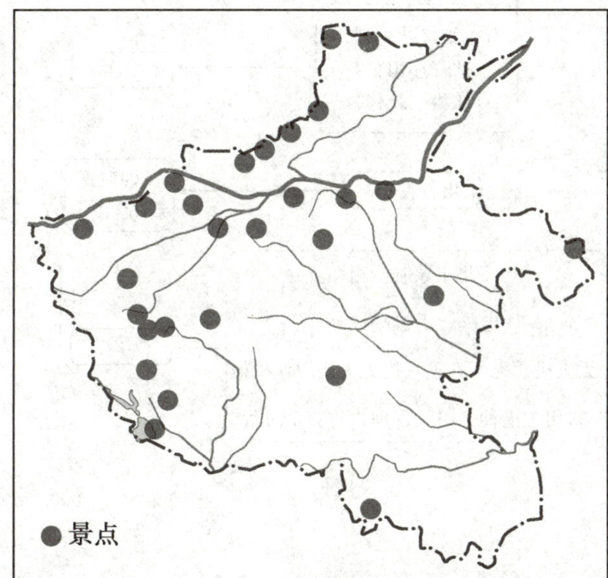

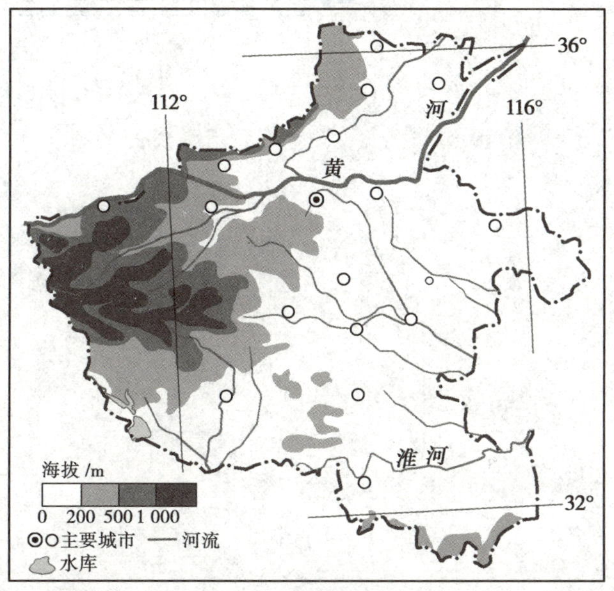

1. 河南省的旅游资源主要分布在(　　)

A. 东部平原地区　　B. 中西部地区

C. 南部平原地区　　D. 北部山地地区

2. 下列对河南省旅游业的发展起推动作用的是(　　)

①四通八达的交通网络

②丰富的旅游资源

③发达的农业

④逐渐完善的基础设施

A. ①②③　　B. ②③④

C. ①②④　　D. ①③④

近年来,河南省以“空中丝绸之路”建设为引领,形成了空中、陆上等多条“丝绸之路”协同并进的开放新格局。读河南省简图,完成3 ~5题。

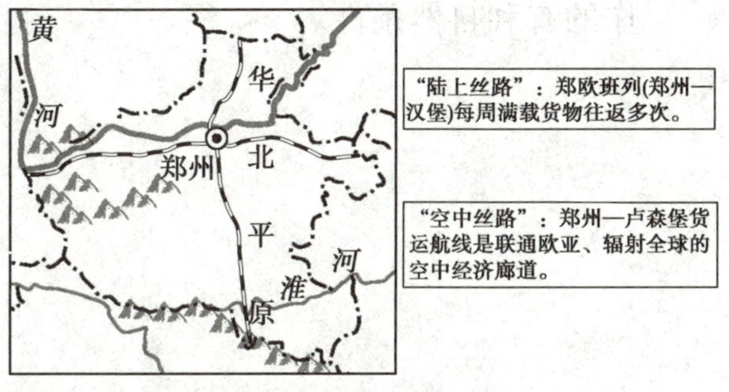

3. 图中经过郑州的两大铁路线是(　　)

A. 陇海线和京广线

B. 京哈线和沪杭线

C. 陇海线和京九线

D. 包兰线和京广线

4. “空中丝路”借助的交通运输方式是(　　)

A. 铁路运输　　B. 管道运输

C. 航空运输　　D. 公路运输

5. 河南劳动力丰富,在发展中借助陆空“丝路”的优势可发展的对外贸易是(　　)

A. 新鲜海产品出口　　B. 汽车进口

C. 煤炭进口　　D. 食品加工出口

6. 河南省按照“建设标准化、装备现代化、应用智能化、经营规模化、管理规范化”的标准开展高标准农田示范区创建工作。读河南省地形图,完成下列问题。

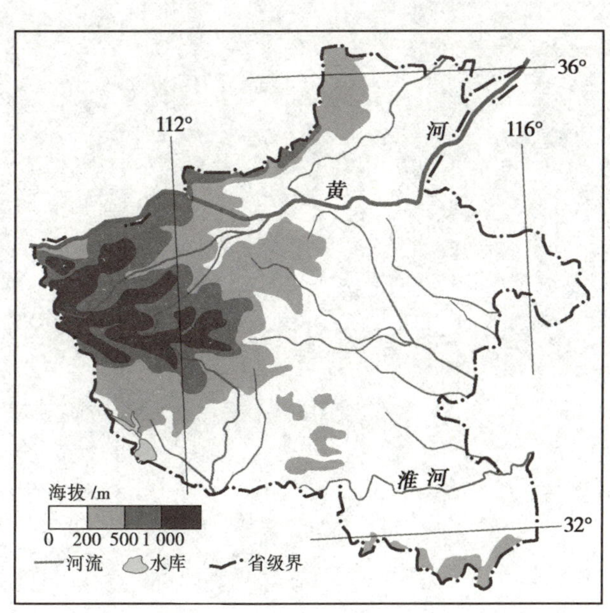

(1)分析河南省开展高标准农田示范区创建工作的有利自然条件。

(2)河南省多管齐下保障粮食安全。请选择合适的答案把下表补充完整(填字母)。

A. 粮食优质高产

B. 提高土壤肥力

C. 机械化、信息化

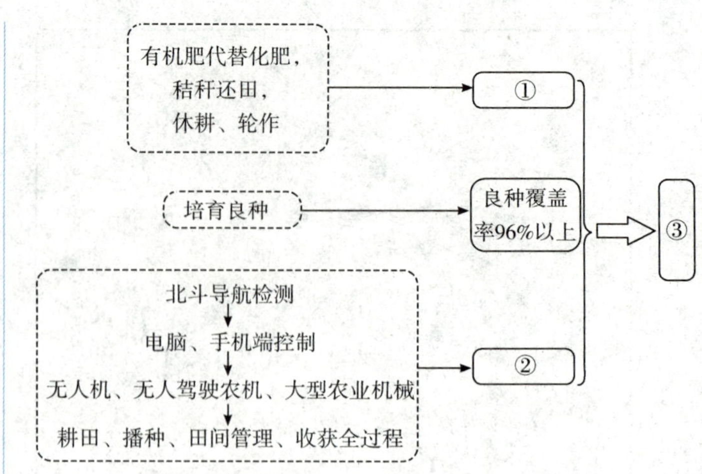

请完成“夯实基础过中考”P92

记忆初三

记忆初三

夯实基础过中考

地理

目录

模块一　地球与地图

第一单元　地球与地球仪

(2023 重庆学业考)读图,完成 1 ~4 题。

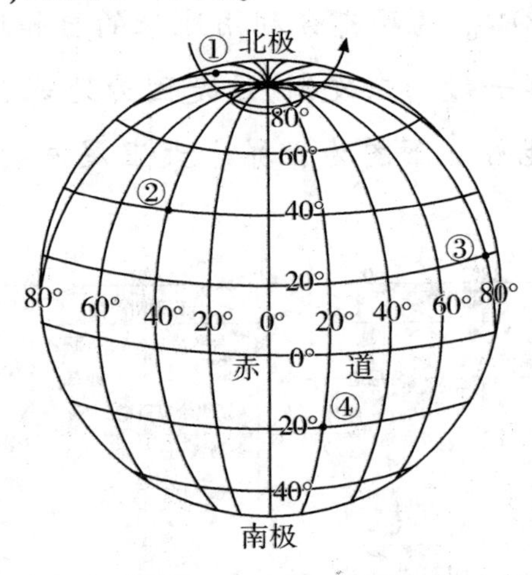

1. ②地位于(　　)

A. 东半球、北半球　　B. 东半球、南半球

C. 西半球、北半球　　D. 西半球、南半球

2. ①地位于③地的(　　)

A. 东北方　　B. 东南方　　C. 西北方　　D. 西南方

地理课上,同学们通过"天宫课堂"从中国空间站视角看到了地球自转的真实画面。小亮同学认识地球的热情高涨,他尝试自选材料制作地球仪。据此完成 3 ~4 题。

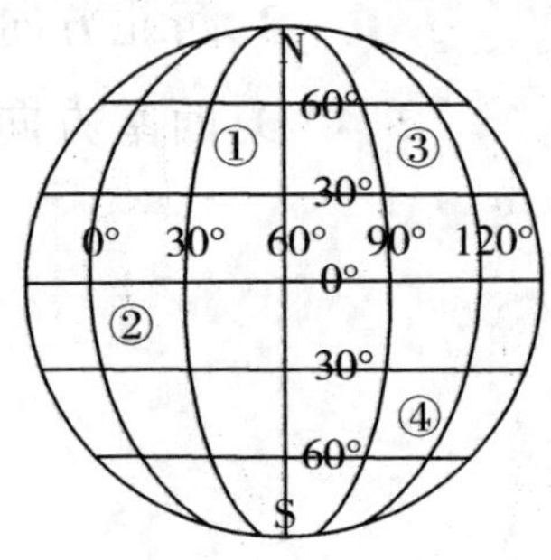

3. 小亮在乒乓球表面画出了经纬网,并用序号标出了四处位置(如图),其中最接近酒泉卫星发射中心(41°N,100°E)的是(　　)

A. ① B. ② C. ③ D. ④

4. 小亮把乒乓球穿在铁丝上,经过反复调整,最终制作正确的地球仪是(   )

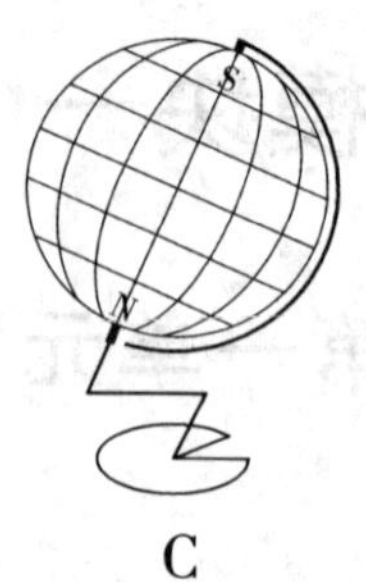

A B C D

(2023 江苏学业考)航天科技发展半个多世纪以来,各航天大国相继建立了功能齐备、设施完善的航天发射中心。为了充分利用地球的自转速度,发射场最好建在靠近赤道的低纬度地区,且航天器一般向东发射,这是因为地球自西向东旋转,赤道附近的自转线速度最大,便于节约能源。下图为世界十大卫星发射基地分布图。据此完成 5 ~ 7 题。

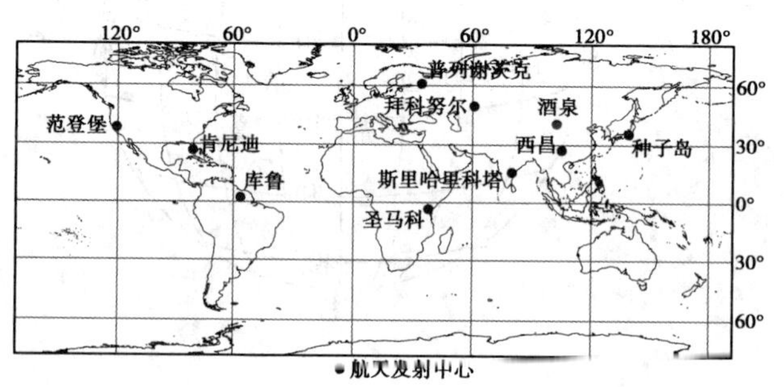

5. 以下卫星发射基地位于东半球的是(   )

A. 范登堡 B. 库鲁 C. 肯尼迪 D. 酒泉

6. 我国西昌卫星发射中心的地理坐标是(   )

A. (28°N,102°E) B. (28°N,102°W)

C. (28°S,102°E) D. (28°S,102°W)

7. 拜科努尔位于西昌的(   )

A. 东南方向 B. 西北方向

C. 东北方向 D. 西南方向

第二单元　地球的运动

（2023 河南学业考）邮戳是邮局在信件、包裹等上加盖的戳记。各地邮局常会结合地域文化景观设计纪念邮戳。下图为我国部分邮局的位置和营业时间示意图。读图完成第 1 题。

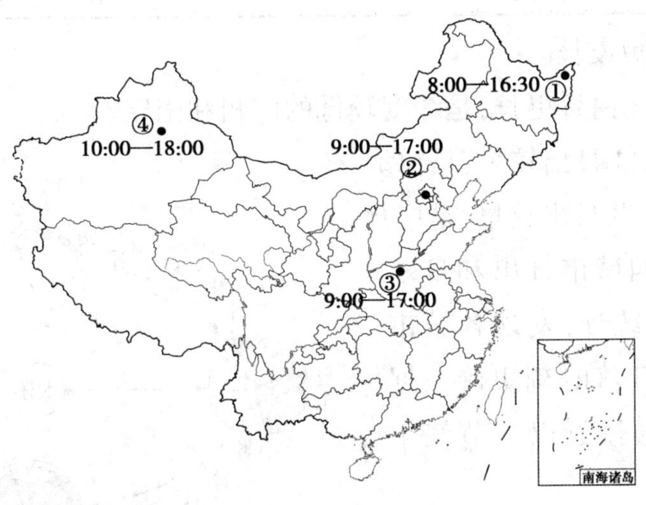

1. 图示邮局营业时间存在差异的主要原因是（　　）

A. 地球形状　　B. 地球大小　　C. 地球自转　　D. 地球公转

（2023 烟台学业考）在探究地球运动及现象的时候，小明用天气软件查阅了中国杭州、广州、南宁和拉萨四城市（见下图）的日出和日落时刻，并留存了截图。据此完成 2 ~ 4 题。

2. 小明用表格统计四城市日出日落时刻的时候,发现截图上没有城市名称,他用序号①②③④进行了标注,并运用地球运动原理对各城市数据进行了比较(见下表),以下判断正确的是(　　)

城市	①	②	③	④
日出时刻	7:01	6:02	5:44	5:03
日落时刻	20:43	19:21	19:03	18:49
昼长	13 小时 42 分	13 小时 19 分	13 小时 19 分	13 小时 46 分

A. 四城市都是昼短夜长

B. 城市①④比②③白昼更长,是纬度较低的广州和南宁

C. 城市①和④中,④日出较早,是拉萨

D. 城市②和③中,③日出较早,是广州

3. 一周后,小明对四城市日出和日落时刻再次进行了统计,发现各城市日出时刻更早,日落时刻更晚。据此推测,此时段最接近以下节气中的(　　)

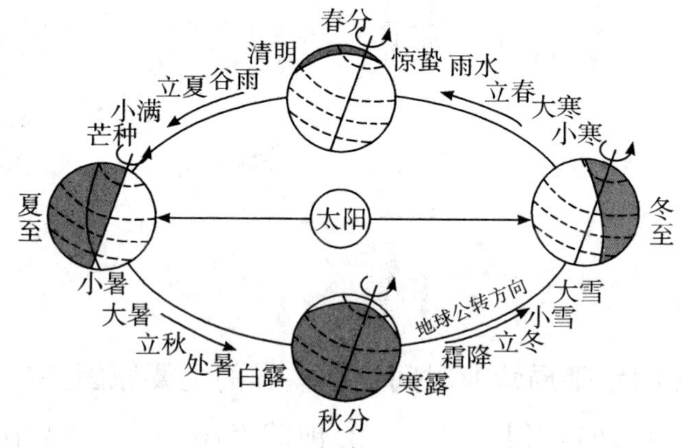

A. 小满　　　B. 大暑

C. 小雪　　　D. 立春

4. 该时段在烟台最有可能见到的现象是(　　)

A. 海水浴场里游泳的人众多　　B. 果园里红红的富士苹果挂满枝头

C. 正午阳光照进室内的面积越来越小　D. 热力公司开始集体供暖

(2023 宜宾学业考)某地理兴趣小组利用材料自制地球仪并演示地球的运动状况。下图为兴趣小组演示地球运动的示意图。据此完成 5 ~6 题。

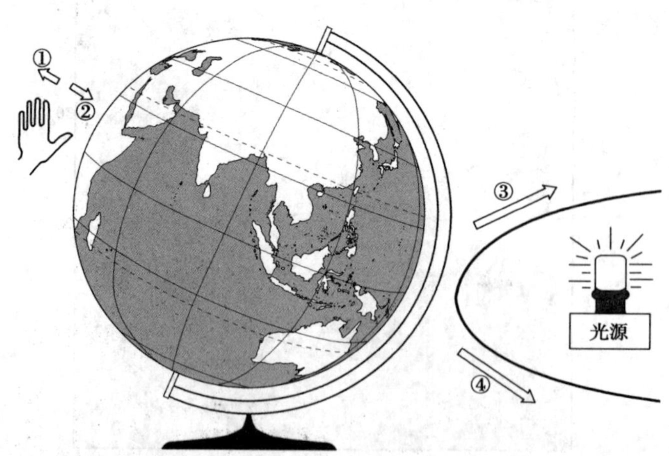

5. 该地理兴趣小组演示的地球自转和公转运动方向，正确的一组是(　　)

A. ①③　　B. ②③　　C. ①④　　D. ②④

6. 在图示位置，拨动自制的地球仪可以演示(　　)

A. 四季更迭　　B. 五带形成　　C. 昼夜交替　　D. 昼长变化

(2023 新疆学业考)数九是我国古代民间一种计算寒天的方法，从冬至日算起，每九天算“一九”。民间有描画九九消寒图的习俗，人们用墨笔每天晕染一瓣梅花，九九八十一天后，梅花点遍，春回大地。图 1 是九九消寒图，图 2 是太阳直射点移动路线图。读图完成 7 ~ 8 题。

图 1

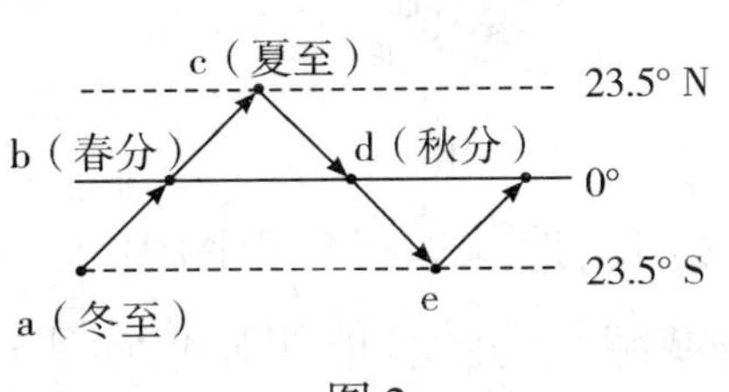

图 2

7. 当九九消寒图晕染第一瓣梅花时(12 月 22 日前后)，阳光直射(　　)

A. 北半球　　B. 南半球　　C. 高纬度地区　　D. 中纬度地区

8. 当九九消寒图晕染最后一瓣梅花时，下列描述与实际相符的是(　　)

A. 步入春季开学季　　B. 开启暑假生活

C. 观赏金色胡杨最佳时节　　D. 准备冬至日的饺子

2023 年 4 月 20 日，神舟十五号航天员与上海合作组织国家的青少年进行了“天宫对话”。三位航天员回答了青少年的提问。下图示意地球公转和二十四节气图。据此完成 9 ~ 10 题。

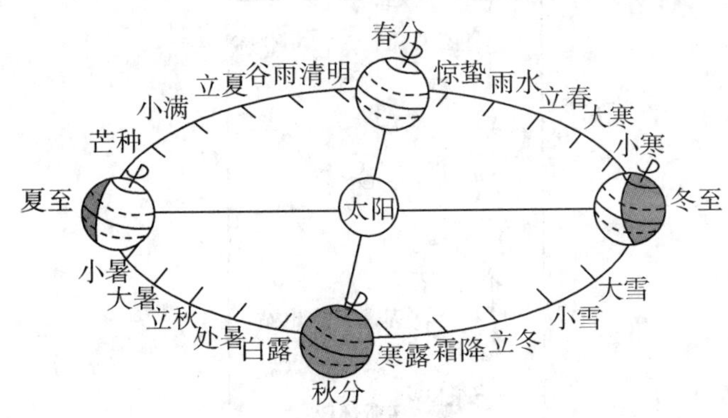

9. 此次“天宫对话”时，地球运行最接近的节气是(　　)

A. 立春　　B. 谷雨　　C. 处暑　　D. 霜降

10. “天宫对话”这天(　　)

A. 武汉荷塘蛙鸣　B. 北京枫叶正红　C. 上海昼长夜短　D. 沈阳日出最晚

11. (2023 新疆学业考)结合图文材料,完成下列问题。

材料　2023 年 5 月 10 日 21 时 22 分,天舟六号货运飞船发射圆满成功,与空间站天和核心舱成功对接。

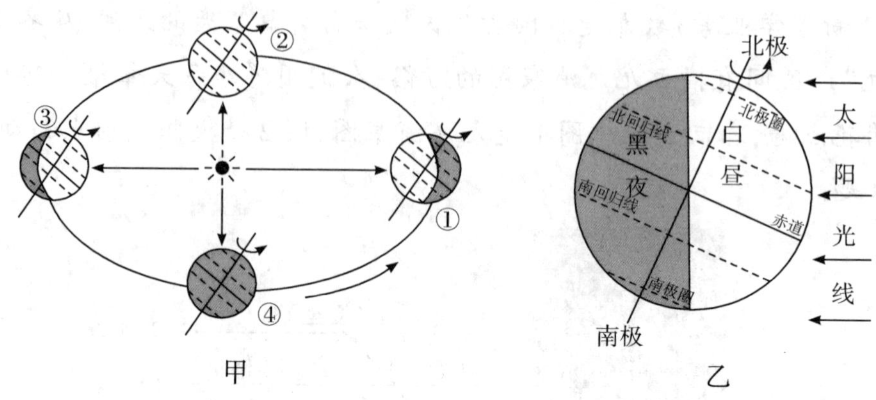

(1) 天舟六号发射之日,地球运行到甲图中________至________之间(填序号),此时在新疆喀什古城游玩的游客能明显感觉到昼夜长短情况是________。

(2) 当南半球的新西兰处于一年中白昼时间最长的一天时,地球运行到__________(填序号)处;当全球昼夜等长时,太阳直射__________(纬线名称)。

(3) 某旅行社组织"游峡湾、午夜看太阳"的出国游活动,出行时间最好安排在地球运行到__________(填序号)附近,这段时间北极圈以北会出现________现象。

(4) 乙图表示的是地球的__________运动,这种运动是地球绕着__________旋转运动。这种运动会产生__________现象(至少填一种)。

12. (2022 河南学业考)2022 年是中国和阿根廷建交 50 周年,两国在农产品贸易、能源开发、极地科考等领域持续深入合作。下图为阿根廷及周边地区示意图。阅读图文材料,回答下题。

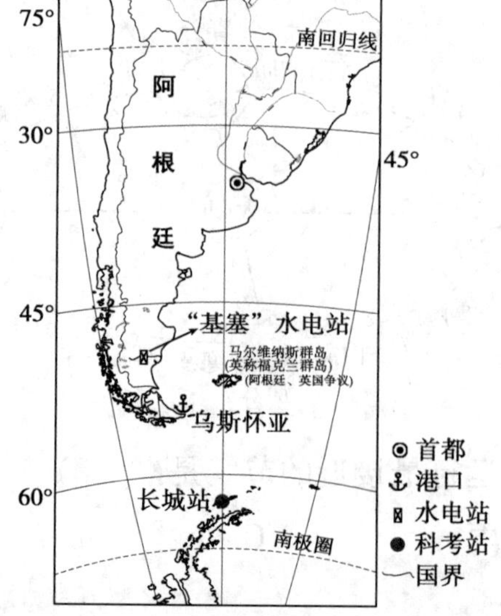

【农贸合作优势尽显】

阿根廷农产品品质优良,樱桃、苹果等大量进入中国市场。

阿根廷北部有南回归线穿过,南部与南极洲隔海相望,南北气候差异________,农产品种类丰富;位于________(南或北)半球,可向中国供应反季节农产品。

13.(2022 海南学业考)2022 年 2 月 4 日至 20 日,第 24 届冬季奥林匹克运动会在北京举行,这是中国第一次举办冬季奥运会,北京成为首个“双奥之城”。读我国北方地区示意图(图 1)和太阳直射点移动轨迹示意图(图 2),回答下列问题。

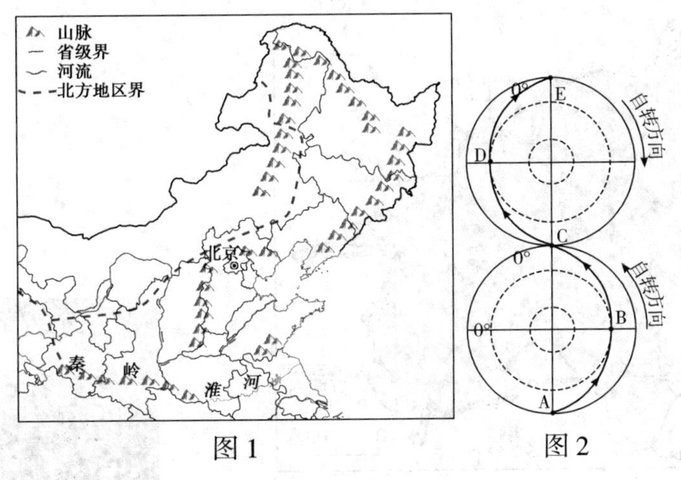

图 1　　图 2

(1)北京位于地球五带中的________带,所在地区位于________________一线以北,该线大致与__________毫米年等降水量线一致。

(2)图 2 中 B 点位于 E 点的________________方向,一年中海南各校正午旗杆影子最长时,太阳直射点位于________(填字母)点所在纬线;本次冬奥会举办期间,太阳直射点移动至图 2 中的________(填字母)之间,此期间北京白昼时间逐渐变________。

第三单元　地图的阅读

（2023 苏州学业考）苏州东部的金鸡湖风景优美（图 1），湖水通过斜塘河注入吴淞江，环湖步道全长 14 千米，是人们休闲散步的好去处。曹老师在散步时拍摄到“大暑惊晚霞”的美丽景色（图 2）。据此完成 1 ~2 题。

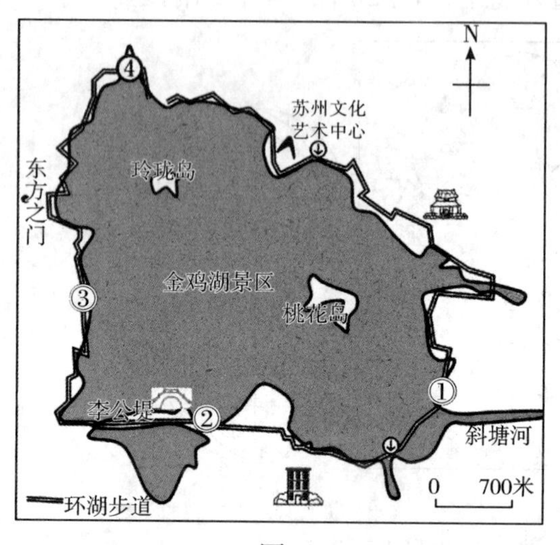

图 1

东方之门

图 2

1. 曹老师拍照的位置大致在(　　)

A. ①　　B. ②　　C. ③　　D. ④

2. 下列说法正确的是(　　)

A. 金鸡湖属于我国的内流湖泊　　B. 玲珑岛在桃花岛的东南侧

C. 步道的图上距离约为 20 厘米　　D. 大暑节气在秋分节气之后

（2022 河南学业考）在北京 2022 年冬奥会崇礼场馆区，现代化的冬奥场馆和古老的长城不期而遇。国家跳台滑雪中心因外观造型与中国传统玉如意相似，被称为“雪如意”。下图为崇礼地区等高线地形图。读图完成 3 ~4 题。

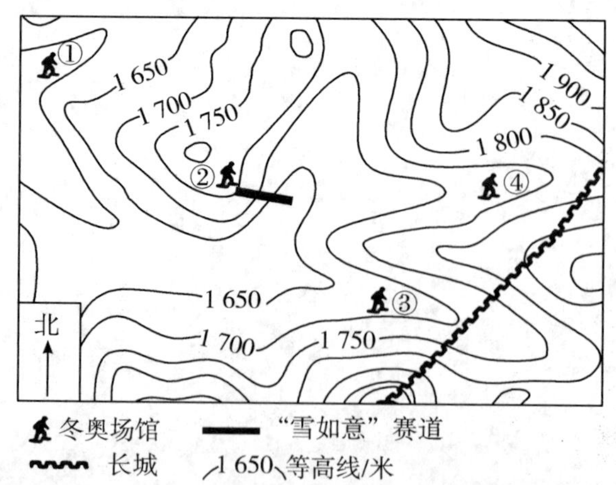

3.“雪如意”赛道最低点的海拔可能是(　　)

A. 1 600 米　　B. 1 635 米　　C. 1 650 米　　D. 1 750 米

4. 图示冬奥场馆中(　　)

A. ①在②的正南方　　B. 在②处可看到远处的长城

C. ③位于山顶上　　D. ④位于山脊处

(2023 陕西学业考)2023 年 3 月 21 日,小明爸爸开车送他去足球运动公园参加比赛。下图是他们使用的手机导航软件截图。读图完成 5 ~7 题。

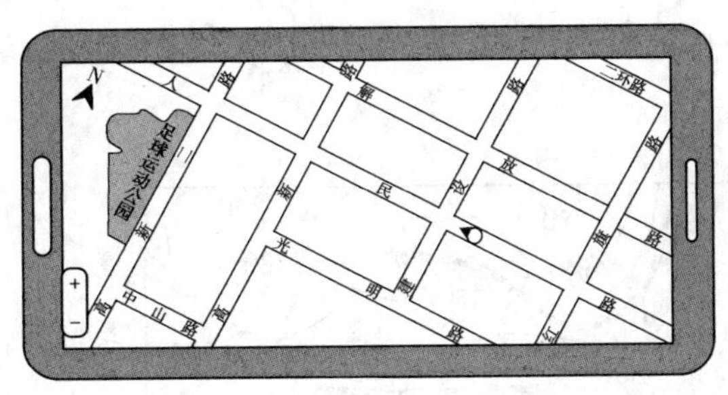

5. 当小明在手机屏幕上进行放大操作时,地图(　　)

A. 显示范围将变大　　B. 显示范围不变

C. 比例尺将变大　　D. 比例尺将变小

6. 当车辆行驶到图中“⊸”标识位置时,最有可能看到的交通指示牌是(　　)

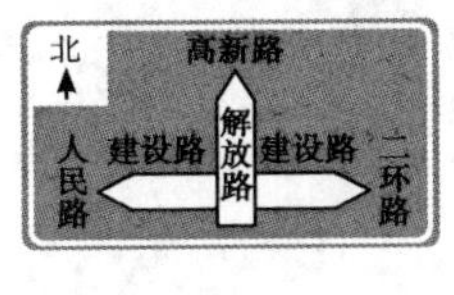

A

西
高新路
光明路
建设路
人民路
建设路
解放路

B

C

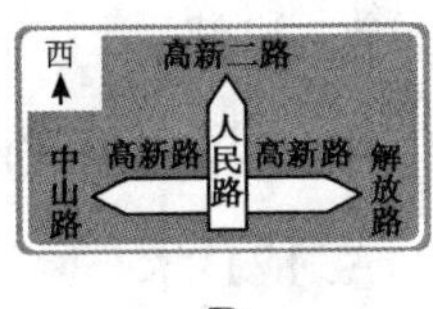

D

7. 因为比赛,小明需要比平时晚回家,该日节气与昼夜长短状况是(　　)

A. 秋分　昼短夜长　　B. 秋分　昼夜等长

C. 春分　昼长夜短　　D. 春分　昼夜等长

(2023 衡阳学业考)下图是利用北斗导航系统开发的某城市车载导航界面示意图。读图完成 8 ~9 题。

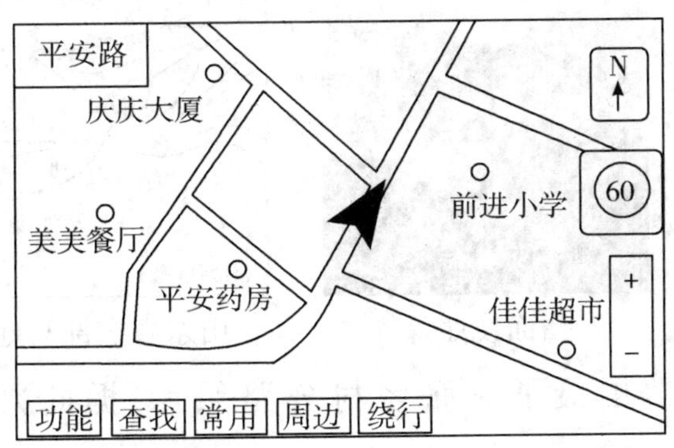

8. 图中箭头所代表的汽车行进方向是(　　)

A. 正南向正北　　B. 正西向正东

C. 东南向西北　　D. 西南向东北

9. 如果扩大车载导航界面示意图的比例尺，查找某居民小区，下列说法正确的有(　　)

①示意图显示的实地范围扩大　　②示意图显示的实地范围缩小

③示意图的内容更详细　　④示意图的内容更简略

A. ①②　　B. ③④　　C. ①④　　D. ②③

(2023 成都学业考)下图为我国某地等高线地形与铁路线路分布图。据此完成10～12题。

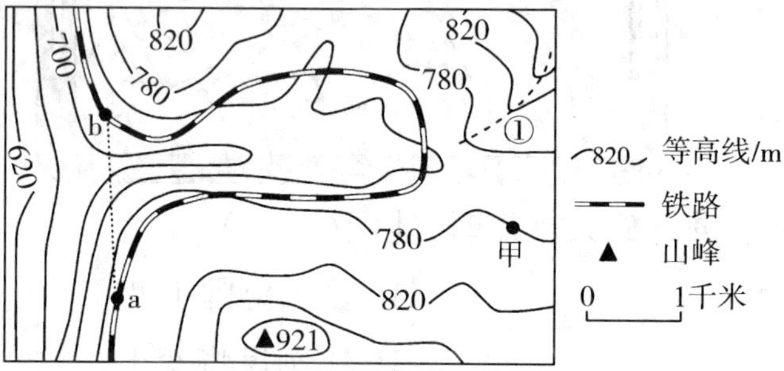

10. 图中虚线①代表的山体部位名称是(　　)

A. 鞍部　　B. 山脊　　C. 山谷　　D. 陡崖

11. 甲地与山峰的相对高度为(　　)

A. 121 米　　B. 131 米　　C. 141 米　　D. 151 米

12. 图中铁路拟改建为高速铁路，经过 ab 段时沿虚线修建的目的有(　　)

①增加交通运输方式　②缩短通行时间　③提高通行安全性　④降低线路坡度

A. ①②　　B. ②③　　C. ③④　　D. ①④

(2023 滨州学业考)滨州某地理研学团队前往山东省东部沿海开展社会调查。读图完成13～14 题。

乡村公路照片

凸面镜照片

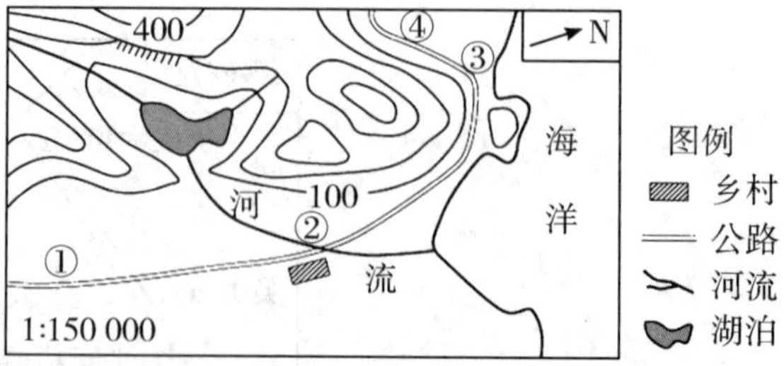

山东省东部某地等高线(单位:米)地形图

13. 研学途中，小滨同学拍摄了一张乡村公路照片，据此判断该公路的大致方向是(　　)

A. 东西方向　　B. 南北方向

C. 西北—东南方向　　D. 东北—西南方向

14. 为保障交通安全,公路弯道处常设置凸面镜,以扩大司机视野。小滨拍摄凸面镜照片的地点可能位于等高线地形图中的(　　)

A. ①　　B. ②　　C. ③　　D. ④

15. (2022 福建学业考)福建省某中学"校园劳动实践场所"建设初见成效。下图示意校园劳动实践场所分布,读图完成下列各题。

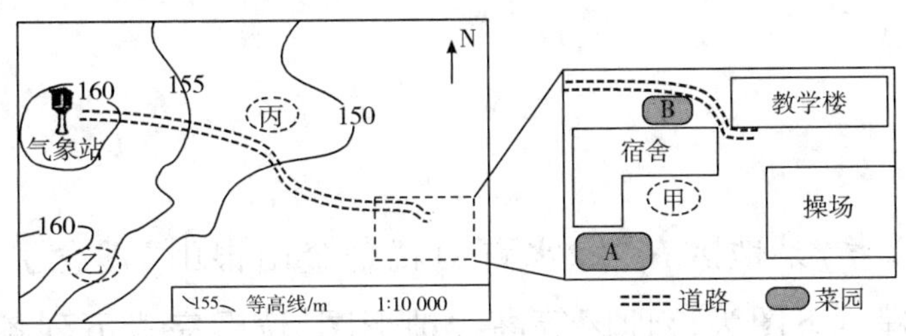

(1)校园气象站的海拔范围是 160 米至________米。若教学楼到气象站的道路在图上距离为 5 厘米,实地距离为________米。通过观测发现一天中最高气温出现在________时左右。

(2)A、B 两块菜园,在施肥、浇水等相同的情况下,同一品种喜光蔬菜长势更好的是________菜园,原因是____。

(3)学校计划在甲、乙、丙三地块上建小花园、水土保持园、家兔饲养园。

①甲、乙、丙三地块,实际面积最小的是________地块。

②水土保持园建在乙地块,理由是________________。

③从环境卫生的角度考虑,甲和丙宜建家兔饲养园的是________地块,理由是________________。

16. (2023 怀化学业考)读我国南方某区域等高线地形图,完成下列问题。

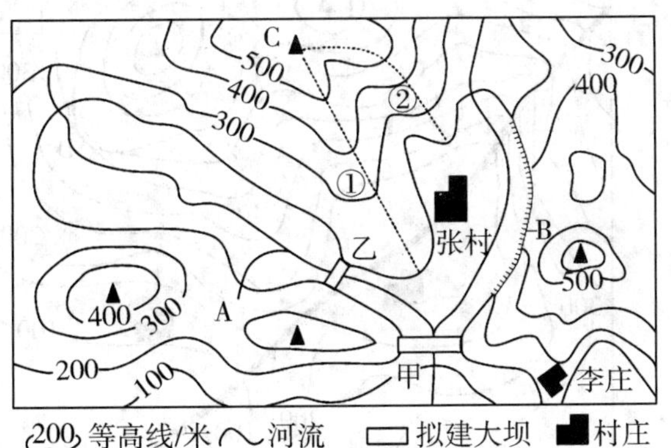

(1)写出图中字母所在地的地形部位名称：

A ________、B ________。

(2)图中张村位于李庄的________方向。

(3)国庆节，张村的亮亮和明明计划去 C 山顶看日出，有①②两条路线通往 C 山顶，他们俩想选择比较省力的路线，可选择________。

(4)当地拟修建一座水库，选择坝址时有甲处和乙处两种方案，你认为选择哪处合适？请说明理由。

17.(2022 重庆学业考)某地区在“绿水青山就是金山银山”理念引领下，开展了大规模的退耕还林工程。下图为该地区等高线地形图，读图完成下列各题。

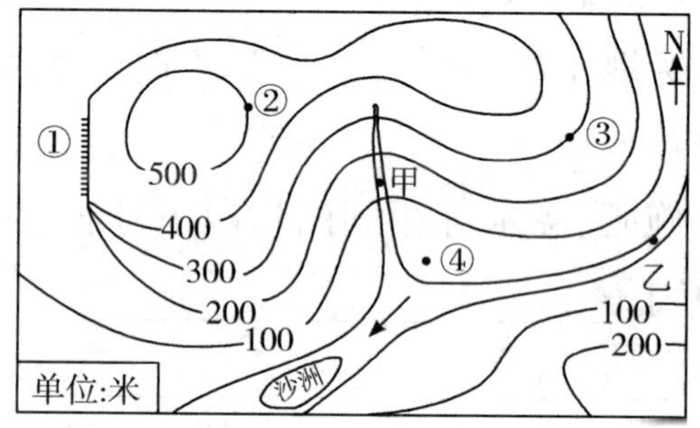

(1)①地的地形是__________，②③两地之间的相对高度是________米。①②③④四地中最利于城市形成的是________。

(2)甲、乙两地，水流速度较缓的是________。

18.(2023 南充学业考)某中学地理兴趣小组前往我国某地区实地考察。读该地等高线(单位:m)地形图，完成下列问题。

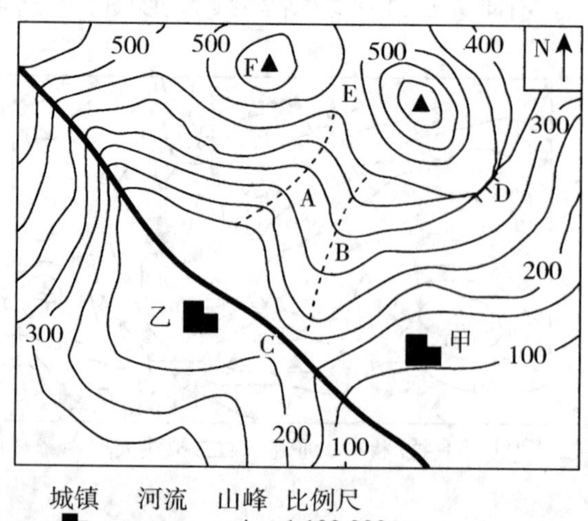

(1)小组成员测得甲城镇到乙城镇的图上距离约为 2 厘米,算得两地的实地距离约为________千米。

(2)图中河流的大致流向为____。

(3)图中适宜户外攀岩的地点为________地。(填字母)

(4)“雨季有山洪,途经须谨慎”,此警示标语最有可能设置在 A、B 两地中的_____地。

(5)图示区域最高山峰的海拔可能为________。(单选)

A. 580 米　　B. 540 米

C. 630 米　　D. 670 米

模块二　世界地理

第一单元　海洋与陆地

（2023甘肃学业考）下图为东西半球示意图。读图完成1～2题。

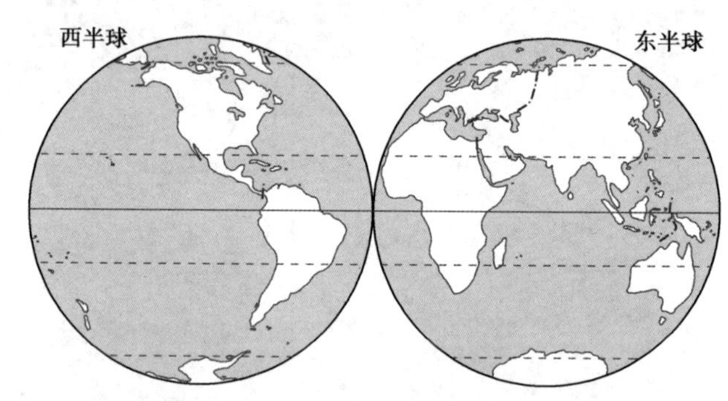

1. 据图示信息判断，下列叙述正确的是（　　）

①非洲地跨南北半球　　②纬度最高的是欧洲

③面积最人的是非洲　　④南北美洲主要位于西半球

⑤南北回归线同时穿过非洲

A. ①②③　　B. ②③④　　C. ①④⑤　　D. ③④⑤

2. 对世界海陆分布特点的描述，正确的是（　　）

A. 东半球陆地面积大于海洋面积

B. 北半球陆地面积大于海洋面积

C. 西半球海洋面积小于陆地面积

D. 任意半球海洋面积均大于陆地面积

（2023邵阳学业考）下表为世界七大洲面积占比表。读表完成3～4题。

大洲	面积占比
亚洲	29.3%
①	20.2%
北美洲	16.1%

（续表）

大洲	面积占比
南美洲	12%
南极洲	9.3%
②	7.1%
大洋洲	6%

3. 下列有关①②两洲的说法，正确的是（　　）

A. ①大洲是欧洲

B. ②大洲濒临印度洋

C. ①②两大洲的分界线是直布罗陀海峡

D. ①大洲位于②大洲以北

4. 下列叙述正确的是（　　）

A. 亚洲人口自然增长率居世界首位　　B. 南美洲混血种人数量多

C. 南极洲全部位于南极圈以内　　D. 北美洲地形以平原为主

（2023 衡阳学业考）近年来，北极航道通航能力大大提升，白令海峡是北极航道的重要通道。读图完成 5～6 题。

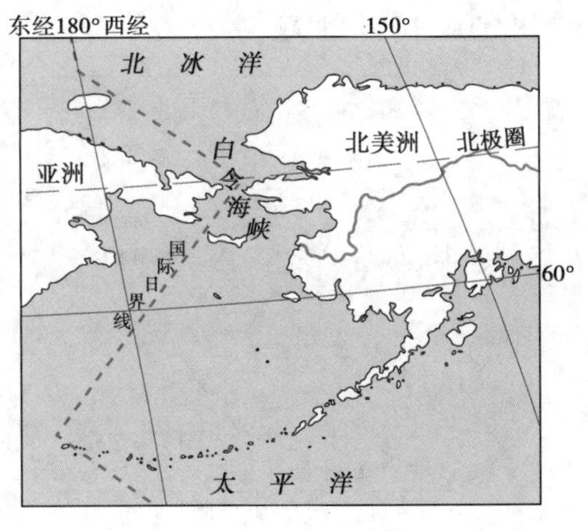

5. 白令海峡沟通了（　　）

A. 北冰洋、大西洋　　B. 北冰洋、太平洋

C. 太平洋、印度洋　　D. 太平洋、大西洋

6. “三线”穿越了白令海峡，“三线”是指（　　）

①亚洲与北美洲的洲界线　　②俄罗斯与美国的国界线

③东、西半球分界线　　④国际日界线

A. ①②③　　B. ②③④　　C. ①②④　　D. ①③④

(2023 重庆学业考)2023 年 2 月 6 日,土耳其连续发生 2 次 7.8 级强烈地震,造成大量人员伤亡。中国派出多支救援队万里驰援,展现负责任的大国担当。读土耳其地震位置示意图,完成 7 ~9 题。

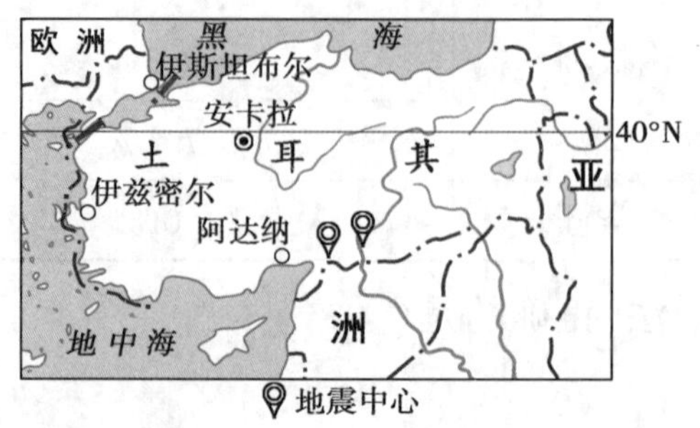

7. 最早受到地震影响的城市是(　　)

A. 安卡拉　　B. 阿达纳　　C. 伊兹密尔　　D. 伊斯坦布尔

8. 土耳其地震人员伤亡数量大的主要原因是(　　)

A. 震级强烈　　B. 无人救援　　C. 破坏性弱　　D. 远离陆地

9. 中国救援队前往土耳其,飞机飞行的大致方向是(　　)

A. 向东　　B. 向南　　C. 向西　　D. 向北

据中国地震台网正式测定,北京时间 2023 年 2 月 6 日土耳其南部发生了两次强地震。至 2023 年 4 月 5 日,强震已致该国 50 399 人遇难,地震造成严重的经济损失。下图为板块分布示意图。读图完成 10 ~11 题。

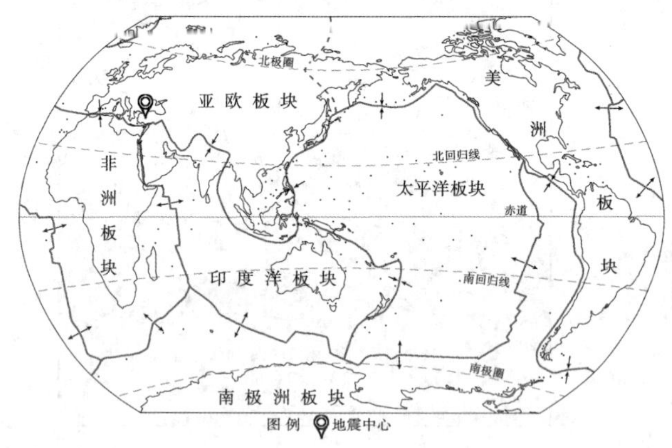

10. 图中地震位于(　　)

A. 亚欧板块内部

B. 亚欧板块与非洲板块交界处

C. 亚欧板块与印度洋板块交界处

D. 亚欧板块、非洲板块与印度洋板块交界处

11. 5 月 12 日是我国防灾减灾日。当地震发生时,下列避震方法错误的是(　　)

A. 在公共场所应听从指挥有序撤离

B. 在家中可躲避到结实的家具附近

C. 在高楼内可以迅速从窗户跳下楼

D. 在户外时应及时撤离到空旷场所

12. (2021 河南学业考)邮轮是国家工业和科技水平综合实力的体现,被誉为“造船皇冠上的明珠”。下图为世界主要邮轮建造国家和邮轮运营公司分布示意图。世界主要邮轮运营公司集中分布在(　　)

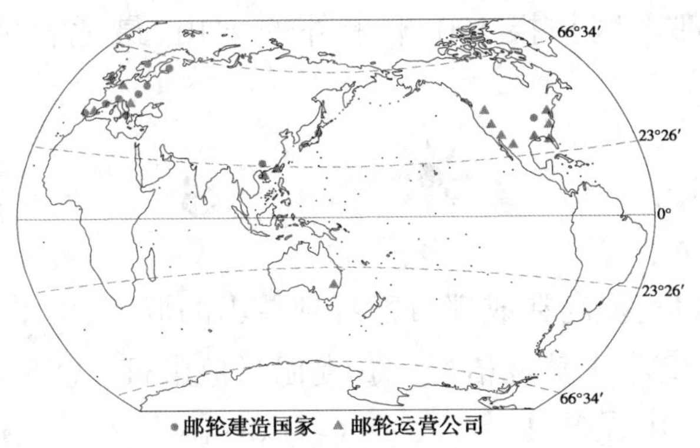

A. 亚洲　　B. 北美洲　　C. 欧洲　　D. 大洋洲

13. (2022 福建学业考)“沧海桑田”是指海陆变迁。科学家考察喜马拉雅山脉时,发现岩石中含有鱼、海螺等古生物化石。下图示意六大板块分布及中国西部,读图完成下列各题。

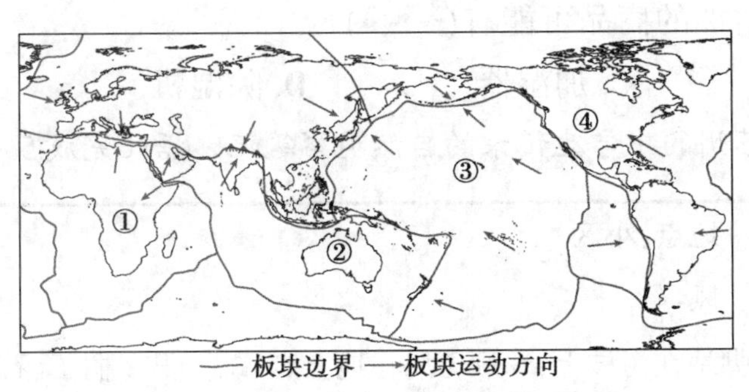

(1) 喜马拉雅山脉岩石中的鱼、海螺等古生物化石,说明喜马拉雅山地区曾经是________。

(2) 从板块运动的角度推测,喜马拉雅山脉主要是印度洋板块与________碰撞挤压而形成的,在这两大板块交界处地壳比较________,还形成了世界主要的火山、________带。

(3) 板块运动形成了帕米尔高原和甲地形区,甲地形区是________。

第二单元　气候

(2023 福建学业考)“西山白雪三城戍,南浦清江万里桥”是杜甫描述成都西边雪山的诗句。据此完成 1 ~2 题。

1. 摄影爱好者在成都市区拍摄 100 千米外的雪山,最适合的天气对应的天气符号为(　　)

2. 为改善城市空气质量,提高在成都市区看到雪山的概率,可采取的措施有(　　)
①增加绿化面积　②集中焚烧秸秆　③提倡绿色出行　④使用清洁能源
A. ①②③　　B. ①②④　　C. ①③④　　D. ②③④

(2023 滨州学业考)冬去春来,广东当地清晨经常雾海茫茫,这是由于冷空气走后,暖湿气流迅速反攻,致使气温回升,空气湿度加大,这样的天气当地人称为“回南天”。据此完成 3 ~4 题。

3. 该天气现象发生期间,天气预报中可能出现的天气符号是(　　)

4. 受此天气现象影响,当地网购量增加的商品可能有(　　)
A. 电风扇　　B. 洗衣机　　C. 加湿器　　D. 除湿机

(2023 苏州学业考)下图为一位苏州的中学生记录的自然观察笔记。据此完成 5 ~6 题。

时间:16:21 ~16:27　　地点:小区

天气:　　空气能见度:高　　风:

鸟儿开始活跃了,一只乌鸫鸟单脚站在树枝上,珠颈斑鸠在地上走、跳。很多橘子、石榴、柿子都熟了,桂花和白果掉了一地。我发现一只小红蛾虫。银杏树顶端几乎全黄了,无患子的黄叶也带着枝条一块掉落。

5. 该学生观察的月份可能是(　　)

A. 1 月　　B. 4 月　　C. 7 月　　D. 10 月

6. 观察时段的天气状况,叙述正确的是(　　)

A. 东北风 3 级　　B. 多云转小雨

C. 空气质量差　　D. 处于一天中的最高气温

(2023 甘肃学业考)读世界年平均气温分布图,完成 7 ~8 题。

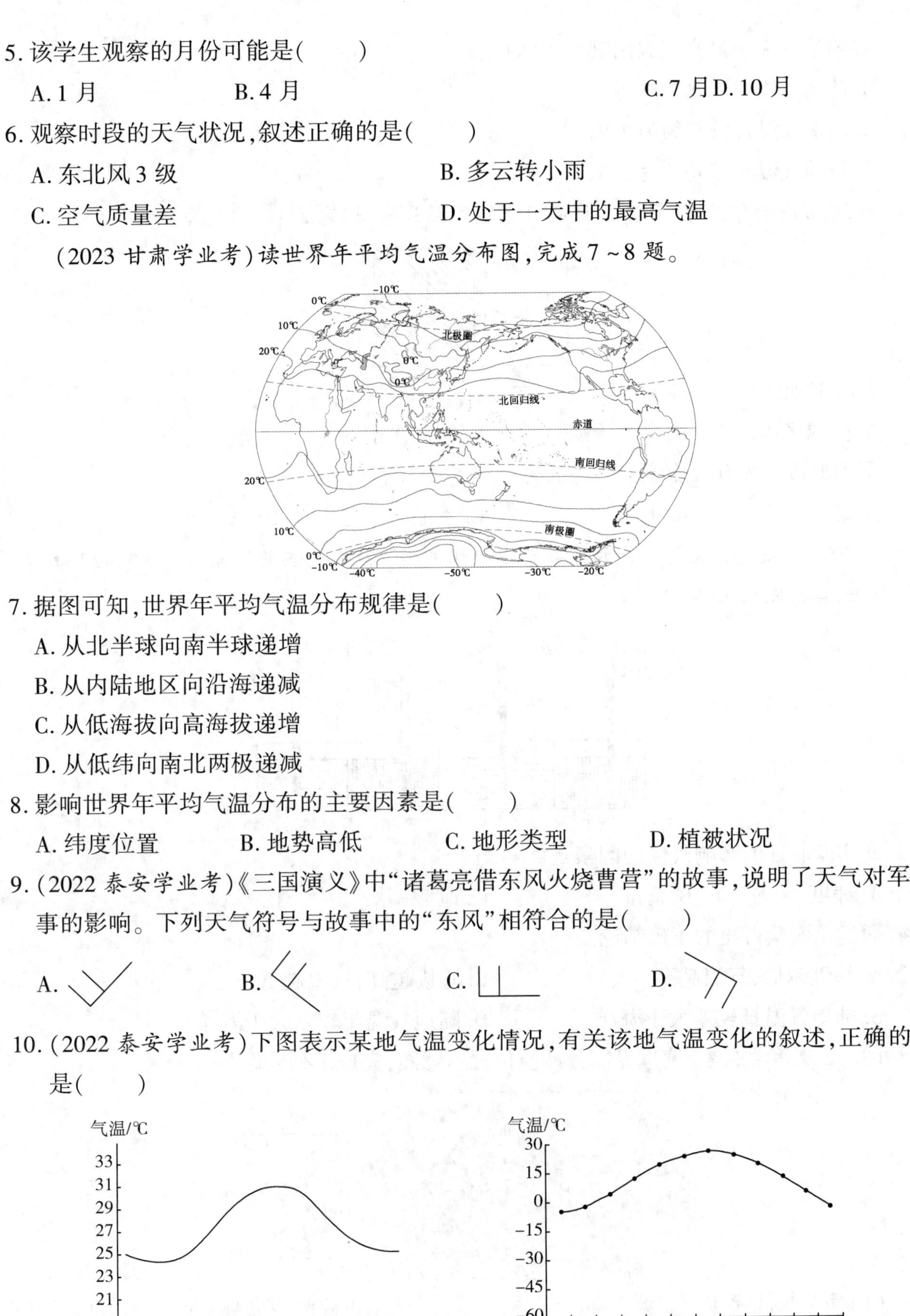

7. 据图可知,世界年平均气温分布规律是(　　)

A. 从北半球向南半球递增

B. 从内陆地区向沿海递减

C. 从低海拔向高海拔递增

D. 从低纬向南北两极递减

8. 影响世界年平均气温分布的主要因素是(　　)

A. 纬度位置　　B. 地势高低　　C. 地形类型　　D. 植被状况

9. (2022 泰安学业考)《三国演义》中"诸葛亮借东风火烧曹营"的故事,说明了天气对军事的影响。下列天气符号与故事中的"东风"相符合的是(　　)

A.　　B.　　C.　　D.

10. (2022 泰安学业考)下图表示某地气温变化情况,有关该地气温变化的叙述,正确的是(　　)

气温/℃
33
31
29
27
25
23
21
2 4 6 8 10 12 14 16 18 20 22 24 (时)

气温/℃
30
15
0
-15
-30
-45
-60
1 2 3 4 5 6 7 8 9 10 11 12 月份

A. 该地一天中最高气温出现在 12 时左右

B. 该地可能位于北半球海洋上

C. 该地气温日较差约为 7 ℃

D. 该地气温年较差约为 7 ℃

(2022 海南学业考)读某区域某月平均气温分布图,完成 11 ~ 12 题。

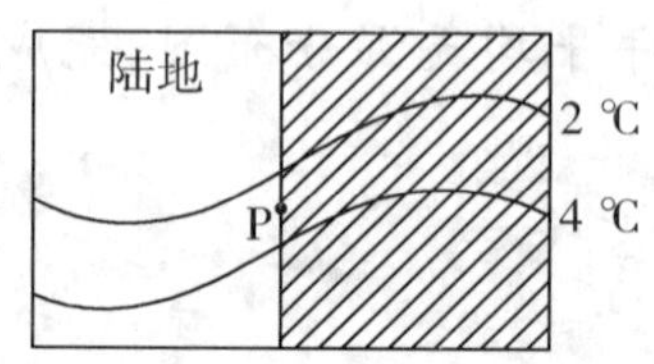

11. 此时 P 地区(　　)

A. 高温多雨　　B. 寒冷干燥　　C. 温和多雨　　D. 温和少雨

12. 下列城市中最有可能位于 P 地的是(　　)

A. 北京　　B. 上海　　C. 悉尼　　D. 巴黎

(2021 福建学业考)下图示意某学习小组所做"影响气候的因素"分组实验及其记录数据,读图完成 13 ~ 14 题。

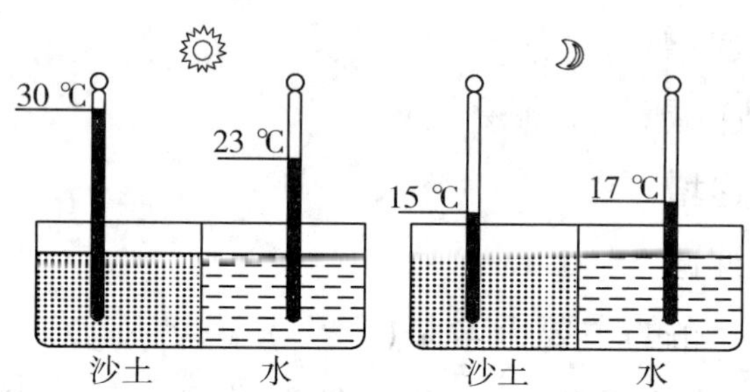

13. 此实验验证的影响气候的因素是(　　)

A. 纬度　　B. 海陆　　C. 地形　　D. 季风

14. 通过该实验得出的正确结论是(　　)

A. 纬度越低,气温越高　　B. 海拔越高,气温越低

C. 陆地气温日较差大于海洋　　D. 陆地气温年较差大于海洋

15. (2022 陕西学业考)读世界部分沙漠位置示意图,完成下列问题。

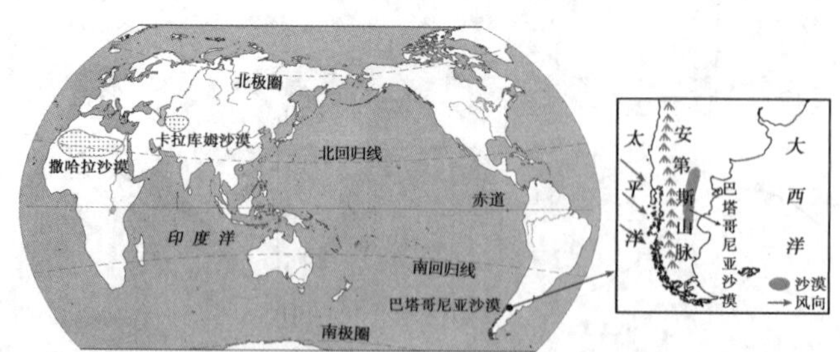

(1)撒哈拉沙漠位于非洲大陆北部,被________(填重要纬线名称)穿过;卡拉库姆沙

漠位于________大陆内部;巴塔哥尼亚沙漠位于安第斯山脉______(填方位)侧。

(2)下图为三个沙漠的气温曲线和降水量柱状图,从图中可以看出,三地降水量都______,能够表示撒哈拉沙漠、卡拉库姆沙漠、巴塔哥尼亚沙漠三地气候的序号依次是______。

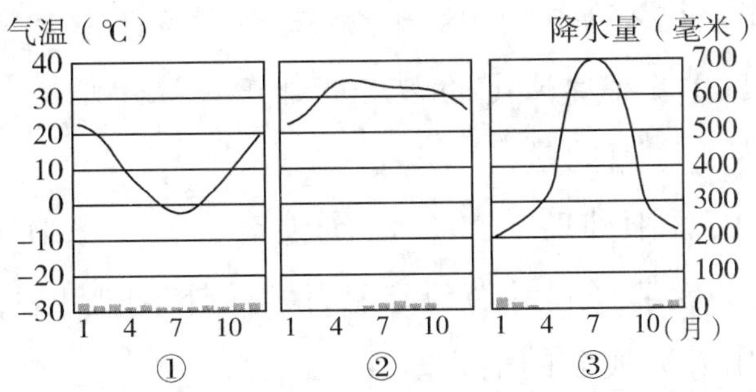

(3)安第斯山脉的南段“拦截”了来自太平洋的大量水汽,在山脉的________(填迎风坡或背风坡)形成了巴塔哥尼亚沙漠。

第三单元　居民与聚落

（2023 广安学业考）2023 年 7 月 28 日，第三十一届世界大学生夏季运动会在拥有 4 500多年文明史和 2 300 多年建城史的四川成都正式拉开帷幕。据此完成 1 ~3 题。

1. 以下不能体现四川人文底蕴的是(　　)

A. 交子　　B. 太阳神鸟　　C. 蜀锦　　D. 丽江古城

2. 为更好地承办大运会，成都兴起了为当志愿者学习外语的热潮，其原因可能是(　　)

A. 俄语是世界上使用人数最多的语言

B. 法语是联合国唯一的工作语言

C. 英语是世界上使用范围最广的语言

D. 西班牙参加大运会的运动员最多

3. 志愿者田田看到对四川某地的介绍有这样一些词语："川东北""亚热带季风气候""成渝双城经济圈""小平故里"，请你猜猜这是哪里(　　)

A. 巴中　　B. 南充　　C. 达州　　D. 广安

（2023 广东学业考）"A"形茅屋是巴布亚新几内亚的传统民居，因其外形酷似字母"A"而得名。图 1 为巴布亚新几内亚气候资料图，图 2 为"A"形茅屋景观图。据此完成 4 ~5 题。

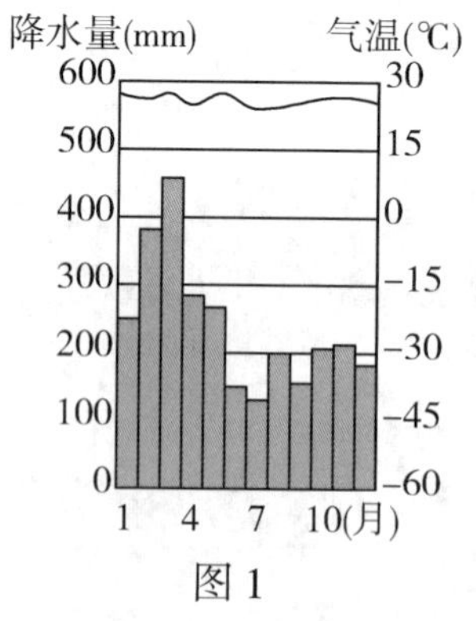

图 1

图 2

4. 巴布亚新几内亚的气候特征是(　　)

A. 夏季高温少雨，冬季温和多雨　　B. 全年高温多雨

C. 夏季高温多雨，冬季温和少雨　　D. 全年温和湿润

5. "A"形茅屋的外形设计主要是考虑(　　)

A. 保暖　　B. 防风　　C. 防潮　　D. 排水

6. （2022 河南学业考）2021 年 12 月，中老铁路正式开通，该铁路是"一带一路"的标志性

工程。下图为中老铁路示意图及老挝琅勃拉邦气温曲线与降水量柱状图。阅读图文材料,回答下列问题。

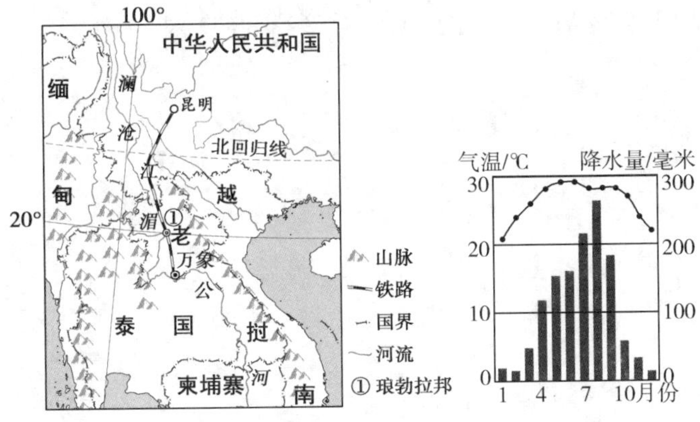

【绿色之路】

中老铁路是一条与山川同美的绿色铁路。沿途车站建筑风格鲜明,一些车站的候车厅使用了玻璃屋顶。老挝琅勃拉邦车站采用“人”字形屋顶设计(如下图),屋顶陡峭,屋檐宽大。

(1)玻璃屋顶设计可以充分利用________,节省电力。

(2)说明老挝琅勃拉邦车站“人”字形屋顶与气候的关系。

7.(2023 重庆学业考)重庆是一个多山的城市,被称为“山城”,又因多雾被称为“雾都”。读图完成下列各题。

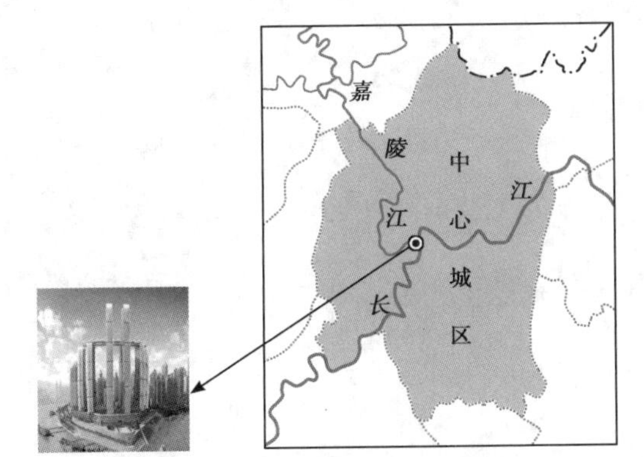

图1 重庆朝天门 图2 重庆中心城区位置

图3 重庆特色民居

(1)朝天门位于________江与______江交汇处。

(2)图3中依山而建的特色民居是________。

(3)请从水汽来源和地形两方面,说明重庆多雾的原因。

第四单元　发展与合作

(2023 广东学业考)未来20年,中国客机需求量将持续增长。2023年4月,中法两国签署了总价值超过1 300亿元人民币的民用飞机订单。法国空客集团将在中国增设工厂。据此完成1~2题。

1. 中法两国签署飞机订单属于(　　)

A. 文化合作　　B. 旅游合作

C. 教育合作　　D. 经贸合作

2. 法国空客集团在中国增设工厂的主要原因是中国(　　)

①消费市场广阔　　②技术基础良好

③国家政策支持　　④闲置土地充足

A. ①②③　　B. ②③④

C. ①②④　　D. ①③④

(2023 新疆学业考)应我国国家主席习近平邀请,法国总统马克龙于2023年4月5日至7日对中国进行国事访问。马克龙对此次访华非常重视,访问团由多位法国政府高级官员、60多位法国企业家及20多位文化界人士组成。据此完成3~4题。

3. 此次中法交流属于(　　)

A. 南南对话　　B. 南北对话

C. 南南合作　　D. 南北差距

4. 法国旅游资源丰富,下列旅游景点位于法国的是(　　)

A. 古斗兽场　　B. 白金汉宫

C. 卢浮宫博物馆　　D. 奥林匹克遗址公园

第五单元　认识大洲

(2023新疆学业考)“我们亚洲,山是高昂的头,我们亚洲,河像热血流……”听到这首《亚洲雄风》,我们的脑海中会涌现出一幅亚洲壮丽山河的画卷。据此完成1~2题。

1.“我们亚洲,山是高昂的头”,这里的“山”如果是世界的“头”,那么这座“山”是(　　)

A. 天山博格达峰　　B. 唐古拉山各拉丹冬峰

C. 喀喇昆仑山乔戈里峰　　D. 喜马拉雅山珠穆朗玛峰

2. 下列示意图能正确反映亚洲河流流向的是(　　)

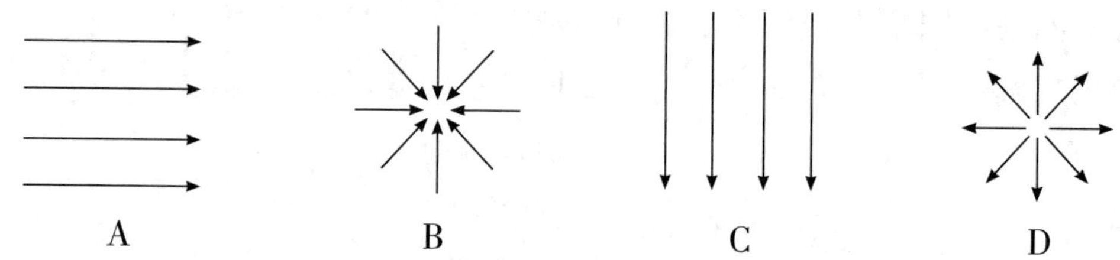

(2023十堰学业考)读世界地图和气候资料图,完成3~5题。

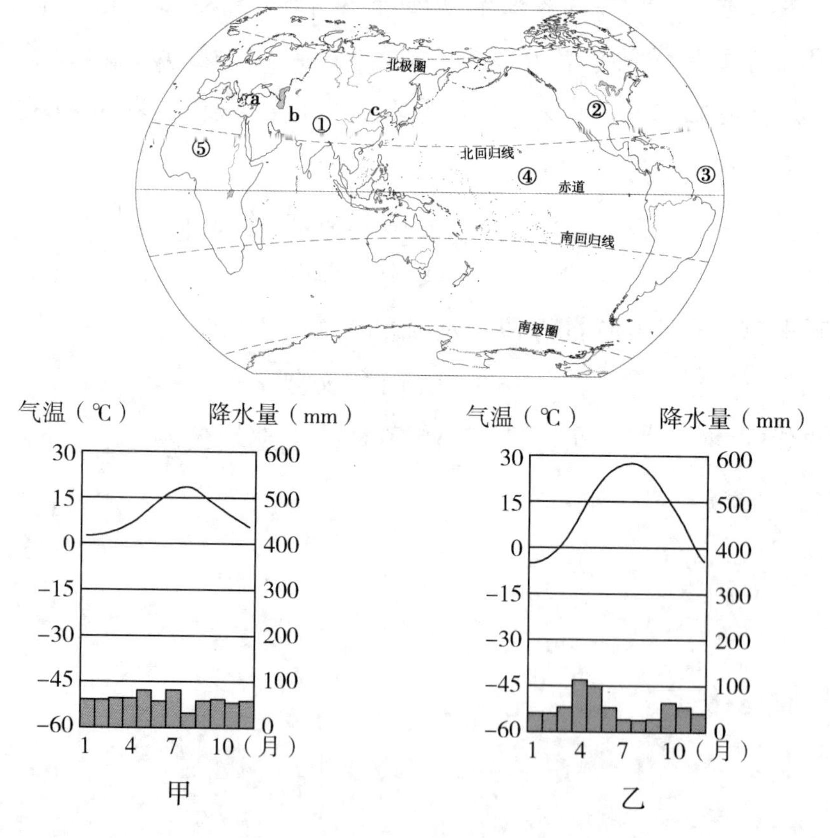

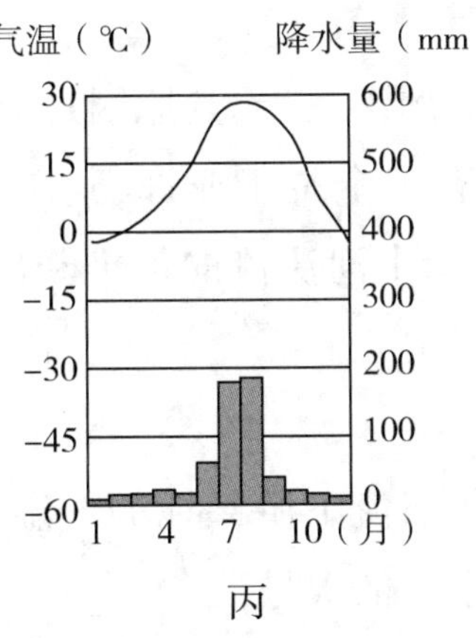

丙

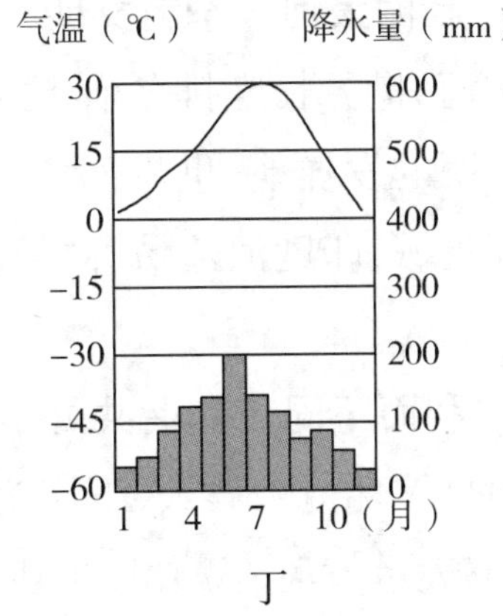

丁

3. a、b、c 三地均位于中纬度地区，从四种气候资料图判断，与 b 地气候相符的是（　　）

A. 甲　　B. 乙　　C. 丙　　D. 丁

4. 关于七大洲四大洋的知识，下列叙述错误的是（　　）

A. ①②大洲的分界线是白令海峡

B. ③大洋跨东、西、南、北四个半球

C. ①大洲是世界面积最大、跨经度最广的大洲

D. ④大洋是世界面积最大的大洋

5. 关于世界人种、语言、宗教的叙述，正确的是（　　）

A. 佛教是世界上信仰人数最多的宗教　　B. ②大洲大部分地区主要使用英语

C. 汉语是世界上使用范围最广的语言　　D. ⑤所在地区居民以黑色人种为主

6.（2023 陕西学业考）国家主席习近平在博鳌亚洲论坛 2022 年年会开幕式的主旨演讲中指出，亚洲好世界才能更好。我们应坚定维护亚洲和平，积极推动亚洲合作，共同促进亚洲团结，继续把亚洲发展好、建设好，展现亚洲的韧性、智慧、力量。读亚洲简图，完成下列问题。

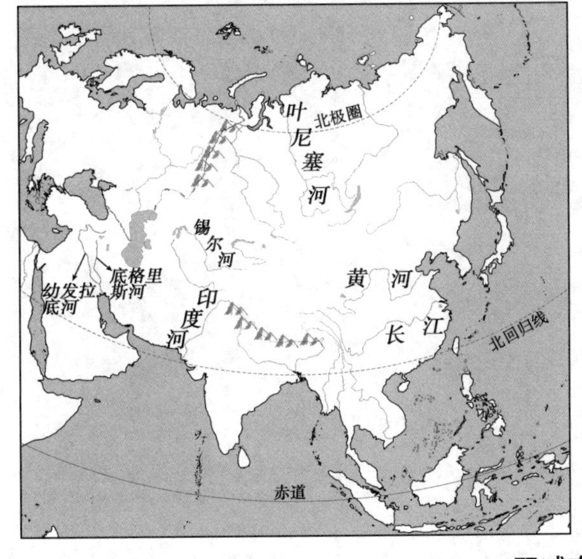

亚洲之河——壮丽大河　孕育文明

(1)亚洲多长河,世界长度排名前十的河流中亚洲占一半,其原因是亚洲________。

(2)河流是文明的发祥地,世界四大文明古国有三个位于亚洲,其所在流域分别为黄河—长江流域、印度河流域、两河流域。从图中河流流向可推断出,亚洲的地势特征是________。

亚洲之和——和而不同　和谐共处

(3)亚洲各国自然环境差异大,下图为亚洲三条河流下游某地的气温曲线和降水量柱状图,能够表示黄河、锡尔河、叶尼塞河的序号依次是________。

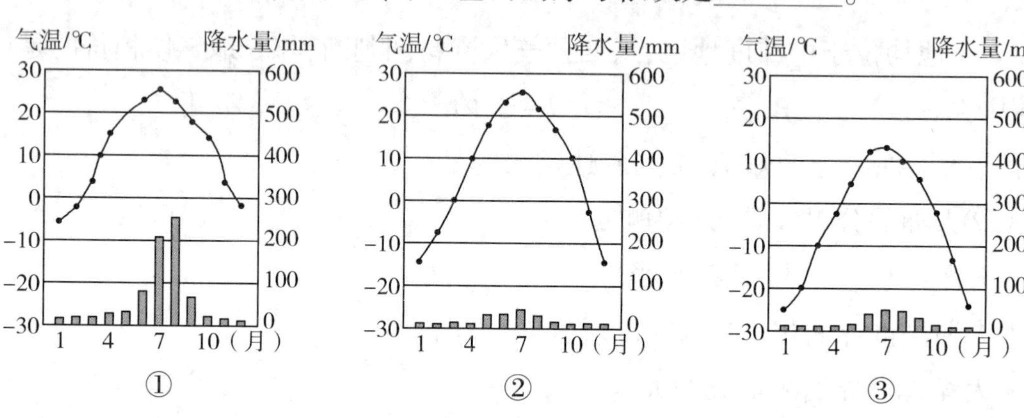

(4)亚洲各国人文环境差异大,国情各异,发展水平不一,文化多样。正是这种多样性和互补性,亚洲各国需要加强________,实现和平共处,共同繁荣。

亚洲之合——互利合作　融合发展

(5)在经济全球化的大背景下,中国提出“一带一路”倡议,进一步促进了亚洲各国共同发展,互利共赢。请举例说明中国与亚洲其他国家在具体某一领域开展的合作,并分别阐述这种合作对双方产生的有利影响。

第六单元　认识地区

（2023 烟台学业考）同学们以印度尼西亚爪哇岛为例探究区域自然环境特征。据此完成 1 ~2 题。

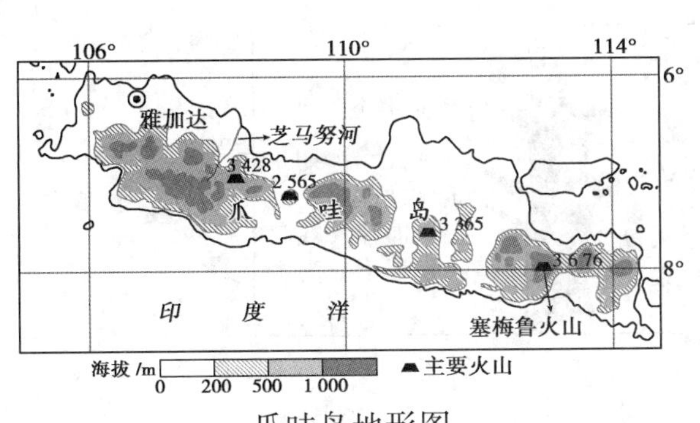

爪哇岛地形图

降水量（mm）
400
300
200
100
0
1　4　7　10　（月）

芝马努河流域降水资料

1. 以下是同学们对爪哇岛地形和气候特征的归纳，正确的是（　　）

A. 地势北高南低　　B. 地形以高原为主

C. 冬冷夏热，四季分明　　D. 降水季节差异较大

2. 根据地形和气候特征，同学们对芝马努河河流特征进行了推测，合理的是（　　）

A. 源短流急　　B. 水量稳定

C. 结冰期长　　D. 有凌汛现象

（2023 江西学业考）下图为南亚局部地区略图。据此完成 3 ~5 题。

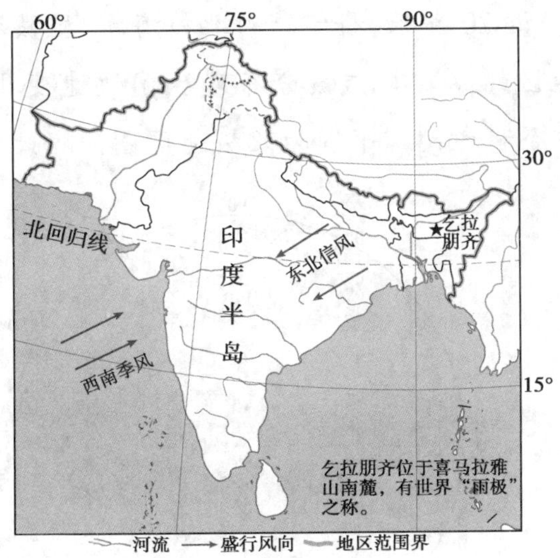

3. 图示海域属于（　　）

A. 太平洋　　B. 大西洋　　C. 印度洋　　D. 北冰洋

4. 受季风影响，印度半岛（　　）

A. 分旱雨两季　　B. 全年多雨　　C. 冬季降水多　　D. 全年少雨

5. 在乞拉朋齐建造民居，应重点考虑（　　）

A. 防风沙　　B. 防寒保暖　　C. 易拆装　　D. 排水散热

（2023 常德学业考）地理“知识树”可以帮助我们建构知识体系，拓展地理思维，提升动手能力。阅读玲玲绘制的世界某地区“知识树”，完成 6～8 题。

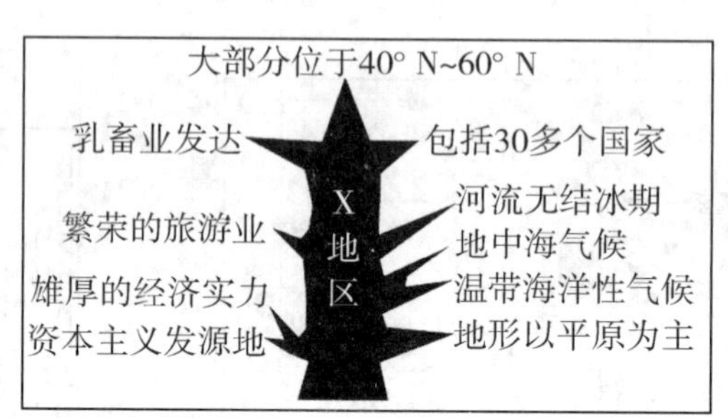

6. 根据“树”上信息判断该地区为（　　）

A. 东南亚　　B. 欧洲西部　　C. 南亚　　D. 西亚

7. 市场和饲料供应是影响该地区乳畜业的两个重要因素。该地区牧草（饲料）丰富得益于（　　）的气候特征。

A. 夏季高温多雨、冬季温和干燥　　B. 夏季炎热干燥、冬季温暖湿润

C. 全年高温多雨　　D. 全年温和湿润

8. 该地区乳畜业生产主要的产品有（　　）

A. 羊毛　　B. 牛肉　　C. 牛奶　　D. 羊肉

（2023 广东学业考）近 20 年来，科学家对北极海冰、植被和格陵兰冰川进行了监测，发现全球增温使北极地区的冰雪与植被分布发生了快速变化，夏季尤为明显。黄河站是我国在北极地区的首个科考站。下图为北极地区图。据此完成 9～11 题。

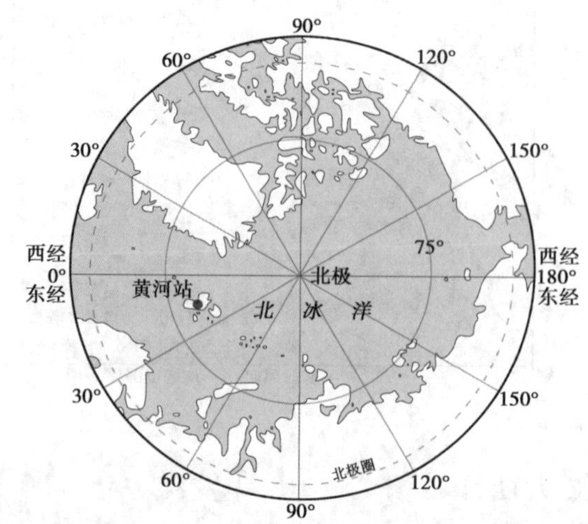

9. 黄河站的经纬度是(　　)

A. (78°55′N,11°56′E)　　B. (11°56′S,78°55′E)

C. (78°55′N,11°56′W)　　D. (11°56′S,78°55′W)

10. 导致近 20 年北极冰雪与植被分布发生快速变化的主要原因是(　　)

A. 开展极地旅游　　B. 开发极地资源

C. 全球气候变暖　　D. 开展极地科考

11. 一般情况下,北极地区冰川融化速度最快的时段是(　　)

A. 1—2 月　　B. 3—4 月

C. 8—9 月　　D. 11—12 月

(2023 江西学业考)在"走进非洲"地理知识竞赛活动中,某同学抽取到如图题卡,请你作为场外援助,与他一起完成 12 ~ 14 题。

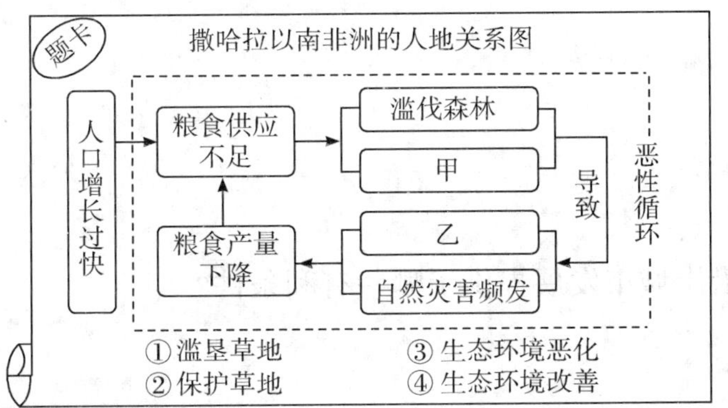

12. 图中甲、乙处分别填入的序号是(　　)

A. ①④　　B. ①③　　C. ②③　　D. ②④

13. 当地居民滥伐森林主要是为了(　　)

A. 增加城市用地　　B. 获取林草资源

C. 扩大耕地面积　　D. 完善基础设施

14. 造成撒哈拉以南非洲人地关系恶性循环的根本原因是(　　)

A. 粮食产量下降　　B. 自然灾害频发

C. 人口增长过快　　D. 滥伐森林

15. (2023 江西学业考)阅读材料,完成下列问题。

欧洲西部国家众多,经济发达。境内多平原,河网密布。莱茵河发源于阿尔卑斯山脉,流域面积广,沿岸人口稠密,城市众多,航运繁忙,是著名的国际性河流。下图为欧洲西部及莱茵河所在区域略图。

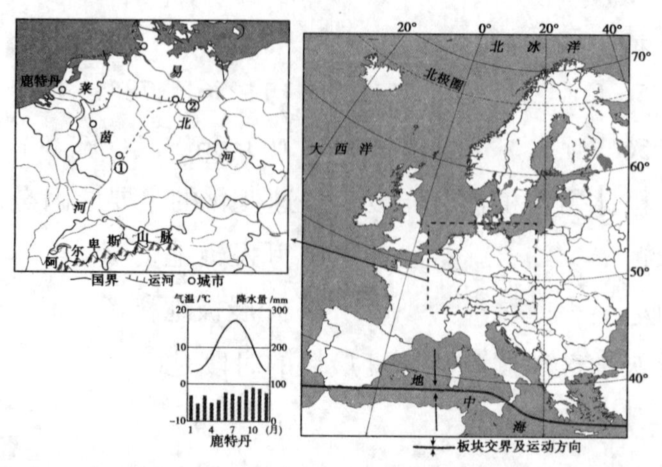

(1)阿尔卑斯山脉是由非洲板块与________板块碰撞挤压而形成。

(2)说出莱茵河的水文特征。(提示:从流量、结冰期等角度作答)

(3)莱茵河对沿岸城市发展提供了哪些有利条件?

(4)有人建议在城市①与城市②之间修建一条运河(图示虚线处),你是否赞同?并说明理由。

16.(2022 河南学业考)2022 年是中国和阿根廷建交 50 周年,两国在农产品贸易、能源开发、极地科考等领域持续深入合作。下图为阿根廷及周边地区示意图。阅读图文材料,回答下列问题。

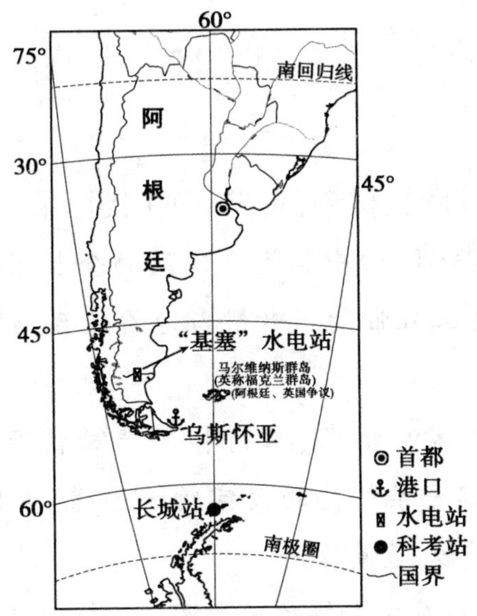

【携手共进　开发水电】

"基塞"水电站是世界最靠南的水电站,由中国企业承建。工程施工期间将创造近两万个就业岗位。建成后,发电量预计可满足 150 万个家庭的日常用电,每年为阿根廷节省大笔油气进口开支。

(1)说出"基塞"水电站建设的有利影响。

【世界尽头　南极驿站】

乌斯怀亚是阿根廷南部的港口城市,也是南极科考的重要补给站。我国"雪龙"号科考船多次在这里停靠补给。

(2)乌斯怀亚成为南极科考重要补给站的原因是________________________________

____,

推测科考船在此补给的物品主要有________________。

(3)列举科考船从乌斯怀亚前往南极地区可能遇到的困难。

17.(2022 广东学业考)阅读图文材料,完成下列问题。

材料一 2021 年 12 月 3 日,由中国投资建设的全长 1 035 千米的中老铁路(中国—老挝)正式运营,该铁路工程带动了老挝当地价值 51 亿元人民币的材料和物资消费及 11 万人就业。

材料二 中南半岛有丰富的稻米、木材和矿产等物产,中老铁路的开通,为中、老、泰、缅、柬、越六国构建起一条便捷的大宗物流通道,大幅度缩短运输时间,降低运输成本,彰显国际物流黄金大通道作用。

材料三 下图为中南半岛及中老铁路示意图。

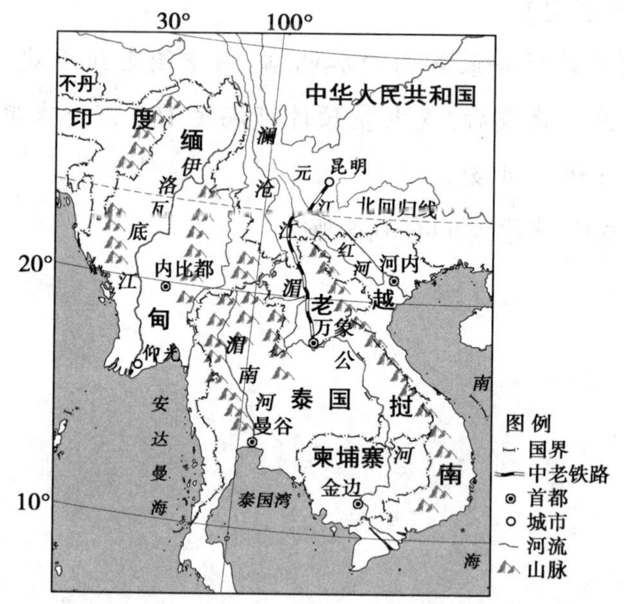

(1)中南半岛地形特征是________________,修建中老铁路可能遇到的地质灾害是____________。

(2)与以往公路运输相比,中老铁路运输的优势有________、____________。

(3)说出修建中老铁路的积极作用。

(4) 从自然、交通等方面,简析中南半岛的大城市多分布在河流沿岸及河口三角洲的原因。

18. (2022 重庆学业考) 南极地区是研究地理环境的天然实验室,我国已在南极地区建成了四个科学考察站,正在建设罗斯海新站。读我国在南极地区的科学考察站分布示意图,完成下列各题。

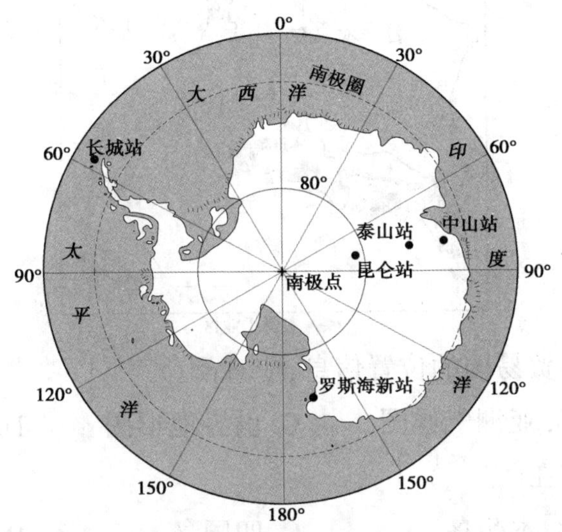

(1) 南极地区冰川广布,平均厚度达 2 000 余米,说明南极地区________资源丰富。南极地区又被称为"白色荒漠",其根本原因是________稀少。

(2) 南极企鹅体型肥大,皮下脂肪较厚,有利于________。

(3) 我国在南极地区的五个科考站中无极昼极夜现象的是________站,该站位于南极点的__________方向。

第七单元　认识国家

(2023 江西学业考)日本工业发达,良港众多,但资源贫乏,国内市场狭小。日本对外贸易主要面向美国、中国及欧洲各国。经过多年发展,沿海工业高度集中。下图示意日本主要工业区分布。据此完成 1 ~4 题。

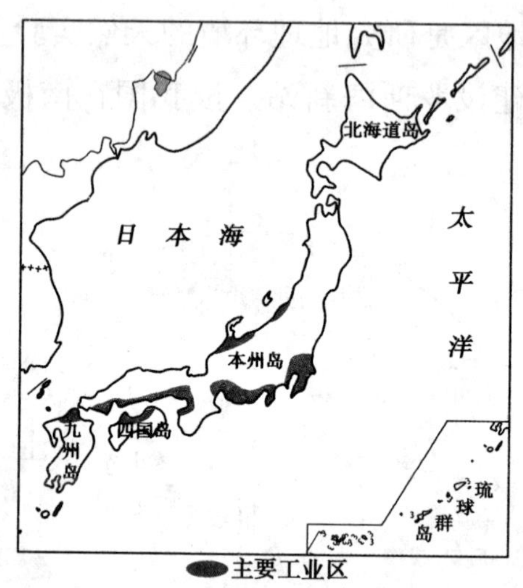

1. 要获取日本主要对外贸易国的位置信息,应查阅(　　)

A. 世界政区图　　B. 亚洲气候图　　C. 世界地形图　　D. 亚洲人口图

2. 日本工业区主要分布在(　　)

A. 北海道岛　　B. 本州岛　　C. 四国岛　　D. 九州岛

3. 日本工业沿海布局的有利条件有(　　)

A. 土地价格低　　B. 矿产资源丰富　　C. 劳动力廉价　　D. 优良港口众多

4. 日本工业高度集中,产生的问题有(　　)

A. 环境污染加剧　　B. 原料消耗减少　　C. 产品质量下降　　D. 优化产业结构

(2023 云南学业考)俄罗斯面积广大,资源丰富,工业基础雄厚。读俄罗斯示意图,完成 5 ~6 题。

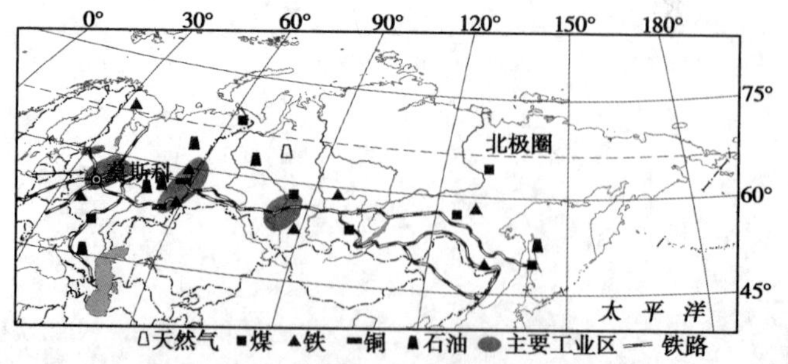

5. 俄罗斯的工业(　　)

A. 主要分布在亚洲部分

B. 以充足的劳动力为发展基础

C. 部门齐全,以轻工业为主

D. 以丰富的矿产资源为优势条件

6. 俄罗斯海岸线漫长,但港口不多,主要原因是(　　)

A. 沿岸地势陡峻,不易修建港口

B. 以航空运输为主,海运需求小

C. 纬度高,气候寒冷,封冻期长

D. 海岸线平直,缺少天然良港

(2022 江西学业考)卡塔尔是个富裕的国家,气候炎热干燥。读西亚局部区域图,完成 7 ~9 题。

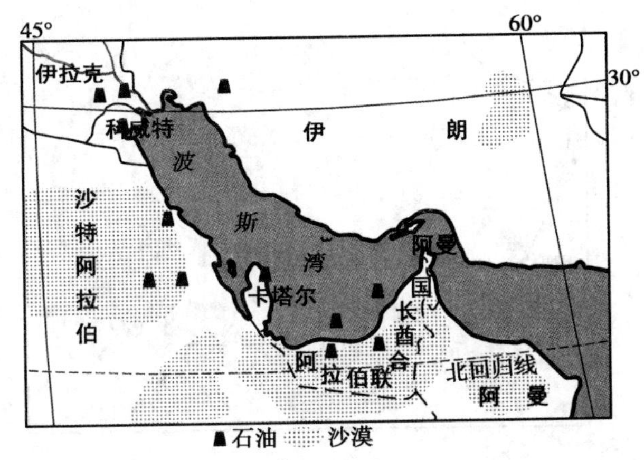

7. 对卡塔尔经济发展起巨大作用的资源是(　　)

A. 煤炭　　B. 石油　　C. 铁矿石　　D. 黄金

8. 卡塔尔的大型体育赛事多选择在 11 月至次年 2 月间进行,原因是该时期的卡塔尔(　　)

A. 气温较高　　B. 天气较凉爽　　C. 白昼较长　　D. 地震较少

9. 卡塔尔水资源紧缺,最有效的解决措施是(　　)

A. 建海水淡化厂

B. 从邻国调入淡水

C. 人工降雨

D. 大量抽取地下水

(2023 岳阳学业考)在中国积极斡旋下,沙特阿拉伯与伊朗两国外长于 2023 年 4 月 6 日在北京宣布恢复外交关系。某中学地理学习小组绘制了一幅框图,探究沙特阿拉伯的气候类型。据图完成 10 ~11 题。

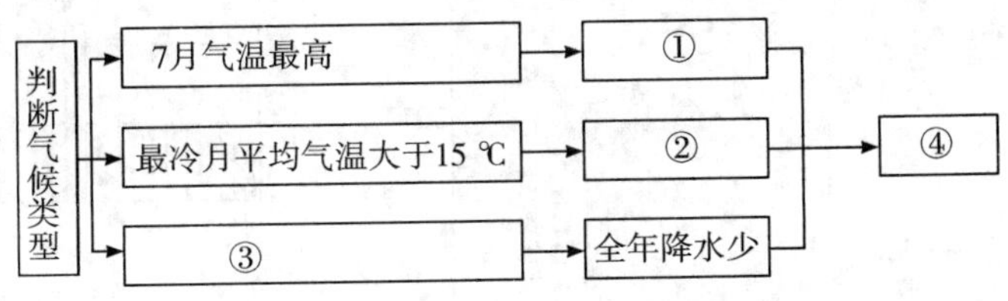

10. 框图中,各数码与其填入的内容,恰当的是(　　)

A. ①位于南半球　　B. ②地处温带
C. ③各月降水量大于 100 mm　　D. ④热带沙漠气候

11. 下列地理现象的形成，与框图所探究的气候无关的是(　　)
A. 大多居民信仰基督教　　B. 骆驼为传统交通工具
C. 墙厚窗小的传统民居　　D. 宽大的白色长袍为传统服饰

(2022 重庆学业考)读澳大利亚人口密度分布图，完成12～14 题。

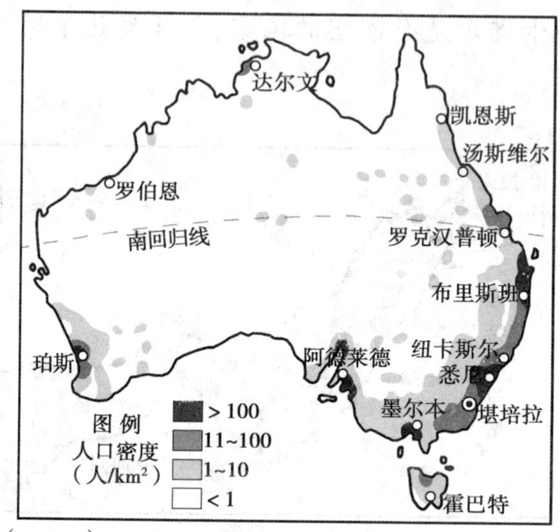

12. 该国人口主要分布在(　　)
A. 东北沿海　　B. 东南沿海　　C. 西南沿海　　D. 西北沿海

13. 该国居民大多是英国移民后裔，其主要人种是(　　)
A. 白色人种　　B. 黄色人种　　C. 黑色人种　　D. 混血人种

14. 该国特有的动物是(　　)
A. 企鹅　　B. 熊猫　　C. 袋鼠　　D. 大象

(2023 临沂学业考)南非位于非洲大陆最南端，是非洲经济最发达的国家。下图为南非位置示意图和开普敦多年平均各月气温曲线和降水量柱状图。据此完成 15～16 题。

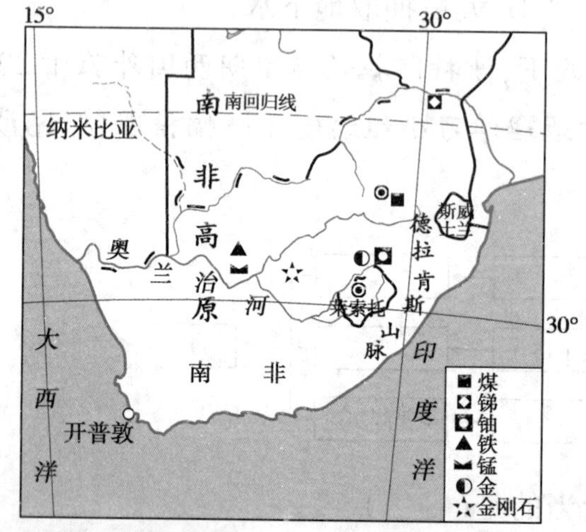

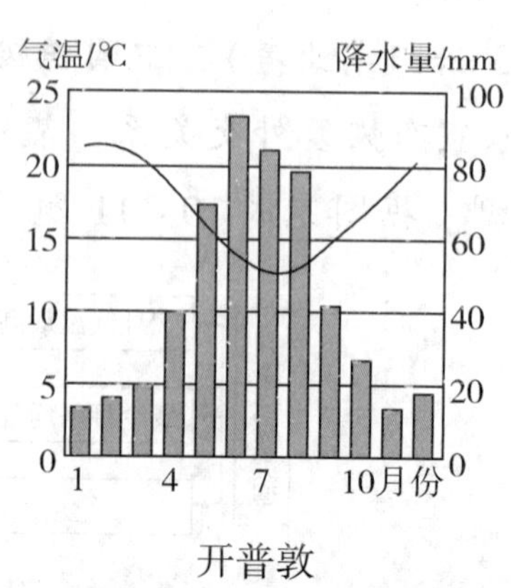

15. 南非(　　)

A. 大部分地区位于热带　　B. 大部分地区位于北温带

C. 大部分地区位于南温带　　D. 跨东西两半球

16. 开普敦的气候特点是(　　)

A. 冬季温和多雨,夏季凉爽干燥　　B. 夏季高温多雨,冬季寒冷干燥

C. 全年温和,各月降水均匀　　D. 全年高温,分干湿两季

(2023 连云港学业考)下图为巴西人口、主要城市、矿产资源和部分农作物分布图。读图完成 17 ~ 18 题。

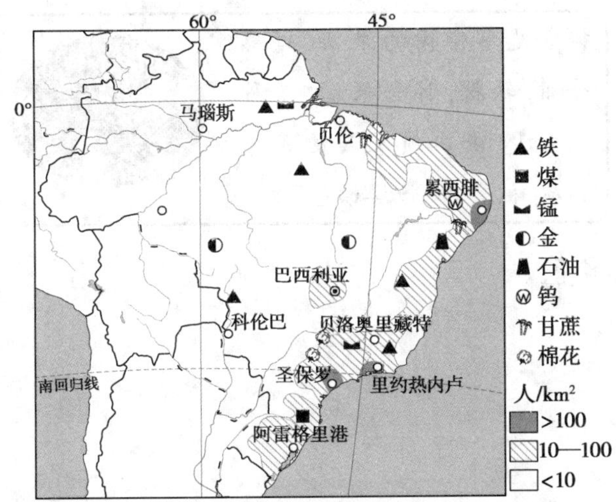

17. 贝洛奥里藏特、里约热内卢和圣保罗所在的三角地区,其主要工业部门是(　　)

A. 钢铁工业、纺织工业　　B. 造船工业、化学工业

C. 木材工业、汽车工业　　D. 石油工业、食品工业

18. 与科伦巴地区相比,贝洛奥里藏特、里约热内卢和圣保罗所在的三角地区发展工业的主要优势条件是(　　)

①矿产多样　②能源丰富　③海运便利　④人口众多

A. ①②　　B. ①④　　C. ②③　　D. ③④

(2023 重庆学业考)密西西比河干流流经平原地区,是美国内河运输大动脉。读图完成 19 ~ 20 题。

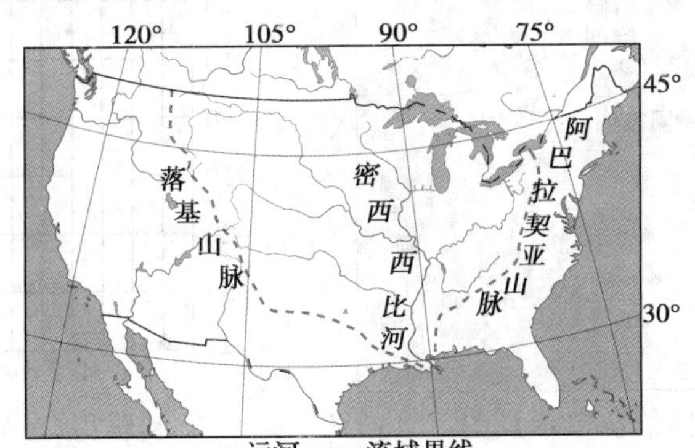

19. 受地形影响，密西西比河干流(　　)

A. 水流平缓　　B. 水量很小　　C. 无结冰期　　D. 运输量小

20. 连接密西西比河与五大湖的水上航道是(　　)

A. 公路　　B. 铁路　　C. 桥梁　　D. 运河

21. (2023 阳泉学业考)【寻“枣”记】小丽同学在超市购买了一种叫椰枣的果品，发现其与产自我国的红枣不同。为了寻找并了解椰枣的“家”，某地理社团开启寻“枣”之旅。阅读图文资料，完成下列内容。

探究一：慧眼识枣

椰枣是枣椰树的果实，口感香甜、软糯，富含果糖、多种维生素、蛋白质及其他营养物质，被誉为“沙漠面包”。

(1)说出椰枣的营养价值。

探究二：探访寻枣

枣椰树是热带、亚热带绿洲农业的代表植物，耐干旱、耐高温、喜阳光，但需要较多的水分才能结出丰硕的果实，人们形象地称它是“头长在火中，脚浸在水里”。位于沙特阿拉伯东部的哈萨绿洲拥有该地区最丰富的地下水资源，是该国最大的椰枣产地。

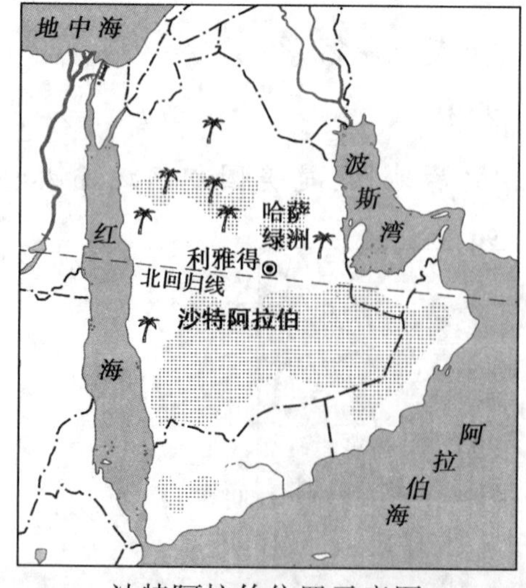

沙特阿拉伯位置示意图

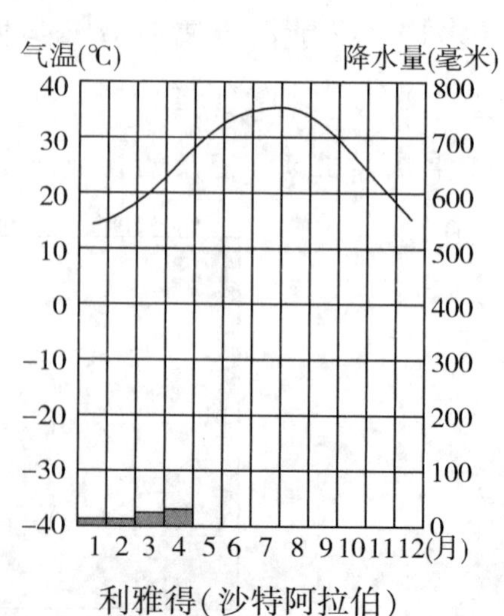

利雅得(沙特阿拉伯)

(2) 简要分析哈萨绿洲成为该国最大椰枣产地的原因。

探究三:头脑风暴

同学们通过查阅资料了解到椰枣既可当粮食,又可制糖和酿酒。于是大家围绕“是否可以在沙特阿拉伯大规模推广种植枣椰树”展开讨论。

(3) 针对上述问题,请表明你的观点并说明理由。

(4) 踏着寻“枣”的脚步继续探访,请将你对该国自然和人文地理特征的更多了解归纳并整理在信息卡上。

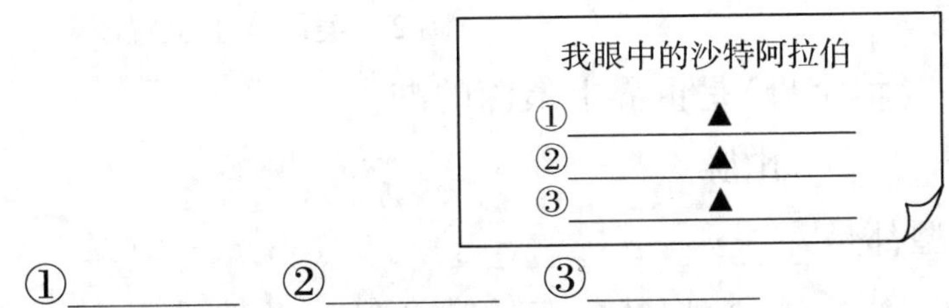

①________ ②________ ③________

22. (2023 上海学业考) 印度和埃及都是历史悠久的传统农业国。填表比较两国位置、气候以及农业的共同点和差异性。

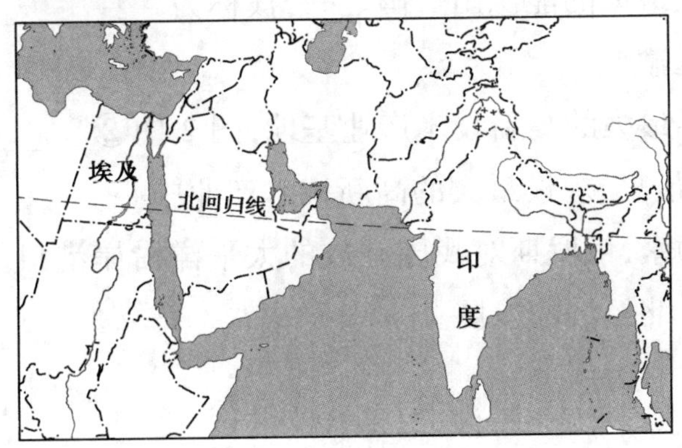

印度和埃及的地理位置示意图

<table>
<tr><th>比较项</th><th>印度</th><th>埃及</th></tr>
<tr><td rowspan="2">位置</td><td colspan="2">地处五带中的热带和①________带</td></tr>
<tr><td>位于亚洲②________部</td><td>跨③________两洲</td></tr>
<tr><td rowspan="2">气候</td><td colspan="2">热带气候分布面积广</td></tr>
<tr><td>以热带季风气候为主,旱雨季分明</td><td>以④______气候为主,全年炎热少雨</td></tr>
<tr><td rowspan="2">农业</td><td colspan="2">传统农业国</td></tr>
<tr><td>⑤________(耕地/林地)面积居世界首位,是世界重要的产粮国之一</td><td>耕地主要分布在⑥________河两岸;是世界上重要的长绒棉生产和出口大国</td></tr>
<tr><td colspan="3">两个国家发展农业的条件,还有很多项目可以比较。请再举出一个比较项目:⑦________</td></tr>
</table>

23.(2023 黑龙江学业考)读图,回答下列问题。

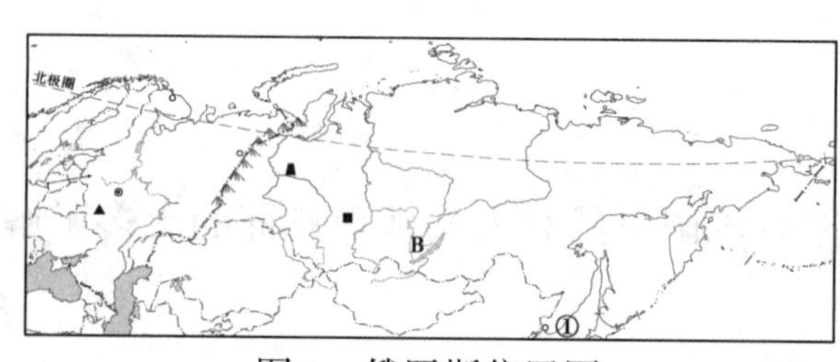

图1　俄罗斯位置图

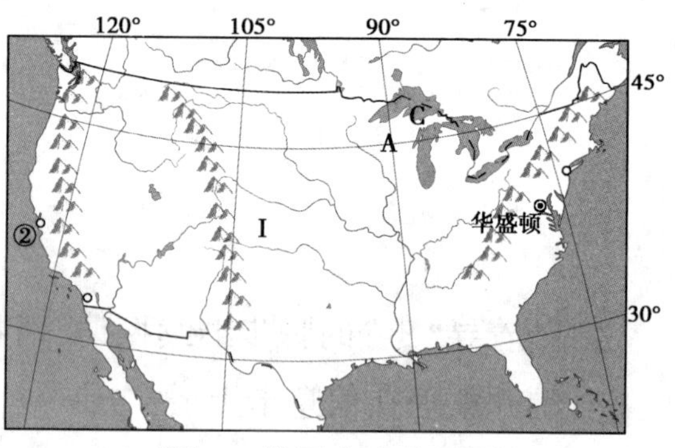

图2　美国本土位置图

(1)图中 B、C 两湖,________(填字母)是世界上最深的湖。

(2)图 2 中 I 是美国著名的________山脉。

(3)两国分布最广的气候类型都是________________。

(4)图 2 中 A 处的农业带是________,影响其分布的社会经济条件是____________;制约俄罗斯农业生产的自然条件是________________。

(5)俄罗斯是世界上最大的能源出口国之一,被称为“________”,能源运输的主要方式是________运输。

(6)美国一直是世界最大的高新技术产业基地,图 2 中②______________东南的“硅谷”是美国兴起最早、规模最大的高新技术产业中心。

(7)中俄经贸往来频繁,俄罗斯对我国开放的太平洋沿岸港口①是______________,大大促进我国东北经济的发展。

24. (2022 陕西学业考) 以下是《日本》一课的教学片段，请将相关内容补充完整。

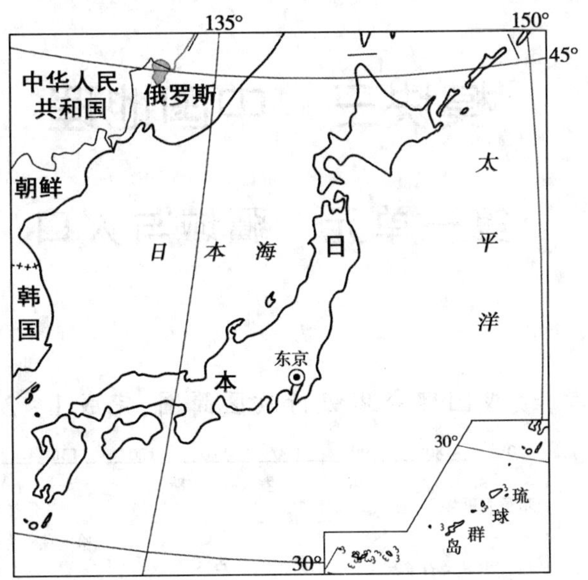

初识日本

（1）根据相关视频，学生说出日本初印象。①多地震，②寿司，③富士山，④动漫，⑤和服，列出其中所有的自然地理事象______（填序号）。

走近日本

（2）根据上面的日本位置示意图，学生描述日本的地理位置。

· 纬度位置：大部分位于25° N~45° N，属于五带中的________带。

· 海陆位置：日本是________洋西北部的岛国。

· 相对位置：与中国等隔海相望。

图说日本

（3）学生查阅多种地图学习日本地理特征。

· 选择地形分布图、气候分布图等，认识日本自然环境概况。

· 选择城市分布图、________分布图等，认识日本人文地理特征。

（4）学生通过分析特征，建立要素联系。

多山地丘陵、降水充沛 ⇒ ____ 资源丰富；矿产贫乏、优良港湾多、科技水平高 ⇒ 进口______，出口工业制成品

模块三　中国地理

第一单元　疆域与人口

(2022 陕西学业考)读我国部分省级行政区简图,完成 1 ~2 题。

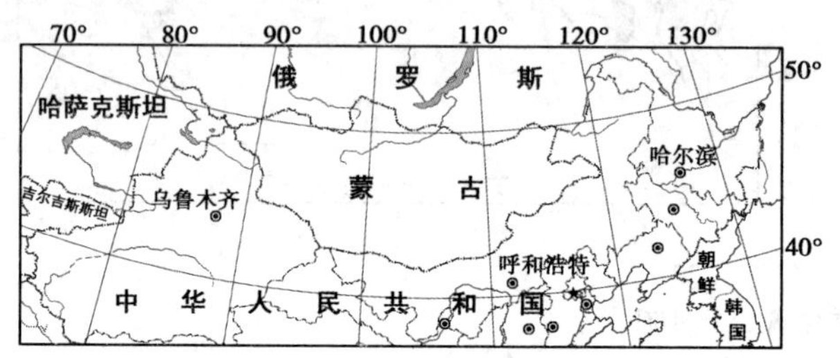

1. 当哈尔滨晨光熹微时,乌鲁木齐依然夜色深重,这种现象产生的原因是我国(　　)

A. 东西跨度大　　B. 南北跨度大

C. 海陆兼备　　D. 位于北温带

2. 呼和浩特所在的省级行政区(　　)

A. 与朝鲜接壤　　B. 是沿海省区

C. 与 4 个国家相邻　　D. 简称是内蒙古

2021 年,中国海上风电装机规模跃居世界第一。2021 年 12 月,全球首个抗台风漂浮式海上风电平台在广东阳江成功并网发电。下图为我国东部沿海地区简图。读图,完成 3 ~4 题。

3. 广东阳江濒临(　　)

A. 渤海　　B. 黄海　　C. 东海　　D. 南海

4. 我国东部沿海地区海上风能开发的有利条件是(　　)

①海岸线漫长　②工业集中,市场广阔　③农业基础好　④技术先进,资金雄厚

A. ①②③　　B. ①②④　　C. ①③④　　D. ②③④

5. (2022 河南学业考)黎族是海南主要的少数民族,黎锦、船形屋等是独具民族特色的地方文化产物。下列最能反映黎族生产生活的是(　　)

A 　　B 　　C 　　D

(2022 重庆学业考)下图中的数字表示我国黑龙江省各地市水稻种植面积(2020 年),读图完成 6 ~ 8 题。

大兴安岭地区(0)
黑河市(1.6)
齐齐哈尔市(44.5)
伊春市(5.8)
鹤岗市(30.1)
佳木斯市(104.1)
双鸭山市(40.6)
绥化市(33.2)
鸡西市(49.1)
哈尔滨市(59.2)
大庆市(11.2)
牡丹江市(5.0)
七台河市(2.5)
单位:万公顷

6. 该省的简称是(　　)

A. 黑　　B. 京　　C. 川　　D. 渝

7. 该省主要的土壤类型是(　　)

A. 黄土　　B. 红壤　　C. 黑土　　D. 紫色土

8. 该省水稻种植面积最大的地区是(　　)

A. 哈尔滨市　　B. 佳木斯市　　C. 双鸭山市　　D. 牡丹江市

(2023 临沂学业考)2022 年 5 月 20 日,全球最大的智慧养殖工船“国信 1 号”在青岛交付运营。该船以“船载舱养”模式常年游弋在黄海、东海和南海之间,利用深远海优质海水,养殖大黄鱼、石斑鱼、大西洋鲑鱼等名贵鱼种,被称为“移动的海洋牧场”。下图

为中国疆域图。据此完成 9 ~ 11 题。

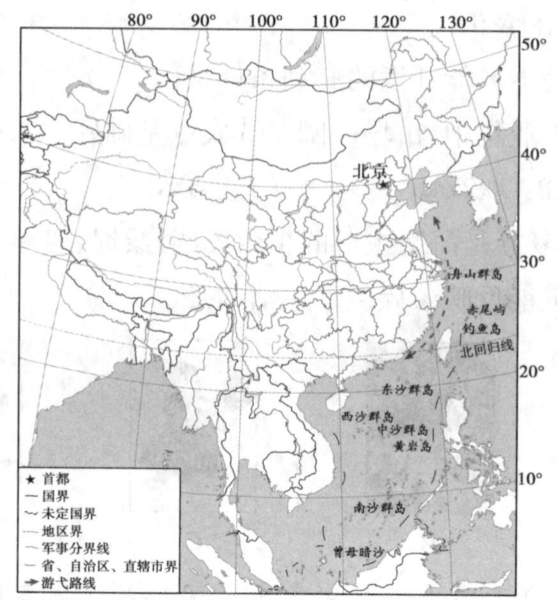

9. 我国地理位置优越,体现在(　　)

A. 大部分地区位于热带,光热丰富

B. 地跨寒、温、热三带,利于发展多种经营

C. 海陆兼备,利于发展陆上和海上贸易

D. 东靠亚欧大陆,西临太平洋,季风气候显著

10. 我国发展“移动的海洋牧场”有利条件是(　　)

A. 山区面积广大,草场面积广阔

B. 陆上国界线长,邻国多

C. 东西距离长,陆地面积广阔

D. 南北跨纬度广,海域面积辽阔

11. 2023 年 5 月 1 日 12 时至 8 月 16 日 12 时,我国渤海、黄海、东海及北纬 12°以北的南海(含北部湾)海域全面进入伏季休渔期,不得从事捕捞作业,其主要目的是(　　)

A. 保护渔业资源　　　　B. 维护海洋权益

C. 发展海洋旅游　　　　D. 减少海洋污染

(2023 滨州学业考)近日,山东省淄博市因烧烤火爆“出圈”,五一期间接待游客 800 余万人次。结合图文资料,完成 12 ~ 13 题。

12. “有朋自远方来,不亦乐乎”,下列“进淄赶烤”车辆所属省份距离山东省最远的是(　　)

13. 滨州各县市区文旅局纷纷到“烤点”做城市推介，下列描述与滨州实际相符的是(　　)

A. 交通发达，以铁路运输为主

B. 黄河干流自滨州入海

C. 农作物种类丰富，盛产小麦、水稻、甜菜等

D. 盛产冬枣、鸭梨等温带水果

(2022 广东学业考)第七次全国人口普查数据显示，近十年来我国人口保持低速增长态势，为此国家先后出台“二孩”“三孩”人口政策。下表示意 2000 年以来我国三次人口普查各年龄段人口比重。据此完成 14～15 题。

项目	各年龄段人口比重(%)		
	0～14 岁	15～64 岁	65 岁及以上
2000 年第五次人口普查	22.8	70.2	7.0
2010 年第六次人口普查	16.6	74.5	8.9
2020 年第七次人口普查	18.0	68.6	13.5

14. 2000 年以来，我国人口年龄结构变化特点是(　　)

A. 0～14 岁人口比重持续上升

B. 0～14 岁人口比重先升后降

C. 15～64 岁人口比重持续下降

D. 65 岁及以上人口比重持续上升

15. 我国出台“二孩”“三孩”人口政策的主要目的是(　　)

A. 降低人口死亡数量　　　　B. 提高老年人生活质量

C. 降低人口密度　　　　　　D. 鼓励生育，优化人口年龄结构

(2023 陕西学业考)读 2010～2022 年中国人口自然增长率变化折线图，完成 16～18 题。

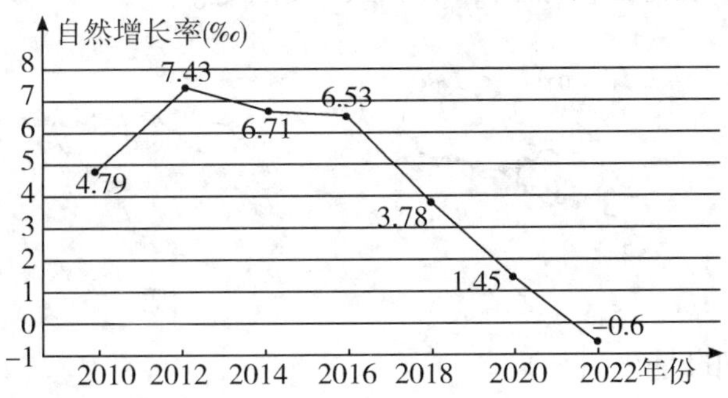

16. 据图判断，下列说法正确的是(　　)

A. 2020 年人口出现负增长

B. 2018 年出生率大于 3.78‰

C. 2016 年出生率小于 6.53‰

D. 2012 年人口数量达到最多

17. 未来我国人口将面临(　　)

①人口老龄化加剧　　②劳动力资源短缺

③出生率居高不下　　④人口总数持续增长

A. ①④　　B. ②③　　C. ③④　　D. ①②

18. 面对我国现阶段的人口问题,下列措施合理的是(　　)

A. 实施三孩政策　　B. 提倡少生优生

C. 倡导人口外迁　　D. 鼓励提前退休

(2022 石家庄学业考)我国第七次人口普查(2020 年)部分数据(如下图所示)反映各地的人口分布差异。据此完成 19 ~ 20 题。

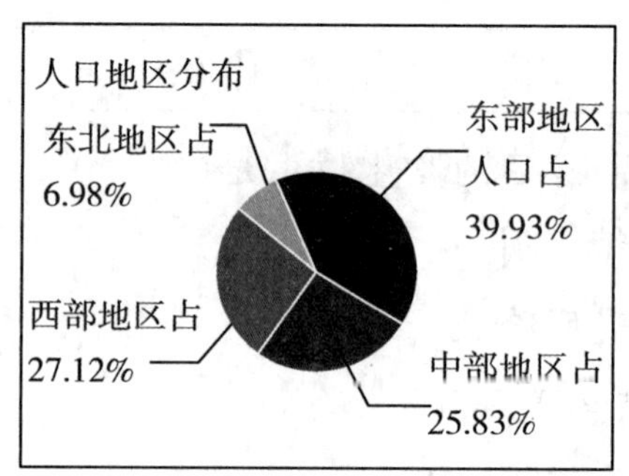

19. 人口比重最大的地区是(　　)

A. 东北地区　　B. 东部地区　　C. 西部地区　　D. 中部地区

20. 该地区人口比重大的主要人文原因是(　　)

A. 气候温暖　　B. 地形平坦

C. 经济发达　　D. 民族众多

读我国四个省级行政区轮廓图,回答 21 ~ 22 题。

甲

乙

丙

丁

21. 四省中,濒临渤海的是(　　)

A. 甲省　　B. 乙省　　C. 丙省　　D. 丁省

22. 四省中，位置最靠北的是(　　)

A. 甲省　　B. 乙省　　C. 丙省　　D. 丁省

(2023 广西学业考)塔什库尔干塔吉克自治县位于帕米尔高原。当地塔吉克族男性常戴“吐马克”帽，帽身围有一圈羊绒，拉下羊绒可以护住耳朵，隔绝寒风。图 1 为塔什库尔干塔吉克自治县位置示意图，图 2 为“吐马克”帽示意图。据此完成 23 ~ 24 题。

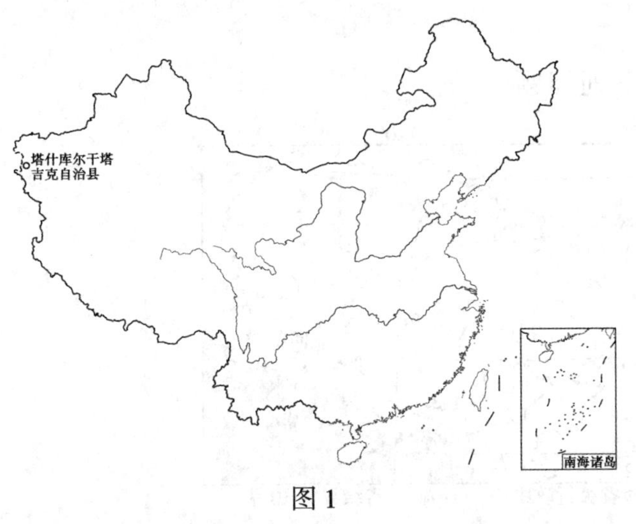

图 1

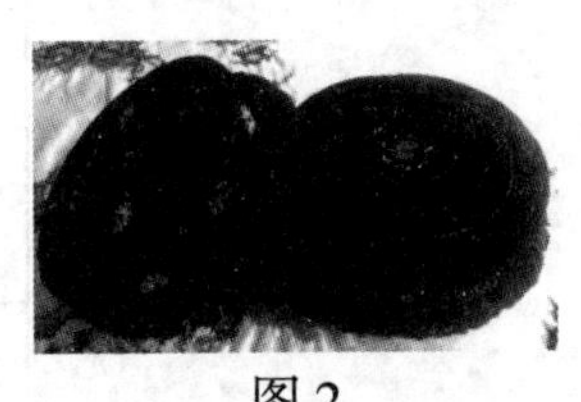
图 2

23. 塔什库尔干塔吉克自治县位于我国领土的(　　)

A. 东端附近　　B. 西端附近

C. 南端附近　　D. 北端附近

24. 塔吉克族男性常戴“吐马克”帽，说明当地显著的自然环境特征是(　　)

A. 高寒　　B. 潮湿　　C. 干燥　　D. 炎热

25. (2022 重庆学业考)人口问题对社会经济发展影响巨大。2021 年，我国放开“三孩”政策，即一对夫妇可以生育三个小孩。下表为 2016 ~ 2021 年我国人口统计数据表，结合表，完成下列各题。

年份	总人口(万人)	出生率(‰)	死亡率(‰)
2016 年	139 232	13.57	7.04
2017 年	140 011	12.64	7.06
2018 年	140 541	10.86	7.08
2019 年	141 008	10.41	7.09
2020 年	141 212	8.52	7.07
2021 年	141 260	7.52	7.18

(1)2016 ~ 2021 年，我国总人口变化呈______趋势。

(2)2021 年我国人口自然增长率为______。

(3)据表说明我国放开“三孩”政策的直接原因。

26. 下图为某区域略图。读图完成下列问题。

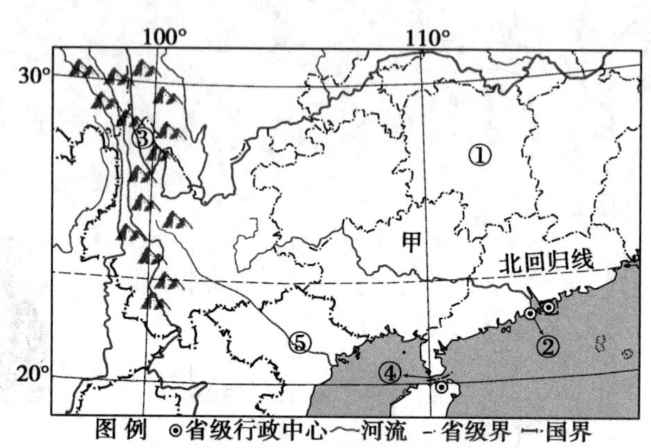

(1)①省级行政区名称是________,位于我国四大地理区域中的________地区,主要的粮食作物是________;②特别行政区名称是________。

(2)甲河流注入________海,其源头所在地形区名称是__________。

(3)③山脉的名称是________,该地山高谷深,多地震、_________、泥石流等地质灾害。

(4)我国内海包括渤海和④________海峡;与我国既陆上相邻又隔海相望的国家⑤名称是________。

第二单元　中国的自然环境

(2023 甘肃学业考)下图示意我国地势、1 月平均气温和年降水量等值线分布情况。读图完成 1 ~2 题。

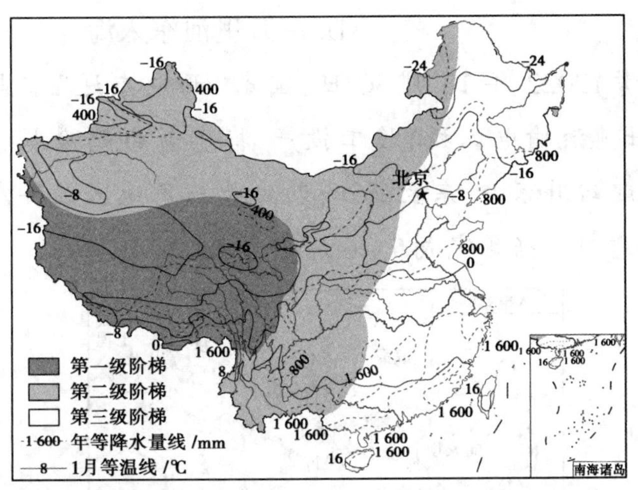

1. 据图判断,下列对我国的叙述正确的是(　　)

A. 我国地势东高西低,呈阶梯状分布

B. 我国平原多分布在二级阶梯内

C. 年降水量东多西少,南多北少

D. 南方地区 1 月平均气温普遍小于 0 ℃

2. 据图示信息推断,我国(　　)

A. 南方地区河流有结冰期

B. 河流多自西向东流

C. 北方地区河流水量大于南方地区

D. 第二三级阶梯交界处水能资源最丰富

(2023 甘肃金昌学业考)读我国地势三级阶梯示意图(沿北纬 32°剖面),完成 3 ~ 4 题。

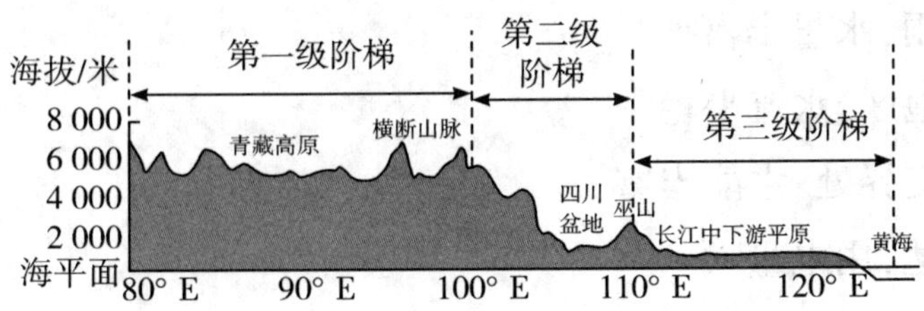

3. 我国地势的总体特征是(　　)

A. 东高西低,呈斜坡状分布

B. 北高南低,呈阶梯状分布

C. 西高东低,呈阶梯状分布

D. 南高北低,呈斜坡状分布

4. 下列诗句不能体现图中地势特征对河流影响的是(　　)

A. 碧水东流至此回　　B. 春风不度玉门关

C. 一江春水向东流　　D. 三万里河东入海

(2023 临沂学业考)2022 年 10 月 30 日,国家"西电东送"重点工程——白浙工程(白鹤滩—浙江特高压直流输电工程)竣工投产,标志着白鹤滩水电站电力外送通道顺利完工。白浙工程西起四川凉山,东至浙江,助力长三角地区经济发展。下图为中国主要大型水电站分布示意图。据此完成 5 ~6 题。

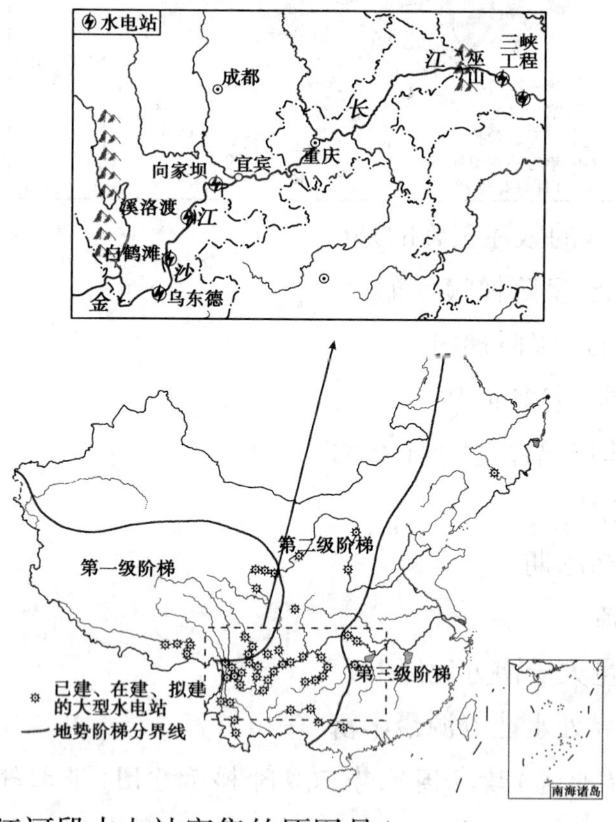

5. 白鹤滩所在的金沙江河段水电站密集的原因是(　　)

A. 该河段全年多雨,水量丰富

B. 位于河流中游地区,水流平稳

C. 位于地势阶梯交界处,水能丰富

D. 该地区经济发达,用电量大

6. 白浙工程起点和终点所在的省级行政区域的行政中心分别是(　　)

A. 重庆、南京　　B. 成都、杭州　　C. 昆明、杭州　　D. 成都、南京

(2023 福建学业考)“欲渡黄河冰塞川,将登太行雪满山”是李白描述黄河和太行山的诗句。下图示意黄河和太行山脉的位置。读图完成7~9 题。

7.“欲渡黄河冰塞川”反映黄河的水文特征是(　　)

A. 含沙量大　　B. 有结冰期　　C. 流量大　　D. 流速快

8. 推测诗中情景反映的月份是(　　)

A. 1 月　　B. 4 月　　C. 7 月　　D. 10 月

9. 推测太行山脉积雪融化最早的地区位于山脉的(　　)

A. 南段高海拔地区　　B. 南段低海拔地区

C. 北段高海拔地区　　D. 北段低海拔地区

(2023 重庆学业考)我国 2023 年已发生多次大范围沙尘天气,风沙危害严重。读图完成10~12 题。

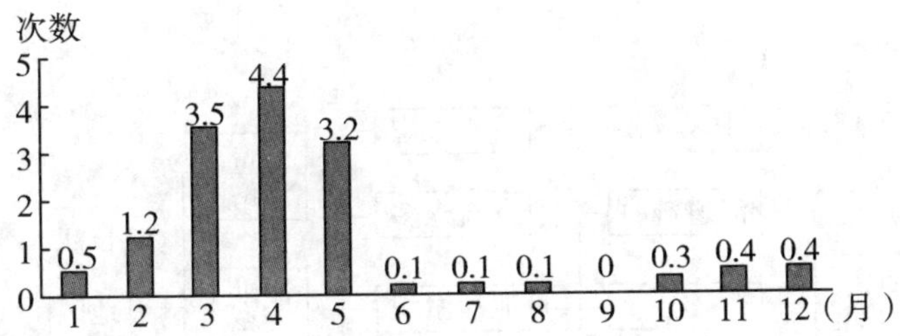

10. 我国的沙尘天气多出现在(　　)

A. 春季　　B. 夏季　　C. 秋季　　D. 冬季

11. 最容易引发沙尘天气的是(　　)

A. 浓雾　　B. 大风　　C. 暴雨　　D. 大雪

12. 为减少沙尘天气发生,人们应该(　　)

A. 过度放牧　　B. 围湖造田　　C. 植树种草　　D. 毁林开荒

13. (2023 甘肃学业考)长江流域面积广,流域内自然资源丰富,航运便利,经济发达。下面图 1 为长江流域示意图,图 2 为长江干流沿河纵剖面图。读图完成下列问题。

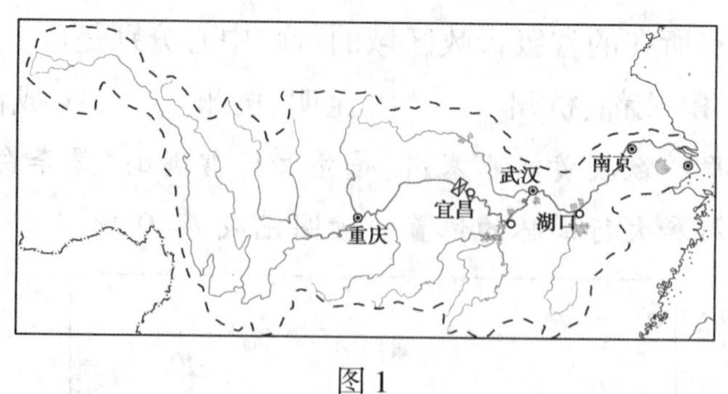

图 1

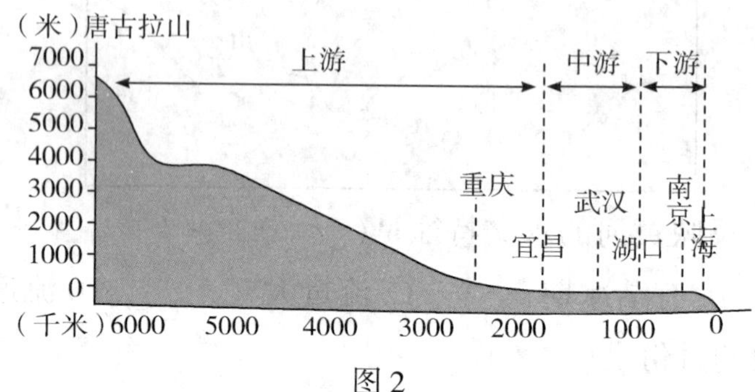

图 2

(1)长江流域水能资源丰富,但分布不均,长江干流水能资源主要分布在________(上游、中游、下游),判断依据是________________________________。

(2)长江中下游航运发达,试分析其原因。

自然方面:________________________________。

人文方面:________________________________。

(3)下图示意长江中游地区洪涝灾害易发的主要原因。请将字母填入图中相应的空白框内。

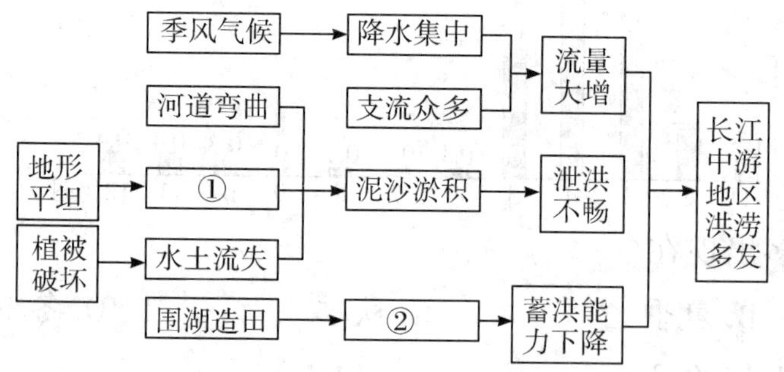

A. 湖泊萎缩　　B. 水流缓慢

①________　②________

14. (2023 邵阳学业考)阅读图文材料,完成下列问题。

材料一　2023 年 2 月,国家农业农村部明确建设“和美乡村”的任务:一是在提升乡村人居环境舒适度上持续加力;二是在完善农业生产设施建设的同时,持续加强农村的房、水、电、路、气等乡村生活基础设施建设。

材料二 图1为邵阳市在湖南省位置示意图，图2为湖南省2017~2022年地区生产总值及增长速度统计图。

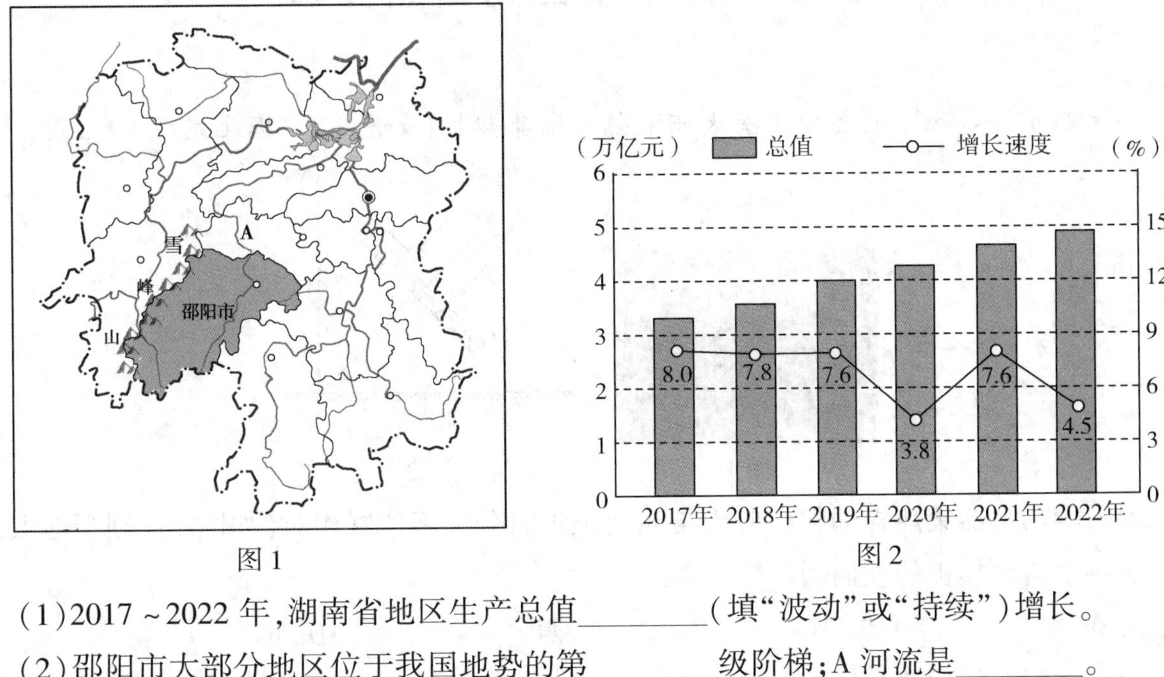

图1　　　　图2

(1)2017~2022年，湖南省地区生产总值________(填"波动"或"持续")增长。

(2)邵阳市大部分地区位于我国地势的第________级阶梯；A河流是________。

(3)请你为邵阳市建设"和美乡村"献计献策。

第三单元　中国的自然资源

金昌市许多人家的屋顶上有太阳能热水器集热板(如图1)。据此完成1~2题。

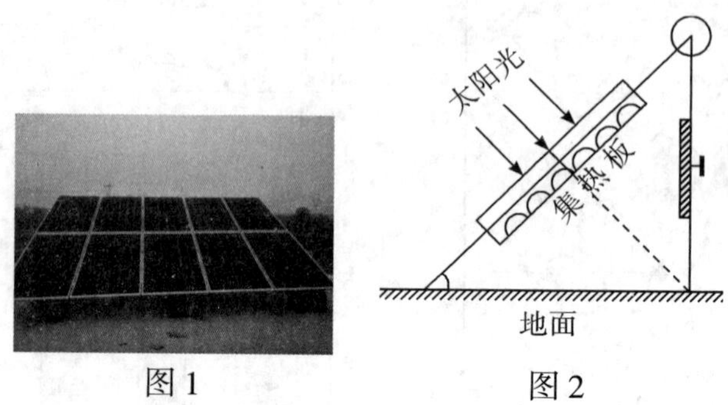

图1　　　　图2

1. 太阳能热水器集热板的朝向应当与当地正午时分太阳位置相对(如图2),则当地太阳能热水器集热板的朝向为(　　)

A. 东　　B. 南　　C. 西　　D. 北

2. 使用太阳能的优势是(　　)

①可再生　②无污染　③不受天气变化影响　④可四季均衡利用

A. ①②　　B. ②③　　C. ③④　　D. ①④

(2023重庆学业考)截至2023年3月,我国非可再生资源发电装机容量首次降到50%以下,清洁能源供应比例不断上升。读图完成3~5题。

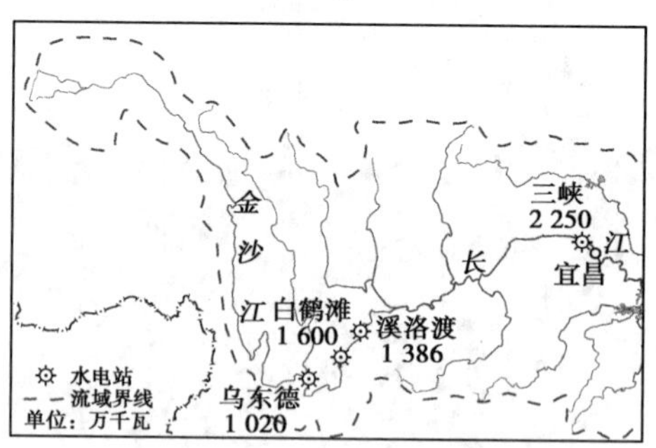

长江上游主要水电站及装机容量

3. 下列属于利用可再生资源的是(　　)

A. 煤炭发电　　B. 汽油发电　　C. 柴油发电　　D. 水力发电

4. 长江上游装机容量最大的水电站是(　　)

A. 乌东德　　B. 三峡　　C. 白鹤滩　　D. 溪洛渡

5. 长江上游水能资源丰富,在地形方面的原因是(　　)

A. 气温高　　B. 落差大　　C. 植被密　　D. 人口多

(2023广东学业考)引汉江水入渭河流域的水利工程——"引汉济渭",跨黄河、长江两大流域。其主体工程秦岭输水隧洞穿越秦岭,沿线山体岩石坚硬,地质灾害频发,施工难度创造多项世界纪录。下图为"引汉济渭"线路示意图。据此完成6~7题。

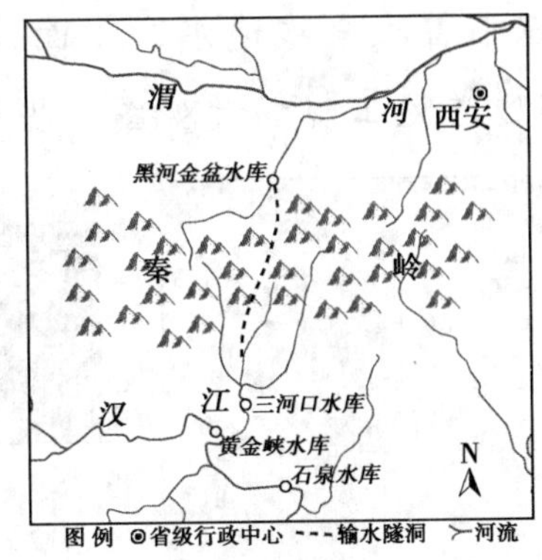

6."引汉济渭"主体工程施工难度大的主要原因是(　　)

A.输水路线长　　B.植被分布广

C.沿途水库多　　D.地质条件复杂

7."引汉济渭"工程建设有利于(　　)

①改善渭河流域的生态环境　　②解决黄河流域的缺水问题

③减轻汉江流域的洪涝灾害　　④缓解渭河流域的缺水状况

A.①②③　　B.②③④　　C.①②④　　D.①③④

(2023邵阳学业考)下图为我国人均农业用地面积与世界的比较图。读图完成8~9题。

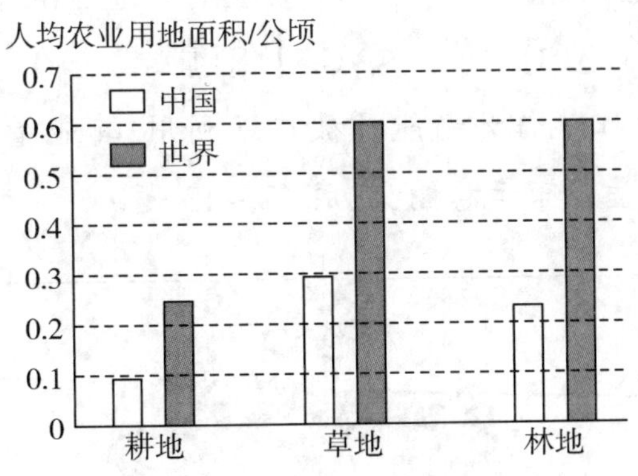

8.图中直接反映出我国(　　)

A.耕地资源总量少　　B.草地资源约占世界一半

C.林地资源丰富　　D.人均农业用地远低于世界平均水平

9.下列有关我国土地资源现状和利用的叙述,正确的是(　　)

①土地类型齐全,耕地比重大　　②草地主要分布在西部干旱、半干旱区

③农耕区加强基本农田保护　　④牧区扩大载畜量,增加牧民收入

A. ①②　　B. ②③　　C. ③④　　D. ①④

（2022 安徽学业考）南水北调工程东线沿着京杭运河向北输水，它使运河文明在流淌中得到延伸和发展。2022 年 4 月，在南水北调工程东线调水和水库调控等共同作用下，京杭运河实现近一个世纪以来首次全线通水。下面左图示意京杭运河线路，右图为京杭运河穿过某河流河床底部隧道施工现场景观图。据此完成 10～11 题。

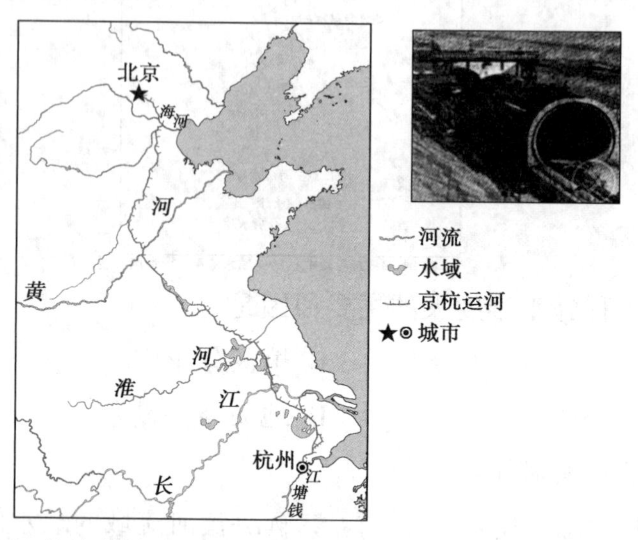

10. 图示京杭运河输水隧道从某条河流河床底部穿过，该河流是（　　）

A. 海河　　B. 黄河　　C. 淮河　　D. 长江

11. 南水北调对我国区域可持续发展的意义有（　　）

①缓解华北水资源短缺状况　　②提升京杭运河的通航能力

③改善华北地区的生态环境　　④减轻南方地区的水体污染

A. ①②③　　B. ①③④　　C. ①②④　　D. ②③④

（2022 陕西学业考）太阳能作为新能源被广泛利用，其能量大小常用年太阳辐射量表示。读海南岛年太阳辐射量分布示意图，完成 12～13 题。

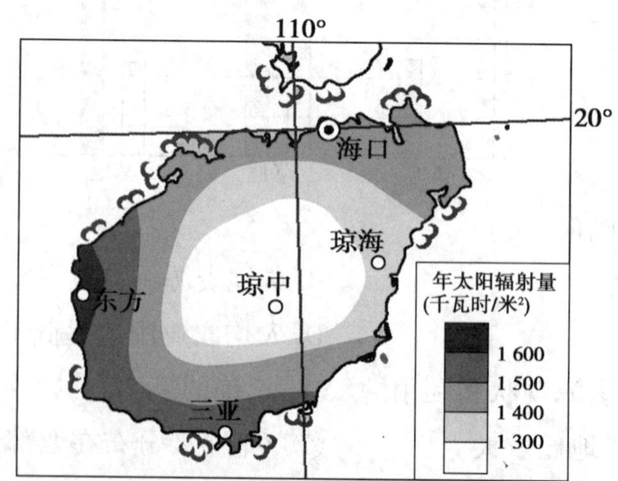

12. 海南岛太阳能分布特点是(　　)

A. 各地分布均匀　　B. 琼中比三亚少

C. 中部多四周少　　D. 东部多西部少

13. 太阳能资源的特点是(　　)

A. 不可再生　　B. 清洁无污染

C. 储量很小　　D. 不受天气影响

14. (2023 上海学业考)国际可再生能源机构发布的《可再生能源前景:中国》书中,对2030年世界可再生能源的应用进行了展望。读图回答下列问题。

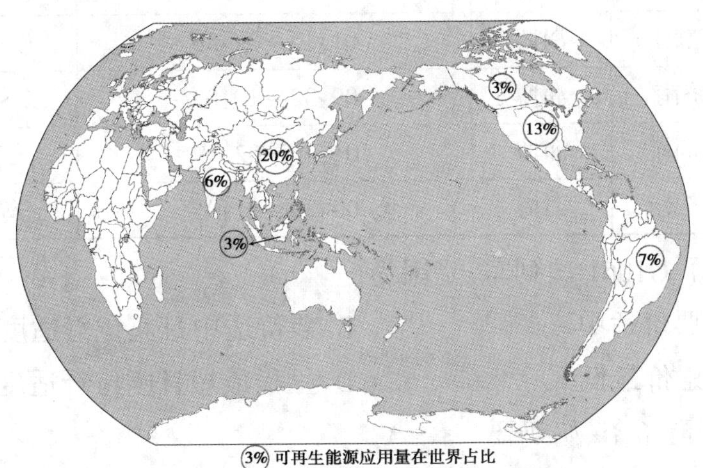

(3%) 可再生能源应用量在世界占比

(1)图中可再生能源应用量在世界占比最高的国家名称是________。

(2)排名前六的国家中,________洲国家最多,合计占比________%。

(3)排名前六的国家中,经济最发达的能源消费大国是________;地处南美洲,大量利用甘蔗生产酒精代替石油能源的国家名称是________。

(4)可再生能源应用量在世界占比3%的国家中,赤道穿过的群岛国家是____________________。

(5)简述我国大力发展可再生能源的意义。

第四单元　中国的经济发展

(2023 成都学业考)肉串裹上蘸酱,摊在小饼上再放段小葱一卷,成就了独特的淄博烧烤。家住济南的小林计划 6 月某周末带爷爷、奶奶前往淄博游玩。下表为小林查询的济南至淄博的部分车次信息。据此完成 1 ~ 3 题。

车次	出发地	目的地	出发时间 ~ 抵达时间	座位	票价(元)
K1449	济南	淄博	01:16 ~ 02:53	硬座	16.5
G1061	济南	淄博	09:32 ~ 10:03	二等座	40
K285	济南	淄博	01:26 ~ 02:19	无座	16.5
D8178	济南	淄博	09:38 ~ 11:04	一等座	90

1. 小林最终选择了 G1061 次列车,是因为(　　)

A. 时间合理且票价适中　　B. 票价适中且座位舒适度最高

C. 里程最短且票价最低　　D. 里程最短且座位舒适度最高

2. 出发前,小林提醒爷爷、奶奶要(　　)

A. 带上羽绒服,防寒保暖　　B. 留意安全通道,防范突发情况

C. 带上冲浪板,海边冲浪　　D. 带上世界地图,以防在城中迷路

3. 小饼、蘸酱的原料为当地主要农作物,它们分别是(　　)

A. 水稻、油菜　　B. 小麦、花生　　C. 小麦、油菜　　D. 水稻、花生

(2023 广东学业考)陕西省千阳县生态环境良好,其矮砧苹果的苗木培育技术国内领先,生产管理科学,产品质量优良、安全性高。2022 年,矮砧苹果搭乘货运飞船进入"天宫",成为中国航天员的美味食品。据此完成 4 ~ 6 题。

4. 千阳县矮砧苹果能够成为中国航天员的美味食品的主要原因是(　　)

A. 包装精致　　B. 储存容易　　C. 品质优良　　D. 外表美观

5. 先进的苗木培育技术在千阳县矮砧苹果生产过程中的主要作用是(　　)

A. 增加产品销量　　B. 扩大种植面积

C. 促进品种改良　　D. 拓宽销售渠道

6. 千阳县发展苹果产业对当地的有利影响有(　　)

①带动经济发展　②增加就业机会　③提高农民收入　④扩大土地面积

A. ①②③　　B. ②③④　　C. ①②④　　D. ①③④

(2023 陕西学业考)我国疆域辽阔,自然环境差异大,存在耕地资源分布不均、粮食

供需不平衡的状况。东北地区是全国重要的粮食生产基地，也是粮食的主要输出地。读中国粮食供需示意图，完成7～9题。

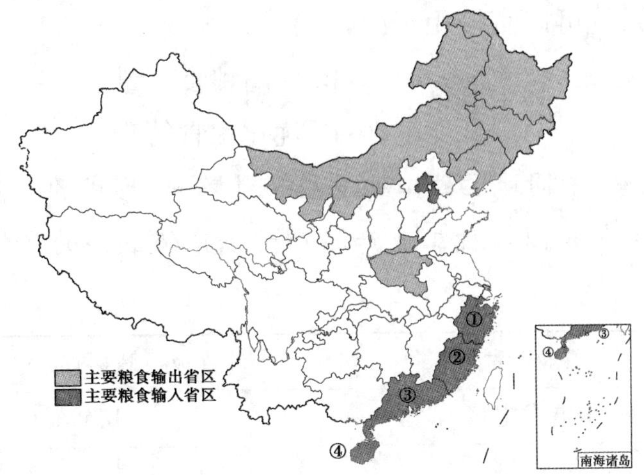

7. 我国粮食输入省区与其简称、行政中心对应正确的是(　　)

A. ④—桂—海口　　B. ③—粤—深圳

C. ②—闽—福州　　D. ①—浙—长沙

8. 东北地区能够成为粮食主要输出地的原因不包括(　　)

A. 耕地面积广大　　B. 作物一年三熟

C. 机械化水平高　　D. 人口数量相对少

9. 粮食运输一般采用铁路、公路、水路等运输方式，很少选择空运，其原因是航空运输(　　)

A. 运价高　　B. 运速快　　C. 运量大　　D. 灵活性好

(2023 随州学业考)粮食储备是维护我国粮食安全的基本制度，对国家的粮食安全起着“蓄水池”的作用。中国粮食连年丰收，长期保持库存充足，图1是甲、乙、丙、丁四地粮库的位置示意图，图2是甲地智慧粮库管理系统中1号粮库的信息界面。据此完成10～11题。

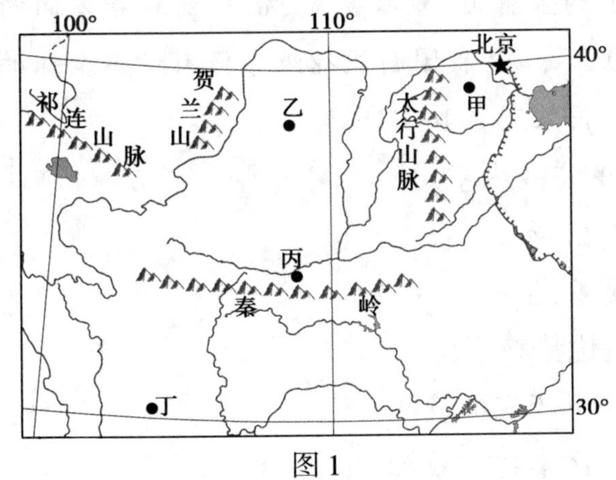

图1

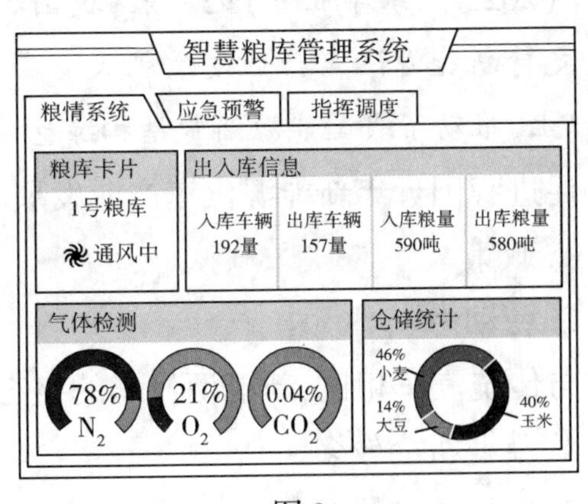

图2

10. 图 1 中最符合天然低温、天然干燥储存条件的粮库是(　　)

A. 甲　　B. 乙　　C. 丙　　D. 丁

11. 该智慧粮库管理系统可以直接用于(　　)

A. 增加虫害鼠患　　B. 提高粮食产量

C. 获取耕地面积　　D. 优化粮食管理

(2023 广西学业考)不同地区的工业发展条件不同,形成的优势产业也存在较大差异。下表列举了 2021 年我国 4 种工业产品产量或产值最高的省级行政区。据此完成 12 ~ 13 题。

工业产品	省级行政区(简称)
水电发电量	川
成品糖	桂
大中型拖拉机	鲁
无人机	粤

12. 关于 4 个省级行政区发展相关工业有利条件的合理表述是(　　)

①川:河流落差大,水能丰富

②桂:甘蔗种植广,原料丰富

③鲁:农业发达,市场需求量大

④粤:能源丰富,电力充足

A. ①②③　　B. ①②④

C. ①③④　　D. ②③④

13. 4 个省级行政区发展的优势产业中,属于高新技术产业的是(　　)

A. 水力发电　　B. 甘蔗榨糖

C. 拖拉机生产　　D. 无人机研发

(2023 广东学业考)近年来,我国出台了购置补贴、税收减免、技术创新等方面的政策,支持新能源汽车产业发展壮大。截至 2022 年底,我国新能源汽车保有量占全球的一半以上,推动了我国能源消费结构绿色转型。据此完成 14 ~ 16 题。

14. 促进我国近年新能源汽车产业发展壮大的主要因素是(　　)

A. 政策　　B. 市场

C. 劳动力　　D. 交通

15. 与传统汽车相比,新能源汽车的生态效益优势在于(　　)

A. 就业机会较多　　B. 生产成本较低

C. 出行效率较高　　D. 污染物排放较少

16. 我国发展新能源汽车产业的意义有(　　)

①推动汽车产业升级　　②优化能源消费结构

③促进国家节能减排　　④解决城市交通拥堵

A. ①②③　　B. ②③④

C. ①②④　　D. ①③④

17. (2023 烟台学业考)某学校地理兴趣小组的同学通过比较法探究影响工业分布与发展的因素。读图完成下列问题。

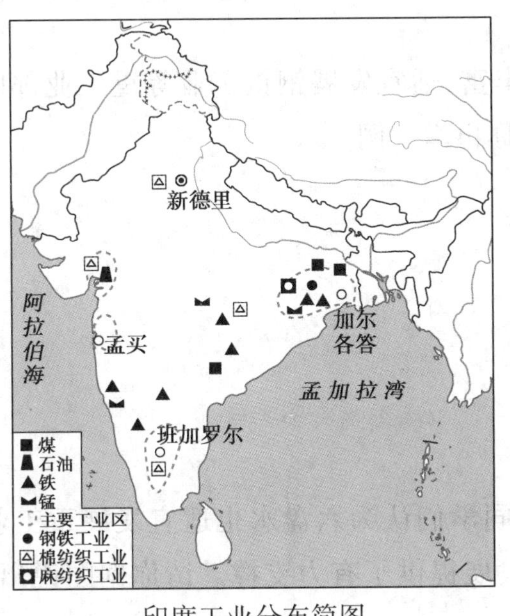

印度工业分布简图

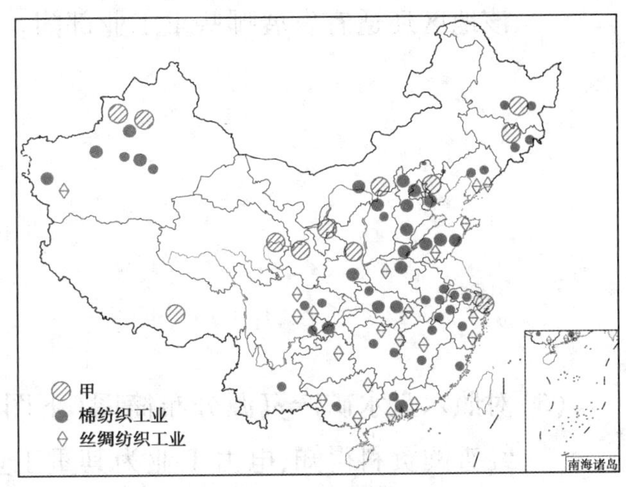

中国纺织工业分布简图

主题一：轻工业

(1)读图说出印度的棉纺织工业和麻纺织工业的分布差异。

(2)根据印度纺织工业的分布规律，推测中国纺织工业分布简图中图例甲代表哪种纺织工业部门。

(3)同学们发现,珠江三角洲地区不是我国棉花主产区,但是也有棉纺织工业分布。请你推测形成这种分布现象的主要影响因素。

主题二: 重工业

(4)同学们发现,印度东北部地区矿产资源丰富,适宜发展钢铁工业等重工业部门。该地区还适宜发展哪些重工业部门?请你再举一例。

(5)对照六盘水矿产资源分布简图(下图),同学们认为六盘水也适宜发展重工业。经查阅资料得知,电力工业为其重工业发展提供了有力支撑。请你据图说出六盘水发展电力工业的有利资源条件。

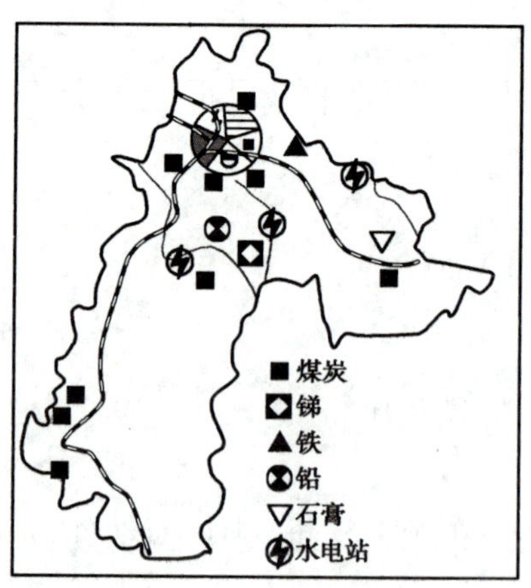

(6)六盘水工业发展过程中面临资源枯竭、产业结构单一等问题。为了实现经济可持续发展,请你为应对六盘水的资源枯竭问题提出合理化建议。(答出 1 点即可)

18.(2023 常德学业考)生活在常德的贝贝全家计划 2023 年暑假进行一次湖南省内的深度游,请你借助下面地图,结合所学知识帮助贝贝完成旅游设计。

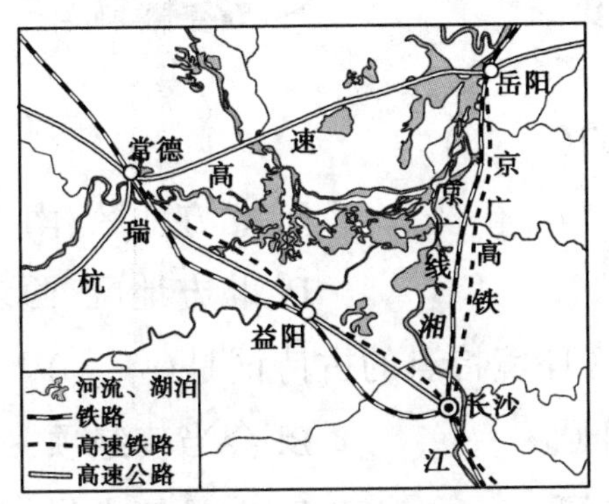

(1)出行的首站计划选择岳阳,贝贝通过网络查阅资料发现以前常德至岳阳有客轮,但现在取消了,推测主要原因可能是__________。

(2)来到岳阳后,贝贝想登上________眺望远方,感受“一碧万顷,沙鸥翔集”的景象。

(3)在岳阳游玩后,贝贝全家计划去长沙,最便捷的交通方式应该选择________。

(4)贝贝全家计划在长沙品尝当地经典小吃长沙臭豆腐,它是以__________(填农产品名称)为原材料加工制作而成的。在橘子洲头,贝贝可以领略到“湘江__________(填方向)去,百舸争流”的景观。

第五单元　中国的地理差异

（2022 安徽学业考）我国的传统民居具有非常深厚的文化积淀和鲜明的区域特色，是各地劳动人民利用自然、改造自然、适应自然的杰作。下图中①②示意我国两个地区的典型传统民居，③示意某地区民居及其周围环境。据此完成 1 ~ 2 题。

①

②

③

1. 民居①②分别位于我国的(　　)

A. 南方地区、西北地区　　B. 北方地区、南方地区

C. 南方地区、北方地区　　D. 北方地区、西北地区

2. 反映传统民居③所在地区环境特点的古诗词是(　　)

A. 大漠孤烟直，长河落日圆　　B. 会当凌绝顶，一览众山小

C. 君到姑苏见，人家尽枕河　　D. 白日依山尽，黄河入海流

（2023 广东学业考）大型纪录片《航拍中国》跨越我国大江南北，从东北林海雪原到西北胡杨大漠，从青藏雪域高原到江南鱼米之乡，记录了我国四大地理区域绚烂多姿的自然和人文景观，书写了祖国恢宏壮阔的山河史诗。下图为中国四大地理区域分布图。据此完成 3 ~ 4 题。

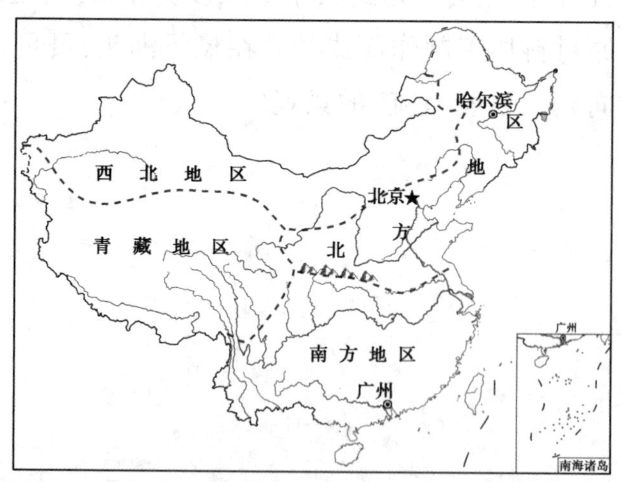

3. 首都北京位于我国四大地理区域中的(　　)

A. 南方地区　　B. 北方地区　　C. 青藏地区　　D. 西北地区

4. 冬季,广州绿树成荫、哈尔滨冰天雪地,造成两地景观差异的主要因素是(　　)

A. 地形地势　　B. 海陆位置　　C. 纬度位置　　D. 人类活动

(2023 宜昌学业考)中国幅员辽阔,地域差异明显。下图为我国四大地理区域示意图。据此完成 5 ~7 题。

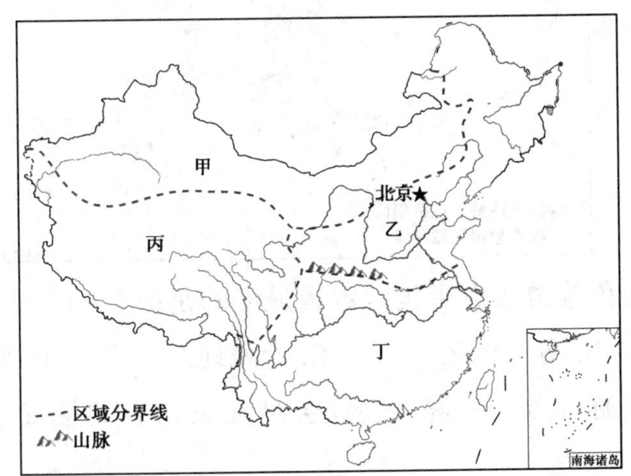

5. 与区域乙和区域丁的分界线大体一致的是(　　)

A. 400 毫米年等降水量线

B. 季风区与非季风区的分界线

C. 地势第二、三级阶梯的分界线

D. 1 月平均气温 0 ℃等温线

6. 下列诗句的描述与我国四大地理区域对应正确的是(　　)

A. 大漠孤烟直,长河落日圆——区域甲

B. 羌笛何须怨杨柳,春风不度玉门关——区域丙

C. 日出江花红胜火,春来江水绿如蓝——区域乙

D. 岱宗夫如何,齐鲁青未了——区域丁

7. 关于我国四大地理区域的叙述,正确的是(　　)

A. 区域甲黑土广布,沃野千里

B. 区域乙广泛种植水稻和热带作物

C. 区域丙山岳纵横,冰川广布

D. 区域丁是我国最大的能源产区

(2023 随州学业考)红色旅游景点是红色文化传承的物质载体,构成要素主要有革命历史遗迹、革命纪念设施和伟人故居。我国红色旅游景点众多,空间分布差异明显,是中国共产党革命道路和军事战略智慧的体现。下图是长征时期形成的红色旅游景点

密集区的空间分布图。据此完成8~10题。

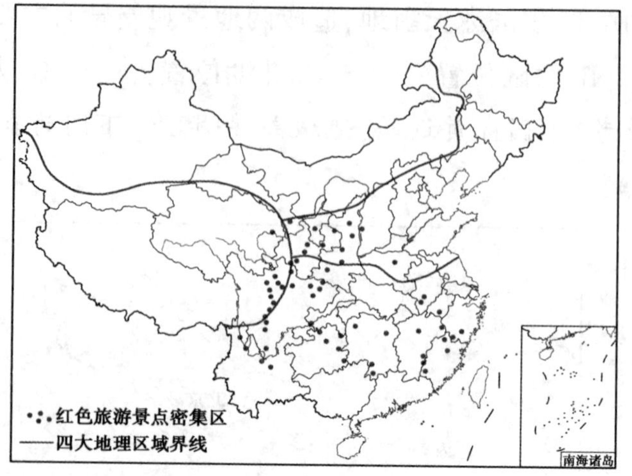

8. 长征时期形成的红色旅游景点密集区数量最多的是(　　)

A. 北方地区　　B. 南方地区　　C. 青藏地区　　D. 西北地区

9. 小明想知道红色旅游景点——遵义会议会址在贵州省的位置,应选择查找的地图是(　　)

A. 世界地形图　　B. 中国政区图

C. 贵州人口图　　D. 贵州旅游地图

10. 相较于观光类旅游景点,红色旅游景点具有突出的(　　)

A. 教育价值　　B. 经济价值　　C. 美学价值　　D. 科学价值

(2021河南学业考)中国古典诗词是中华传统文化的瑰宝。宋代翁卷《乡村四月》描述了这样的场景:绿遍山原白满川,子规声里雨如烟。乡村四月闲人少,才了蚕桑又插田。图1为地球公转示意图,图2为我国四大地理区域示意图。读图完成11~12题。

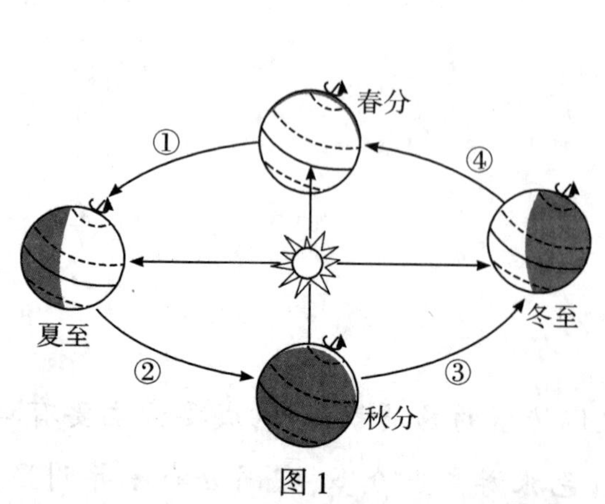

图1

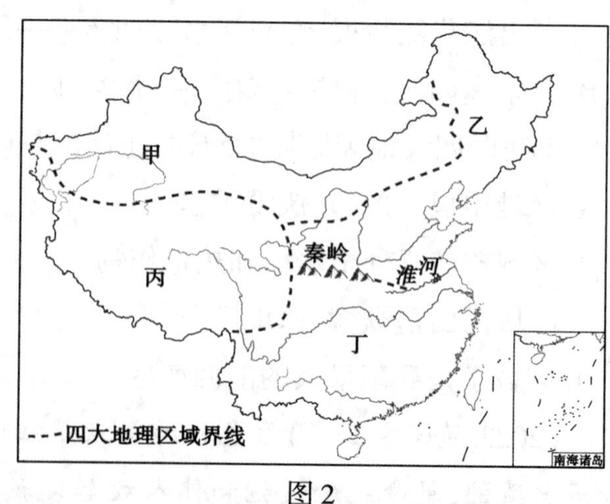

图2

11. 诗中描述的场景出现时,地球位于(　　)

A. ①段　　B. ②段　　C. ③段　　D. ④段

12. 诗中描述的劳动景象多出现在我国四大地理区域中的(　　)

A. 甲　　B. 乙　　C. 丙　　D. 丁

13. (2022 陕西学业考)陕西省和安徽省都是南北狭长、东西略窄的形状,同被秦岭—淮河一线穿过,均可划分为“北、中、南”三个地理单元。读陕西省简图和安徽省简图,完成下列问题。

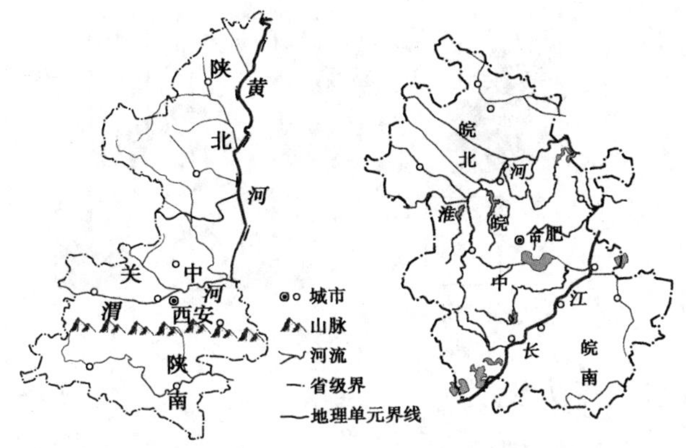

(1)读图:关中地区位于秦岭以________,皖中地区位于________(填河流名称)以南。

(2)判断:按照我国温度带划分,关中地区属于暖温带,皖中地区属于________带。

(3)分析:受________因素影响,两省境内南北气候差异显著。

(4)探究:与关中地区相比,历史上皖中地区发生洪涝灾害的频次更高。在诸多影响因素中,试从降水和河流两方面分析皖中比关中多洪涝灾害的原因。

第六单元　北方地区

(2022 海南学业考)为了探究水土流失的成因,某地理兴趣小组设计了“在相同条件下植被对水土流失的影响”实验(下图)。据此完成 1 ~ 2 题。

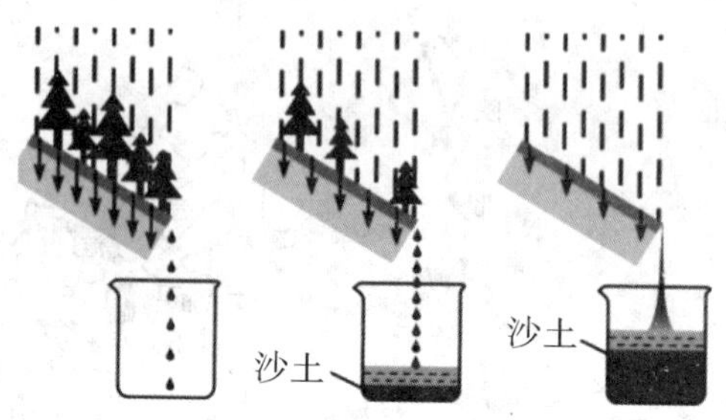

1. 该实验的结论是(　　)

A. 植被疏密程度与水土流失无关

B. 植被密集或稀疏水土流失相同

C. 植被越稀疏,水土流失越严重

D. 植被越茂密,水土流失越严重

2. 根据实验结论可知,防治水土流失相应的措施是(　　)

A. 人工减湿　　B. 修挡土坝　　C. 植树种草　　D. 陡坡开荒

(2022 苏州学业考)黄土高原是世界上最大的黄土堆积区,下图为黄土高原及周边地区示意图。据此回答 3 ~ 5 题。

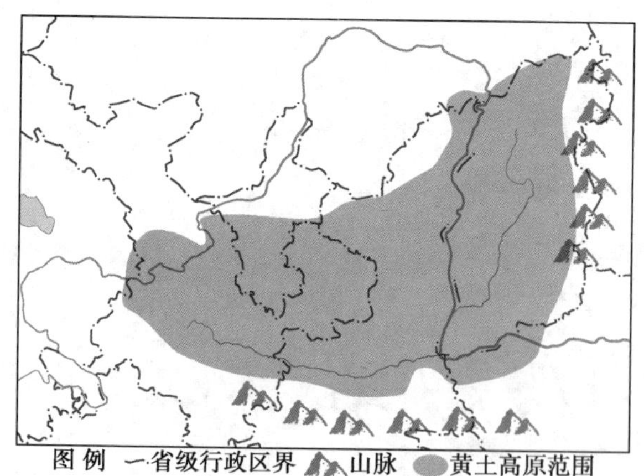

3. 黄土高原(　　)

A. 位于秦岭以南,太行山以东

B. 地表千沟万壑,支离破碎

C. 冬冷夏热,降水稀少

D. 土壤肥沃,农耕文明出现晚

4. 下列诗句描写到图中地理事物的是(　　)

①云横秦岭家何在,雪拥蓝关马不前

②朝辞白帝彩云间,千里江陵一日还

③欲渡黄河冰塞川,将登太行雪满山

④不识庐山真面目,只缘身在此山中

A. ①②　　B. ①③　　C. ②④　　D. ③④

5. 近年来黄土高原治理成效显著,河水含沙量明显减少,主要的工程措施有(　　)

A. 开挖沟渠,引水灌溉

B. 修建挡土坝,缓坡修梯田

C. 陡坡地退耕还林还草

D. 过度放牧区减少牲畜数量

(2022 江西学业考)北京是我国的文化中心,文化教育事业发达。北京中关村科技园是我国首个国家级高新技术产业开发区。北京历史悠久,拥有古老的胡同与传统民居。据此完成6 ~8 题。

6. 中关村科技园区发展的最有利条件是(　　)

A. 水源充足　　B. 科技人才多

C. 靠近煤炭产区　　D. 用地广

7. 下列图片所呈现的民居,体现北京传统文化的是(　　)

A. 蒙古包

B. 高脚屋

C. 四合院

D. 土楼

8. 为更好地建设宜居城市,北京应(　　)

A. 扩大绿地面积　　B. 大力建设欧式住宅

C. 建大型钢铁厂　　D. 拆除古老胡同和传统民居

9. (2022 泰安学业考)北京正在朝着“国家首都、世界城市、文化名城、宜居城市”的目标迈进,在城市建设中,下列措施有利于实现上述目标的是(　　)

①建设现代化立体交通网络

②加强对名胜古迹的保护,发展旅游业

③在城市中心打造一批开放式街心公园、绿地广场

④大力发展传统工业，不断扩大城市规模

A. ①②③　　B. ②③④　　C. ①②④　　D. ①③④

10. (2022泰安学业考)我们共有一个地球，“碳中和”(见下图)是人类共同追求的目标。在这一过程中，中学生应该做到(　　)

①垃圾分类，少用塑料袋　　②节约用电，节约用水

③炭薪毁林，尽情烧烤　　④提倡步行，绿色出行

A. ①②③　　B. ②③④　　C. ①③④　　D. ①②④

(2022石家庄学业考)氢能出行是北京奥运会一大亮点。国际氢能示范区是大兴区和清华大学等共建项目，大兴区成为北京新的产业集聚区。下图示意北京市大兴区的位置。据此完成11～13题。

11. 北京奥运会采用氢能源汽车，主要原因可能是(　　)

A. 制造成本低　　B. 减排效果更好

C. 技术门槛低　　D. 燃料容易获得

12. 清华大学等机构为研发氢能源汽车提供(　　)

A. 广阔的市场　　B. 廉价劳动力　　C. 先进的科技　　D. 廉价的原料

13. 大兴区成为北京新的产业集聚区,有助于疏解北京(　　)

A. 各种首都的职能　　B. 中心城区的人口

C. 国际交往中心职能　D. 政治文化中心职能

黑龙江省被誉为“冰雪之冠”,北京冬奥会上,中国代表团获得的9枚金牌中有4枚来自该省。下图为黑龙江省雪期和雪厚分布示意图。据此完成14~15题。

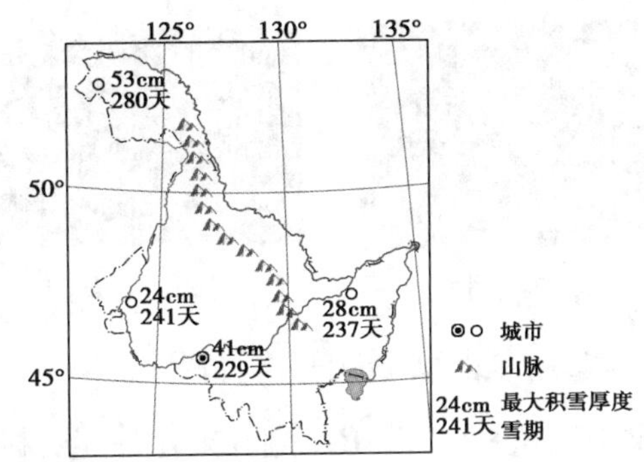

14. 黑龙江省发展冰雪运动的有利自然条件有(　　)

①冬季气温低　②河流结冰期长　③雪期长　④积雪厚　⑤黑土广阔

A. ①②③④　　B. ②③④⑤　　C. ①②④⑤　　D. ①③④⑤

15. 雪期是指一年内第一次降雪和最后一次降雪之间的时间,可理解为当地气温持续低于0 ℃的时间,对黑龙江省雪期的说法正确的是(　　)

A. 受纬度影响,由南向北雪期变长

B. 受海拔影响,由南向北雪期变短

C. 受降水影响,由南向北雪期变长

D. 受光照影响,由南向北雪期变短

(2023广西学业考)小明在欣赏“祖国风光”邮票时,发现其中蕴含了很多地理信息。下图为该套邮票中的4张。据此完成16~17题。

(万里长城)

(天山)

(台湾半屏山)

(珠穆朗玛峰)

16. 4张邮票中的地理景观与我国四大地理区域对应正确的是(　　)

A. 万里长城—青藏地区　　B. 天山—北方地区

C. 台湾半屏山—南方地区　　D. 珠穆朗玛峰—西北地区

17. “万里长城”邮票取景于北京八达岭长城。拥有长城这样举世闻名的世界遗产,反映了北京(　　)

A. 自然环境优美　　B. 交通运输发达

C. 基础设施完善　　D. 历史文化悠久

(2023成都学业考)一个城市具有文化传承价值的著名建筑,往往成为这个城市的符号。据此完成18~19题。

18. 下列建筑属于北京符号的是(　　)

A. 吊脚楼

B. 窑洞

C. 土楼

D. 四合院

19. 人民大会堂、国家大剧院体现的北京城市职能分别是(　　)

A. 全国政治中心、国际交往中心　　B. 全国文化中心、科技创新中心

C. 全国政治中心、全国文化中心　　D. 全国文化中心、国际交往中心

(2023苏州学业考)下图为我国北方地区轮廓图。据此完成20~22题。

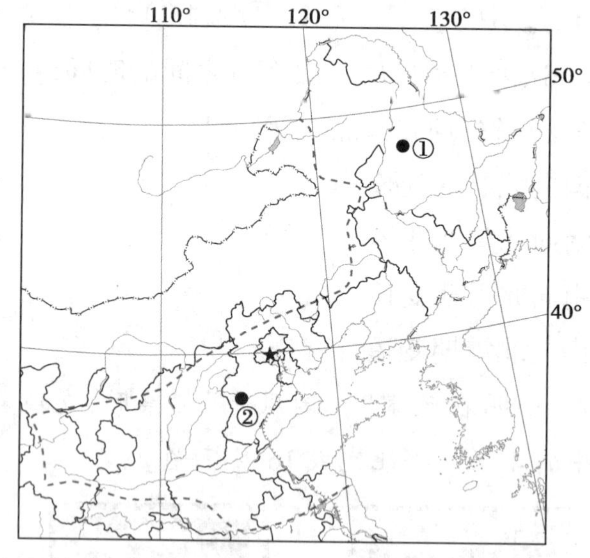

20. 我国北方地区共同的自然环境特征有(　　)

A. 降水季节分配不均,集中在秋季

B. 平原广阔,是我国重要的水田农业区

C. 主要粮食作物有小麦、玉米、棉花等

D. 年降水量小于800 mm,耕地以旱地为主

21. 下列关于①②两地地理差异的叙述,正确的是(　　)

A. ①地为暖温带,②地为寒温带

B. ①地种冬小麦,②地种春小麦

C. ①地是黑土地,②地是黄土地

D. ①地属半湿润区,②地属湿润区

22. 民居反映当地的自然环境特征,①地区的民居特点为(　　)

A. 房顶坡度小,墙体厚、窗户大　　B. 房顶坡度小,墙体薄、窗户小

C. 房顶坡度大,墙体厚、窗户小　　D. 房顶坡度大,墙体薄、窗户大

23. (2023 福建学业考)山西省朔州市是我国重要的煤电能源基地。近年来,朔州市积极探索绿色低碳转型之路,逐步从"煤都"向"绿都"转变。下图示意朔州市位置。读图完成下列问题。

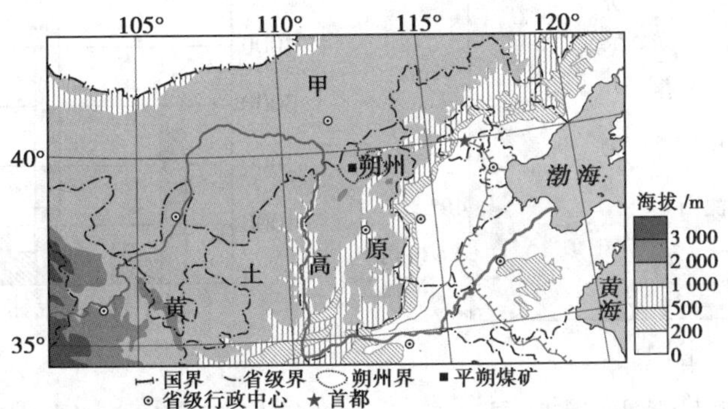

(1)与山西省朔州市接壤的甲省级行政区域的简称是________。

(2)从自然资源可否再生的角度看,煤炭属于________资源。

(3)说出在黄土高原上过度开采煤矿和不当使用煤炭可能产生的生态环境问题。

(4)下图是朔州市探索绿色低碳转型之路关联图。将下列备选项序号填入图中的相应位置。A______ B______ C______

备选项:①降水少,晴天多　②风能资源丰富　③可持续发展

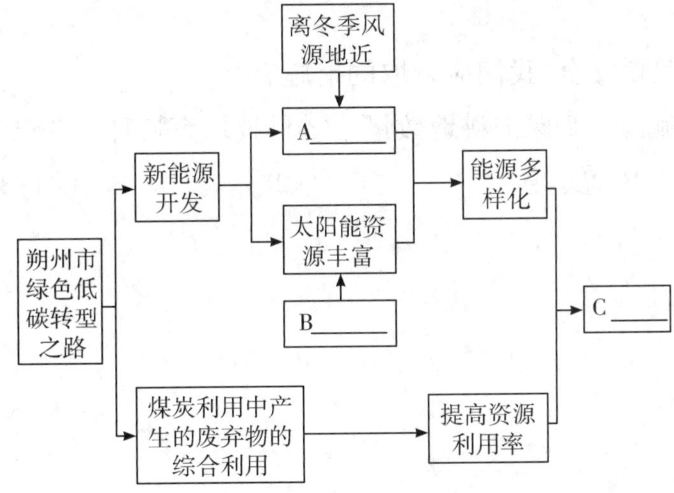

24.(2023 随州学业考)阅读图文材料,回答下列问题。

材料 粮食安全是指保证人们能够及时得到生存和健康所需要的足够食物。近年来,东北三省深入实施“藏粮于地”“藏粮于技”战略,粮食产量占全国的1/5以上,商品粮约占1/4,对全国粮食增产的贡献率超50%,成为国家粮食安全的“压舱石”。下面图1是东北三省位置示意图,图2是2020年东北三省主要粮食作物播种面积统计图。

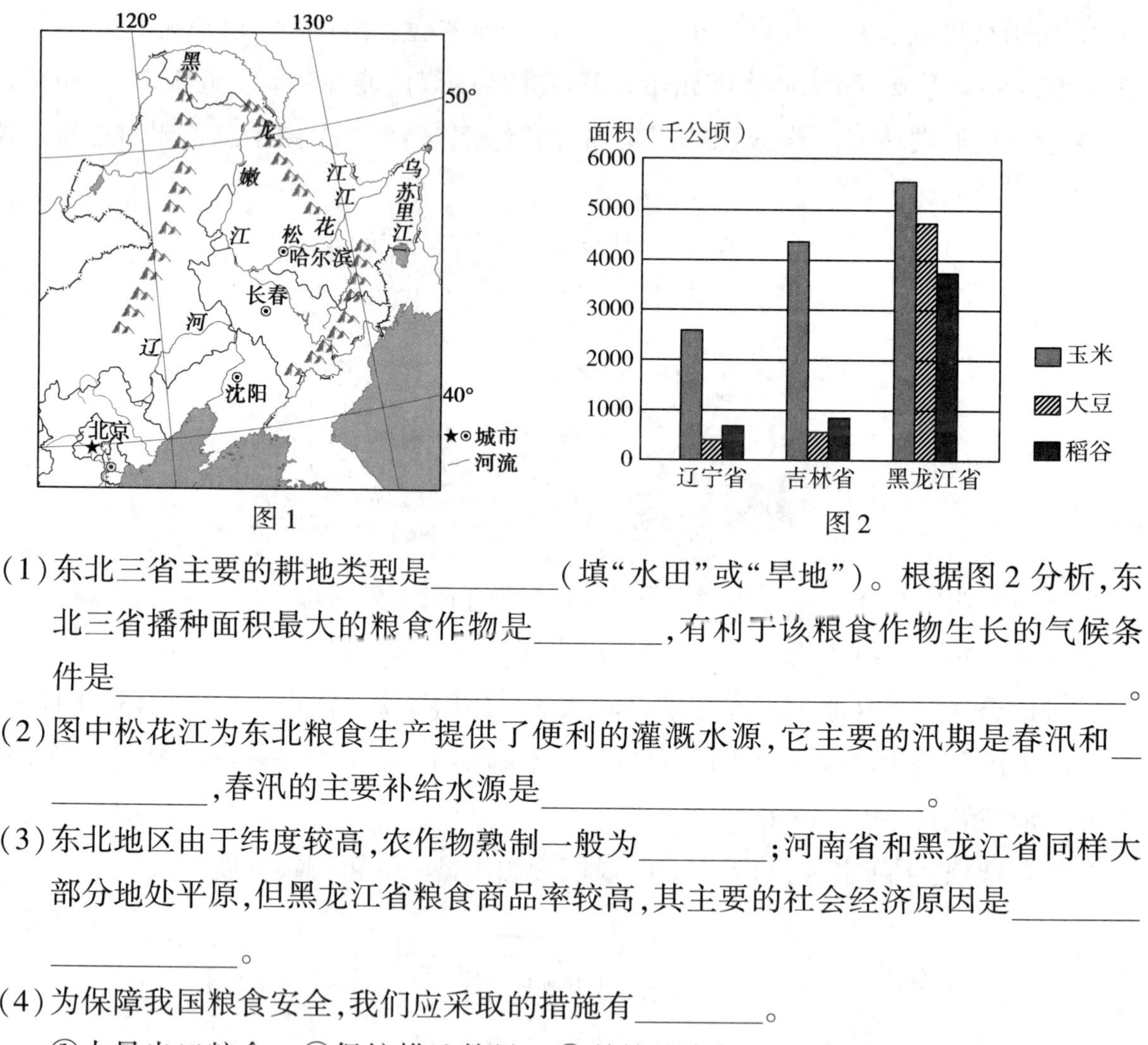

图1　　图2

(1)东北三省主要的耕地类型是________(填“水田”或“旱地”)。根据图2分析,东北三省播种面积最大的粮食作物是________,有利于该粮食作物生长的气候条件是____。

(2)图中松花江为东北粮食生产提供了便利的灌溉水源,它主要的汛期是春汛和____________,春汛的主要补给水源是________________________。

(3)东北地区由于纬度较高,农作物熟制一般为________;河南省和黑龙江省同样大部分地处平原,但黑龙江省粮食商品率较高,其主要的社会经济原因是________________________。

(4)为保障我国粮食安全,我们应采取的措施有________。

①大量出口粮食　②保护耕地数量　③科技培育良种　④鼓励农民种粮

A.①②③　B.②③④　C.①②④　D.①③④

第七单元　南方地区

(2023 福建学业考)湖南省绥宁县南、北、东三面环山,是优良的水稻育种基地。下图示意绥宁县及其附近地形。读图完成 1 ~2 题。

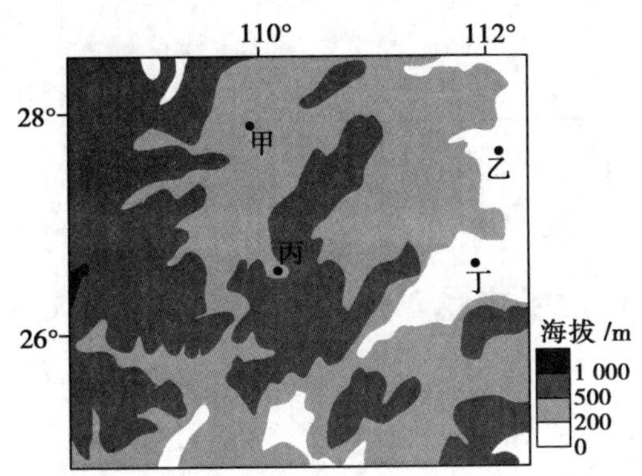

1. 推测绥宁县可能位于(　　)

A. 甲处　　B. 乙处　　C. 丙处　　D. 丁处

2. 水稻育种基地的建立,有利于保障我国的(　　)

A. 能源安全　　B. 粮食安全　　C. 环境安全　　D. 水资源安全

(2023 常德学业考)风雨桥流行于南方部分地区,整体由桥、塔、亭组成,桥顶盖瓦,形成长廊式走道,如右图所示。结合所学知识,完成 3 ~4 题。

3. 风雨桥桥顶盖瓦,两侧通透的主要作用分别为(　　)

A. 利于避雨、便于通风

B. 利于遮阳、便于观察

C. 更加美观、便于欣赏

D. 更加坚固、便于防守

4. 风雨桥优美的造型、精湛的工艺和深厚的传统文化吸引大量游人前来参观,当地政府的下列举措合理的是(　　)

A. 加固桥梁,桥面通车

B. 桥头建设宣传牌,介绍桥的历史和工艺

C. 桥面两侧出租,发展经济

D. 周围建高楼,便于眺望风雨桥

(2023 邵阳学业考)第 19 届亚运会于 2023 年 9 月 23 日至 10 月 8 日在浙江省杭州

市举行。下图为长江三角洲地区示意图。读图完成5~6题。

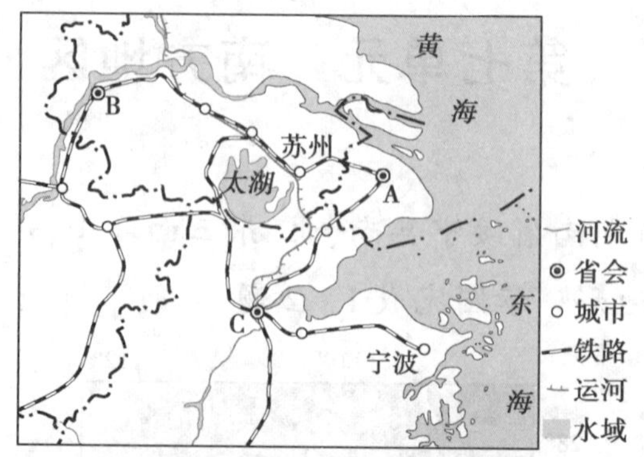

5. 下列有关图示区域的叙述,正确的是( )

①B是杭州市 ②甲铁路线是京广线 ③有我国最大的综合性工业基地 ④河网密布,湖泊星罗,是著名的“鱼米之乡” ⑤有传统的戏曲文化、茶文化、丝绸文化和饮食文化

A. ①②③ B. ①③④ C. ②④⑤ D. ③④⑤

6. 参赛选手在长江三角洲地区能欣赏到图中的景观是( )

A

B

C

D

(2023江西学业考)某骑行爱好者5月初从杭州出发,沿京杭大运河骑行,用时半个月到达北京。下图示意京杭运河略图。据此完成7~9题。

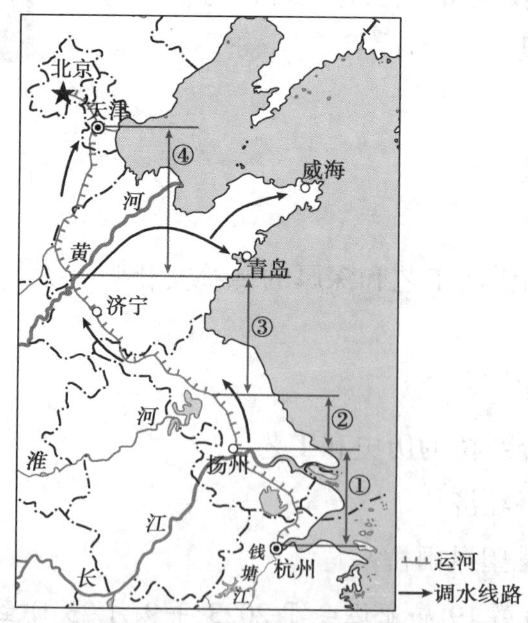

7. 骑行经过的河流中,属于南、北方地区分界线的是(　　)

A. 长江　　B. 淮河　　C. 黄河　　D. 海河

8. 骑行者在④路段可看到的主要农业景观有(　　)

A. 青稞地　　B. 橡胶园　　C. 甘蔗园　　D. 小麦地

9. 骑行者在北上途中,很可能遭遇到的困难是(　　)

A. ①段—春雨淅沥,路面湿滑

B. ②段—寒潮来袭,积雪封路

C. ③段—雨林茂密,骑行受阻

D. ④段—山高路陡,颠簸难行

(2023 云南学业考)北回归线穿过台湾省中南部,读台湾省沿北回归线地形剖面示意图。完成 10 ~ 11 题。

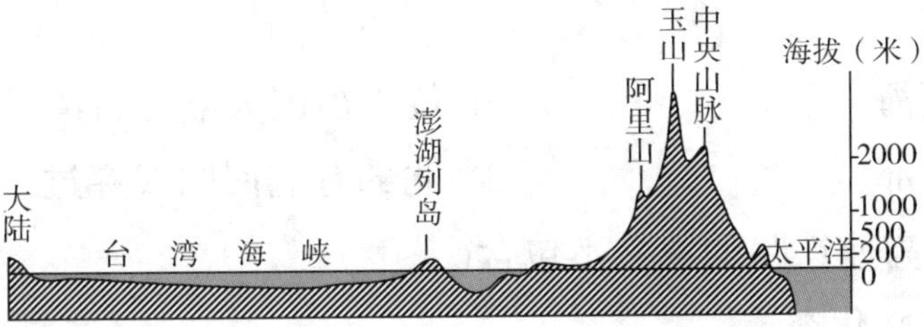

大陆
台湾海峡
澎湖列岛
阿里山
玉山
中央山脉
海拔(米)
2000
1000
500
200
0
太平洋

10. 据图文材料分析,台湾省(　　)

A. 地势中西高,东部低　　B. 隔台湾海峡与广东省相望

C. 平原主要分布在东部　　D. 以热带、亚热带季风气候为主

11. 受地形影响,台湾省(　　)

A. 河流流程较短,水量较大

B. 阿里山是著名的观光避暑胜地

C. 铁路线布局呈放射状分布

D. 西部地区降水量比东部地区大

12. (2022 海南学业考)每年 10 月到次年 4 月,我国各地的农业科研人员到海南国家南繁科研育种基地加速育种,最主要的原因是海南(　　)

A. 热量充足　　B. 地势平坦

C. 土壤肥沃　　D. 水源充足

13. (2022 海南学业考)开发建设前海深港现代服务业合作区是提高粤港澳合作的重要举措,这有利于(　　)

A. 香港向深圳供应矿产原料　　B. 促进香港博彩旅游业发展

C. 粤港澳经济发展相互促进　　D. 促进澳门自由贸易港发展

(2022陕西学业考)福州至台北的高速铁路是我国《国家综合立体交通网规划纲要》(2021～2035)规划建设的一条重要线路。读台湾海峡位置示意图,完成14～15题。

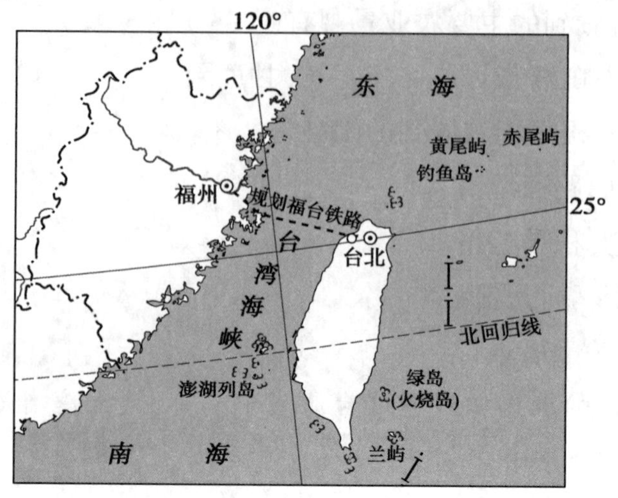

14. 台湾海峡(　　)

A. 连接黄海与南海　　B. 位于祖国大陆与台湾岛之间

C. 位于我国东北部　　D. 北部有北回归线穿过

15. 建设福州至台北高速铁路的意义不包含(　　)

A. 加强海峡两岸文化交流

B. 促进海峡两岸贸易往来

C. 方便海峡两岸探亲访友

D. 可以完全取代海洋运输

16. (2022重庆学业考)读长江三角洲四大集成电路产业中心分布示意图,完成下列问题。

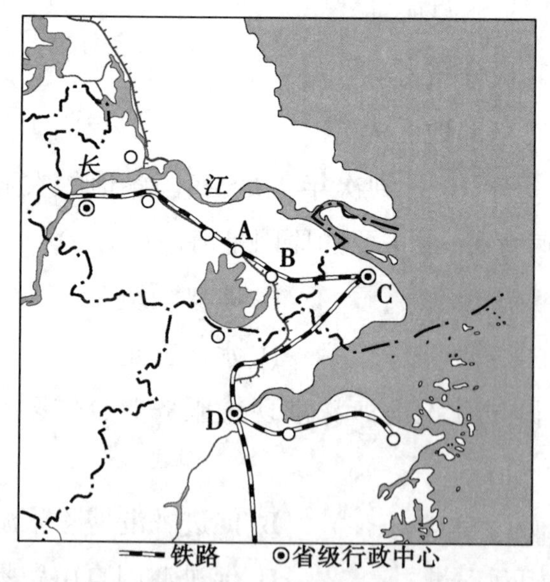

(1)长江三角洲位于我国地势第______级阶梯,其主要地形类型是______。

(2)四大产业中心中,作为长江经济带龙头城市的是________(填字母)。

(3)该地区形成了较为完整的集成电路产业链,说明当地经济发达和______力量雄厚。集成电路产品远销世界各地,依赖的主要运输方式是______运输。

17.(2022 泰安学业考)读我国南方部分区域示意图和目前粤港合作模式图,回答下列问题。

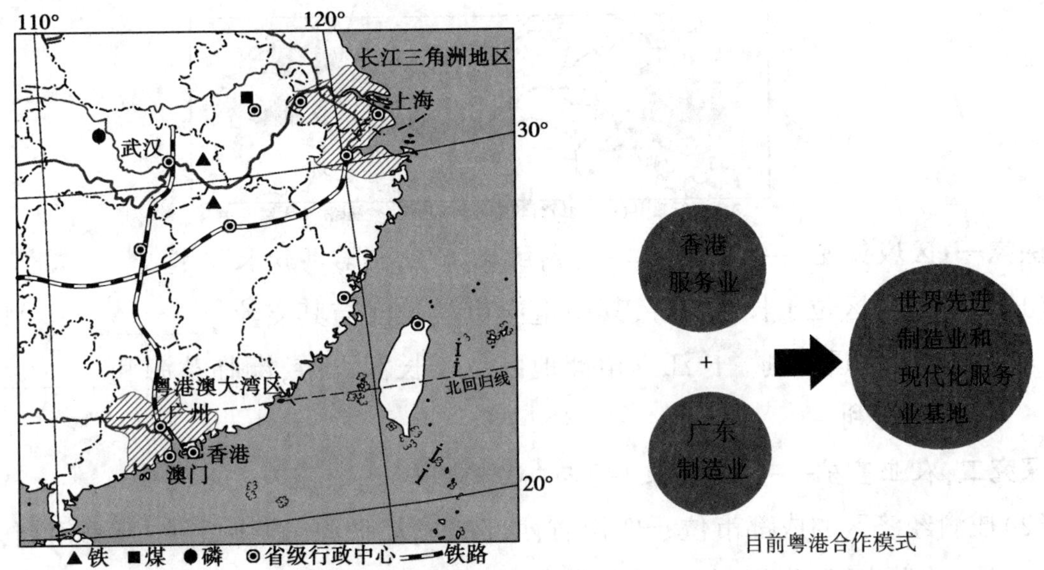

目前粤港合作模式

(1)长江三角洲地区有我国最大的城市群。近年来,随着经济的发展,城市之间的联系日益密切,人们的生活方式有了较大改变,类似上海上班、杭州居住的“同城效应”明显,这种生活方式依据的条件是______________。

(2)武汉发展钢铁工业的有利条件是____________。多年来,武汉东湖新技术开发区的光电产业发展迅速,领先国际,被形象地称为“________”。

(3)粤港澳大湾区发展外向型经济的位置优势是________________。长期以来,香港与祖国内地的经济联系十分密切,从“前店后厂”到目前粤港合作模式,反映了祖国内地与香港经济合作方式的变化,发生这种变化的原因是____________。

18.(2023 陕西学业考)成都和上海两所中学利用云课堂开展了一场“中国区域经济发展”模拟研讨会,对两地区域经济发展的联系与差异进行了比较探究。读成渝经济区与长江三角洲地区简图,完成下列问题。

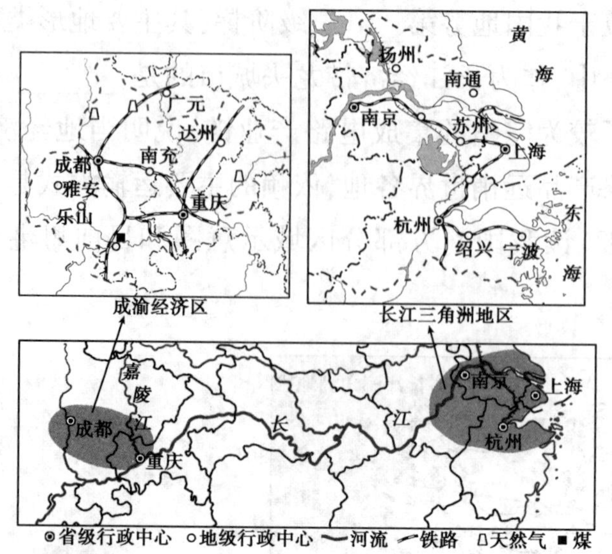

探究一: 区域位置——君住长江头,我住长江尾,与君共饮长江水

(1)成渝经济区位于长江上游,其中重庆市是长江与其支流__________江交汇处的城市,河运便利。长江三角洲地区位于长江下游,濒临黄海和________海,尽得江海之利。

探究二: 农业基础——"天府之国"与"鱼米之乡"

(2)成渝经济区的成都市位于四川省西部的成都平原,地势低平,灌溉便利,农业发达,被誉为"天府之国"。长江三角洲位于长江中下游平原,气候湿润,________密布,自古以来就是我国的"鱼米之乡"。

探究三: 工业发展——装备制造业基地与综合性工业基地

(3)成渝经济区有丰富的矿产资源,凭借长江上游落差大的有利条件,__________资源十分丰富,钢铁、机械工业发达,是我国重要的装备制造业基地。长江三角洲地区有我国最大的综合性工业基地,结合所学,简述长江三角洲工业基地形成的有利条件。(至少答出三点)

第八单元　西北地区和青藏地区

(2022 陕西学业考)新疆是我国最大的番茄生产基地,读新疆部分地区简图和资料卡片,完成1 ~3 题。

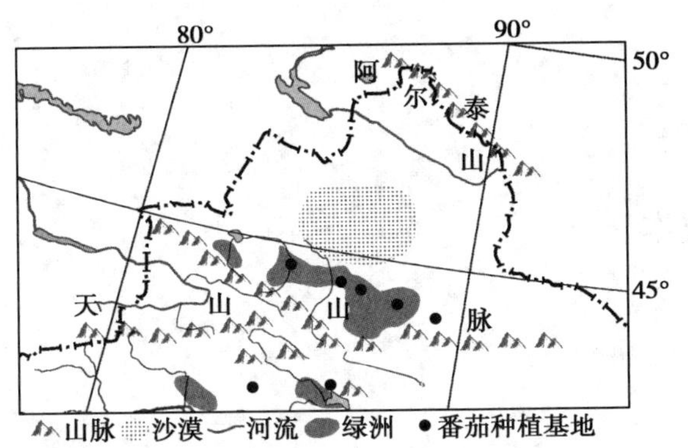

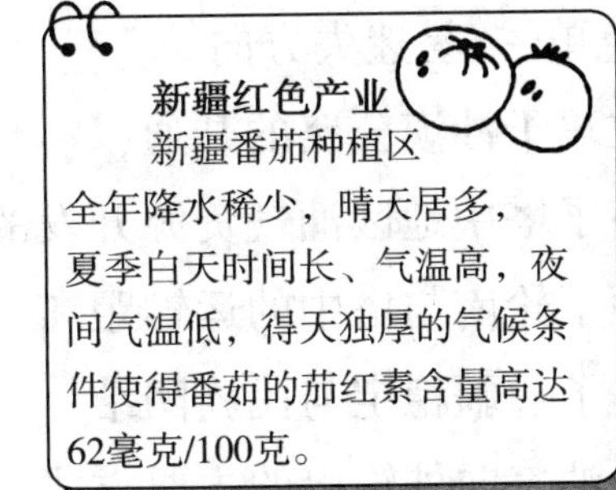

1. 新疆番茄种植基地主要分布在(　　)

A. 阿尔泰山以北　B. 天山以南　C. 天山以北　D. 伊犁河沿岸

2. 新疆番茄的茄红素含量高的原因最可能是该地(　　)

A. 在热带地区　B. 昼夜温差小　C. 沙漠面积大　D. 夏季日照足

3. 新疆水资源短缺,种植番茄应(　　)

A. 改进灌溉技术,提高灌溉效率

B. 大力开采地下水漫灌

C. 禁止生活用水以保证灌溉水源

D. 用工业废水直接灌溉

(2022 苏州学业考)新疆塔克拉玛干沙漠公路是目前世界最长的贯穿流动沙漠区的高等级公路,连通了新疆资源勘探开发的主要油气田。图 1 为塔里木盆地交通线分布图,图 2 为沙漠公路景观图。据此回答 4 ~6 题。

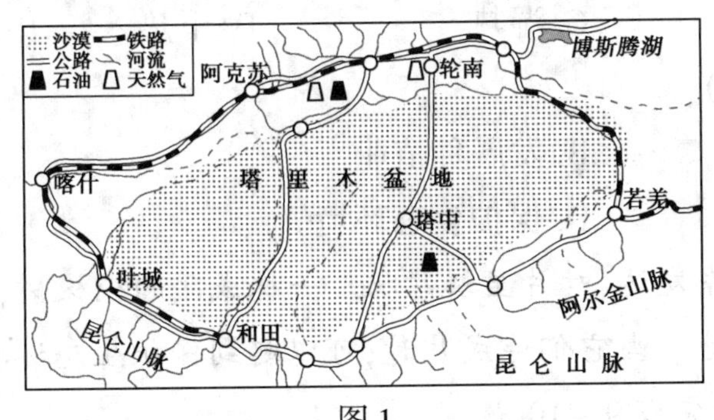

图 1

图 2

4. 图中沙漠广布的原因是(　　)

①纬度较低　②深居内陆　③距海遥远　④山脉阻挡水汽进入

A. ①②③　　B. ①②④　　C. ①③④　　D. ②③④

5. 沙漠公路面临的最大威胁是(　　)

A. 气候干旱,路面易塌陷

B. 冻土深厚,路基易变形

C. 流沙侵入,路面被掩埋

D. 景色单一,易迷失方向

6. 塔克拉玛干沙漠公路的开通(　　)

①提高了塔中地区油气资源开发的成本

②缩短了轮南与塔中的运输距离

③促进了边疆稳定与民族团结

④成为油气向外输出的主要方式

A. ①②　　B. ②③　　C. ①④　　D. ③④

(2022 海南学业考)2021 年 10 月,中国宣布设立三江源等第一批国家公园。下图为三江源地区示意图。读图完成 7~8 题。

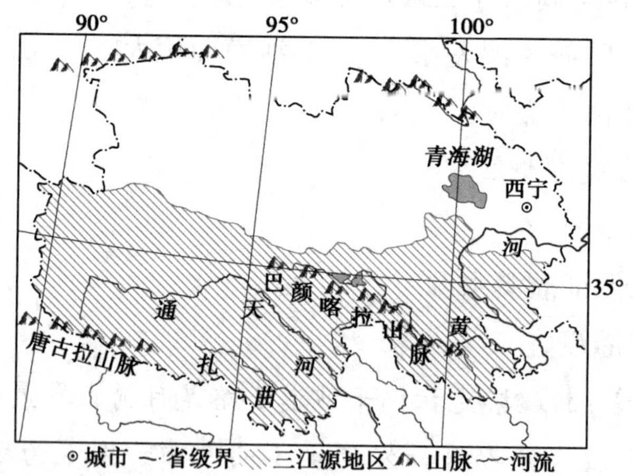

7. 三江源地区突出的自然环境特征是(　　)

A. 干旱　　B. 高寒　　C. 湿热　　D. 干热

8. 设立国家公园的意义在于(　　)

A. 促进工业发展　　B. 发展种植业

C. 解决就业困难　　D. 保护生态环境

(2021 青岛学业考)梭梭树根系发达,叶片呈鳞片状。一株成年的梭梭树,其发达的根系至少可以固定 10 平方米的土地。当它们连成片时,可以起到保护生态环境的作用。下图示意某省区梭梭林景观。据此完成 9~10 题。

9. 在荒漠中种植梭梭树的主要目的是(　　)

A. 防风固沙　　B. 保持水土　　C. 涵养水源　　D. 保护农田

10. 图中景观最可能位于的省区是(　　)

A. 云南省　　B. 黑龙江省

C. 台湾省　　D. 内蒙古自治区

(2023 福建学业考)新疆独库(独山子—库车)公路连接北疆和南疆,全长约 561 千米,一半路段在海拔 2 000 米以上。夏季,该公路是深受自驾游爱好者青睐的景观大道。下图示意新疆独库公路地理位置。读图完成 11～13 题。

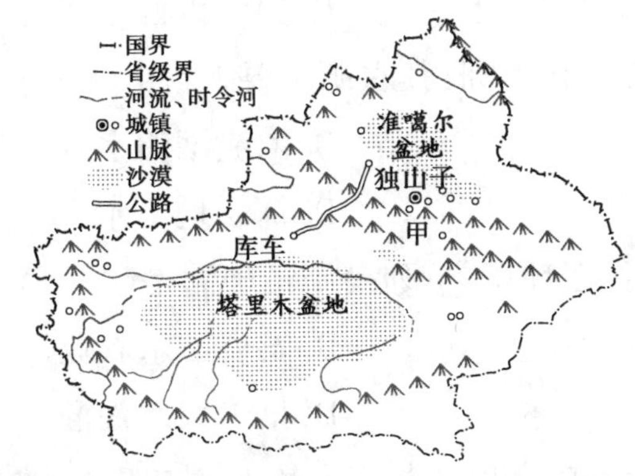

11. 独库公路穿越东西走向的甲山脉名称是(　　)

A. 阴山山脉　　B. 天山山脉　　C. 祁连山脉　　D. 昆仑山脉

12. 夏季,独库公路享有“一日游四季”的美誉,是因为该公路(　　)

A. 穿越的山地相对高度大

B. 沿路降水丰富

C. 穿越的山地海拔高

D. 位于高纬度地区

13. 随着垂直高度的变化,夏季在独库公路的沿途可见规模较大的景观有(　　)

A

B

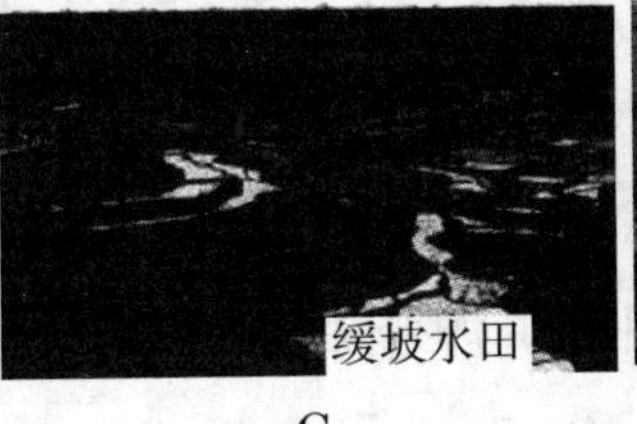

C

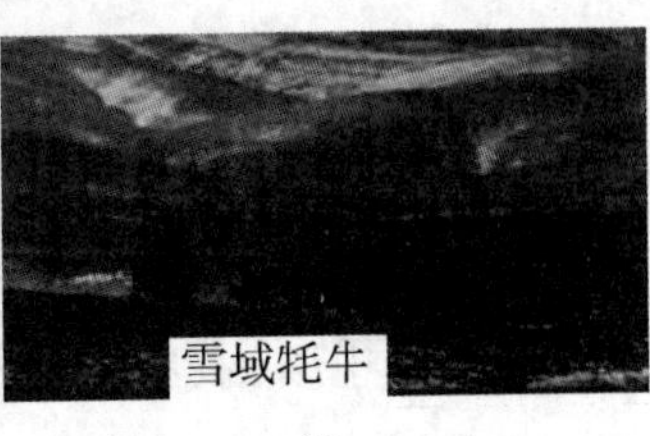

D

（2021 太原学业考）河西走廊是一条东西方文化交流的重要通道。下图示意河西走廊位置。据此完成 14～16 题。

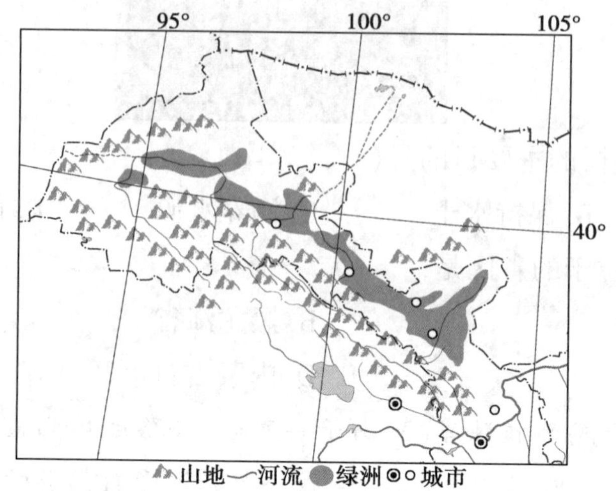

14. 河西走廊的“河西”是指（　　）

A. 黄河以西　　B. 汾河以西　　C. 黑河以西　　D. 淮河以西

15. 该地区人口、城市多分布在绿洲，其水源主要来自（　　）

A. 大气降水　　B. 河流湖泊水

C. 冰雪融水　　D. 深层地下水

16. 为保护该地区脆弱的生态环境，下列措施正确的是（　　）

A. 增加人口数量　　B. 发展节水农业

C. 大力开垦绿洲　　D. 推广大水漫灌

（2023 烟台学业考）目前，我国农村有农民在住房屋顶、农业大棚、草场、水塘等铺设太阳能电池板获取电能，农民既可以自用于生产生活，也可以将多余的电量卖给国家电网。读我国太阳能资源分布图，完成 17～19 题。

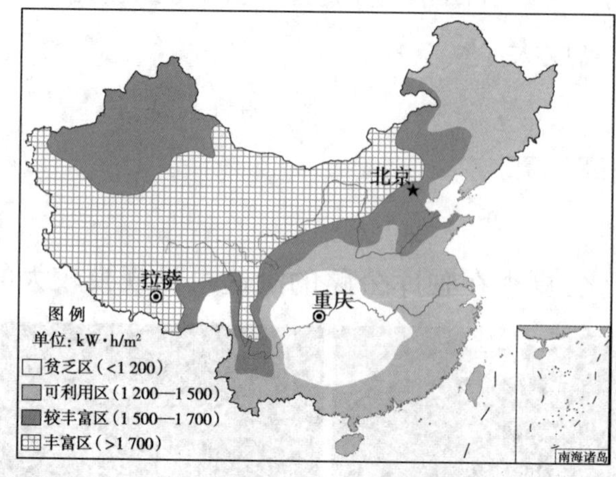

17. 读图可知，我国太阳能资源相对丰富的地区是（　　）

①北方地区　②南方地区　③西北地区　④青藏地区

A. ①②　　B. ③④　　C. ①③　　D. ②④

18. 遵循因地制宜的原则，我国部分地区形成了发电与农业生产两不误的“一地多用、农光互补”的良性循环发展模式。在我国青藏地区最适宜发展的“农光互补”形式是(　　)

A. 光伏鱼塘

B. 光伏牧场

C. 光伏大棚

D. 光伏屋顶

19. “一地多用、农光互补”的发展模式带来的好处是(　　)

①增加农民收入　②满足农业用电需求　③提高土地利用率　④低碳环保，改善环境质量　⑤提高土壤肥力

A. ①②③④　　B. ②③④⑤　　C. ①②③⑤　　D. ①③④⑤

川藏铁路是第二条进藏“天路”，起点为成都，终点是拉萨，沿途穿越的是我国乃至全世界山脉峰岭最密集的地区，修建难度之大世所罕见。读川藏铁路示意图，完成20～21题。

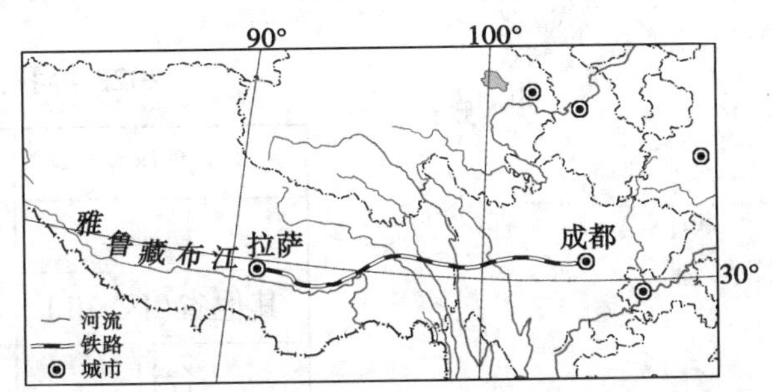

20. 下列叙述符合川藏铁路沿线区域的是(　　)

A. 沙漠、戈壁广阔

B. 雪峰连绵，冰川广布

C. 地表千沟万壑、支离破碎

D. 石林、孤峰、溶洞等喀斯特地貌密布

21. 川藏铁路建成通车后，将会促进沿线地区(　　)

①旅游业的兴起　②资源的开发　③动植物的迁徙　④文化的交流　⑤交通的发展　⑥气候的变化

A. ①②④⑤　　B. ①③④⑥　　C. ①③⑤⑥　　D. ②③④⑤

碉房是藏族传统民居，其墙壁用毛石垒砌，开窗甚少，大多建在背风向阳的山坡地

段。近年来,传统碉房数量急剧减少。下图示意我国青海省南部碉房景观。读图,完成22~24题。

22. 传统碉房开窗甚少的主要目的是(　　)

A. 防风避寒　　B. 遮挡雨水　　C. 稳固墙体　　D. 阻挡沙暴

23. 影响图示碉房分布形态的主要自然因素是(　　)

A. 水源　　B. 气温　　C. 降水　　D. 地形

24. 为保护传统建筑文化,可采取的合理措施是(　　)

A. 扩容改造,大量仿建　　B. 精心修缮,日常维护

C. 保留原貌,任其发展　　D. 全部拆除,原样重建

25. (2023上海学业考)新疆维吾尔自治区是我国重要的棉花产区。读图回答下列问题。

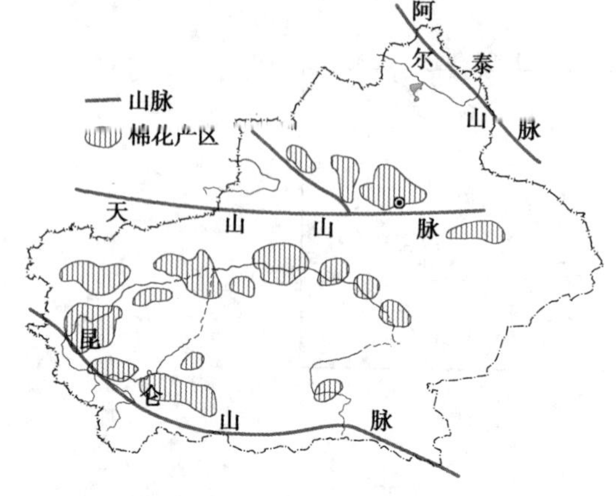

新疆维吾尔自治区棉花产区分布示意图

2022年我国棉花总产量表

产区	总产量(万吨)
新疆	539.1
其他省(区、市)	58.6
合计	597.7

(1)新疆棉花产量约占全国总产量的________%。

(2)根据棉花的生长习性,在"气候描述"中,勾选符合新疆产棉区棉花生长的气候条件。

棉花是喜光、喜温作物,充足的光照和热量有利于其生长,生长期需要足够的水分,而成熟采摘时则需要晴朗少雨的天气。	气候描述 □晴天较多,光照条件好 □气候湿润,年降水量多 □夏季高温,热量较充足

(3)南疆的棉花产区主要分布在________盆地边缘,北疆的棉花产区主要分布在________山脉的山麓地带。这些棉花产区所需的水源主要来自________和山区降水。

(4)新疆棉花播种每年 4 月自南向北拉开序幕,形成了棉花春播“南早北晚”的现象,其主要影响因素是________(纬度/地形)。

(5)每年棉花采收后,大量棉花秸秆通过下图所示方式加以利用,说明这种利用方式具有的优点:____。

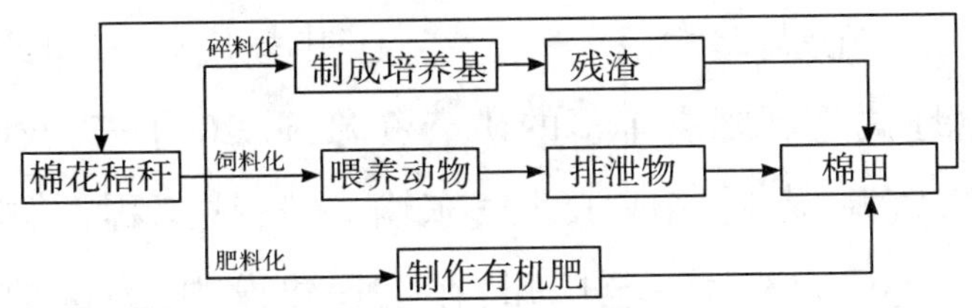

26.(2023 苏州学业考)祖国山河好,高质量发展谱新篇

《我们新疆好地方》是一首脍炙人口的经典歌曲。动听的歌声立即把你带到美丽的新疆!歌中唱道:“天山南北好牧场,戈壁沙滩变良田,积雪融化灌农庄……葡萄瓜果甜又甜,煤铁金银遍地藏……”。下图为新疆示意图。读图回答下列问题。

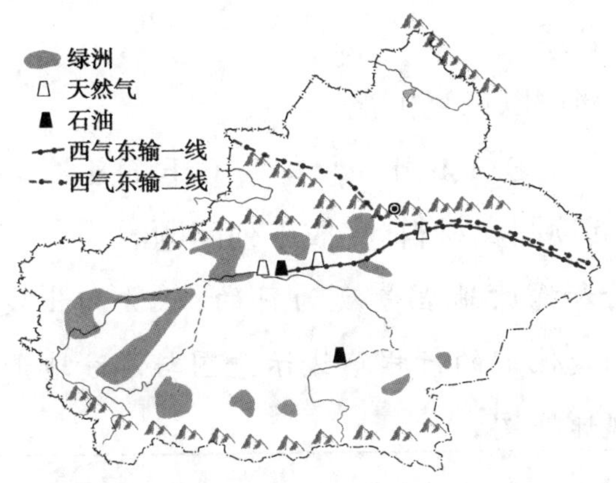

(1)“天山南北好牧场”,天山南、北的地形区分别是①________,“好牧场”分布在②________。

①A. 柴达木盆地、塔里木盆地

B. 青藏高原、塔里木盆地

C. 准噶尔盆地、塔里木盆地

D. 塔里木盆地、准噶尔盆地

②A. 草原草场　　B. 山地草场　　C. 高寒草场　　D. 荒漠草场

(2)“戈壁沙滩变良田”,新疆多沙漠、戈壁的主要影响因素是③________,戈壁沙滩变良田的水源主要来源是④________。

③A. 纬度位置、海陆位置　　B. 纬度位置、地形地势

C. 海陆位置、地形地势　　D. 纬度位置、人类活动

④A. 高山冰雪融水　B. 大气降水　C. 南水北调　D. 植物蒸腾

(3)“葡萄瓜果甜又甜”,吐鲁番“葡萄沟”被称为新疆“最甜”的地方,这里的特色农业是⑤________,新疆的瓜果甜又甜的原因是⑥________。

⑤A. 旱作农业　B. 绿洲农业　C. 水田农业　D. 河谷农业

⑥A. 雨热同期,气候暖湿　　B. 土壤肥沃,热量充足

C. 光照充足,昼夜温差大　　D. 市场广阔,需求量大

(4)“煤铁金银遍地藏”,新疆有丰富的矿产资源,近20年来,我国在塔里木盆地成功开发了天然气资源,先后完成了西气东输一、二线工程,其中二线工程主干线还从⑦________进口天然气运至广州,在工程建设中,为保护生态环境,应采取的保护措施有⑧________。

⑦A. 东南亚　B. 西亚　C. 中亚　D. 非洲

⑧a. 严格规定施工范围

b. 土石方全部回填

c. 废弃物随意丢弃

d. 施工后及时移植以恢复植被

A. a、b、c　B. a、b、d　C. b、c、d　D. a、b、c、d

27. (2023广西学业考)阅读图文材料,完成下列问题。

几位游客以体验和探索地理景观为目的,从沈阳出发,沿国道自驾前往拉萨旅游。图1与图2分别是他们的行程路线示意图与沿途地形剖面示意图。图3是他们绘制的青藏高原景观速写图。

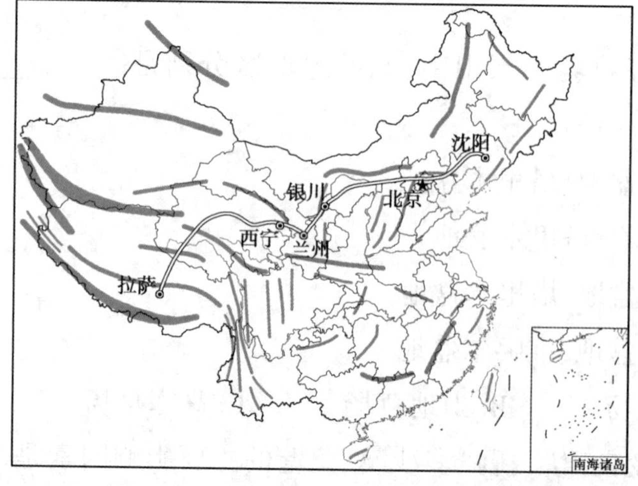

图1

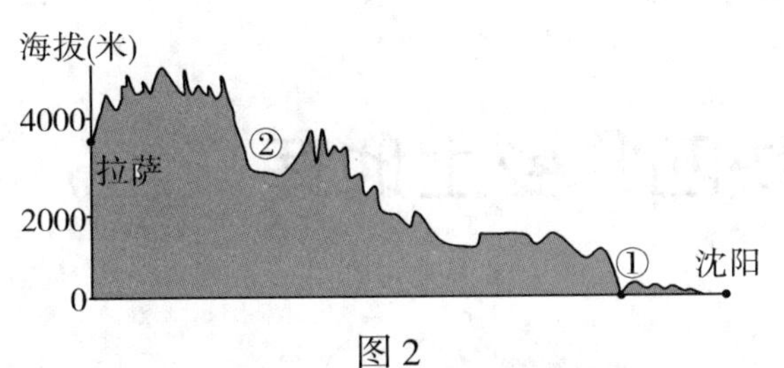

图 2

图 3

(1) 地形剖面图中的①最有可能是行程路线示意图中的________市。经过该市后，游客们将从我国地势的第三级阶梯进入第二级阶梯。

(2) 在山西省，游客们行驶于________高原上。这里沟壑纵横，但地表植被覆盖率较高，这是多年整治的成果。游客们体会到当地已逐步落实“绿水青山就是金山银山”的发展理念。

(3) 到达银川市时，游客们发现这里农田翠绿。经寻访得知该地区年降水量不大，通过引黄河水发展________农业。

(4) 地形剖面示意图中的②地区，较周边略低，从海拔推断，该地位于我国四大盆地中的________盆地。

(5) 说出景观速写图中青藏高原具有代表性的地理事物。(答出两种即可)

模块四　乡土地理

（2023 河南学业考）“鏖战独树镇”是长征著名战斗之一，其旧址位于河南省方城县。南水北调中线工程也流经此地，一片丹心见证了一江“丹水”北上。读河南省境内长征行进方向和南水北调中线工程线路示意图，完成 1 ~2 题。

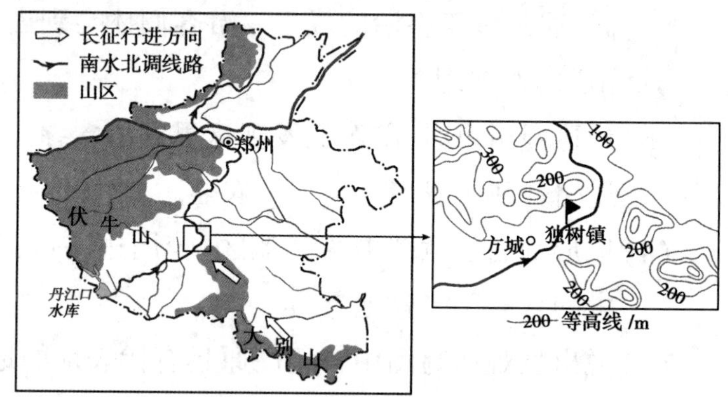

1. 独树镇战斗中，红军战士英勇无畏，胜利挺进伏牛山区。在这里，红军要战胜的困难是（　　）
   A. 悬崖陡峭，攀爬不便
   B. 河网纵横，行军缓慢
   C. 山地夹峙，易受阻击
   D. 雪山林立，湿滑难行

2. 南水北调中线工程选择从独树镇经过的主要原因是（　　）
   A. 城镇较多　　B. 工程量小　　C. 线路较短　　D. 水质优良

3. （2022 河南学业考）河南省东西部存在自然环境差异，乡村振兴之路也有所不同。下图为河南省地形示意图。阅读图文材料，回答下列问题。

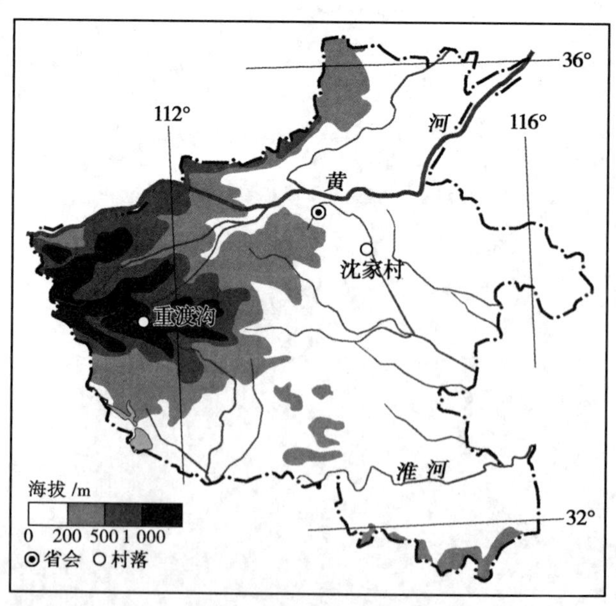

【重渡沟:山区生态游】

重渡沟位于洛阳市栾川县境内,地处伏牛山区。早期,村民以砍竹挖矿为生,对生态环境造成破坏。1999 年起,当地依托独特的自然资源和民俗文化发展乡村生态旅游,目前已成为国家级生态旅游示范区。

(1)结合重渡沟的发展变化,完成以下框图。

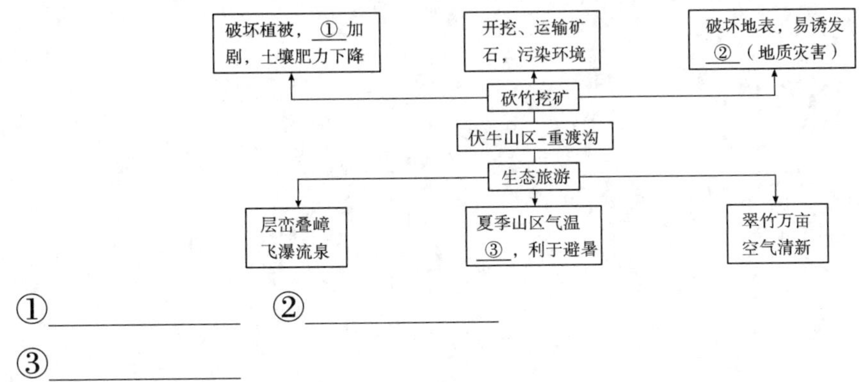

①__________ ②__________

③__________

【沈家村:农业现代化】

沈家村所在的开封市尉氏县位于华北平原,土地平整、肥力好,是全国小麦商品粮基地。2014 年,习近平总书记到沈家村视察,看到小麦长势喜人,欣喜地说:“今年的馍能吃上了。”

(2)简述沈家村小麦种植的有利自然条件。

沈家村在种植普通小麦的基础上,推广优质专用小麦。2018 年,小麦获得丰收,村民高兴地说:“咱家的麦子不仅能蒸馍,还能做面包了!”目前,沈家村正在建设新一代高效农业示范区,农业现代化这根“金扁担”逐渐从规划走向现实。

(3)麦子能做面包主要依靠________。

A. 改进灌溉技术　　B. 培育优良品种

C. 推广农业机械　　D. 使用农药化肥

【家乡情:乡村振兴路】

重渡沟和沈家村利用自身地理环境优势探索乡村发展之路,是我省乡村振兴的生动缩影。

(4)借鉴重渡沟和沈家村的发展经验,为我省乡村振兴提出合理化建议。(可从因地制宜、生态保护、科技推广等方面回答)

参考答案(赠送)

模块一 地球与地图

第一单元 地球与地球仪

【学基础】

一、地球的形状和大小

1.(1)麦哲伦船队 地球卫星照片

2.5.1亿 6 371 4万

二、地球的模型——地球仪

1.填图略

三、纬线和纬度

1.圆圈 东西 赤道

2.0° 0°~30° 30°~60° 60°~90° N S

四、经线和经度

1.半圆 南北 相等

2.0° 20°W 160°E E W

【练基础】

考点1

1.D 2.B

考点2

1.A 2.D 3.C

考点3

1.B 2.C 3.A 4.C

考点4

1.B 2.A 3.B 4.B 5.A

【夯实基础过中考】

1.C 2.C 3.C 4.D 5.D 6.A 7.B

第二单元 地球的运动

【学基础】

一、地球的自转

地轴 西 东 24小时 昼夜更替 时间差异

二、地球的公转

(一)

1.太阳 西 东 一年

(二)

1.①夏至 北回归线 南 昼长夜短

②秋分 赤道 南 昼夜等长 9、10、11月

③冬至 南回归线 北 昼短夜长 12、1、2月

④春分 赤道 北 昼夜等长 3、4、5月

2.A:寒带 有 B:北温带 C:热带 有 D:南温带

E:南寒带 有

3.最大 大 小 最小 小 大

【练基础】

考点1

1.D 2.B 3.A 4.C

5.(1)A (2)白昼 乙

考点2

1.C 2.D 3.B

4.①直射 ②斜射 ③小 ④大 ⑤多 ⑥少 ⑦小 ⑧大 ⑨少 ⑩多

【夯实基础过中考】

1.C 2.D 3.A 4.C 5.D 6.C 7.B 8.A 9.B 10.C

11.(1)② ③ 昼长夜短(或昼大于夜,或昼>夜)

(2)① 赤道(或0°纬线)

(3)③ 极昼

(4)自转 地轴 昼夜更替(或时差,或太阳东升西落)(任意答出一点即可)

12.大 南

13.(1)北温 秦岭—淮河 800

(2)东北 D DE 长

第三单元 地图的阅读

【学基础】

一、地图的三要素

比例尺 方向 图例

1.(1)缩小 (2)比例尺 $=\frac{\text{图上距离}}{\text{实地距离}}$

(3)线段 1:100 000 文字

(4)越大 越小

(5)小 大 大 小 简略 详细

2.上北下南,左西右东 北方 南北 东西

3.铁路 洲界 国界 山峰 直辖市 水库

二、地形图的判读

(一)

1.1 500米 500米 1 000米

2.(1)海拔相同 相邻 高差 (2)①高 高 ②密集 稀疏 ③大 盆地 小 低 高 山峰 重合

(二)

200米以下 500米以上 较陡 和缓 500米以上

山坡陡峭　较小　四周高,中间低

【练基础】

考点1

1. D　2. B　3. B　4. C

5. (1)南　2　关虎屯　(2)紫荆山　1

考点2

1. D　2. D

考点3

1. A　2. C　3. B　4. A　5. A　6. C　7. C　8. B

【夯实基础过中考】

1. A　2. C　3. B　4. B　5. C　6. B　7. D　8. D　9. D

10. B　11. C　12. B　13. B　14. C

15. (1)165　500　14

(2)A　A菜园东侧和南侧没有建筑物遮挡阳光

(3)甲　乙地块等高线最密集,坡度最陡,建水土保持园有利于保持水土　丙　丙地块离宿舍楼更远,更卫生

16. (1)鞍部　陡崖

(2)西北

(3)路线①

(4)乙处,因为乙处工程量小,不需要迁移人口。

17. (1)陡崖　200　④　(2)乙

18. (1)2　(2)自西北向东南　(3)D　(4)A　(5)C

模块二　世界地理

第一单元　海洋与陆地

【学基础】

一、大洲和大洋

(一)

1. 71%　29%

2. (1)北半球　南半球　大于　北冰洋　南极洲

(2)东半球　西半球

(二)

1. 大陆　半岛　岛屿　海峡　洋　海

2. 略

3. 亚洲　北美洲　欧洲

4. ①乌拉尔　大高加索　土耳其　②苏伊士　③巴拿马　④白令

5. 太平洋　大西洋　印度洋　北冰洋

二、海陆的变迁

(一)

1. 地壳的变动　海平面升降　人类活动

2. 海洋　陆地　陆地　海洋　海洋　陆地

(二)

1. 一块大陆　七大洲、四大洋

2. (1)轮廓　(2)生物　(3)古老地层

(三)

1. 板块运动

2. (1)板块　(2)六大板块　运动　亚欧板块　非洲板块　印度洋板块　太平洋板块　美洲板块　南极洲板块　(3)板块内部　板块与板块交界　(4)板块交界

3. (1)张裂　裂谷　海洋　山脉

(2)环太平洋　地中海—喜马拉雅

【练基础】

考点1

1. A　2. D　3. B　4. A　5. B

考点2

1. B　2. B　3. B　4. D　5. D

考点3

1. B　2. B　3. B　4. A　5. D

【夯实基础过中考】

1. C　2. D　3. C　4. B　5. B　6. C　7. B　8. A　9. C

10. D　11. C　12. B

13. (1)海洋　(2)亚欧板块　活跃　地震　(3)青藏高原

第二单元　气候

【学基础】

一、多变的天气

(一)

短时间　多年　短　不大

(二)

1. (1)阴晴　气温

(2)来向

(3)强弱　越强　①8　②6　③东南

2. (1)陆地　云区　厚　阴雨

(2)①多云　②冰雹　③雨夹雪　④雷阵雨　⑤雾　⑥沙尘暴

(三)

1. (1)空气质量指数　(2)小　大

2. (1)风力　(2)尾气

二、气温

(一)

1. 摄氏度　温度计

2. (1)①14时(或午后2时)　②日出前后(或4时)　③7 ℃

(2)北　南　8　2　1　7　最高月平均　最低月平均

(二)

1.(1)相等　(2)①封闭　低温　②密集　大　③东西　南北　④稀疏　小

2.高　低　纬度位置　高　低　海陆位置　降低　0.6 ℃　地形

三、降水

(一)

1.雨、雪、冰雹　降雨

2.雨量器　毫米(或 mm)

3.(1)①绘图略　②均匀　大

(二)

1.(1)描图略　(2)乞拉朋齐　阿塔卡马沙漠

2.(1)多　少　(2)少　多　(3)多　少　(4)多　少

四、世界的气候

(一)

1.气温　降水　①气温　②降水　③1(或 12)　7　冬季温和,夏季炎热　④100　冬季多雨,夏季少雨　⑤冬季温和多雨,夏季炎热干燥

2.(1)炎热多雨　(2)终年寒冷　(3)干旱少雨　(4)温和湿润　高温多雨　寒冷干燥

(二)

A 热带雨林　B 热带草原　干、湿　C 热带季风　旱、雨　D 热带沙漠　E 亚热带季风和湿润　温和湿润　F 地中海　温和多雨　G 温带季风　H 温带海洋性　I 温带大陆性　K 高原山地

(三)

1.①低　②高　③多　④少

2.多　少

3.①高　低　②迎风　多　背风　少

(四)

1.(1)日常生活　(2)农业生产　(3)灾害

2.(1)植树造林　(2)过度砍伐森林

3.(1)石油　减少　(2)极地　沿海低地

【练基础】

考点 1

1.D　2.A　3.C　4.D　5.C

考点 2

1.A　2.A　3.D

4.(1)14　12 ℃　(2)较厚

5.(1)23(或 24)　−25　(2)高　低　(3)纬度因素

考点 3

1.A　2.D　3.B　4.A　5.B　6.B

考点 4

1.C　2.B

3.(1)D

(2)位于南北纬 40°~60°的大陆内部。

(3)乙　甲　丙

考点 5

1.C　2.A　3.A　4.B　5.A

6.(1)哈萨克斯坦比西安距海远,降水比西安少

(2)终年高温多雨　水稻　A

(3)终年温和湿润

【夯实基础过中考】

1.B　2.C　3.C　4.D　5.D　6.A　7.D　8.A　9.D　10.C　11.D　12.B　13.B　14.C

15.(1)北回归线(或 23.5°N,或北纬 23.5°)　亚欧　东

(2)较少　②③①　(3)背风坡

第三单元　居民与聚落

【学基础】

一、人口与人种

(一)

1.略

2.亚　大洋

3.人口自然增长率　①出生率　死亡率　②增加　③不增不减　④减少

(二)

1.(1)每平方千米

2.中低　①亚洲东部　②亚洲南部　③欧洲西部　④北美洲东部　干旱　湿热　严寒

(三)

环境　就业　交通压力大　劳动力短缺　经济　资源　鼓励生育

(四)

欧洲　北美　亚洲东部　非洲中部和南部

二、世界的语言和宗教

(一)

中国　北美　俄　非　拉丁美　亚洲西部　汉　英

(二)

佛教　教堂　清真寺　欧洲　美洲　西

三、人类的聚居地——聚落

(一)

1.乡村　城市

2.①水源充足　②土壤肥沃　③交通便利　④地形平坦
3.平原　密集
4.团块状　条带状
(二)
1.自然环境
2.法国　威尼斯古城　平遥古城
【练基础】
考点1
1.A　2.D　3.A　4.B　5.B
考点2
1.A　2.B
考点3
1.D　2.A　3.B　4.C
【夯实基础过中考】
1.D　2.C　3.D　4.B　5.D
6.(1)太阳光
(2)当地雨季降水多,“人”字形屋顶陡峭,利于排水;雨季降水多,屋檐宽大,利于遮雨;旱季光照强,屋檐宽大,利于遮阳。
7.(1)嘉陵　长　(2)吊脚楼
(3)位于嘉陵江和长江交汇处,蒸发量大,水汽丰富;山地地形,水汽不易扩散。

第四单元　发展与合作

【学基础】
一、地域发展差异
发达国家　发展中国家
二、发达国家和发展中国家的分布
1.欧
2.北部　南部
3.①南北对话　②南南合作
三、国际经济合作
1.人口　环境
2.(1)资金　市场　(2)经济　发展　合作
【练基础】
1.B　2.D
【夯实基础过中考】
1.D　2.A　3.B　4.C

第五单元　认识大洲

【学基础】
一、位置和范围
(一)
1.略
2.东半球　西半球　北半球　南半球　亚欧大陆　北冰洋　太平洋　印度洋　低　中　高　热带　北温带　北寒带
3.乌拉尔　乌拉尔　黑　欧洲　苏伊士运河　白令海峡
(二)
1.大　广　长
2.中国　蒙古　朝鲜　韩国　日本　东南亚　南亚　西亚　中亚　北亚
二、自然环境
(一)
1.略
2.(1)中部　四周　(2)高原　山地　平原　(3)喜马拉雅山　青藏高原　西西伯利亚平原
3.(1)放射状　(2)①长江　②黄河　③湄公河　④恒河　⑤自西向东　⑥太平洋　⑦印度洋
(二)
1.复杂多样　温带大陆性　季风气候
2.(1)热带季风气候　热带沙漠气候　热带雨林气候
(2)亚热带季风气候　地中海气候
(3)温带季风气候　温带大陆性气候
(5)高原山地气候
3.广　复杂多样
4.太平洋和印度洋　东南　西南　西北　东北　温暖湿润　寒冷干燥　雨热同期　旱涝灾害
三、亚洲不同地区自然环境对人类活动的影响
甲　西亚　帐篷　宽大袍子　炎热干燥　丙　北亚　木屋　毛皮服装　寒冷　冰雪　丁　南亚　船　乙　东南亚　炎热多雨
四、其他大洲的自然环境特点及其相互关系
1.(1)地形类型以高原为主
(2)高原分布在东部和南部
(3)地势东南高西北低
2.(1)以热带气候为主
(2)以赤道为轴南北对称
(3)东非　热带草原　热带沙漠　较小　南　北　地中海　一
(4)热带草原　地形
【练基础】
考点1
1.B　2.C　3.C　4.A　5.B
考点2
1.D　2.C　3.B　4.A　5.A　6.B

【夯实基础过中考】

1. D 2. D 3. B 4. C 5. B 6. A

7. (1)面积大(或东西、南北跨度大,或地域辽阔)

(2)中部高四周低(或中高周低)

(3)①②③

(4)交流(或合作,或联系,或沟通,或学习互鉴)

(5)例如1:中国与哈萨克斯坦在矿产资源领域开展合作;有利于中国获得大量矿产资源,缓解矿产资源紧张问题,优化能源结构,发展本国工业,推动经济发展;有利于哈萨克斯坦把资源优势转化为经济优势,扩大消费市场,增加经济收入,扩大就业机会。(哈萨克斯坦可替换为中亚、中东、东南亚等有丰富矿产资源或能源的某个国家)。

例如2:中国与泰国在农产品领域开展合作;有利于满足中国多样化的农产品消费需求,还可为工业提供丰富的农产品原料;有利于扩大泰国农产品消费市场,增加经济收入,扩大就业机会。(泰国可替换为中亚、中东、南亚、东南亚等出口农产品的某个国家)。

例如3:中国与日本、韩国等国家在高新技术等领域开展合作;有利于中国引进先进技术,提高技术水平等;有利于日本、韩国扩大消费市场,增加经济收入。

例如4:中国与老挝在基础设施建设等领域开展合作;有利于中国扩大对外投资,扩大中国的消费市场,提升中国的国际影响力;有利于老挝完善基础设施,方便出行,促进老挝自然资源的开发和外运,促进沿线经济发展,带动相关产业发展,增加就业机会,促进区域经济发展。(老挝可替换为印度尼西亚、巴基斯坦等国家)。

第六单元 认识地区

【学基础】

一、东南亚

(一)

1. (1)东 南 北 (2)热带 低

(3)亚洲 太平洋 印度洋 大洋洲

2. (1)中南 马来

(2)缅甸 越南 老挝 印度尼西亚

3. (1)大洋洲 印度洋 (2)苏门答腊 马来

(二)

1. 中南半岛 全年炎热,旱雨季分明 马来群岛 全年炎热多雨

2. 高温 丰沛

3. 喜热喜湿 泰国、越南、缅甸 泰国 马来西亚 印度尼西亚 菲律宾 菲律宾

4. 炎热多雨 肥沃 稠密 劳动力 大 悠久

(三)

1. (1)北高南低 (2)山河相间 纵列分布

(3)自北向南 (4)红河 湄公河

2. (1)河流沿岸 河口三角洲

(2)肥沃 平坦 充足 便利

(四)

1. (1)①下龙湾 ②巴厘岛

(2)①大金塔 ②水上市场 ③吴哥窟

二、中东

(一)

1. (1)东 北 (2)北温带 中 (3)亚 欧 非 大西 印度 红 地中 里 黑 阿拉伯 苏伊士 土耳其

2. 西亚 埃及

(二)

1. 大 多

2. (1)波斯湾 (2)沙特阿拉伯 科威特 伊朗 伊拉克 阿拉伯联合酋长国

3. 由波斯湾,经阿拉伯海、红海、苏伊士运河、地中海、直布罗陀海峡和大西洋 北美洲 欧洲西部

由波斯湾,经阿拉伯海、印度洋,绕过非洲南端的好望角,经大西洋 北美洲 欧洲西部

由波斯湾,经阿拉伯海、印度洋、马六甲海峡、太平洋 东亚

(三)

1. 高原 阿拉伯 伊朗 热带沙漠气候 炎热少雨 地中海气候 幼发拉底河 底格里斯河 约旦河

2. 热带沙漠 干燥 稀少 短缺

3. 滴灌 喷灌

(四)

1. (1)白色 阿拉伯 阿拉伯语

(2)基督教 伊斯兰教 犹太教 耶路撒冷

(3)伊斯兰教 伊斯兰教 伊斯兰教 犹太教

2. 厚 小 平顶 白色长袍 白色头巾 骆驼 热带沙漠气候 炎热干燥 广布

三、欧洲西部

(一)

1. 东 北 北温带 北寒带 中 北冰洋 西 地中海

2. 伦敦 巴黎 柏林 罗马 马德里 雅典

3. 精　高　多　密集　机械　自动　少　畜牧　完善　优　大　支柱

(二)

1. (1)平原　山地　南北高　中部低　西欧　波德　斯堪的纳维亚　阿尔卑斯

(2)内河　莱茵河　多瑙河

(3)温带海洋性　全年温和湿润　地中海　夏季炎热少雨,冬季温和湿润　冬冷夏热,降水集中在夏季　全年寒冷少雨　全年寒冷少雨

(4)大西洋　湿润

2. (1)绿色金子　(3)温带海洋性　温和湿润　多汁牧草　平原　低平　稠密　发达　广阔

(三)

高　多　欧元　发达　完善

四、撒哈拉以南非洲

(一)

2. 东　南北　南北回归线　赤道　热带　大西洋　印度洋　红海

3. (1)①高原　东南部　南非　东非　埃塞俄比亚　②西北部　东南高　西北低

(2)刚果　尼罗

(3)①热带　热带草原　②赤道　对称

热带雨林气候　全年炎热多雨　热带草原气候　全年炎热,干湿季分明　全年炎热少雨　夏季炎热少雨,冬季温和湿润　冬冷夏凉,全年降水少

(二)

多　大　金刚石　黄金　咖啡　椰枣　油棕　初级农矿产品　工业制成品　殖民主义者的占领和掠夺　单一商品经济　化学工业、机械工业　花卉业　旅游业

(三)

1. 热带草原　旱灾　多　快　初级农矿产品　低　低　很低

2. 水土流失　土地荒漠化

五、极地地区

(一)

1. 南极圈　印度　太平　大西　北极圈　亚　欧　北美

2. 冰雪高原　白色荒漠　风库　11　3　企鹅　北极熊

(二)

1. 150　黄河站　长城站　昆仑站　泰山站

3. (2)高　极昼

【练基础】

考点1

1. D　2. B

3. (1)①大西　②平原　③北温　④全年温暖湿润

(2)英国大部分地区为温带海洋性气候,全年温和湿润,阴天多(或晴天少)。而地中海沿岸主要为地中海气候,夏季炎热干燥,晴天多,光照充足。

考点2

1. B　2. A

考点3

1. C　2. D　3. A　4. D　5. D　6. A　7. D

考点4

1. A

2. (1)平原　(2)温带海洋性　(3)塞纳河　水运

考点5

1. C　2. B　3. B　4. A　5. B　6. A

考点6

1. A　2. D　3. C　4. A　5. C

考点7

1. B　2. C

考点8

1. C　2. C　3. B　4. B　5. C　6. B

【夯实基础过中考】

1. D　2. A　3. C　4. A　5. D　6. B　7. D　8. C　9. A　10. C　11. C　12. B　13. C　14. C

15. (1)亚欧

(2)流量大;无结冰期;水位季节变化小。

(3)提供水源;提供便利的水运条件;河流沿岸地形平坦,为城市提供建设用地。

(4)赞成。理由:提高航运能力;所经地区地势起伏小,修建成本低;经济发达,资金雄厚。

反对。理由:城市①位于莱茵河沿岸,城市②位于易北河沿岸,两河之间已有运河相通,不需要重复建设;征用土地难度大;破坏生态环境。

16. (1)增加就业岗位;缓解能源短缺;节省油气进口开支;优化能源结构;带动相关产业发展。

(2)距离南极地区近;港口设施完善;物资丰富　食物、淡水、燃料等

(3)大风、低温、海冰等影响科考船的航行安全。

17. (1)山河相间,纵列分布　滑坡、泥石流

(2)运量大　受自然环境影响小

(3)①有助于促进老挝与中南半岛其他国家的基础

设施互联互通。②中老铁路建成后必将对“一带一路”倡议发展带来重大影响。③中老铁路建成后,未来还可与泰国、马来西亚等国的铁路连通,不久的将来,中国游客可以乘坐火车赴老挝、泰国、马来西亚等国旅游度假,中老铁路将为中国和东南亚国家的经济文化交流发挥积极作用。

(4)地形平坦,交通便利,水源充足。

18.(1)淡水　降水　(2)防寒保暖　(3)长城　正北

第七单元　认识国家

【学基础】

一、日本

(一)

1.(1)东　北　(2)北温带　中　(3)东　太平洋　日本海　中国　朝鲜　韩国　俄罗斯

2.北海道岛　本州岛　四国岛　九州岛　曲折　优良港湾　东京

3.山地丘陵　狭小　关东平原　富士山　中部高　四周低　温带季风　亚热带季风　海洋性　水能

4.亚欧　太平洋

(二)

2.原材料　工业制成品　发达　丰富　高　优良港湾　海运　狭小　贫乏　不足　依赖严重

3.太平洋沿岸和濑户内海沿岸　便利　进口原材料和出口工业制成品　消费地　海陆交通　海外投资　西欧　美国

(三)

大和　和服

二、印度

(一)

1.(1)东　北　(2)热带　低　(3)南　孟加拉湾　阿拉伯海　印度洋　中国　尼泊尔　不丹　孟加拉国　缅甸　巴基斯坦　斯里兰卡　马尔代夫

2.喜马拉雅山脉　恒河平原　德干高原　南北高　中部低　恒河　喜马拉雅山脉　孟加拉湾

3.多　快　二　充足　低廉　广阔

(二)

1.(1)热带季风　全年炎热,旱雨季分明

(2)每年10月至次年5月　东北季风　陆地　海洋　稀少　6~9月　西南季风　海洋　陆地　丰沛

(3)时间　水旱

2.(1)平原　充足　丰沛　平坦　肥沃　德干高原　较少　较少　和缓

(3)绿色革命

(三)

1.丰富　低　普及　早　世界办公室　高　大　少

2.(1)软件外包产业　(3)美国　(4)班加罗尔　(5)班加罗尔　孟买　加尔各答　海得拉巴　中小城镇　西部沿海中小城镇

三、俄罗斯

(一)

1.北　东　西　北温带　北寒带　高　亚欧大陆北部　太平洋　北冰洋　波罗的海　白令海峡　美国

2.东部

(二)

1.平原　高原　山地　东高西低　南高北低　东欧　伏尔加　西西伯利亚　鄂毕　中西伯利亚　贝加尔　东西伯利亚

2.自北向南　里海　北冰洋　北冰洋　北冰洋　贝加尔湖

3.(1)温带大陆性　寒冷漫长　温暖短促

(2)寒带　温带季风　高原山地

(三)

1.丰富　齐全　世界加油站　石油　天然气

2.雄厚　齐全　核　航天　能源　钢铁　轻工业　欧洲　资源分布区　钢铁　汽车　发达　石油　钢铁　机械　石油化工　造船　食品　纺织　煤炭　石油

3.(1)石油　天然气　(3)高新技术领域

(四)

1.铁路　公路　航空　内河航运　海洋航运　管道运输　铁路　公路　铁路　石油　天然气　波罗的海　白海　黑海　亚速海　里海　不平衡　欧洲　莫斯科　亚洲　西伯利亚大铁路　亚欧大陆桥

3.莫斯科　二　波罗的海　北冰洋　太平洋

四、澳大利亚

(一)

1.(1)①东　南　②热带　南温带　低　南回归线　③太平洋　印度洋

2.世界活化石博物馆

(二)

1.绵羊　羊毛

2.羊、牛与经济作物　绵羊与小麦　粗放

3.机械　少　羊肉　高

4.(1)①低矮高原　西部高原　②平原　③山地　大分水岭　④东西高　中部低

(2)①热带 热带 半环 西部、中部和北部 热带雨林气候 温带海洋性气候 ②a.热带草原 b.热带沙漠 c.西南沿海 d.西南沿海 e.亚热带湿润 f.温带海洋性 g.地中海 h.丰富

(三)

丰富 多 东南沿海 丰富 稠密 发达 海运便利 堪培拉 悉尼 墨尔本

五、美国

(一)

1.阿拉斯加州 夏威夷州

2.(1)西 北 (2)①北温带 中 ②北回归线 北极圈 (3)太平洋 大西洋 墨西哥湾 加拿大 墨西哥

3.三 移民 印第安人 黄 白 黑 民族大熔炉 种族歧视

(二)

1.平原 南北纵列 高原 山地 科迪勒拉山系 大高原 平原 大平原 中央平原 山地 阿巴拉契亚山脉 东西高 中部低 密西西比河 自北向南 墨西哥湾 苏必利尔 密歇根 休伦 伊利 安大略 苏必利尔 温带大陆性 减少 亚热带湿润 温带海洋性 地中海 高原山地 热带沙漠

2.(1)北温 充足 湿润 平原 面积大 肥沃 密西西比河 五大湖 机械 大 高 大 生产 出口

(2)乳畜带 美国东北部 冷湿 牧草 稠密 大 中部 北温 平坦 肥沃 棉花带 小麦区 平坦 密西西比 春小麦 冬小麦 少 亚热带湿润

(三)

1.略

2.完整 大 能源 钢铁 军事

3.煤铁 五大湖 圣劳伦斯河 平坦 肥沃 钢铁 机械 高新技术

4.信息 生物 新材料 硅谷 高等院校 科技 便利 支持

六、巴西

(一)

五 白 印第安 葡萄牙语 狂欢节 桑巴舞

(二)

1.西 南 赤道 南回归线 东 大西洋

2.高原 平原 亚马孙 巴西 安第斯 大西洋 热带 热带雨林 热带草原

3.(1)①热 炎热 平坦 ②咖啡 甘蔗 柑橘

(2)①丰富 东南部 ②汽车 飞机制造 东部沿海

(三)

1.亚马孙河 地球之肺 环境 水源 多样性 经济

2.刀耕火种 农场 水土流失 多样性锐减

【练基础】

考点1

1.B 2.D 3.C 4.D 5.D 6.C

7.①南回归线 ②南 ③大西 ④炎热 ⑤便利

考点2

1.C 2.B 3.B 4.C 5.D 6.C 7.D 8.B

考点3

1.C 2.A 3.B 4.C 5.A 6.B

考点4

1.C 2.D

考点5

1.A 2.C 3.A 4.C

考点6

1.D 2.D

考点7

1.C 2.B

3.(1)矿产资源丰富,市场广阔,交通便利,劳动力丰富。

(2)美国大豆产区夏季高温,热量充足;降水较多,且位于密西西比河流域,灌溉水源充足;地形平坦,有利于大规模的专业化和机械化生产;科技水平高。

(3)低 高

考点8

1.B 2.D 3.A

【夯实基础过中考】

1.A 2.B 3.D 4.A 5.D 6.C 7.B 8.B 9.A 10.D 11.A 12.B 13.A 14.C 15.C 16.A 17.A 18.D 19.A 20.D

21.(1)富含果糖、多种维生素、蛋白质及其他营养物质。

(2)属于热带沙漠气候,晴天多;光照充足;位于北回归线附近,热量充足;昼夜温差大;地下水资源丰富等。

(3)看法一:同意。理由:可以增加居民收入;增加政府财政收入;增加就业机会;促进经济发展;带动相关行业发展等。

看法二:不同意。理由:加剧水资源短缺状况;导致土地荒漠化;破坏当地生态环境等。

看法三:合理扩大。理由:在不破坏环境的前提下,适当扩大枣椰树种植面积,可以增加居民收入;增加

政府财政收入;增加就业机会;促进经济发展;带动相关行业发展等。

(4)位于波斯湾沿岸　北回归线穿越中部　以热带沙漠气候为主　地形以高原为主　石油资源丰富　海水淡化王国　居民多信仰伊斯兰教　传统建筑呈现厚墙、小窗的特点(任答3点即可)

22.(1)北温　南　亚非　热带沙漠　耕地　尼罗　地形;土壤;水文等(任答一点)

如:恒河是印度的圣河,埃及尼罗河是世界第一长河,是埃及农业的重要水源

23.(1)B

(2)落基

(3)温带大陆性气候

(4)乳畜带　地处美国制造业带(或工业发达,或城市、人口密集等)(言之有理即可)　纬度高、气温低

(5)世界加油站　管道

(6)旧金山(或圣弗朗西斯科)

(7)符拉迪沃斯托克(或海参崴)

24.(1)①③

(2)北温　太平

(3)人口(或工业,或农业,或交通线,或旅游景点等)

(4)森林(或水能,或水力)　矿产资源(或原料,或燃料,或能源,或原材料)

模块三　中国地理

第一单元　疆域与人口

【学基础】

一、中国的疆域

(一)

1.北　东

2.描图略　北温　热　寒

3.填图略　东　太平

(二)

(从上到下,从左到右)黑龙江主航道中心线上　帕米尔高原　黑龙江与乌苏里江主航道中心线的汇合处　曾母暗沙

1.(1)960万　三　(2)2.2　(3)朝鲜　俄罗斯　哈萨克斯坦　阿富汗　印度　老挝

2.(1)渤　东　(2)1.8万　(3)台湾　琼州

(4)辽东　山东　(5)台湾　海南　(6)渤海　琼州

(7)日本　印度尼西亚

二、中国的行政区划

(一)省　县　乡

(二)23　5　4　2

(三)

1.描图略　云(或滇)　桂　粤　台

2.画圈略　黑　吉　辽

3.画框略　(从左到右,从上到下)京　济南　津　豫　石家庄　鄂　晋　长沙　呼和浩特　桂　沈阳　粤　长春　琼　黑　渝　沪　成都　南京　贵(或黔)　浙　云(或滇)　皖　拉萨　闽　陕(或秦)　赣　甘(或陇)　西宁　台北　银川　澳　乌鲁木齐　港

三、中国的人口

(一)

1.最多

2.大　降低

3.劳动力　消费市场　资源　社会经济

4.计划生育政策

(二)

填图描图略

不均匀　黑河—腾冲　多　大　少　小

四、中国的民族

(一)

1.56　汉族　55

2.壮　回　维吾尔　蒙古

3.平等

4.那达慕节　雪顿节　泼水节

(二)

1.略

2.略　西南　西北　东北

3.大散居、小聚居、交错杂居

4.自治区

【练基础】

考点1

1.C　2.B　3.D　4.B　5.A

考点2

1.A　2.B　3.C　4.C　5.D　6.C　7.C　8.B

考点3

1.C　2.B　3.A　4.C　5.C

6.(1)青海省　四川省　河南省

(2)湘　皖　闽

(3)拉萨　长春　呼和浩特

(4)⑦⑨　⑦⑧⑨　⑥

(5)黑龙江省、澳门特别行政区、海南省。

考点4

1. C 2. B 3. B

考点5

1. A 2. D 3. B 4. D 5. A

6. (1)东北 (2)东部多,西部少 (3)C (4)秦岭 (5)贝贝

考点6

1. A 2. A 3. C 4. D 5. C 6. A

【夯实基础过中考】

1. A 2. D 3. D 4. B 5. B 6. A 7. C 8. B 9. C

10. D 11. A 12. A 13. D 14. D 15. D 16. B

17. D 18. A 19. B 20. C 21. C 22. D 23. B 24. A

25. (1)缓慢增长 (2)0.34‰ (3)人口出生率不断下滑。

26. (1)湖南省 南方 水稻 澳门

(2)南 云贵高原

(3)横断山脉 滑坡

(4)琼州 越南

第二单元 中国的自然环境

【学基础】

一、地形和地势

(一)

1. 描图略 平原 丘陵 高原 山地

2. 填图略

(二)

1. 填图略 地形类型多样 山区面积广大

2. 山地 高原

3. 交通运输业 林业

(三)

1. 描图略 高原 盆地 平原 丘陵

2. 西高东低 阶梯状

3. (1)降水 农业 (2)东西部 (3)自西向东 水能资源

二、气候

(一)

1. 描图略 南 北 较大

2. 秦岭 淮河

3. 填图描图略 青藏高原

4. 填图描图略

(二)

1. 描图填图略 800 mm 从东南沿海向西北内陆递减

2. 不均匀 4~10 早 晚 长 晚 早 短 年际

3. 描图填图略 干湿

(三)

1. 填图略

2. 秦岭—淮河 气候复杂多样 季风气候

(四)

1. 低

2. (1)少 (2)(从上到下,从左到右)西南 太平 寒冷干燥

3. (1)降低 (2)多 少

三、河流

(一)

1. 填图描图略

2. 海洋 未能

3. 水量 水位 流速 汛期 含沙量

(二)

1. 填图描图略

2. 水量 水能资源

3. (从左到右,从上到下)水土流失 退耕还林 洪涝灾害 退田还湖

(三)

1. 略

2. (1)圈图略 疏松 植被 暴雨 圈图略

(2)(从左到右,从上到下)荒漠化 生态环境 水土保持 地上河 黄河大堤

四、自然灾害

(从左到右,从上到下)冬 降温 江淮 台风 狂风暴雨 春季 北方 西北 西南 西南

【练基础】

考点1

1. C 2. B 3. C 4. A 5. B 6. D 7. D 8. C

考点2

1. A 2. A 3. D 4. D 5. C 6. C 7. B 8. D 9. A

10. B 11. C 12. A 13. C 14. C

15. (1)季节变化大,夏季降水多,冬季降水少。

(2)南方雨季开始早,结束晚,雨季长;北方雨季开始晚,结束早,雨季短。

(3)由东南沿海向西北内陆逐渐减少

考点3

1. D 2. A 3. C 4. B 5. B 6. A 7. D 8. C

9. (1)我国地势西高东低

(2)上 中下

(3)防洪、发电、航运等(任写两项即可)

(4)①季风 ②多 ③弯曲 ④低平 ⑤慢 ⑥减小

考点4

1. B 2. D 3. A 4. A

5. (1)由西北向东南 大风、降温

(2)冻害。

(3)受高大山地阻挡(或海拔高),寒潮难以到达。

【夯实基础过中考】

1. C 2. B 3. C 4. B 5. C 6. B 7. B 8. A 9. B

10. A 11. B 12. C

13. (1)上游 上游落差大,水流急

(2)地势平坦,水流平稳;河流水量大,无结冰期,河宽水深(任答1点即可) 经济发达,人口、城市众多,物资丰富,航运需求量大(任答1点即可)

(3)B A

14. (1)持续

(2)三 资水

(3)保护青山绿水;低碳环保出行。

第三单元 中国的自然资源

【学基础】

一、自然资源的基本特征

(一)

1. 自然界 价值

2. 较短时间 循环使用 阳光 保护 培育 非可再生资源 缓慢 石油

(二)

1. 丰富 齐全

2. 低于

二、土地资源

(一)

1. 耕地 林地 草地

2. 交通用地

3. 填图略

林地 草地 耕地

4. 圈图略 丰富 齐全 人均 不合理 耕地 后备耕地

(二)

略

(三)

1. 城市扩张,占用耕地 超载放牧,草场退化

乱砍滥伐,水土流失 不当排放,污染土地

2. 十分珍惜、合理利用土地和切实保护耕地

三、水资源

(一)

1. 淡水 丰 缺 华北 西北

2. (1)夏秋 冬春 (2)大

3. (1)水田 旱地 (2)水旱 农业 (3)西北

(二)

1. 描图略 跨流域调水 南水北调 黄 青 兴建水库 小浪底 三峡

2. (1)①缺水状况 ②低 ③水污染 (2)节水型

【练基础】

考点1

1. D 2. A 3. D 4. B

考点2

1. A 2. C 3. D 4. B 5. A

考点3

1. A 2. B 3. C

4. (1)空间 (2)北方 (3)西 长江 (4)中 (5)A

【夯实基础过中考】

1. B 2. A 3. D 4. B 5. B 6. D 7. D 8. D 9. B

10. B 11. A 12. B 13. B

14. (1)中国

(2)亚 29

(3)美国 巴西

(4)印度尼西亚

(5)拓宽能源使用领域,保障能源安全;减少大气污染,保护环境。

第四单元 中国的经济发展

【学基础】

一、交通运输

(一)

(从左到右,从上到下)火车 量大 较高 短程 水路 最慢 最高 最小 急需 石油 天然气

(二)

1. 填图描图略 东密西疏

2. 填图略

二、农业

(一)

1. 描图略 畜牧 种植

2. 填图略

3. (从左到右,从上到下)小麦 花生 甜菜 一年一熟 两年三熟或一年两熟 水稻 油菜 甘蔗

(二)

1. A. 林业 B. 畜牧业 C. 种植业 D. 渔业

2. (从左到右,从上到下)市场上 交通运输 技术水平 国家政策

3. 自然条件

(三)

高产 高效

三、工业

(一)

1. 填图略

2. 都分布在东部沿海地区(或沿海分布) 东部沿海 中部 西部

(二)

1. 生物工程 新材料

2. (1)大中城市 (2)①长江三角洲 ②环渤海地区

【练基础】

考点1

1. B 2. A 3. C 4. B 5. B

6. (1)四川盆地 青藏高原

(2)地形崎岖(山高谷深),易遭遇崩塌、泥石流等地质灾害;森林茂密(丛林茂密),易迷失方向;气温变化大,容易引发疾病;降水多,且多暴雨,冰雪融水量大,易遭遇洪水;蚊虫叮咬。

(3)青藏铁路 公路运输或航空运输。

考点2

1. C 2. A 3. B 4. D 5. D

6. (1)由南向北越来越晚(或由北向南越来越早)

(2)A

(3)小麦、玉米 水稻

(4)少 快 春旱(或干旱)

(5)甲地位于盆地,四周高大山脉阻挡了冬季风,气温比东部平原高,春耕春播早

考点3

1. D 2. C 3. B 4. D 5. D 6. B

7. ①海陆交通便利;②工业基础雄厚;③国内外市场广阔。

【夯实基础过中考】

1. A 2. B 3. B 4. C 5. C 6. A 7. C 8. B 9. A

10. B 11. D 12. A 13. D 14. A 15. D 16. A

17. (1)棉纺织工业主要分布在棉花产地附近,位于德干高原西北部;麻纺织工业靠近黄麻产地,位于印度的东北部。

(2)毛纺织工业。

(3)市场需求量和劳动力。

(4)机械工业。

(5)六盘水煤炭资源丰富,可以发展火力发电;六盘水降水丰富,地势落差大,可以发展水力发电。

(6)加大科技投入,提高资源利用率;从区域外调入资源;积极发展第三产业。(任答1点即可)

18. (1)随着常德至岳阳高速公路的建设,公路交通方便快捷,因此停开了客轮。

(2)岳阳楼

(3)铁路运输

(4)豆类 北

第五单元 中国的地理差异

【学基础】

一、地理差异显著

填图描图略

(一)

(从左到右,从上到下)降低 纬度 减少 距海 高低

(二)

牧 耕 稻 麦 密 疏 高 低

(三)

1. (从左到右,从上到下)平原 盆地 平原 华北 长江中下游 0 ℃ 0 ℃ <800 >800 温带季风 小 大 有 无 亚热带常绿阔叶林

2. (从上到下,从左到右)旱地 小麦 两年三熟 小厚 陆运 水田 水稻 两熟至三熟 大 高 水运

二、四大地理区域

1. 填图描图略 自然 人文

2. 南方 北方 西北 青藏

【练基础】

考点1

1. C 2. D 3. A 4. C 5. C 6. B

考点2

1. B 2. A 3. C 4. C 5. A 6. B

【夯实基础过中考】

1. D 2. C 3. B 4. C 5. D 6. A 7. C 8. B 9. D

10. A 11. A 12. D

13. (1)北 淮河

(2)亚热

(3)纬度

(4)皖中比关中降水量大,皖中比关中河流密集、水流量大。(答案必须突出两地相同要素的对比,不能只说“皖中地区降水量大”;答案必须从降水和河流的特征方面进行描述,不能笼统地说“降水、河流导致皖中地区洪涝灾害频发”。)

第六单元　北方地区

【学基础】

一、自然特征与农业

(一)

描图填图略　东北　黑　华北　黄

(二)

1. 旱地　旱作

2. 小麦　甜菜

二、东北三省

(一)

1. 山地　平原

2. 温带季风气候

(二)

3. 热量

(三)

3. 单一

三、黄土高原

(一)

1. 千沟万壑

2. 窑洞

(二)

1. 疏松　暴雨　稀少

2. 植树种草

四、祖国的首都——北京

(一)

描图填图略

1. 40°N　116°E　渤海　山地、平原　西北　东南　温带季风　京杭

2. 政治　文化　国际交往

(二)

1. 古都　历史文化

2. 明清故宫　颐和园

4. 内城　外城　凸

(三)

1. (1)卫星城　(2)中央商务区　中关村科技园区

2. (1)环形加放射状　(2)铁路

3. (1)历史　环境质量　(2)世界城市　宜居城市

【练基础】

考点1

1. A　2. A　3. C

4. (1)以高原(山地)为主。

(2)自北向南　地势北高南低

(3)煤炭　太阳能

(4)为温带大陆性气候,降水较少,晴天多,日照时间长;海拔高,日照强。

(5)夏季气温高,降水较少,光热充足,有利于汾酒主要原料高粱的生长;泉水水质优良,为汾酒酿造提供了优质水源。

考点2

与齐齐哈尔相比,沈阳年平均气温高,年降水量大。沈阳纬度较低,气温较高;距海较近,降水较多。

考点3

1. D　2. B　3. C

4. (1)工业结构单一　以钢铁工业(或重工业)为主

(2)铁矿资源丰富,水陆交通便利,市场广阔。

(3)资源枯竭、设备老化、产业结构单一。更新设备和技术,产业结构升级,发展第三产业等。

考点4

1. A　2. C　3. A　4. D　5. B　6. A　7. B　8. D　9. C

考点5

1. B　2. C　3. C　4. A　5. B

【夯实基础过中考】

1. C　2. C　3. B　4. B　5. B　6. B　7. C　8. A　9. A

10. D　11. B　12. C　13. B　14. A　15. A　16. C　17. D

18. D　19. C　20. D　21. C　22. C

23. (1)内蒙古

(2)非可再生

(3)水土流失;破坏地表;环境污染(或植被破坏;土地退化;地面塌陷;煤炭枯竭;大气污染;水污染;固体废弃物污染)。

(4)②　①　③

24. (1)旱地　玉米　夏季高温多雨(雨热同期);夏季光照充足,昼夜温差大;冬季气温低,寒潮多发,病虫害少(任答一点,意思合理即可)

(2)夏汛　春季冰雪(积雪)消融或季节性积雪融水(意思合理即可)

(3)一年一熟　地广人稀,人口少,本地粮食消费量小(意思合理即可)

(4)B

第七单元　南方地区

【学基础】

一、自然特征与农业

(一)

1. 描图略　秦岭　淮河　青藏高原　东海　南海
2. 复杂多样
3. 亚热带季风
4. 亚热带常绿阔叶林

(二)

1. (1)湿热
2. (1)水稻　(2)茶　甘蔗　柑橘

二、长江三角洲地区

1. 下游　2. 平原　3. 亚热带季风　4. 雨热　5. 上海

三、香港和澳门

(一)

1. (1)京九线　(2)南海　(3)珠海　澳门　深圳　香港
2. 东侧　3. 亚热带季风　4. 稠

(二)

1. 自由贸易　2. (1)技术　3. (1)祖国内地

四、台湾省

(一)

1. 填图略　热　亚热
2. 填图圈画略　东海　太平洋　南海　台湾海峡　福建　台湾岛
3. 西部沿海

(二)

1. (1)山地　西部　(2)亚热带季风　热带季风　温和　炎热　台风　(3)水能
2. (1)矿　祖国东南海上的明珠　亚洲天然植物园
   (2)红桧

(三)

1. (1)农产品加工　(2)进口—加工—出口　(3)高新技术
2. 祖国大陆
3. 教育和培训　出口加工

【练基础】

考点1

1. B　2. B　3. B　4. B　5. C
6. (1)②　(2)C　(3)资源条件　(4)A　(5)玲玲

考点2

1. D　2. B　3. B
4. (1)共同点:沿长江分布。不同点:甲经济区分布在内陆,乙经济区分布在沿海。
   (2)甲经济区:矿产资源丰富,交通便利,劳动力价格低。
   乙经济区:交通便利,科技力量雄厚,劳动力充足,消费市场广阔,工业基础雄厚。

考点3

1. D　2. C　3. A

考点4

1. A　2. D　3. A　4. A　5. C　6. D
7. (1)沿海地区地形是平原或地形平坦;城市集中分布在沿海环岛地区
   (2)东部山地或中部山地或山地　气候湿热;山地面积广

【夯实基础过中考】

1. C　2. B　3. A　4. B　5. D　6. B　7. B　8. D　9. A
10. D　11. B　12. A　13. C　14. B　15. D
16. (1)三　平原　(2)C　(3)科技　航空
17. (1)经济的快速发展,现代化的快速交通运输方式(立体交通网络)
    (2)煤、铁资源丰富;交通便利;水源充足等　中国光谷
    (3)临近东南亚地区(临海洋),便于对外联系　内地经济的快速发展;产业转型升级;制造业的快速发展;中国与世界经济的联系日益紧密等
18. (1)嘉陵　东
    (2)河网(或河湖)
    (3)水能(或水力)　工农业基础好;交通便利;人口和城市密集,劳动力丰富;科技发达;消费市场广阔;国家政策支持。

第八单元　西北地区和青藏地区

【学基础】

一、西北地区

(一)

1. (1)填图描图略　二　大兴安岭　昆仑山　阿尔金山　内蒙古
   (2)内蒙古　阿尔泰　准噶尔　天　塔里木　高原　盆地
   (3)湿润气流　温带大陆性　少
   (4)季节　内流
   (5)草原　沙漠
2. (1)(按先从上到下,再从左到右的顺序)内蒙古　较

多 呼伦贝尔 三河马 新疆 戈壁、沙漠 细毛羊
(2)蒙古包
3.(1)填图描图略
(2)填图略 高 强 大 干旱
(3)河西走廊 高山冰雪融水 河套平原 塞外江南
(4)长绒
(5)坎儿井
(二)
1.天山 2.干旱 3.塔里木 4.水源
5.(1)石油、天然气 (2)①地区差异
二、青藏地区
(一)
1.昆仑 祁连 横断 青海
2.4 000 世界屋脊 冰川 湖泊 高寒 寒 凉 小 大 稀薄 强烈
3.藏 藏袍
(二)
1.描图略 高寒 牦牛
2.填图略 低 高 青稞

【练基础】

考点1
1.B 2.D 3.C 4.C 5.D 6.A 7.B 8.B
9.(1)干旱 畜牧
(2)这里降水较少,不适合小麦的生长。
考点2
1.B 2.D 3.C 4.B 5.C 6.A 7.C 8.C
考点3
1.B 2.A 3.D 4.B 5.C 6.C 7.C 8.A
考点4
1.A 2.C 3.A 4.B 5.B 6.B 7.D
考点5
1.D 2.A 3.B
4.(1)太阳能 水
(2)降水少,光照强
(3)台湾 水
(4)西气东输,把新疆天然气运往福建。

【夯实基础过中考】

1.C 2.D 3.A 4.D 5.C 6.B 7.B 8.D 9.A
10.D 11.B 12.A 13.A 14.A 15.C 16.B 17.B
18.B 19.A 20.B 21.A 22.A 23.D 24.B
25.(1)90.2(90或91也可)
(2)√晴天较多,光照条件好 √夏季高温,热量较充足
(3)塔里木 天山 冰雪融水
(4)纬度
(5)资源循环再利用;减少固体废弃物污染;保护大气环境;减少土壤污染
26.(1)D B (2)C A (3)B C (4)C B
27.(1)北京 (2)黄土 (3)灌溉 (4)柴达木 (5)牦牛、雪山。

模块四 乡土地理

【学基础】

河南的概况
(一)
邻省:A.河北 B.山西 C.陕西 D.湖北 E.安徽 F.山东
河流:a.黄河 b.淮河
水库:①小浪底水库
调水路线:②南水北调
城市:c.郑州
铁路线:d.京广线 e.陇海线
(二)
1.西高东低 2.季风
3.黄河 4.旱涝

【练基础】

考点1
1.A 2.C 3.D 4.A 5.C 6.B
7.(1)平原 (2)大米 (3)大 肥沃 抬高 漕运
(4)略
考点2
1.B 2.C 3.A 4.C 5.D
6.(1)东部海拔在200 m以下,平原面积广;(黄淮海冲积平原),土壤肥沃;温带季风气候,雨热同期;有黄河、淮河等流经,有灌溉水源。
(2)①B ②C ③A

【夯实基础过中考】

1.C 2.B
3.(1)①水土流失 ②滑坡;泥石流 ③低
(2)位于华北平原,地形平坦;土壤肥沃;温带季风气候,雨热同期。
(3)B
(4)略(可从因地制宜、生态保护、科技推广等方面作答,言之有理即可)